교육 현장 중심의 시각장애 교육　　　　제2판

# 시각장애 학생 교육의 이론과 실제 ───── 이태훈 저

EDUCATION OF STUDENT WITH VISUAL IMPAIRMENT

학지사

## 2판 머리말

이 책은 2018년 8월에 초판을 출간한 후에 여러분의 관심과 사랑으로 학지사에서 2차 개정판을 출간하게 되었습니다. 이 책은 시각장애 학생을 잘 지도할 수 있는 실무 능력을 갖춘 특수교육교사를 양성하는 데 주안점을 두고, 시각장애 교육 현장에서 실천적으로 활용할 수 있는 내용으로 구성하여 집필하였습니다.

이 책은 단지 외국 자료를 번역하기보다 우리나라 실정에 맞게 재구성하였고, 최근까지 교육부 및 국립특수교육원에서 개발·보급한 시각장애 학생 진단·평가 도구, 교과용 도서, 대체 자료 및 교구 등을 예비 특수교육교사들이 교육 현장에 나가 실제로 활용할 수 있는 능력을 함양하도록 하였습니다.

이번 2차 개정판은 각 장의 내용을 학부 수준에 맞게 적정화하고 최신 이론과 실제를 보완하였습니다. 특히 2022년 개정 특수교육 교육과정과 특수교육법을 반영하였고, 국내외에서 증가하고 있는 대뇌 시각장애 영역을 상세화하였으며, 시각장애 학생에게 효과적인 교수법과 교수 전략도 추가하여 집필하였습니다. 그리고 '15장 통합교육'을 다른 장으로 옮겨 집필하였습니다. '유튜브'에서 '이태훈 시각장애'로 검색하시면 강의에 도움이 되는 다양한 영상 자료를 활용하실 수 있습니다.

2024. 2.
세한대학교 특수교육과 교수
이태훈

# 차례

**PART 02**

**시각장애 학생 진단 · 평가**

**PART 03**

**교육과정과 교과 교육**

**PART 05**

# 시각중복장애 학생 및 시각장애 영유아 교육

**APPENDIX**

# 부록

PART
01

# 시각장애 기초

제1부는 특수교육교사가 시각장애 학생을 교육적으로 평가하고 중재하기 위해 기초적으로 이해하고 있어야 하는 시각장애의 정의와 분류, 시각장애의 발달적 영향, 눈의 구조와 기능, 안질환에 따른 시각 기능의 문제와 지원 요구 등을 다룬다.

CHAPTER 01

# 시각장애의 개념과 발달적 영향

학습목표
- 교육적 관점에서 시각장애를 정의하고 분류하는 기준을 이해한다.
- 일반학교에서 시각 문제가 있는 학생을 발견하기 위한 방법을 이해한다.
- 시각장애 학생의 교육배치 모형과 우리나라의 시각장애 교육기관 유형을 이해한다.
- 시각장애 학생을 지도하는 특수교육교사가 갖추어야 할 수행 역량을 이해한다.

## 1. 시각장애의 개념

### 1) 시각장애의 정의와 분류

시각(vision)은 눈을 통해 대상을 보는 능력(visual ability)을 말한다. 시각은 크게 다음 2가지로 구분한다.

---

- 시력(visual acuity): 사물을 선명하게 볼 수 있는 정도
- 시야(visual field): 전방의 한 점을 바라볼 때 볼 수 있는 주변의 범위

---

눈으로 대상을 선명하게 보지 못하거나 대상 전체를 보지 못하면 그 대상이 무엇인지 알아보기 어렵다. 시력 또는 시야의 손상으로 정상적인 시각 능력을 발휘하지 못하게 되면 학습과 생활에 다양한 어려움을 겪게 된다.

| 시력 장애 | 주변부 시야 장애 | 중심부 시야 장애 |

'시각장애'에 대한 정의와 기준은 '임상적 시각장애'와 '기능적 시각장애' 2가지 관점에 따라 차이가 있다.

- 임상적 시각장애: 의학적 관점에 따른 것으로 안과 의사의 의학적 검사와 기준에

따른 시력과 시야의 손상 정도를 근거로 시각장애 여부와 정도를 판단한다. 우리나라의 「장애인복지법」에서 복지 서비스 대상자를 결정하는 '시각장애 여부 및 정도'에 관한 기준이 이에 해당한다. 이러한 기준은 안질환 유형, 시력과 시야의 손상 정도와 진행 여부, 치료방법과 예후 등에 대한 정보를 제공할 수 있으나, 학생이 학교생활에서 직면하는 교육적 어려움이나 지원 요구를 파악하는 데 도움이 될 만한 정보는 제공하지 못하는 한계가 있다.

• 기능적 시각장애: 기능적(functional) 관점에서 교육 또는 재활 전문가가 평가에 참여하여 시각 문제로 학습과 일상생활에 있어 어려움 여부와 정도를 근거로 시각장애 여부와 중증 정도를 판단한다. 우리나라의 「장애인 등에 대한 특수교육법」의 '시각장애를 지닌 특수교육대상자 선정' 기준이 이에 따른 것으로, 시각 문제로 인한 학교생활과 학습의 어려움 여부를 기준으로 특수교육대상자를 선정하도록 규정하고 있다.

• 기능적 시각장애의 세분화: 학습 및 일상 활동을 세부적으로 나누어 적용하는 것으로, 학교에서 혼자 이동하는 데 어려움이 있다면 보행 영역에서 기능적 시각장애가 있어 보행 교육이 필요하다고 볼 수 있다. 미술 교과의 회화 활동에서 연필로 스케치하고 물감으로 색칠하는 데 어려움이 있다면 그리기 활동에서 기능적 시각장애가 있어 대안적인 그리기 방법을 지도할 필요가 있다. 따라서 학생이 학교생활 중에 어떠한 세부 활동에 어려움이 있는지를 파악하여 지원하는 것이 중요하다.

시각장애는 장애 정도에 따라 맹(blind)과 저시력(low vision)으로 분류할 수 있다.

• 세계보건기구(WHO, 2019)는 임상적 관점에 따라 교정 후 3/60(0.05) 이하를 맹(blindness), 3/60~6/12(0.05~0.3)을 저시력(low vision)으로 분류하고 있다.

• 특수교육 및 재활 현장에서는 기능적 관점에 따라 학습과 일상생활에 활용할 수 있는 잔존 시각이 있으면 저시력, 그렇지 않으면 맹으로 분류한다.

• 문해매체(읽기와 쓰기 매체) 유형에 따라서는 점자 사용자를 맹, 확대 자료 사용자를 저시력으로 분류한다.

시각장애는 실명 시기에 따라 선천성 시각장애와 후천성 시각장애로 분류할 수 있다.

- 선천성 시각장애와 후천성 시각장애를 구분하는 연령은 일반적으로 5세를 기준으로 한다.
- 5세를 기점으로 시각적 경험 여부가 공간 개념, 시각 기억, 문해 발달 등의 확립에 영향을 미친다. 따라서 5세 이후 실명한 시각장애 학생은 5세까지의 시각적 경험이 전반적 발달에 도움이 될 수 있다.

## 2) 우리나라의 시각장애 법적 정의

### (1) 장애인복지법

「장애인복지법」에서 장애인을 신체적 · 정신적 장애로 인해 일상생활이나 사회생활에 상당한 제약(어려움)을 받는 사람으로 정의하고 있는 것과 달리, 장애 등록 기준은 일상생활의 독립성이나 사회생활의 참여 등에 대한 기능적 수준과 지원 요구를 근거로 판정하지 못하고 있으며, 객관적 타당성이 높은 의학적 기준인 시력 및 시야 손상 정도에 따라 판정하고 있다. 최근에는 '복시'가 있는 사람도 장애 정도가 심하지 않은 시각장애인의 범주에 포함하고 있다.

**표 1-1** 장애인복지법: 시각장애인의 장애 기준 및 정도

3. 시각장애인(視覺障碍人)
　가. 나쁜 눈의 시력(공인된 시력표에 따라 측정된 교정시력을 말한다. 이하 같다)이 0.02 이하인 사람
　나. 좋은 눈의 시력이 0.2 이하인 사람
　다. 두 눈의 시야가 각각 주시점에서 10도 이하로 남은 사람
　라. 두 눈의 시야 2분의 1 이상을 잃은 사람
　마. 두 눈의 중심 시야에서 20도 이내에 겹보임[복시(複視)]이 있는 사람

- - - - - - - - - - - - - - - - - - - - - - - - - - - - - - - - - - - - - - - - - -

　가. 장애의 정도가 심한 (시각)장애인
　　1) 좋은 눈의 시력(공인된 시력표로 측정한 것을 말하며, 굴절이상이 있는 사람은 최대 교정시력을 기준으로 한다. 이하 같다)이 0.06 이하인 사람
　　2) 두 눈의 시야가 각각 모든 방향에서 5도 이하로 남은 사람

나. 장애의 정도가 심하지 않은 (시각)장애인
    1) 좋은 눈의 시력이 0.2 이하인 사람
    2) 두 눈의 시야가 각각 모든 방향에서 10도 이하로 남은 사람
    3) 두 눈의 시야가 각각 정상시야의 50퍼센트 이상 감소한 사람
    4) 나쁜 눈의 시력이 0.02 이하인 사람
    5) 두 눈의 중심 시야에서 20도 이내에 겹보임[복시(複視)]이 있는 사람

### (2) 장애인 등에 대한 특수교육법

「장애인 등에 대한 특수교육법」은 기능적·교육적 관점에 따라 시각 문제로 인해 교육 활동에서의 어려움 여부를 기준으로 '시각장애를 지닌 특수교육대상자'를 선정하도록 규정하고 있다. 2022년 특수교육대상자 선정 기준이 개정되면서 '중도·중복장애와 시청각장애'가 장애 범주에 추가되었다. 이에 따라 중증의 시각장애와 중증의 지적장애, 중증의 시각장애와 중증의 자폐성장애를 지닌 시각중복장애 학생을 '중도중복장애'로, 중증의 시각장애와 중증의 청각장애를 지닌 학생을 '시청각장애'로 분류하여 관리하게 되었다.

#### 시각장애를 지닌 특수교육대상자

시각계의 손상이 심하여 시각 기능을 전혀 이용하지 못하거나 보조공학 기기의 지원을 받아야 시각적 과제를 수행할 수 있는 사람으로서 시각에 의한 학습이 곤란하여 특정의 광학기구·학습매체 등을 통하여 학습하거나 촉각 또는 청각을 학습의 주요 수단으로 사용하는 사람

#### 2가지 이상 중복된 장애를 지닌 특수교육대상자

다음 각 목의 구분에 따른 장애를 지닌 사람으로서 제1호부터 제6호까지의 규정에 따른 특수교육대상자에 대한 각각의 교육 지원만으로 교육적 성취가 어려워 특별한 교육적 조치가 필요한 사람

가. 중도중복(重度重複)장애: 다음의 구분에 따른 장애를 각각 하나 이상씩 지니면서 각각의 장애의 정도가 심한 경우. 이 경우 장애의 정도는 법 제14조 제1항에 따른 선별검사의 결과, 제9조 제4항에 따라 제출한 진단서 및「장애인복지법 시행령」 제2조 제2항에 따른 장애의 정도 등을 고려하여 정한다.

    1) 지적장애 또는 자폐성장애

    2) 시각장애, 청각장애, 지체장애 또는 정서·행동장애

나. 시청각장애: 시각장애 및 청각장애를 모두 지니면서 시각과 청각에 의한 학습이 곤란하고 의사소통 및 정보 접근에 심각한 제한이 있는 경우

이 법의 '시각장애를 지닌 특수교육대상자'에 대한 조문을 특수교육 현장에서 이해하고 적용하기 쉽게 해설하면 〈표 1−2〉와 같다.

**표 1−2** '시각장애를 지닌 특수교육대상자' 조문 해석

| 분류 | | 조문 | 해석 |
|---|---|---|---|
| 교육적<br>시각장애 | | 시각계의 손상이 심하여 시각 기능을 전혀 이용하지 못하거나 보조공학 기기의 지원을 받아야 시각적 과제를 수행할 수 있는 사람 | 시각 문제로 학습 활동이나 과제를 수행하는 데 어려움이 있거나 낮은 학업성취를 보이는 학생 |
| 장애<br>정도 | 교육적<br>저시력 | 시각에 의한 학습이 곤란하여 특정의 광학기구·학습매체 등을 통하여 학습하는 사람 | 학습 활동에 주로 잔존 시각을 사용하되, 이를 위해 확대 자료, 확대기기 등이 필요한 학생 |
| | 교육적<br>맹 | 촉각 또는 청각을 학습의 주요 수단으로 사용하는 사람 | 학습 활동에 시각이 아닌 청각과 촉각 같은 다른 감각을 주로 사용하되, 이를 위해 점자 및 촉각 자료, 보조공학 기기 등이 필요한 학생 |

따라서 일반교사, 부모, 특수학급 특수교사 등은 학생이 시각 문제로 학습 및 일상생활에서의 어려움이 관찰된다면 특수교육지원센터에 특수교육대상자인지를 확인하는 진단·평가에 의뢰해야 한다.

그리고 시각장애 학생을 장애 정도에 따라 분류할 때도 교육적 정의를 근거로 하는

것이 바람직하다. '교육적 맹'이나 '교육적 저시력'이라는 용어가 특수교육 장면에서 학생의 시각 능력과 필요한 특수교육 지원 사항에 대해 더 유용한 정보를 나타낼 수 있다. 예를 들어, 민수가 '맹학생'이라는 표현은 학습에 촉각이나 청각을 주로 사용하는 학생으로 점자 사용, 양각 자료와 교구 지원, 상세한 구어 설명과 안내, 촉각 교수 전략 사용 등이 필요하다는 것을 나타낼 수 있다. 유진이가 '저시력 학생'이라는 표현은 학습에 잔존 시각을 활용할 수 있고, 유진이에게 적합한 확대 자료나 확대기기 등의 지원이 필요하다는 것을 나타낼 수 있다.

표 1-3 시각장애 정도를 분류하는 여러 기준

| 분류 | 기준 | 맹 | 저시력 |
|---|---|---|---|
| 세계보건기구 (WHO) | 의학적 기준 | 교정 후 좋은 쪽 눈의 시력 0.05 이하 | 교정 후 좋은 쪽 눈의 시력 0.05~0.3 |
| 주로 사용하는 감각 기관 | 기능적 기준 | 학습이나 일상 활동에 청각과 촉각을 주로 사용하는 사람 | 학습이나 일상 활동에 주로 잔존 시각을 사용하는 사람 |
| 문해매체 | 기능적 기준 | 읽기와 쓰기에 점자를 사용하는 사람 | 읽기와 쓰기에 확대 자료나 확대기기를 사용하는 사람 |

## 3) 특수교육교사의 시각장애에 대한 바른 시각

특수교육교사는 '시각장애'를 '손상(impairment)'과 '장애(vision disability)'보다는 '불리(vision handicapped)'라는 시각으로 바라보는 것이 필요하다. 시각장애 학생이 안질환으로 시력과 시야 등에 얼마나 손상이 있는지보다는 안질환으로 학습과 생활에서 어떠한 활동이나 과제를 혼자서 수행하기 어려운지와 더 나아가 이러한 어려움을 개인적 문제로 보지 않고 교육 환경의 문제로 보고 이를 해결하기 위해 특수교육 차원에서 어떠한 교육 지원과 학습 환경 수정이 이루어져야 하는지에 관심을 기울여야 한다.

표 1-4 **시각장애 관점에 따른 용어와 개념**

| 용어 | 손상/기능저하(impairment) | 장애/무능(disability) | 불리/장벽(handicap) |
|------|------|------|------|
| 관점 | 의학적 문제 | 개인의 문제 | 교육 환경의 문제 |
| 예시 | 선천성 백내장으로 인한 수정체 혼탁으로 시력 저하가 일어남 | 시력 저하로 인해 일반 교과서와 학습 자료를 읽기 어려움 | 일반 교과서와 학습 자료를 읽을 수 있도록 확대하여 제공해야 함 |
| | 망막색소변성증으로 인한 시야 협착과 시력 저하가 일어남 | 시야 협착과 시력 저하로 학교에서 독립적으로 이동하기 어려움 | 학교에서 혼자서 이동할 수 있도록 시각장애인 편의시설을 설치하고 보행 교육을 실시해야 함 |

## 2. 시각장애 학생 인구와 발견

### 1) 시각장애 학생 출현율

특수교육용어사전(2009)에 의하면, 출현율은 모집단의 인구 중 특정한 대상자만의 인구 비율을 백분율로 표시한다. 시각장애 학생의 출현율이란 학령 인구 중 시각장애를 지닌 특수교육 대상자의 비율을 말한다[(시각장애를 지닌 특수교육 대상자 수÷학령기 인구수)×100%]. 시각장애 학생의 출현율은 국가나 연구자에 따라 차이가 있으나 1000명당 0.5~1명 정도로 본다.

미국(총 인구 약 35,000만 명)의 맹인인쇄소(American Printing House)에 따르면 2015년 기준 교정 후 좋은 눈의 시력 0.1 이하 또는 잔존 시야 20° 이하인 0~21세 시각장애 인구는 61,739명이며, 지역사회조사국(American Community Survey)에 따르면 2015년 기준 안경으로 교정하고도 학교생활에 어려움을 겪는 0~18세 인구는 455,462명으로 보고하고 있다. 텍사스주(총 인구 약 2,100만 명)의 교육국(Texas Education Agency)에 따르면 2017년 기준 특수교육대상자로 등록된 0~22세의 시각장애 인구는 시각중복장애 학생을 포함하여 10,074명이다. 영국(총 인구 약 6,400만 명)의 경우, 2012년 기준으로 특수교육 지원을 받고 있는 0~17세의 시각장애 인구는 시각중복장애 학생을 포함하여 약 24,000명이며, 이 중 단순 시각장애 학생은 약 11,000명이다(Keil, 2012).

표 1-5  2023년 기준 시각장애를 지닌 특수교육대상 학생 현황                    (단위: 명)

| 합계 | 특수학교 | 일반학교 | | 특수교육<br>지원센터 |
| | | 특수학급 | 일반학급<br>(전일제 통합학급) | |
| --- | --- | --- | --- | --- |
| 1,753 | 1,079 | 207 | 458 | 4 |

출처: 국립특수교육원(2023).

우리나라(총 인구 약 5,200만)는 2023년 기준 0~19세 인구 약 9,158,000명에 대해 국제적인 학령기 시각장애 인구 출현율인 0.05~0.1%를 적용해 보면 약 5,000~10,000명 정도의 시각장애를 지닌 특수교육대상자가 있을 것으로 추정할 수 있다. 그러나 교육부의 2023년 특수교육통계 자료에 따르면, 특수교육 서비스를 받고 있는 시각장애 학생 인구는 1,753명에 불과하다.

우리나라가 다른 나라와 비교하여 매우 낮은 출현율을 보이는 이유는 일반학교에 다니는 학생 중 시각 문제로 학습에 어려움을 경험하고 있는 저시력 학생과 시각중복

표 1-6  2020년 기준, 시각장애(저시력) 학생의 시력 수준                    (단위: 명)

| 급별<br>시력 | 특수학교 | | 일반학교 | | 합계 |
| | 전체 | 여 | 전체 | 여 | |
| --- | --- | --- | --- | --- | --- |
| 안전수동 이하 | 408<br>(54.3) | 173<br>(57.7) | 45<br>(15.5) | 29<br>(20.4) | 453<br>(43.4) |
| 안전지수~0.05 미만 | 98<br>(13.0) | 44<br>(14.7) | 55<br>(18.9) | 30<br>(21.1) | 153<br>(14.7) |
| 0.05 이상~0.1 미만 | 71<br>(9.4) | 24<br>(8.0) | 54<br>(18.6) | 22<br>(15.5) | 125<br>(12.0) |
| 0.1 이상~0.3 미만 | 68<br>(9.0) | 28<br>(9.3) | 65<br>(22.3) | 29<br>(20.4) | 133<br>(12.8) |
| 0.3 이상~0.5 미만 | 32<br>(4.3) | 11<br>(3.7) | 27<br>(9.3) | 9<br>(6.3) | 59<br>(5.7) |
| 0.5 이상~0.7 이하 | 75<br>(10.0) | 20<br>(6.7) | 45<br>(15.5) | 23<br>(16.2) | 120<br>(11.5) |
| 합계 | 752<br>(100.0) | 300<br>(100.0) | 291<br>(100.0) | 142<br>(100.0) | 1,043<br>(100.0) |

출처: 홍재영 외(2020).

장애 학생을 제대로 발견하지 못하고 있기 때문으로 보고 있다.

## 2) 시각장애 학생 발견

세계적으로 시각장애 인구는 대략 맹 10%, 저시력 90% 정도이고, 학령기 시각장애 학생 중 점자를 사용해야 하는 맹학생의 비율 역시 10~15% 내외이다(임안수 외, 2014; Holbrook et al., 2017). 아직까지 우리나라는 일반학교 학생 중 시각 문제로 학습에 어려움이 있는 저시력 학생을 적극적으로 발견하여 특수교육대상자로 선정하고, 필요한 특수교육 지원을 제공하지 못하고 있는 실정이다.

우리나라의 「장애인 등에 대한 특수교육법」에 따르면, 교육장 또는 교육감은 매년 1회 이상 장애학생 발견을 위한 홍보와 관내 어린이집·유치원 및 학교의 영유아 또는 학생을 대상으로 한 선별검사의 수시 실시, 「국민건강보험법」과 「의료급여법」에 따른 건강검진 결과 활용을 규정하고 있다.

그리고 교육부의 「학교건강검사규칙」은 「학교보건법」 제7조에 의하여 학교 건강 검사의 실시 및 그 결과의 기록에 관하여 필요한 사항을 규정하고 있다. 건강검진 항목 중, 눈과 관련하여 시력과 안질환을 확인하도록 하고 있다. 검진 결과, 나안시력이나 안경을 쓴 교정 시력이 0.7 이하이거나, 또는 안질환이 의심되면 안과 정밀검사를 의뢰하고 학교장과 부모 등에게 이를 통지하도록 하고 있다.

**표 1-7** 학교건강검진 항목 중 눈의 검진방법

| 검진항목 | | 검진방법(세부항목) |
| --- | --- | --- |
| 2. 눈 | 가. 시력측정 | 1) 공인시력표에 의한 검사<br>2) 오른쪽과 왼쪽의 눈을 각각 구별하여 검사<br>3) 안경 등으로 시력을 교정한 경우에는 교정시력을 검사 |
| | 나. 안질환 | 결막염, 눈썹찔림증, 사시 등 검사 |

학령기 시각장애 인구 중 다수를 차지하고, 맹학생보다 발견이 더 어려운 저시력 학생과 시각중복장애 학생의 발견을 위해 다음과 같은 노력과 실천이 이루어질 필요가 있다.

- 교육부와 지역 교육청은 관내 일반학교의 보건교사를 통해 학교건강검진 결과, 안경 교정 후 원거리 시력이 0.7 이하이거나 주요 안질환이 있는 학생을 파악하여 특수교육지원센터에 상담이나 진단·평가에 의뢰하도록 하는 지침을 마련해야 한다.
- 지역 교육청과 특수교육지원센터에서는 장애학생 조기 발견을 위한 팀을 구성하여 지역 상황을 고려한 시각장애 학생 발견 방안을 강구하고, 매년 시각 문제로 어려움이 있는 학생에 대한 지역 단위 실태조사를 실시하여야 한다.
- 지역교육청은 관내 일반학교 교장, 교감, 일반교사, 보건교사 대상의 현직 연수를 통해 상대적으로 장애 발견이 어려운 저시력 학생 발견에 관한 사항을 적극적으로 교육 안내할 필요가 있다.
- 특수교육지원센터는 관내 일반학교에 다니는 학생 중 시각 문제로 학습에 어려움을 겪는 학생을 발견하기 위해 선별검사 도구를 배포·활용해야 한다.
- 일반학교는 국가 및 지역단위의 '기초학력진단검사'에서 매우 낮은 성취를 보이는 학생에 대해 시각, 청각, 인지 등의 장애가 의심되는 위험군 학생인지를 주의 깊게 살펴보아야 한다.
- 지역교육청과 특수교육지원센터는 학생과 부모가 특수교육대상자로 선정되는 것이 장애의 낙인이라는 부정적 관점과 인식에서 벗어나 학습 활동의 어려움을 지원하는 학습 지원프로그램의 하나로서 긍정적 관점과 인식을 갖도록 인식 개선 활동을 해 나갈 필요가 있다.
- 지역교육청은 지역 소아 전문 병원 및 안과 병원과 협력 체계를 구축하여 특수교육 서비스에 대한 홍보 리플릿을 비치하고, 교정 후 원거리 시력 0.3 이하의 영유아 및 학생 보호자 대상으로 특수교육지원센터에 대한 안내가 이루어지도록 해야 한다.

💬👤 **시각장애 위험군 학생 발견 주요 방법**

- 학교건강검진 결과 활용: 교정 시력 0.7 이하이거나 심각한 안질환이 있는 학생
- 학교 기초학력진단검사 결과 활용: 매우 낮은 성취 학생
- 시각장애학생 선별검사지 활용: 일반학교 보건교사를 대상으로 배포해 검사 결과 확인

## 3) 시각장애 학생 선별검사

미국, 영국, 호주 등 외국에서는 일반학교에 있는 시각장애 학생의 발견을 위해 'Child Vision Symptom Checklist'로 불리는 선별검사 도구를 개발하여 사용하고 있다.

우리나라도 「장애인 등에 대한 특수교육법」에서 장애 조기 발견을 위한 선별검사를 실시하도록 규정하고 있으며, 이에 따라 2017년에 교육부가 체크리스트 형태의 17개 문항으로 구성된 '시각장애 선별검사 도구'를 개발·보급하였다. 이 도구는 담임교사가 일반학교 학생 중 시각 문제로 학교생활과 학습에 어려움이 있다고 의심되는 학생을 대상으로 평소 관찰 경험에 기초하여 행동 빈도를 5점 척도로 응답하도록 하고 있다(〈표 1-8〉 참조).

**표 1-8** 시각장애 학생 선별검사지

| 검사 문항<br>(학생은 시각 문제로 ~행동이 관찰된다) | 행동 관찰 빈도에 ∨ 표시하시오 | | | | |
|---|---|---|---|---|---|
| | 그렇지<br>않다<br>(0) | 드물지만,<br>그렇다<br>(1) | 가끔<br>그렇다<br>(2) | 자주<br>그렇다<br>(3) | 항상<br>그렇다<br>(4) |
| 1  눈동자가 계속 움직인다. | | | | | |
| 2  학습 자료나 사물을 볼 때 똑바로 보지 않고 머리를 한쪽으로 기울여 본다. | | | | | |
| 3  학습 자료나 사물을 잘 보지 못하여 구두 설명을 요청한다. | | | | | |
| 4  안경이나 렌즈를 끼고도 책을 너무 가까이 다가가서 본다. | | | | | |
| 5  글을 읽을 때 줄을 잃어버리거나 건너뛰고 읽는다. | | | | | |
| 6  손가락으로 줄을 짚으면서 읽는다. | | | | | |
| 7  글을 읽을 때 일부 단어나 글자를 빠뜨리고 잘못 읽는다. | | | | | |
| 8  읽기와 쓰기 활동을 기피하거나 싫어한다. | | | | | |
| 9  오랜 시간 읽기와 쓰기 활동을 하는 데 피로감이나 어려움을 호소한다. | | | | | |
| 10  같은 학년의 학생보다 읽기 속도가 느리다. | | | | | |

| | | | | | |
|---|---|---|---|---|---|
| 11 | 교과서의 그림, 도표, 사진 자료를 보고 이해하는 데 시간이 많이 걸리거나 교사가 지시한 부분을 찾지 못한다. | | | | |
| 12 | 이동할 때 사물을 보지 못해 자주 부딪치거나 걸려 넘어진다. | | | | |
| 13 | 노트 필기를 할 때 또래보다 글자를 지나치게 크게 쓰거나 줄에 맞추어 쓰지 못한다. | | | | |
| 14 | 자신이 쓴 글자를 알아보지 못하거나 제대로 읽지 못한다. | | | | |
| 15 | TV나 컴퓨터 모니터를 가까이 다가가서 본다. | | | | |
| 16 | 교실의 칠판이나 TV 화면의 내용을 읽기 어려워한다. | | | | |
| 17 | 학급 게시판의 게시물을 보는 것을 어려워한다. | | | | |

- 시각 문제가 있는 학생(시각장애 위험군 학생)으로 선별하기 위한 기준 점수는 14점이며, 총점이 14점 이상인 학생은 특수교육지원센터에 공식적인 진단·평가를 의뢰하도록 권고하고 있다.
- 14점 이하이더라도 학생의 학업 문제의 주요 원인 중 1가지가 시각 문제라고 생각된다면 특수교육지원센터의 공식적인 상담만이라도 받도록 권고하고 있다.

## 3. 시각장애 학생의 교육배치와 교육기관

시각장애 학생의 특성, 시각장애 정도, 중복장애 여부, 학생 및 부모의 요구 등을 종합적으로 고려하여 시각장애 학생에게 최적의 교육과 서비스를 제공할 수 있는 교육기관에 배치하는 것이 중요하다.

### 1) 외국

미국과 영국 등에서 시각장애 학생의 교육배치 모형은 일반학교 일반학급(full inclusion with itinerant support), 일반학교 리소스룸(resource room), 일반학교 특수학급(special class), 특수학교(specialized school) 등으로 나눌 수 있다. 외국에서 단순 시각장애 학생의 대부분이 일반학교에서 통합교육을 받고 있고, 시각중복장애 학생은 특수학교에 주로 배치되어 있다.

- 순회 교육 모형: 시각장애 학생이 일반학교에 다니면서 지역 특수교육지원센터의 순회 교사로부터 지원을 받는 모형이다. 미국과 영국의 경우에 단순 시각장애 학생의 90% 정도가 이러한 교육배치와 특수교육 서비스를 받고 있다. 특수교육지원센터의 순회 교사는 시각장애 학생이 다니는 일반학교들을 순회하며 특수교육을 제공한다. 특수교육지원센터의 순회 교육 모형은 여러 가지 형태가 있다. 첫째는 특수교육지원센터에 시각장애 전문 교사 1명 정도만 채용하여 교육지원을 제공하는 형태로 작은 도시에서 이루어진다. 둘째는 특수교육지원센터에 '감각장애 교육팀'을 두고 시각 및 청각장애 학생을 지원할 수 있는 전문가들로 구성하여 지원하는 것으로 중규모 도시에서 이루어진다. 셋째는 특수교육지원센터에 별도의 시각장애 교육팀을 구성하여 지원하는 형태로, 이 팀에는 시각장애 교사, 보행 전문가, 특수교육 보조원, 점역사 등이 있으며, 주로 통합교육을 받는 시각장애 학생 수가 많은 대도시에서 이루어진다.
- 일반학교 리소스룸 모형: 일반학교에 시각장애 학생이 여러 명이 배치되어 있는 경우에 집중적인 서비스를 제공하고자 학교 내에 시각장애 학생을 지원하는 리소스룸(특수교육지원실)을 설치한 모형이다. 미국과 영국의 경우에 단순 시각장애 학생의 약 5% 내외가 이러한 교육배치 및 서비스를 받고 있다. 시각장애 학생이 일반학급에서 모든 교과 수업을 받고 리소스룸에서는 시각장애 교사에 의해 특수한 교구나 보조공학 기기 등의 지원이 이루어지고, 점자, 보행, 일상생활 같은 특수한 영역에 대한 지도가 이루어진다.
- 일반학교 특수학급 모형: 중중의 시각장애 학생이나 시각중복장애 학생을 시각장애 교사가 있는 일반학교 특수학급에 배치하는 모형이다. 특수학급에서는 일반교과 전체나 일부에 대한 수업이 이루어지면서 시각장애와 관련된 특수한 영역의 교육과 지원도 함께 이루어진다.
- 특수학교와 일반학교 교류 모형: 점차적으로 시각장애 특수학교와 지역 일반학교 간의 교류 프로그램이 활발해지고 있다. 일반학교의 시각장애 학생이 몇 주에

서 몇 달간 시각장애 특수학교에 단기간 배치되어 일반 교과 학습에 필요한 기술 습득과 보행, 점자 같은 특수한 영역의 교육을 받는다. 그리고 시각장애 특수학교 학생들은 일반학교 경험을 위해 지역 일반학교에서 일반 학생과 함께 교과수업을 받을 기회를 제공한다.

- 시각장애 특수학교 모형: 시각장애 학생을 위해 설립된 특수학교에서 교육을 받는 분리된 교육 모형이다. 시각중복장애 학생의 대부분이 이러한 배치 및 특수교육 서비스를 받고 있다. 시각장애 특수학교는 재학생들을 위한 학교 교육과정을 편성·운영하는 것에 더해 인근 지역의 일반학교에 다니는 시각장애 학생들을 지원하는 아웃리치 서비스(outreach service)를 제공한다. 아웃리치 서비스는 순회 교육과 유사하게 보행 교육, 일상생활 교육, 보조공학 교육, 스포츠 및 여가 활동, 진로 상담 및 직업 교육, 시기능 훈련, 일반 교사 자문, 부모 상담 등을 포함한다.

## 2) 우리나라

우리나라의 시각장애 학생 교육배치 모형은 「장애인 등에 대한 특수교육법」에 따라 '일반학교 일반학급, 일반학교 특수학급, 시각장애 특수학교' 3가지로 나눌 수 있다. 점차 시각장애 학생의 통합교육이 확대되고 시각장애 학생에 대한 교육 지원이 제대로 이루어지기 위해서는 특수교육지원센터에 시각장애 학생 교육에 대한 전문성 있는 교사를 배치하고, 시각장애 학생의 순회 교육을 담당하는 특수교육교사 대상으로 시각장애 관련 연수를 정기적으로 제공하는 것이 필요하다.

우리나라에서도 지역 규모와 시각장애 학생 인구수 등에 따라 다음과 같은 통합교육 지원 모형을 운영할 필요가 있다.

- 순회 교육 모형: 서울, 인천, 대구 등 광역시의 경우에는 구 특수교육지원센터 중 한 곳을, 경기도, 강원도, 충청북도 등 16개 도의 경우에는 지리적 접근성을 고려하여 시·군 특수교육지원센터 중 두세 곳을 시각장애 거점 특수교육지원센터로 지정·운영해야 한다. 시각장애 거점 특수교육지원센터에는 시각장애 교사 외에 보행 전문가, 점역교정사 같은 시각장애 관련 서비스 전문가를 배치하는

것이 필요하다.

- 시각장애 특수학급 모형: 과거 여의도중학교에 저시력 학급을 운영하던 것처럼, 시각장애 학생 인구가 많은 대도시와 시각장애 특수학교가 없는 주요 중소도시에 중증 시각장애 학생을 위한 '시각장애 특수학급'을 설치하고 시각장애 학생 4~5명 정도를 배치하여 집중적인 특수교육 서비스를 받을 수 있도록 하는 것이다. 시각장애 특수학급에는 시각장애 교육에 전문성이 있는 교사를 배치하여 일반학급에서 교과 수업을 받는 데 필요한 전반적인 교육 지원, 점자, 보행, 보조공학 같은 특수한 영역에 대한 지도, 대체학습 자료와 특수한 교구 지원 등을 수행하도록 할 필요가 있다.

- 시각장애 특수학교 모형: 분리 교육 모형으로 시각중복장애 학생 교육의 중추적인 역할에 더해 지역 일반학교에 다니는 시각장애 학생에 대한 다양한 특수교육 서비스를 제공하는 역할을 병행하도록 해야 한다. 시각장애 특수학교에 입학하는 시각장애 학생 수의 감소 문제를 해결하고, 시각장애 교육 전문성을 활용하여 시각장애 학생의 통합교육을 지원할 수 있도록 전국 13개 시각장애 특수학교를 시각장애 거점 특수교육지원센터로 지정하여 운영할 필요가 있다.

## (1) 특수교육지원센터

우리나라는 「장애인 등에 대한 특수교육법」에 따라 일반학교에 다니는 장애학생의 통합교육을 지원하기 위해 전국 시·군·구에 199개 특수교육지원센터를 설치·운영하고 있다. 교육부는 2013년부터 지역 특수교육지원센터 중 27개소를 시각장애 거점 특수교육지원센터로 지정하고, 이들 거점센터와 지역 특수교육지원센터가 연계하여 시각장애 학생의 실질적인 통합교육을 지원할 수 있도록 하고 있다(〈표 1-9〉 참조). 다만 아직까지 시각장애에 대해 전문성 있는 교사와 관련 서비스 전문 인력은 배치되지 못하고 있다.

표 1-9 시각장애 거점 특수교육지원센터

| 시·도 | 시각장애 거점 특수교육지원센터 |
|---|---|
| 서울 | 중부 특수교육지원센터, 강남 서초 특수교육지원센터 |
| 부산 | 동래 특수교육지원센터 |

| 대구 | 시각장애 학생 지원 중점 특수교육지원센터 |
|---|---|
| 인천 | 동부 특수교육지원센터 |
| 광주 | 광주교육청 특수교육지원센터* |
| 대전 | 대전 시청각장애 특수교육지원센터* |
| 울산 | 울산 시각장애 특성화지원센터 |
| 경기 | 수원 특수교육지원센터 |
| 강원 | 강원 시각장애 특수교육지원센터 |
| 충북 | 청주 특수교육지원센터*, 충주 특수교육지원센터* |
| 충남 | 아산 특수교육지원센터* |
| 전북 | 시각장애특성화 특수교육지원센터 |
| 전남 | 목포 특수교육지원센터*, 순천 특수교육지원센터*, 나주 특수교육지원센터* |
| 경북 | 포항 특수교육지원센터*, 구미 특수교육지원센터*, 경산 특수교육지원센터*, 안동 특수교육지원센터* |
| 경남 | 경상남도 특수교육지원센터*, 창원 특수교육지원센터*, 김해 특수교육지원센터*, 함안 특수교육지원센터* |
| 제주 | 제주시 특수교육지원센터*, 서귀포시 특수교육지원센터* |

* 시각장애와 청각장애의 2개 장애 유형에 대한 거점 특수교육지원센터임.


(2) 특수학급

2020년 기준 약 223명의 단순 시각장애 학생이 일반학교 특수학급에서 배치되어 특수학급 교사로부터 교육 지원을 받고 있다. 시각장애 학생이 배치된 특수학급에는 지적장애 학생이 다수를 차지하고 있으며, 특수학급 교사의 시각장애 전문성이 부족하여 적절한 교육 지원을 제공하기 어려운 상황이다.

따라서 지역교육청은 매년 시각장애 학생이 배치된 특수학급을 조사하여 이들 특수학급 교사 대상으로 시각장애 관련 교육 연수를 실시하는 것이 필요하다. 더 나아가 미국과 영국처럼 시각장애 학생 수가 많은 대도시에는 일반학교 특수학급 중 몇 개 학급을 '시각장애 특수학급'으로 지정하여 시각장애 학생의 특성과 요구를 고려한 특수교육 지원을 받을 수 있도록 하는 것도 고려해 볼 만하다.

### (3) 시각장애 특수학교

외국과 같이, 우리나라도 단순 맹학생과 저시력 학생의 통합교육이 증가함에 따라 시각장애 특수학교의 학생 수가 감소하고 있으며, 재학생 중 시각중복장애 학생의 비율(약 30%)이 계속 증가하고 있다. 이에 따라 시각장애 학생 교육의 전문성과 자원을 보유한 '시각장애 특수학교'의 역할이 시각중복장애 학생 교육과 지역 일반학교에 다니는 시각장애 학생에 대한 통합교육 지원 기관으로서 변화하고 있다. 현재 서울맹학교, 대전맹학교, 대구광명학교 등 대부분의 시각장애 특수학교들이 교내에 특수교육지원센터를 설치하고, 통합교육을 받는 지역 시각장애 학생을 지원하고 있다.

| 13개 시각장애 특수학교(맹학교) |
| --- |
| 서울맹학교(서울), 한빛맹학교(서울), 부산맹학교(부산), 대구광명학교(대구), 인천혜광학교(인천), 대전맹학교(대전), 강원명진학교(강원도 춘천), 청주맹학교(충청북도 청주), 충주성모학교(충청북도 충주), 전북맹아학교(전라북도 익산), 영암은광학교(전라남도 영암), 제주영지학교(제주도) |

## 4. 시각장애의 발달적 영향

사람은 태어나서 주변 환경과 상호작용을 하면서 경험과 학습이 일어나고 성장·발달하게 되는데, 이 과정에 주로 시각 기관을 이용하게 된다. 시각장애아는 생활 및 교육 환경에서 시각을 통해 다양한 정보와 자극을 받을 기회가 부족할 수밖에 없어 인지, 언어, 신체·운동, 심리·정서, 사회적 측면에서 발달이 지연될 가능성이 있다.

### 1) 신체 및 운동 발달

영유아는 신체 및 운동 발달이 이루어지면서 환경과의 상호작용과 접촉 경험이 빈번해지고 확장될 수 있다. 출생 직후에는 일반 영아도 시각이 충분히 발달하지 않아 신체 발달에 큰 차이가 없으나, 시각 기능이 발달하여 주변 환경과 물체에 의한 다양한 시각 자극에 의해 신체 움직임이 유도되는 시기부터는 신체 및 운동 발달에 차이가 생길 수 있다. 시각장애 영유아는 시각을 통해 주변의 호기심이 있는 물체를 바라보고 손을 뻗거나 다가가는 등의 동기가 유발되기 어렵고, 가족이나 형제 및 또래 친구의 신체 활동과 동작을 모방하면서 자연스럽게 신체 운동 기능이 발달하기 쉽지 않다.

- 조기부터 일과(routine) 중에 의도적이고 계획적인 청각 및 촉각 정보와 자극을 제시하여 신체 활동과 움직임을 유도하거나 촉진하도록 한다.
- 촉각 교수 방법(손 위 손 안내법, 신체적 안내법, 촉각적 모델링 등)을 활용하여 또래 연령에 적합한 신체 활동과 동작을 경험하도록 한다.
- 가정과 학교 환경에서 안전하게 이동할 수 있는 보행 환경 조성과 조기 보행 교육을 통해 독립적으로 이동하려는 동기를 높이고 격려한다.

## 2) 개념 및 인지 발달

시각은 오감을 통해 받아들인 모든 정보를 통합하는 감각으로 환경과 사물에 대한 보다 정확한 이해와 개념을 발달시킨다. 시각장애는 다양한 생활 환경에서 많은 정보를 얻고 경험할 기회를 제한시키며, 청각이나 촉각은 시각에 비해 단편적이고 제한된 정보만을 제공하므로 정확한 이해가 어렵다. 이를 보상하기 위해 잔존 감각(다감각)을 모두 활용하여 사물을 탐색·이해하도록 하고, 교사와 부모의 언어적 설명이 병행되어야 한다. 인지 발달에 중요한 정보 접근의 제한과 경험의 부족은 언어 능력이 발달하게 되면서 구어 설명과 의사소통에 의해 상당히 보상될 수 있다. 마치 외국에 가본 적이 없지만 주변 사람의 이야기나 여행 도서를 통해 외국 도시와 문화에 대해 알게 되는 것과 같다.

- 교사와 부모는 시각장애 유아가 주변 환경과 사물에 대해 촉각, 청각, 후각 등 잔존 감각을 모두 활용하여 충분한 탐색과 경험을 할 수 있도록 한다.
- 시각장애 유아가 주변 환경과 사물에 대한 직접적인 탐색과 경험이 어려울 때는 주변 사람이 상세한 설명이나 유사한 사물을 활용한 대체 경험을 제공하는 것도 도움이 된다.

## 3) 언어 발달

시각장애아는 어려서부터 시각 자극의 부족으로 인해 듣기와 말하기에 대한 관심과 동기 유발이 이루어져 구어 발달은 상대적으로 늦지 않은 편이다. 그러나 시각장애로 인한 제한된 경험은 경험과 관련된 어휘를 자연스럽게 학습할 기회를 감소시켜 언어 발달이나 어휘 확장이 늦어질 수 있으며, 특히 문자에 대한 자연스러운 경험과 사용 기회가 적기 때문에 읽기와 쓰기 같은 문어 발달이 더 크게 지연될 수 있다.

- 교사와 가족은 시각장애아와 일과 동안에 의도적으로 풍부한 구어 의사소통을 하려고 노력해야 한다.
- 직접적인 경험에 의한 언어 습득과 비교하여 다른 사람의 설명이나 간접적인 경험에 의해 형성된 언어 개념은 추상적이고 부정확할 수 있어 대화 상대와 상황에 맞는 정확한 어휘를 사용하도록 지도한다.
- 사물이나 사건의 경험 속에서 어휘를 지도하면 어휘에 대한 더 정확한 의미 이해와 사용이 이루어질 수 있다.
- 유아기부터 점자, 확대 글자 등 학생에게 적합한 문해매체(학습매체)를 통한 읽기와 쓰기 교육을 실시하면 문어 발달의 지연을 줄일 수 있다.

## 4) 심리·정서 및 사회성 발달

영유아는 가족이나 또래와의 상호작용과 관계 형성을 통해 심리 정서적 안정과 사회적 기술이 발달하게 된다. 시각장애아는 주변으로부터 고립되거나 마주치는 사건이나 물체에 대한 확인의 어려움으로 불안감, 고독감, 우울감이 나타날 수 있으며, 시각장애로 인한 부모나 교사의 낮은 기대감도 자신감 부족이나 낮은 자존감을 형성시킬 수 있다. 따라서 교사와 부모는 다양한 상황에서 사회적 상호작용 기회를 만들고, 학생의 작은 반응과 행동도 의사소통의 신호로 보고 적극적인 반응을 해 주는 것이 필요하다. 다른 사람과의 의사소통 및 관계 형성의 기회 부족은 부적절한 자기 자극적인 상동행동(머리 흔들기, 손 털기, 눈 찌르기 등)을 초래하고, 결국 또래와의 관계 형성을 방해할 수 있다는 점을 유념해야 한다.

- 교사와 부모는 영유아기부터 시각장애에 대한 긍정적인 인식과 수용이 이루어 지도록 지도와 격려를 제공한다.
- 연령에 적합한 사회적 기술(표정, 제스처 같은 비언어적 의사소통과 사회적으로 수용되는 행동 등)과 또래 관계 형성·유지에 필요한 방법을 교육한다.
- 시각장애아를 지도하는 일반 교사와 또래 친구 대상으로 시각장애 이해 교육을 제공하여 적절한 배려와 도움을 줄 수 있도록 한다.


## 5. 시각장애 교사의 역할

시각장애 학생을 지도하는 특수교육교사의 역할과 업무는 특수교육지원센터, 일반학교 특수학급, 시각장애 특수학교 등 근무 기관의 형태에 따라 차이가 있을 수 있다. 특수교육교사는 시각장애 학생의 학습과 생활에 필요한 교육 및 지원을 수행할 수 있는 다음과 같은 역량을 갖추는 것이 필요하다.

> #### 👥 시각장애 교사의 핵심 수행 역량
> - 눈의 구조와 안질환에 대한 기초 지식을 가지고 학생의 안질환에 따른 보편적인 교육적 어려움과 지원 방향을 이해한다.
> - 시각장애가 아동의 발달에 미치는 영향을 알고, 영유아기 및 아동기에 정상적인 발달을 돕기 위한 교육적 지원 활동을 수행한다.
> - 시각장애를 지닌 특수교육대상자를 선정하기 위한 진단·평가 방법 및 도구를 사용하고, 시각장애 선정 기준에 부합하게 진단배치 보고서를 작성한다.
> - 매년 시각장애 학생의 교육적 요구를 평가하고, 학생의 시각장애 정도 및 특수교육 지원 요구를 반영하는 개별화교육계획서를 작성하여 실행한다.
> - 시각장애 학생과 부모, 일반 교사에게 시각장애 학생을 위해 필요한 지원에 대해 적절한 상담 및 자문과 정보 제공을 한다.

- 시각장애 학생을 위한 특수교육 교육과정을 이해하고, 초·중·고 학교급에 적합한 학교 교육과정을 편성·운영한다.
- 일반 교과 학습을 위해 학생의 시각장애 정도를 고려한 교수적 적합화를 확인하고, 수업지도안 작성과 효과적인 수업을 실시한다.
- 시각장애 정도에 맞게 각종 시험의 평가 조정 및 편의 지원 방법을 알고 적절히 지원한다.
- 시각장애 정도에 적합한 대체 자료(점자 자료, 확대 자료, 음성 자료, 양각 교구 등)를 제작하거나 관련 전문 기관에 신청한다.
- 시각장애에 대처하기 위한 점자, 보행, 대인관계, 일상생활, 보조공학 등을 포함하는 특수한 교육 영역을 지도한다.
- 시각중복장애 학생에게 적합한 기능적 교육과정을 개발·편성하고, 시각중복장애 유형 및 특성에 적합한 교수 방법으로 지도한다.
- 학교 시설 및 학습 환경이 시각장애 학생에게 적합하게 조성되었는지 점검하고 개선한다.
- 시각장애 관련 기관의 유형과 각 기관의 운영 프로그램을 알고, 시각장애 학생의 교육 활동을 지원하기 위해 유관 기관과 연계한다.

**학습 활동**

- 「장애인 등에 대한 특수교육법」에 비추어 볼 때 시각장애를 지닌 특수교육대상자로 선정될 수 있는 학생 사례에 대해 발표해 봅시다.

- 미국, 영국 등 다른 나라와 비교할 때 우리나라에서 특수교육대상자로 선정된 시각장애 학생수가 적은 이유와 일반 유치원이나 학교에서 시각 문제로 인해 교육적 어려움이 있는 학생을 발견하기 위한 효과적인 방법이나 프로그램에 대해 발표해 봅시다.

- 일반 학생과 시각장애 학생을 대상으로 시각장애 선별검사지를 사용해 보고, 일반학교에서 시각장애 위험군 학생을 변별하는 데 유용한 검사 도구인지 발표해 봅시다.

- 지역에 시각장애 특수학교나 시각장애 거점 특수교육지원센터가 있는지 살펴보고, 기관 견학을 해 봅시다.

- 이 책에 제시된 '시각장애 선별검사지'를 시각장애 영유아에게 사용할 수 있도록 영유아에게 적절한 문항으로 수정·보완하여 발표해 봅시다.


**국내 참고 자료 활용**

국립특수교육원(2016). 양육 길라잡이(시각장애편).
국립특수교육원(2017). 장애학생 부모 양육 길라잡이(시각장애편).

CHAPTER 02

# 시각장애의 원인과 교육적 요구

학습목표
- 눈 주요 부위의 명칭과 시각 기능을 이해한다.
- 안질환에 따른 교육적 어려움과 지원 요구를 이해한다.
- 저시력 체험을 통해 시력이나 시야 문제로 인한 교육적 어려움을 경험한다.

## 1. 시각계의 구조

특수교육교사는 시각계(visual system)의 구조에 대해 이해하는 것이 필요하다. 교사는 학생이나 부모와의 최초 상담 과정에서 학생의 안질환을 먼저 확인하게 되는데, 시각계 구조에 대해 알고 있으면 학생의 안질환이 시각계의 어떤 부위와 기능에 문제를 일으키고, 이로 인해 학교생활과 학습 활동에서 어떠한 어려움을 가질 수 있는지를 더욱 잘 이해할 수 있다. 예를 들어, 각막은 물체의 상이 선명하게 눈을 통과하기 위한 창(문)으로서 기능을 한다는 것을 알고 있다면, 학생의 안질환이 각막 관련 질환이라는 것만으로도 사물이 흐릿하고 뿌옇게 보이는 시력 장애가 있을 것이라고 추측할 수 있다.

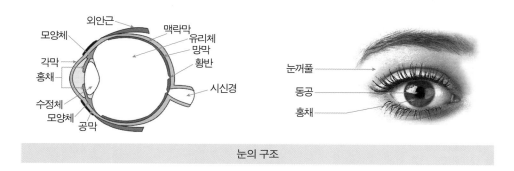

눈의 구조

무언가를 보고 인식한다는 것은 외부의 시각 정보를 받아들이는 안구 영역, 시각 정보를 전달하는 신경 전달 영역, 시각 정보를 처리하는 뇌의 시각 영역으로 이루어지는 복잡한 시각 시스템의 산물이다. '안구 영역'은 외부의 시각 정보를 받아들이는 수용체로 안구 조직(각막–동공–수정체–유리체–망막 등)과 시신경을 말한다. 안구 조직에 이상(각막 혼탁, 백내장, 망막색소변성증, 녹내장, 시신경 위축증 등)으로 시력과 시야가 손상되어 정상적으로 보지 못하는 경우를 '안구 시각장애(Ocular Visual Impairment)'라고 부른다. 신경 전달 영역은 시삭, 시신경 교차, 시각방사로 구성되는 신경 전달 조직으로, 안구의 시각 정보를 뇌로 전달하는 역할을 한다. 여기에 이상이 생기면 1/4맹, 반맹 등이 발생하는 경우가 많다. 뇌의 시각 영역은 대뇌 피질의 후

두엽으로, 후두엽은 일차시각피질(겉질)과 시각연합피질(겉질)로 구성된다. 이곳에서 시각 정보를 정상적으로 처리하고 분석 및 해석할 때 우리가 바라보는 대상이 무엇인지 알아보게 된다. 여기에 이상이 생기면 눈(안구)은 대상을 제대로 보아도 뇌가 제대로 인식하거나 해석하지 못해 대상을 알아보지 못하게 되며, 시각적 주의를 하는 데도 어려움을 보인다. 시각 정보의 전달 경로와 뇌의 시각 영역 이상으로 대상을 제대로 보지 못하는 경

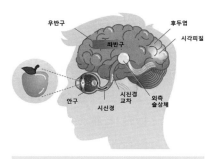

외부의 물체 정보가 안구 조직을 거쳐 뇌의 시각 처리 영역으로 전달되는 경로

우를 피질/뇌성 시각장애(Cortical/Cerebral Visual Impairmemt: CVI)나 신경학적 시각장애(Neurological Visual Impairment)라고 부른다.

이처럼, 우리가 눈으로 보게 되는 물체의 상은 빛을 통해 '각막 → 동공 → 수정체 → 유리체 → 망막 → 시신경 → 시로 → 뇌의 시각피질'에 도달함으로써 비로소 물체가 무엇인지 인식할 수 있게 된다. 따라서 이들 경로에 문제가 생기면 시력 장애, 시야 장애, 시각 정보의 인식 및 해석에 문제가 발생하여 물체를 제대로 보지 못하게 된다.

따라서 특수교육교사는 시각계의 구조에서 각막, 홍채, 망막, 수정체, 시신경, 외안근, 뇌의 시각피질의 주요 기능과 해당 부위에 발생하는 안질환을 기억하는 것이 좋다.

## 1) 각막

각막은 가장 앞쪽에 위치한 얇고 투명한 막으로, 우리가 눈을 크게 뜨고 상대방을 마주볼 때 보이는 부분이다. 각막은 바라보는 물체의 상이 빛을 통해 눈으로 들어오는 첫 번째 창(문)으로서의 기능을 하고, 부수적으로 물체의 상이 망막에 초점이 맺도록 굴절시키는 기능도 가지고 있다. 각막에 생기는 주요 질환으로 각막 궤양, 각막 외상, 각막 실질염, 원추 각막 등이 있다.

☞ 창문의 유리가 깨끗하지 못하면 교실에서 창을 통해 바라보는 바깥 풍경이 선명하게 보이지 않는 것처럼, 각막의 손상으로 혼탁이 생기면 일반적으로 흐릿하고 뿌옇게 보이는 시력 장애가 발생하며, 각막 혼탁이 심한 부위는 보이지 않는 시야 문제를 가져올 수도 있다.

## 2) 홍채

홍채는 각막과 수정체 사이에 있는 도넛 모양의 불투명한 조직으로 눈으로 들어오는 빛의 양을 조절하는 기능을 한다. 홍채의 중앙에 있는 작은 구멍을 동공이라고 하는데, 홍채가 수축되거나 이완되면서 동공의 크기가 커지거나 작아져서 빛의 양을 조절하게 된다. 우리가 어둡거나 밝은 곳에서 모두 잘 볼 수 있는 것은 홍채가 어두운 곳에서 산동(동공이 커짐), 밝은 곳에서 축동(동공이 작아짐)함으로써 어둠(암순응)과 빛(명순응)에 적응하기 때문이다. 홍채에 생기는 주요 질환으로 무홍채증, 홍채염 등이 있다.

☞ 홍채 이상이 생기면 눈으로 빛이 과도하게 들어와 마치 태양이나 전등을 마주보면서 전방의 물체를 볼 때처럼 눈부심으로 인해 물체가 뿌옇게 보이는 시력 장애가 나타나며, 명순응과 암순응에도 문제를 일으킨다.

## 3) 수정체

수정체는 수분과 단백질로 구성된 볼록 렌즈 모양의 투명 조직이다. 수정체는 두께를 조절하여 물체의 상이 망막에 초점이 맺히도록 굴절시키는 기능과 물체의 상이 선명하게 통과할 수 있는 두 번째 창(문)으로서의 역할을 한다. 우리가 먼 곳의 물체나 가까운 곳의 물체를 모두 잘 볼 수 있는 것은 물체의 거리와 크기에 따라 수정체의 굴절률을 변화시켜 물체의 상이 망막에 정확히 맺힐 수 있도록 하기 때문이다. 수정체에 생기는 주요 질환으로 선천성 백내장, 무수정체안, 굴절 이상 등이 있다.

☞ 수정체에 혼탁이 발생하거나 수정체의 두께 조절을 통한 적절한 굴절이 이루어지지 않아 물체에 초점이 맞추어지지 못하면, 물체가 흐릿하게 보이는 시력 장애가 발생하며, 수정체 혼탁이 심한 부위는 보이지 않는 시야 문제를 가져올 수도 있다.

## 4) 망막

우리가 보는 물체의 상은 빛을 통해 각막, 동공, 수정체, 유리체를 거쳐 망막에 상이 맺힌다. 망막은 사진기의 필름 기능을 하는데, 필름에 손상이 있으면 사진기의 초점을 잘 맞추어 찍어도 손상된 필름 부분은 사진에 나오지 않게 된다. 망막을 구성하는 주요 광수용체중은 원뿔(추체) 세포와 막대(간체) 세포로 이루어진다. 원뿔 세포는 망막의 중심부(황반)에 많고 밝은 곳에서 물체의 형태와 색을 인식하는 기능을 하므로 원뿔 세포에 손상이 생기면 물체가 흐릿하게 보이는 시력 저하와 색을 구별하는 능력이 감소된다. 막대(간체) 세포는 망막의 주변부에 많고 어두운 곳에서 물체의 명암을 인식하는 기능을 하므로 막대 세포에 손상이 생기면 어두운 곳에서 물체를 잘 보지 못하는 야맹증이 생긴다. 망막에 생기는 주요 질환으로 망막색소변성증, 황반변성, 미숙아 망막병증, 당뇨병성 망막병증 등이 있다.

> ☞ 망막이 손상되면 손상된 망막 부위에는 물체의 상이 맺히지 못해 물체의 일부가 보이지 않는 시야 장애와 야맹증이 나타나며, 망막의 손상이 중심부(황반)로 진행하면 시력 저하와 색각 이상의 문제까지도 일어나게 된다.

## 5) 방수

방수는 눈에서 생성되어 배출되는 투명한 액체로, 눈에 영양을 공급하고 안구에 일정한 내압을 유지시키는 기능을 한다. 방수는 생성된 만큼 안구 밖으로 배출이 되어야 일정한 내압이 유지될 수 있다. 방수와 관련된 질환이 바로 녹내장이다.

> ☞ 방수가 잘 배출되지 않으면 안구 내부의 압력이 올라가서 안통, 두통, 구역질 등이 일어나고, 안구의 내압에 의해 망막 뒤쪽에 위치한 시신경이 손상된다.

## 6) 시신경과 시로

우리가 보는 물체의 상이 망막에 잘 결상되더라도 망막의 정보가 시신경과 시로를 통해 뇌로 전달되지 않으면 결국 물체를 인식하지 못하여 물체가 무엇인지 알 수 없게 된다. 시신경과 시로에 생기는 주요 질환으로 시신경염, 시신경 위축, 시로장애(반맹증) 등이 있다.

☞ 시신경과 시로가 손상되면 손상된 부위의 정보가 뇌로 전달되지 못해 물체의 일부가 보이지 않는 시야 장애가 일어날 수 있으며, 시신경 손상이 중심부로 진행될수록 시력 저하도 동반될 수 있다.

## 7) 외안근

외안근(눈 주변 근육)은 4개의 직근과 2개의 사근으로 이루어져 있으며 직근은 안구의 수직과 수평 운동을 주도하고 사근은 안구의 회전 운동을 주도한다. 우리가 안구를 움직여 사방을 볼 수 있는 것은 외안근이 정상적으로 기능하기 때문이다. 외안근의 이상으로 생기는 주요 질환으로 사시, 안구진탕(안진)이 있다.

**외안근**

☞ 외안근에 문제가 생기면, 양 눈의 초점이 맞지 않아 생기는 복시 현상이나 시력 저하가 일어날 수 있다.

## 8) 대뇌 시각피질

뇌의 뒤쪽에 위치한 대뇌 후두엽과 시각피질은 주로 '시각'과 관련이 있으며, 안구의 시각 정보가 전기 신호의 형태로 신경 경로를 따라 이곳으로 전달된다. 색상, 세부적인 요소, 움직임(movement) 같은 요소들을 처리하는 수백만 개의 뇌의 시각피질 세포가 시각 이미지를 분석하고 재구성하여 시각적으로 정확하게 인식하게 된다.

☞ 대뇌 피질의 손상은 안구 조직에 문제가 없음에도 불구하고 정상적으로 대상을 보고 인식하지 못하는 피질 시각장애(CVI) 등을 일으킬 수 있다.

특수교육교사는 시각계의 구조와 안질환에 따른 시력과 시야, 뇌의 시각 정보 처리 문제를 이해하고, 학생 및 부모와의 상담과 시각 평가 과정에 이를 고려하는 것이 필요하다. 예를 들어, 학생이 시야 장애와 관련된 질환이라면 상담 과정에서 시야 문제로 어떠한 어려움이 있는지 심층 면담이 이루어져야 하며, 시각 평가에서도 시야 관련 검사에 보다 주안점을 두는 것이 필요할 수 있다. 시각계의 주요 부위에 생기는 안질환과 안질환별 시각 문제에 관해 정리하면 〈표 2-1〉과 같다.

표 2-1 **특수교육교사가 알아야 할 눈의 주요 부위와 관련 안질환**

| 눈의 주요 부위 | | 주요 기능 | 대표 안질환 | 시력과 시야 장애 |
|---|---|---|---|---|
| 외막 | 각막 | • 창의 기능<br>• 굴절 기능 | • 각막 궤양, 각막 외상, 원추 각막 | • 각막 혼탁으로 시력 저하 |
| 중막 | 홍채 | • 빛의 양 조절 기능 | • 무홍채증<br>• 홍채염 | • 눈부심으로 시력 저하 |
| 내막 | 망막 | • 물체 상이 맺히는 필름 기능 | • 망막색소변성증 | • 초기 주변부 시야 손상<br>• 중심부 시야 손상으로 진행하면 시력 저하 동반 |
| | | | • 황반변성 | • 중심부 시야 손상<br>• 중심부 시야 손상으로 인한 시력 저하 |

| | | | • 당뇨병성 망막병증 | • 불규칙적 시야 손상<br>• 중심부 시야 손상이 있으면 시력 저하 동반 |
|---|---|---|---|---|
| | | | • 미숙아 망막병증 | • 주변 시야 손상<br>• 중심부 시야 손상이 있으면 시력 저하 동반 |
| 안내용물 | 수정체 | • 굴절 기능 | • 근시, 원시, 난시 | • 굴절 이상으로 시력 저하 |
| | | • 창의 기능 | • 백내장 | • 수정체 혼탁으로 시력 저하 |
| | 방수 | • 안구 내압 유지 | • 녹내장 | • 녹내장을 일으키는 원인 |
| 시신경과 시로 | 시신경 | • 망막에 맺힌 시각 정보를 뇌로 전달 | • 녹내장 | • 주변 시야 손상<br>• 중심부 시야 손상으로 진행하면 시력 저하 동반 |
| | | | • 시신경 위축 | • 시신경 위축 위치에 따라 시야 손상과 시력 저하 |
| | 시로 | • 망막에 맺힌 시각 정보를 뇌로 전달 | • 시로 장애 | • 1/2 반맹 시야 손상<br>• 1/4 반맹 시야 손상 |
| 안부속기 | 외안근 | • 안구 운동 | • 사시 | • 양안 시 어려움으로 시력 저하 |
| | | | • 안진 | • 초점 유지의 어려움으로 시력 저하 |
| 대뇌 (시각) 피질 | 배쪽/등쪽 시각 경로 | • 대상(사물)의 올바른 인식과 해석의 어려움 | • 피질 시각장애 | • CVI의 고유한 10가지 시각 특성과 뇌의 시각 정보 처리 문제 발생 |

## 2. 시각장애의 원인 질환

시각계(눈)의 각 부위에 생기는 안질환은 시력, 시야, 대비감도, 순응(명순응과 암순응), 눈부심 등의 시각 기능(시기능)에 영향을 미친다. 학생의 안질환을 알면 어떠한 시기능 저하를 가져오고, 이로 인해 학생이 경험하는 교육적 어려움과 지원 요구를 예측할 수 있다. 학생의 안질환을 확인하면 학생 및 부모와의 상담 과정에서 어떠한 내용을 상담 내용으로 구성할지와 진단·평가를 위한 평가 계획을 수립하는 데 도움이 된다.

특수교육교사는 주요 안질환이 보편적으로 학교생활과 학습 활동에 미칠 수 있는 문제와 필요한 특수교육 지원 사항에 대해 이해하는 것이 필요하다. 국내 · 외의 여러 자료(서울대학교병원, 2018; 이혜정, 엄정희 공역, 2010; 임안수 외, 2014; Sacks & Zatta, 2016; Whittaker et al., 2016)를 종합적으로 검토하여 안질환에 따른 교육적 고려 사항을 제시하였다.

## 1) 각막 혼탁

각막의 혼탁은 각막의 전체 또는 특정 위치에 발생할 수 있어 혼탁 부위를 확인하는 것도 필요하다. 각막 손상은 안구 통증, 충혈, 눈부심, 이물감, 눈물 흘림, 시력 저하 등을 가져올 수 있다. 각막 주변부에 가볍게 발생한 혼탁은 시력에 큰 영향을 미치지 않지만 각막 중심부에 발생한 심한 혼탁은 심각한 시력 저하를 가져올 수 있다. 학생의 각막 혼탁 부위와 정도에 따라 시력 문제는 다양하게 나타날 수 있다. 각막 혼탁이 있는 학생을 위한 교육적 고려 사항은 다음을 포함한다.

- 각막 혼탁은 시력과 대비감도 감소에 큰 영향을 미치므로, 시력, 대비감도, 대비 선호, 조명 선호 및 눈부심 등의 시각 평가를 실시할 필요가 있다.
- 시력 저하로 일반 자료를 읽기 어려운 경우에 확대 자료나 확대경 같은 확대기기를 사용하도록 한다.
- 각막 혼탁 부위를 확인하여 혼탁이 덜한 부분으로 보는 것이 도움이 될 수 있다. 각막 중심부에 심한 혼탁이 있다면 중심 외 보기가 필요할 수 있다.
- 대비감도가 저하되어 낮은 대비의 자료를 읽기 어려운 경우에 고대비 자료의 제공, 대비를 높여 주는 착색 렌즈나 대비 조절 기능이 있는 확대독서기를 사용할 수 있다.
- 균일하지 않은 각막 표면으로 인해 눈부심이 있는 경우, 조명등이 학생의 눈 앞쪽보다 뒤쪽에 위치하도록 자리 배치하며, 착색 렌즈(선글라스)를 착용하는 것이 도움이 될 수 있다.

## 2) 원추 각막

각막이 비정상적으로 얇아져서 각막 특정 부위가 원추 모양으로 돌출되는 진행성 질환이다. 정기적인 안과 진료를 통해 진행 여부를 확인해야 하며, 각막이 돌출되기 시작하면 난시에 의해 시력 저하, 물체의 상 왜곡, 눈부심과 번져 보임, 복시, 대비감도 감소, 눈의 이물감 등이 나타나며, 심한 경우 각막이 파열되어 각막 이식 수술이 필요할 수 있다. 원추 각막 학생을 위한 교육적 고려 사항은 다음을 포함한다.

- 원추 각막은 시력과 대비감도 감소에 큰 영향을 미치므로, 시력, 대비감도, 대비 선호, 조명 선호 및 눈부심 등의 시각 평가를 실시할 필요가 있다.
- 원추 각막의 진행 정도에 따라 난시 교정을 위해 안경이나 콘택트렌즈를 착용하는 것이 시력 개선에 도움이 될 수 있다. 콘택트렌즈를 사용하는 경우 콘택트렌즈와 각막 간의 마찰로 인해 각막 손상이 더 심해지지 않도록 안과의사의 처방에 따라 주의해서 착용하는 것이 필요하다.
- 원추 각막이 각막 중심부에서 일어나면 심각한 시력 저하가 일어날 수 있으며, 중심 외 보기가 필요할 수 있다.
- 눈부심 문제 및 대비감도 저하가 일어날 수 있으며, 대처 방법은 각막 혼탁지원 방법과 유사하다.
- 난시가 발생하여 이미지를 볼 때 너울거리거나 여러 개로 보이는 문제로 눈의 피로나 어지러움을 느낀다면 주기적인 휴식을 허용한다.
- 원추 각막을 악화시킬 수 있는 안면 접촉이 일어나는 운동이나 불소 처리된 수영장에서의 수영, 눈을 비비는 행위 등을 자제하도록 한다.

## 3) 선천성 백내장

백내장으로 수정체 혼탁이 일어나면 마치 안개 속에서 사물을 바라보는 것처럼 흐릿하고 뿌옇게 보이게 된다. 백내장의 유형과 진행 정도에 따라 수정체 혼탁의 위치와 정도가 다를 수 있으며, 시력 저하 정도도 다양할 수 있다. 일반적으로 선천성 백내장은 정지성 질환으로 시력이 유지되는 편이다. 선천성 백내장 학생을 위한 교육

정상 보기

백내장 보기

적 고려 사항은 다음을 포함한다.

- 수정체 혼탁으로 시력과 대비감도 저하에 큰 영향을 미치므로 시력, 대비감도, 대비 선호, 조명 선호 및 눈부심 등의 시각 평가를 실시할 필요가 있다.
- 시력 저하 정도에 따라 확대 자료, 확대경 등의 확대기기의 사용이 필요할 수 있다.
- 대비감도 저하로 대비가 낮은 자료를 보기 어려운 경우에 고대비 자료의 제공, 아세테이트지 사용, 확대독서기의 대비조절 기능 사용이 도움이 될 수 있다.
- 눈부심을 느끼는 경우, 태양광이 직접 눈에 비치지 않는 곳에 자리를 배치하거나 착색 렌즈나 챙이 있는 모자를 착용하는 것이 도움이 될 수 있다.
- 수정체 혼탁 부위가 다양하므로 혼탁 부위를 확인하는 것이 필요하다. 특히 수정체 중심부에 혼탁이 심한 경우에는 중심 시력의 현저한 저하가 일어나서 혼탁이 덜한 쪽으로 보는 중심 외 보기가 필요할 수 있다.
- 수정체 중심부에 혼탁이 있는 백내장은 낮은 조명을, 수정체 주변부에 혼탁이 있는 백내장은 높은 조명을 선호하므로, 수정체 혼탁 부위를 고려하여 교실에서의 자리 배치와 개인 조명 기구 지원 여부를 결정할 필요가 있다.
- 높은 조명을 선호하는 주변부 백내장 학생의 경우라도 눈부심을 느낄 수 있으므로 조명등의 광원이 눈에 직접 비추지 않고 학습 자료를 향해 비추도록 해야 하고, 조명등이 학생의 눈앞에 위치하는 것보다 학생 뒤쪽에 위치하도록 조명 기구의 위치나 자리 배치를 조정하는 것이 필요할 수 있다.

## 4) 무수정체안

무수정체안은 심한 백내장으로 인한 수정체 적출, 외상 후 수정체 이탈 등이 원인이다. 수정체가 적출되면 수정체의 굴절 기능이 없어져서 망막이 아닌 망막 뒤쪽에 물체의 상이 맺혀 흐릿하게 보이는 원시가 나타난다. 백내장 학생의 경우에 수정체 적출이 이루어졌는지 확인할 필요가 있다. 무수정체안 학생을 위한 교육적 고려 사항은 다음을 포함한다.

- 수정체가 없어 초점을 조절하지 못하므로 안경이나 콘택트렌즈를 처방받는 것이 필요하다. 안경이나 콘택트렌즈로 한 곳에 초점을 맞출 수 있더라도 물체와의 거리 변화에 따라 초점을 다시 맞추는 굴절 조절력이 없으므로, 원거리용과 근거리용 안경을 따로 준비하거나 다초점 안경을 사용하는 것이 필요하다.
- 처방받은 안경이나 콘택트렌즈의 초점 거리를 벗어나면 잘 보이지 않을 수 있으므로 학습 활동에서 처방된 안경이나 콘택트렌즈가 허용하는 적정 거리를 유지하도록 한다.
- 눈부심을 줄이기 위해 착색 렌즈나 챙 있는 모자가 도움이 될 수 있다.
- 주변 시야의 왜곡 현상과 심도지각의 감소로 인해 측면 장애물이나 바닥면의 높이 차이에 따른 보행 안전에 유의하도록 한다.

## 5) 무홍채증

무홍채증 보기

무홍채증은 홍채가 없거나 정상적으로 자라지 않아 동공이 크게 열려 있어 항상 빛이 많이 들어오므로 심한 눈부심 문제와 이로 인한 시력 저하를 가져온다. 무홍채증은 각막혼탁, 백내장, 녹내장, 사시, 약시 같은 질환을 동반할 수 있으므로, 교사는 이들 질환의 동반 여부를 확인하는 것이 필요하다. 무홍채증 학생을 위한 교육적 고려 사항은 다음을 포함한다.

- 무홍채증은 시력 저하와 눈부심에 큰 영향을 미치므로 시력, 대비감도, 대비 선호, 조명 선호 및 눈부심 등의 시각 평가를 실시할 필요가 있다.
- 홍채의 결손 정도에 따라 시력 저하 정도가 다양하며 시력이 20/100∼20/200 정도인 경우가 많다.
- 홍채의 역할을 대신할 수 있는 착색 렌즈나 홍채 콘택트렌즈를 사용하면 눈으로 들어오는 빛의 양을 줄일 수 있다.
- 보통 수준의 조명에서도 조명등을 눈에 직접 비추는 것 같은 눈부심 문제를 가질 수 있기 때문에 조명의 밝기를 보통 이하로 낮추는 것과 조명의 밝기 변화에 적응하는 데 시간을 주는 것이 필요하다.
- 실내·외 모두에서 착색 렌즈를 착용하거나 창문에 블라인드를 설치하거나 야외에서 챙 있는 모자를 쓰는 것이 도움이 될 수 있다.
- 전체 조명 기구는 빛이 고루 퍼지는 조명을 사용하고 형광등에 루버를 부착하여 빛이 직접 눈에 비치치 않도록 하는 것이 좋다.
- 교실에서 형광등이나 창을 등진 앞자리에 배치하는 것도 눈부심을 줄일 수 있다.
- 교사가 창문이나 광원 앞에서 지도를 하게 되면 학생은 교사를 바라볼 때 빛을 마주보아야 하는 문제가 발생하므로, 교사는 창문이나 광원 앞에 서 있거나 그곳에서 교구를 제시하지 않도록 한다.
- 형광등 불빛에 의한 2차 반사가 흰색 칠판보다 검은색 계열의 칠판에서 감소할 수 있다. 흰색 칠판을 사용할 수밖에 없다면 무광 칠판에 굵은 검은색 마커로 판서하는 것이 도움이 된다.
- 인쇄책을 읽을 때도 종이로부터 반사되는 빛의 양을 줄이고 대비를 높여 주기 위해 타이포스코프를 사용할 수 있다. 인쇄 자료를 출력하거나 필기할 때도 반사가 적은 재질의 담황색 종이를 사용하는 것이 도움이 될 수 있다.
- 학습 자료나 교구도 검은색 매트나 종이 위에 놓고 보면 책상으로부터 반사되는 눈부심을 줄이고 대비도 높일 수 있다.
- 컴퓨터, 스마트 기기, 빔프로젝트 등의 모니터도 밝기를 표준 이하로 설정하고, 화면도 검은색 배경에 흰색 글자로 설정하는 것이 도움이 될 수 있다.

## 6) 망막색소변성증

망막색소변성증은 망막의 손상으로 시 야 장애가 발생하는 진행성 질환이다. 망 막의 주변부(막대 세포)부터 손상이 이루 어져 주변 시야 손상과 야맹증이 발생한 다. 망막의 중심부(원뿔 세포)까지 손상되 면 중심부 시야의 손상과 더불어 급격한 시력 저하와 색 지각 감소가 나타난다. 아 직 치료 방법이 없어 실명에 이를 가능성

망막색소변성증 보기

이 높다. 망막색소변성증 학생을 위한 교육적 고려 사항은 다음을 포함한다.

- 망막색소변성증은 시야 장애 외에 진행 정도에 따라 시력과 대비감도 저하도 가져올 수 있으므로, 시야, 시력, 대비감도, 대비 선호, 조명 선호 및 눈부심 등의 시각 평가를 실시할 필요가 있다.
- 망막색소변성증은 진행성 질환이므로, 지속적인 시야와 시력 감소로 특수교육 지원 요구가 변화할 수 있으므로 정기적인 시각 평가와 학습매체 평가를 실시하는 것이 필요하다.
- 주변 시야 손상이 계속 진행되면 터널을 지나갈 때처럼 보이는 터널 시야가 나타나며, 효율적인 잔존 시각 활용을 위해 추시, 추적, 주사 등의 시기능 훈련이 필요할 수 있다.
- 읽기 활동에서 글줄을 읽어 버리는 현상이 나타나면 타이포스코프, 라인 읽기 가이드 등을 사용하도록 한다.
- 주변 시야 손상이 심해지면 커다란 사물의 경우에 전체가 보이지 않을 수 있으므로 눈과 사물 간의 거리를 더 멀게 조절하여 먼저 전체 모양을 보도록 지도한다.
- 중심부까지 시야 손상이 진행되어 시력 저하가 일어나면 확대 자료, 확대경 같은 확대기기를 사용하도록 한다. 다만 시야가 좁기 때문에 너무 큰 확대 자료나 고배율 확대경을 사용하게 되면 잔존 시야 내에 목표물이 들어올 수 없으므로 잔존 시야를 고려한 최소 확대 글자 크기나 확대경 배율을 추천해야 한다.

- 학생이 크게 확대해도(24포인트 이상) 읽기에 어려움을 보이기 시작하면 실명 전에 점자를 익히도록 지도한다.
- 야맹증이 심한 경우에 휴대용 조명 기구를 사용하거나 야간 이동 및 어두운 장소에서 흰지팡이를 선택적으로 사용하도록 보행 교육을 실시할 수 있다.
- 망막색소변성증은 망막 박리를 일으킬 수 있으므로, 과격한 신체 활동을 자제하는 것이 필요하다.

## 7) 황반변성

망막의 중심부를 황반이라고 하고, 황반은 원뿔세포로 이루어져 있다. 황반변성은 중심부 암점에 따른 중심 시야 손상이 일어나고 시력도 저하된다. 우리가 보는 물체의 상이 망막의 황반부(중심와)에 맺어질 때 가장 좋은 시력을 얻을 수 있고 망막 주변으로 갈수록 시력이 감소하므로, 황반이 손상되면 시력이 급격히 저하되며, 밝은 곳에서 물체와 색을 인식하는 능력도 감소하게 된다. 황반변성은 사물을

황반변성 보기

볼 때 사물의 가운데가 보이지 않거나 상이 일그러져 보이는 문제가 발생한다. 황반변성 학생을 위한 교육적 고려 사항은 다음을 포함한다.

- 황반변성은 중심부 시야 손상과 시력 저하에 큰 영향을 미치므로, 시야, 시력, 대비감도, 대비 선호, 조명 선호 및 눈부심 등의 시각 평가를 실시할 필요가 있다.
- 황반변성은 진행성 질환이므로 지속적인 시야와 시력 감소로 특수교육 지원 요구가 변할 수 있으므로, 정기적인 시각 평가와 학습매체 평가를 실시하는 것이 필요하다.
- 중심부 시야 손상이 일어나면 중심부 암점의 위치와 크기를 확인하여 주변 시야(주변 시력)로 보는 중심 외 보기를 지도한다.
- 중심부 암점과 중심 시력 저하로 확대 자료, 확대독서기 같은 확대기기의 사용이 도움이 될 수 있다. 중심부 암점의 영향을 감소시키기 위해 학습 자료를 상대

적으로 더 크게 확대하거나 더 높은 배율의 확대경을 사용하거나 물체에 더 가까이 다가가는 것이 도움이 될 수 있다.

- 황반부 변성이 심해지면 색 지각과 대비감도도 저하될 수 있으므로 고대비 자료의 제공, 색 지각이 가능한 색상으로 자료의 수정, 색상이 많은 자료의 사용 삼가, 대비 조절 가능이 있는 확대독서기를 사용하도록 한다.
- 어두운 곳에서 밝은 곳으로 들어갈 때 필요한 명순응에 어려움이 있을 수 있어 조명(밝기) 변화에 적응할 시간을 준다.
- 눈부심을 느끼는 경우에는 착색 렌즈를 사용하거나 창을 등진 앞자리에 앉도록 배치하는 것이 도움이 될 수 있다.

## 8) 당뇨병성 망막병증

당뇨병성 망막병증은 오랜 당뇨병(소아당뇨 포함)으로 망막까지 손상을 입게 되어 발생한다. 당뇨병의 초기에 혈당 조절이 잘 이루어지면 망막병증의 발생을 지연시킬 수 있으므로, 철저한 혈당 조절로 망막병증의 진행과 시력 저하를 늦추는 것이 필요하다. 따라서 당뇨병성 망막병증은 정기적인 안과 검진과 혈당 조절이 절대적으

당뇨병성 망막병증 보기

로 중요하다. 당뇨병성 망막병증 학생을 위한 교육적 고려 사항은 다음을 포함한다.

- 당뇨병은 시력 저하와 시야 여러 부위에 암점이 나타날 수 있으므로, 시야, 시력, 대비감도, 대비 선호, 조명 선호 및 눈부심 등의 시각 평가를 실시할 필요가 있다.
- 당뇨병성 망막병증은 진행성 질환으로, 지속적인 시야와 시력 감소로 특수교육 지원 요구가 변할 수 있으므로 정기적인 시각 평가와 학습매체 평가를 실시하는 것이 필요하다.
- 학생이 학교에서 혈당 관리를 할 수 있도록 혈당 체크와 혈당 조절을 위한 식이요법을 지원할 필요가 있다.

- 눈부심 문제나 색 지각의 감소를 보이면 관련된 지원 방법을 사용할 수 있다.
- 시력 저하 외에도 망막 손상으로 사물의 모양이 일그러지거나 일부가 안 보이는 시야 손상도 함께 발생할 수 있으며, 망막 손상 부위에 따라 중심 외 보기가 필요할 수 있다.
- 시력이 계속 저하되어 확대해도 자료를 보기 어려워지고, 손의 촉각 둔감화로 점자를 읽기도 어렵다면 듣기(오디오) 자료와 스크린리더 같은 청각 활용 보조기기를 사용하여 학습하도록 한다.
- 당뇨병에 의해 백내장이 동반되면 더 심한 시력 및 대비감도 저하가 일어날 수 있다.
- 망막의 혈관에서 출혈이 생기거나 망막이 벗겨져 떨어지는 망막 박리가 일어날 수 있으므로, 과격한 신체 활동은 자제하도록 지도한다.
- 손과 발의 촉감 둔감화로 인해 상처가 나도 못 느낄 수 있으므로 교사는 유의하여 살펴야 한다.

## 9) 망막 박리

망막 박리는 망막 안쪽의 감각신경층과 바깥쪽의 색소상피층이 분리되어 떨어지는 것으로, 당뇨, 머리 충격, 퇴행성 고도 근시, 미숙아 망막병증 등이 원인이 될 수 있다. 망막 박리는 망막 주변부부터 시작되어 중심부(황반)로 진행되어 시야가 좁아지는 것이 일반적이다. 망막 박리가 중심부(황반부)까지 진행되면 시력이 급격하게 저하되고, 물체의 모양이

망막 박리 보기

일그러져 보이는 변시증과 색각 이상도 나타날 수 있다. 황반부까지 진행되지 않은 망막 박리는 조기에 발견하여 수술로 망막을 다시 붙이면 양호한 시력 회복을 기대할 수도 있다. 망막 박리 학생을 위한 교육적 고려 사항은 다음을 포함한다.

- 망막 박리의 위치와 진행 정도에 따라 시야와 시력 모두에 영향을 미칠 수 있으므로, 시야, 시력, 대비감도, 대비 선호, 조명 선호 및 눈부심 등의 시각 평가를

실시할 필요가 있다.

- 망막 박리는 진행할 수 있으므로 지속적인 시야와 시력 감소로 특수교육 지원 요구가 변할 수 있으므로 정기적인 시각 평가와 학습매체 평가를 실시하는 것이 필요하다.

- 망막 박리가 일어나기 전에 눈앞에 번쩍거리거나(광시증) 먼지 같은 것이 보이는 (비문증) 등의 전구 증상이 있으므로 학생이 이를 경험하면 안정을 취하고 안과 검진을 받도록 한다.

- 망막 박리가 황반부에서 일어나면 황반변성과 유사한 교육 지원이 도움이 되고, 망막 박리가 주변부에서 일어나면 망막색소변성증과 유사한 교육 지원이 도움이 될 수 있다. 망막 박리가 중심부에서 일어나지 않는다면 중심부 시력 손상이 일어나지 않아 시력 저하가 크지 않을 수도 있다. 망막 박리가 망막 주변부와 중심부 어느 곳에 일어났는지를 안과 의사를 통해 확인하는 것이 적절한 교육 지원을 위해 도움이 된다.

- 망막 박리로 인해 시력 저하가 오면 확대 자료, 확대경 같은 확대기기를 사용하도록 한다.

- 망막 박리는 밝은 조명을 선호할 수 있으나, 동시에 눈부심을 감소시켜 주는 것이 필요하다.

- 망막 박리가 중심부(황반부)에서 일어나면 중심 외 보기 기술이 필요할 수 있으며, 망막 박리로 주변 시야가 계속 좁아지게 되면 추시, 추적, 주사 같은 시기능 훈련이 필요할 수 있다.

- 망막 박리가 진행되지 않도록 머리 충격이나 과격한 신체 활동을 피하는 것이 필요하며, 고글 같은 눈 보호 기구를 착용하는 것도 도움이 될 수 있다.

## 10) 미숙아 망막병증

미숙아 망막병증은 출생 시 망막이 완전히 형성되지 않은 미숙아에게 주로 나타난다. 미숙아 망막병증은 시력 저하, 근시, 난시, 사시 등을 가져올 수 있으며, 예후가 나쁜 편이라 망막 박리를 동반하게 되면 실명할 가능성이 높다. 미숙아 망막병증 유아는 피질 시각장애, 시신경 위축, 녹내장, 뇌성마비를 동반할 수도 있으므로, 이들 질환을 갖고 있는지를 확인하는 것이 필요하다. 미숙아 망막병증 학생을 위한 교육적 고려 사항은 다음을 포함한다.

- 미숙아 망막병증은 시력 저하와 시야 손상에 영향을 미치므로, 시야, 시력, 대비 감도, 대비 선호, 조명 선호 및 눈부심 등의 시각 평가를 실시할 필요가 있다.
- 미숙아 망막병증은 망막 박리로 진행될 수 있어 지속적인 시야와 시력 감소로 특수교육 지원 요구가 변할 수 있으므로 정기적인 시각 평가와 학습매체 평가를 실시하는 것이 필요하다.
- 시력 저하 정도가 다양하고 실명까지도 초래할 수 있으므로 시력 저하에 따라 적절한 확대 자료와 확대경 같은 확대기기를 사용하도록 한다.
- 미숙아 망막병증의 진행을 막고 망막 중심부를 보존하여 현재 시력이 유지될 수 있도록 정기적인 검진을 통한 치료와 관리가 필요하다.
- 망막 손상으로 야맹증이 있을 수 있으므로 야간 보행 능력을 평가하고 필요에 따라 보행 교육을 실시할 필요가 있다.
- 밝은 조명을 선호할 수 있으나 눈부심에 민감하므로 밝은 조명을 제공하면서 동시에 눈부심을 낮추는 지원이 필요할 수 있다.
- 주변 시야 손상 정도가 심한 경우에 추시, 추적, 주사 같은 시기능 훈련이 필요할 수 있다.
- 미숙아 망막병증은 망막 박리의 가능성이 높으므로 망막 박리가 일어나지 않도록 과격한 신체 활동을 자제하도록 지도한다.
- 미숙아로 태어나면서 뇌손상으로 인한 지적장애를 동반할 수 있으므로 지적 장애 동반 여부를 확인할 필요가 있다.

### 11) 백색증

백색증은 멜라닌 합성이 결핍되어 일어나는 유전 질환이다. 피부, 털(머리카락, 눈썹 등), 눈 모두에서 증상이 나타나는 '눈 피부 백색증'과 눈에서만 증상이 나타나는 '눈 백색증'으로 나눌 수 있다. 눈에서는 망막의 색소 소실이 일어나서 동공은 붉게, 홍채는 청회색, 갈색, 적갈색 등으로 보인다. 백색증으로 인해 눈부심을 크게 호소하며, 안진, 눈물 흘림증, 심한 시력 저하 등이 나타날 수 있다. 백색증 학생을 위한 교육적 고려 사항은 다음을 포함한다.

- 백색증은 심한 눈부심과 시력 저하를 가져올 수 있으므로, 시력, 대비감도, 대비선호, 눈부심 등 시각 평가를 실시할 필요가 있다.
- 백색증은 굴절 이상과 난시를 동반할 수 있으므로 안경사에 의한 시력 검사 및 안경 처방이 이루어질 필요가 있다.
- 학생에 따라 시력은 다양하므로 시력 저하 정도에 따라 확대 자료, 확대경, 망원경, 확대독서기 같은 확대기기를 사용하도록 한다.
- 대비감도 저하가 있을 수 있어 고대비 자료를 제공하고, 확대독서기를 사용할 때 검은색 바탕에 흰색 글자로 대비를 조절하는 것을 선호할 수 있다.
- 눈부심에 매우 민감하므로 눈부심을 낮추는 지원이 필요하다. 실내·외 모두에서 착색 렌즈나 콘텍트렌즈를 사용하고, 조명등이 눈 바로 앞에 보이지 않도록 자리를 배치하며, 글레어를 줄여 줄 수 있는 담황색 종이를 사용하거나 어두운 색 계열의 가림판(templates)을 대고 읽는 것이 도움이 될 수 있다.
- 햇볕에 의한 화상이나 피부 손상을 막기 위하여 실외 활동 시에 장시간 햇볕 노출을 피하고 자외선 차단제를 바르는 것이 필요하다. 피부암에 걸릴 위험성이 크므로 정기적인 피부과 검진을 받도록 하는 것도 중요하다.

## 12) 선천성 녹내장

녹내장은 방수가 안구 밖으로 배출되지 않아 안구의 내압(안압) 상승으로 시신경이 눌리거나 혈액 순환의 문제가 발생하여 시신경 손상이 일어나면서 나타나는 질환이다. 시신경은 망막에 맺힌 시각 정보를 뇌로 전달하는 기능을 하는데, 시신경이 손상되면 망막의 정보가 뇌로 전달되지

녹내장 보기

못하여 사물의 일부가 보이지 않는 시야 장애가 일어난다. 녹내장이 계속 진행되어

시신경 손상이 중심부까지 진행되면 심각한 시야 장애 외에 시력 감소를 동반하게 된다. 녹내장 학생을 위한 교육적 고려 사항은 다음을 포함한다.

- 선천성 녹내장은 시야 장애와 이로 인한 시력 저하를 동반할 수 있으므로, 시야, 시력, 대비감도, 대비 선호, 조명 선호 및 눈부심 등 시각 평가를 실시할 필요가 있다.
- 녹내장은 진행성 질환으로, 지속적인 시야와 시력 감소로 특수교육 지원 요구가 변할 수 있으므로 정기적인 시각 평가와 학습매체 평가를 실시하는 것이 필요하다.
- 녹내장이 진단되면 약물이나 수술 등을 통해 더 이상 시신경이 손상되지 않도록 관리하는 것이 중요하므로, 학생이 처방에 따라 안압을 낮추는 약물과 안약을 정해진 시간에 투약하고 있는지 확인하는 것이 필요하다.
- 안압 상승으로 각막이 늘어나 안구가 커지면서(우안증) 각막 혼탁과 굴절 이상이 생길 수 있다.
- 보통보다 밝은 조명 밝기를 선호할 수 있으나 눈부심을 느끼므로 개인용 스탠드의 광원이 직접 눈에 비추지 않도록 하며, 착색 렌즈를 착용할 수 있다.
- 암순응에 적응하는 데 어려움이 있을 수 있어 밝은 곳에서 어두운 곳으로 들어갈 때 조명 변화에 적응할 시간을 주도록 한다.
- 시신경 손상으로 야맹증이 있을 수 있으므로, 야맹증이 심한 경우에는 야간에 흰지팡이를 사용하도록 보행 교육을 할 수 있다.
- 주변부 시야 손상이 큰 경우 가운데 자리가 적절하고, 좌ㆍ우측의 시야 손상 차이가 큰 경우 잔존 시야를 보다 효율적으로 활용할 수 있는 쪽에 자리 배치를 하는 것이 필요하다.
- 안압으로 인한 눈의 피로를 호소하면 읽기나 과제 수행을 멈추고 주기적인 휴식을 취하는 것을 허용한다.
- 중심부 시야까지 손상되어 심한 시력 저하를 동반하게 되면 확대 자료나 확대기기를 사용하도록 하고, 확대해도 읽기가 어려워지면 점자를 익히도록 한다.
- 주변 시야 손상이 심해지면 물체가 시야에 모두 들어오지 않아 무엇인지 확인하기 어려우므로 사물과 눈 간의 거리를 좀 더 멀리하면 사물 전체가 시야에 들어

올 수 있다.

- 주변 시야 손상 정도에 따라 추시, 추적, 주사 등의 시기능 훈련을 실시하는 것이 필요할 수 있다.

## 13) 시신경 위축

시신경 위축은 10세 이전에 양측 시신경의 퇴축이 일어나 시력 감소 등이 나타나는 질환이다. 질병, 유전 외에도 녹내장에 의해서도 시신경 위축이 일어날 수 있다. 시신경 위축 학생을 위한 교육적 고려 사항은 다음을 포함한다.

- 시신경 위축으로 시력 저하와 암점이 나타나므로 시야, 시력, 대비감도, 대비 선호, 조명 선호 등의 시각 평가를 실시할 필요가 있다.
- 시력은 안전지수부터 10/20까지 다양하며 대체로 20/40~20/200에서 유지되는 경우가 많다. 시력 저하 정도에 따라 확대 자료나 확대기기를 사용할 필요가 있다.
- 시신경 위축으로 인한 중심부 암점이 있는 경우에 중심 외 보기가 필요할 수 있다.
- 시신경 위축으로 청색과 황색을 잘 구별하지 못하는 색 지각의 문제가 나타나면 고대비 자료의 제공이나 대비 조절 기능이 있는 확대독서기를 사용하도록 한다.
- 야맹증이 있을 수 있으므로 야간 이동에 어려움이 있다면 보행 교육을 실시할 수 있다.
- 밝은 조명을 선호하므로 개인용 스탠드를 제공하되, 눈부심을 줄여 주기 위해 학생의 눈 뒤쪽에서 조명을 비추도록 하고 착색 렌즈를 사용하는 것이 도움이 될 수 있다.

## 14) 시로 장애

시신경이 교차하는 시로(시각로)에 손상이 생기면 시야의 절반이 손상되어 보이지 않는 반맹 또는 드물지만 4분의 1 반맹이 발생할 수 있다. 시로 손상으로 인한 반맹

반맹증 보기

학생을 위한 교육적 고려 사항은 다음을 포함한다.

- 시로 손상으로 시야 문제가 크므로 시야, 시력 등의 시각 평가를 실시할 필요가 있다.
- 절반의 잔존 시야를 잘 활용할 수 있는 곳에 자리 배치를 하거나 교구를 제시하는 것이 필요하다. 예를 들어, 시야의 좌측이 반맹이고 우측이 남아 있다면 교실의 중앙으로부터 약간 좌측에 자리를 배치하는 것이 잔존 시야를 보다 효율적으로 활용할 수 있다.
- 책을 읽을 때 각 줄의 처음과 끝 부분을 놓치고 읽거나 글줄을 잃어버리지 않도록 한다. 시야의 우측 절반이 안 보이는 경우에는 글줄의 마지막 글자나 단어를 놓치기 쉽고, 시야의 좌측 절반이 안 보이는 경우에는 글줄의 첫 글자를 찾기 어렵거나 다음 줄을 건너뛰고 읽기 쉽다.
- 시야 절반의 상실로 인해 사물의 절반 정도가 보이지 않으므로 추시, 추적 주사 등의 시기능 훈련이 필요하다.
- 안경의 시야 손상이 있는 쪽에 프리즘 렌즈를 부착하면 시야 확대에 도움이 될 수 있다.

## 15) 대뇌 피질 시각장애

대뇌 피질 시각장애(Cortical Visual Impairment: CVI)는 외국에서 학령기 시각장애 아동의 인구 중 가장 많은 원인 질환에 속하며, 뇌 기형, 외상성 뇌손상, 뇌수종 등 뇌와 관련된 질환에 의해 발생한다. 안구의 외형이나 기능에는 문제가 없으나 병소가 뇌에 있어 안구에서 뇌로 전달된 시각 정보를 제대로 처리하고 해석하지 못하여 시각 문제가 일어난다. 피질 시각장애 학생은 병소가 뇌에 있어 지적장애, 간질, 뇌성마비 등을 동반하는 경우가 많으므로, 수반 장애가 있는지를 확인할 필요가 있다. 학생이 'CVI로 진단되려면 다음 3가지 기준을 충족해야 한다(이태훈, 2023).

| CVI의 진단 기준 |
| --- |
| 1. 안과 검사 결과가 아동의 현재 시각 문제를 적절히 설명하지 못한다(안과 검사 결과가 정상이지만, 학습과 일상 활동에 시각을 사용하는 데 어려움이 있다). |
| 2. CVI의 원인과 관련된 신경학적 병력이나 질환이 있다. |
| 3. CVI의 고유한 10가지 시각 특성(시각적 행동)이 관찰된다. |

CVI 학생이 바라보는 세상은 마치 무의미한 색상들과 무늬들로 이루어진 '만화경 (일종의 기하학적 문양)'처럼 보일 수 있다. 세상과 환경이 무수한 시각 정보로 가득 차 있더라도 이들 정보가 무엇인지 제대로 인식하고 이해하지 못한다면 시각 정보는 학생에게 아무런 의미가 없으며, 자연스러운 학습(우연 학습)이 일어날 수도 없다.

만화경

CVI 아동이 식탁에서 간식 준비하는 어른을 바라볼 때 보이는 상태

또래 아동이 바라보는 알파벳 자료

CVI 아동이 바라보는 알파벳 자료

모든 CVI 학생에게 10가지 시각 특성이 공통적으로 나타난다. CVI의 고유한 10가지 시각 특성은 시기능에 문제를 일으키며, CVI의 중증 정도에 따라 시기능을 방해하는 정도도 다르다. CVI 학생들은 일반적인 안과 검사 결과가 정상적으로 나오는 경우가 많지만, 교사나 부모의 기대와 달리 CVI 학생들은 볼 수 있을 것으로 기대되는 대상(물체와 자료)들에 시각적 주의를 하거나 알아보지 못한다. 뇌에 병소가 있는 CVI 학생들의 시각 문제와 중재 방법은 안구 시각장애 학생들(백내장, 녹내장, 망막색소변성증 등 안구 조직의 질환으로 인한 시각장애)과 매우 다르기 때문에 특수교육교사는 CVI의 고유한 10가지 시각 특성과 중재 방법을 이해하는 것이 필요하다(〈표 2-2〉 참조).

표 2-2 CVI의 고유한 10가지 시각 특성과 중재 방법

| CVI 고유한 10가지 특성 | 특성과 중재 설명 |
|---|---|
| 특정 색상 선호 | 빨간색, 노란색 등 특정 색상에 시각적으로 끌린다(시각적 주의가 일어난다). 아동의 시각적 주의를 위해 학습 자료에 선호하는 색상을 사용한다. |
| 움직임에 대한 요구(끌림) | 움직임에 시각적 주의와 끌림이 일어난다. 아동의 시각적 주의를 유도하기 위해 보아야 하는 대상(물체)을 움직여 준다. 다른 한편, 주변 사람이나 사물의 움직임은 시각적 과제에 대한 주의 집중과 유지를 방해할 수 있으므로 이를 최소화한다. |
| 시각적 (반응) 지연 | 대상을 제시하면 이것을 보고 반응하는 데 오랜 시간이 걸린다. 또래와 비교해 시각 자극에 대한 즉각적인 반응이 일어나지 않는다. 시각적으로 반응할 때까지 기다려 주며, 선호하는 색상이나 움직임 등을 통해 시각적 반응을 촉진할 수 있다. |
| 특정 시야 선호 | 좌측이나 우측 시야처럼 선호하는 주변 시야 영역(방향)이 있다. 일반적으로 하측 시야 영역(방향)을 잘 인식하지 못하는 경향이 있다. 자료를 책상에 두기보다 수직보드나 경사대에 부착하여 제시한다. |
| 시각적 복잡성의 어려움 | 시각적 복잡성이 있는 곳에서 대상을 바라보거나 인식하지 못한다. 복잡성은 대상(사물) '표면(외형)의 복잡성' '배경(배열)의 복잡성' '감각 환경의 복잡성' '사람 얼굴의 복잡성'으로 구분한다. 시각적 복잡성이 높은 학습 환경이나 학습 자료를 수정하여 복잡성을 낮추어 준다. |
| 빛에 대한 요구 (끌림) | 광원(빛)에 끌려 오랜 시간 바라본다. 아동이 바라보아야 하는 대상 주변에 광원이 있으면 시각적 과제에 주의 집중하는 것을 방해한다. 다른 측면에서 대상을 바라보도록 유도하기 위해 대상을 빛(라이트박스, 손전등 등)과 함께 제시하는 것이 도움이 된다. |

| 원거리 보기의 어려움 | 멀리 떨어져 있는 대상을 인식하기 어렵다. 그 이유는 시력의 문제가 아니라 멀리 떨어져 있을수록 아동의 시야에 주변 배경 요소들이 더 많이 보이게 되어(배경의 복잡성이 증가) 배경과 대상(물체)을 분리하여 확인하기 어렵기 때문이다. 따라서 대상(자료, 물체 등)을 근거리에서 제시하되, 단계적으로 대상을 제시하는 거리를 증가시킨다. |
|---|---|
| 비전형적 시각 반사 | 아이의 콧대를 가볍게 건드리거나 얼굴에 손바닥을 갖다 대는 위협적 행동에 대한 반응으로 '눈 깜박임 반사'가 일어나지 않는다. 이 특성에 대해서는 별도로 중재하지 않는다. 이 특성은 전반적인 시각 기능이 발달하면서 자연스럽게 해결된다. |
| 시각적 새로움의 어려움 | 친숙한 대상(사물)에 대해서는 시각적 주의가 일어나지만, 새로운(낯선) 대상에는 시각적 호기심이나 시각적 주의가 부족하거나 일어나지 않는다. 새로운 대상에 대한 반복적인 노출을 통해 친숙화하는 중재가 필요하며, 이미 알고 있는 친숙한 대상과 유사성이 있는 새로운 대상부터 먼저 제시한다. |
| 시각적으로 안내된 신체 도달의 어려움 | 또래처럼 물체를 보면서 동시에 손으로 물체를 접촉하지 못한다. 물체를 눈으로 바라보고, 다시 시선을 다른 곳으로 돌린 후, 물체에 손을 뻗어 접촉한다. 아동이 선호하는 색상의 물체, 빛이 나는 물체, 단순한 배경에 물체 제시 등을 통해 대상을 보면서 동시에 손으로 접촉하는 행위를 촉진할 수 있다. |

CVI 학생들의 고유한 10가지 시각 특성과 이에 따른 교육적 중재 방법과 사례는 다음과 같다.

시각적 주의를 위해
선호하는 빨간색 사용하기

알파벳 글자에 빨간색 윤곽선을 그려
알파벳의 모양과 특징에 시각적 주의 촉진하기

움직이는 것처럼 보이는 반짝이는
재질을 사용하거나 물체를 직접 움직여
시각적 주의 유도하기

빛을 이용해 시각적 주의 유도하기

라이트박스로
여러 가지 모양과 그림 지도하기

선호하는 시야 방향에
자료 제시하기

하측 시야의 결함을 고려해
수직 보드를 이용해 자료 제시하기

배경의 복잡성을 줄이고 강아지에
시각적 주의를 하도록 가림판으로
주변 배경을 가리기

배경의 복잡성을 줄이기 위해
검은색 단색 배경에 제시하기

책상 주변의 시각적 복잡성이나
혼란을 줄이기 위해 검은색 칸막이 사용하기

거리가 멀어질수록 아동이 찾는 컵의 주변 배경이 시야에 더 많이 들어옴에 따라 시각적 복잡성이
증가하여 컵을 찾거나 식별하는 데 어려움을 보임

- 빛에 대한 시각적 관심이나 끌림 특성을 가지고 있으므로, 유아기나 아동기에 여러 가지 사물의 특징이나 개념을 빛과 함께 제시하면(예: 손전등으로 비추기 등) 시각적 주의 집중을 높일 수 있다.
- 학생과 대상 간의 거리가 멀어질수록 시야 내에 배경 정보들이 많이 들어와서 복잡해지고, 필요한 시각 정보를 분리하여 인식하기 어렵다. 따라서 학습 자료나 교구를 학생 가까이 제시한다.
- 교육 자료를 주기적으로 움직여 주면 학생의 시각적 주의력을 높일 수 있다.
- 타이포스코프, 가림판 등을 사용하여 필요한 시각 정보만을 보여 주거나 한 번에 보이는 정보의 양을 줄여 주는 것이 시각적 복잡성을 감소시켜 주의 집중하는 데 도움이 된다.
- CVI 학생들은 빨간색이나 노란색 등 특정한 색상에 대한 선호를 보이므로 이들 색상을 학습에 활용하면 시각 정보에 집중하거나 인식하는 데 도움이 된다.

- 단색 배경(흰색이나 검은색)에 시각 정보를 제시하면 시각적 혼란을 줄여 주고 주의 집중을 높일 수 있다.
- 시각적 혼란을 줄이기 위해 많은 시각 자극이나 정보를 한꺼번에 제시하지 않는다.
- 시각, 청각, 촉각 같은 여러 감각 정보를 동시에 제공하지 말고 한 번에 1개의 감각 정보를 순차적으로 제공한다.
- 새로운(낯선) 학습 자료와 교구를 보고 인식하는 데 어려움이 있으므로 새로운 자료와 교구를 반복적으로 노출(워밍업)하여 친숙해질 시간을 준다.
- 주변 시야를 더 잘 사용하는 경향이 있어 머리를 돌려 보기도 하므로, 자신이 선호하는 주변 시야로 시각 정보를 보도록 하거나 선호하는 주변 시야 방향에 자료와 정보를 제시한다.
- 눈과 신체 움직임의 협응이 잘 이루어지지 않아 사물을 보면서 동시에 조작하는 활동에 어려움이 있으므로, 이들 과제를 순차적으로 수행하도록 허용한다.

## 16) 소안구증

안구가 비정상적으로 작은 유전성 질환으로 한쪽 눈이나 양쪽 눈 모두에서 발생할 수 있다. 안구 조직은 정상이고 크기만 작은 경우와 안구 조직의 결손까지 수반하는 경우로 구분할 수 있으며, 소안구로 인해 시력 저하가 일어난다. 소안구증은 백내장, 녹내장, 홍채 결손 같은 다른 질환을 동반할 수 있으므로 이들 질환이 있는지를 확인하는 것이 필요하다. 소안구증 학생을 위한 교육적 고려 사항은 다음을 포함한다.

- 소안구증은 시력 저하를 가져오므로 시력, 대비감도, 대비 선호, 조명 선호 및 눈부심 등의 시각 평가를 실시할 필요가 있다.
- 시력 저하 정도에 따라 확대 자료, 확대기기의 사용이 도움이 될 수 있다.
- 질환이 한쪽 눈에 있어 양안 시력에 차이가 있는 경우에 좋은 쪽 눈을 잘 활용할 수 있도록 자리를 배치한다. 예를 들어, 왼쪽 눈이 더 좋다면 교실 중앙이나 약간 더 우측에 배치하는 것이 적절하다.
- 보통 이상 밝기의 조명을 선호하지만 광선 공포증과 눈부심을 느끼므로 눈부심을 감소시키는 지원이 필요하다.

• 시력 감소와 눈부심으로 인해 대비감도 저하를 보이는 경우에 고대비 자료의 제공이나 대비 증진 기구를 사용하는 것이 도움이 될 수 있다.

## 17) 굴절 이상

시각장애 학생은 단지 굴절 이상만으로 시각장애 등록이나 특수교육대상자로 선정되는 것은 아니지만, 안경을 통해 굴절 이상을 교정해 주면 시력이 다소 개선될 수 있다. 굴절 이상에는 근시, 원시, 난시가 있으며, 시각장애 학생은 원시보다는 근시나 난시의 문제가 더 많은 편이다. 특수교육교사는 진행성 안질환이 있는 학생은 정기적으로 안과 및 안경점에서 시력 변동 여부를 확인하고, 굴절 이상으로 인한 시력 교정을 위해 안경 렌즈의 도수를 바꾸도록 안내할 필요가 있다. 어릴 때 굴절 이상을 방치하면 선명한 상을 보는 경험이 부족하여 시각 기능이 발달하지 않아 약시를 초래할 수 있으므로 조기부터 적합한 안경으로 교정해 주는 것이 중요하다.

### (1) 근시

근시는 수정체의 굴절력이 커서 물체의 상이 망막 앞쪽에 맺게 되어 흐릿하게 보이게 된다. 물체에 더 가까이 다가가면 물체의 상이 커지는 효과가 있으므로 수정체의 굴절력이 크더라도 망막에 제대로 상이 맺힐 수 있기 때문에 근시 학생은 사물에 가까이 다가가려는 경향이 있다. 근시가 있는 학생은 가까운 물체는 볼 수 있으나 먼 거리의 물체는 보기 어려우므로 근거리 시력이 원거리 시력보다 좀 더 좋을 수 있다. 근시가 있는 학생이 먼 거리의 물체를 보기 위해 가까이 다가가지 않고도 문제를 해결할 수 있는 방법이 오목 렌즈 안경을 착용하는 것이다. 오목 렌즈는 가운데는 얇고 가장자리는 두꺼워 물체의 상이 렌즈를 통과할 때 렌즈의 두꺼운 쪽으로 굴절되기 때문에 물체의 상을 크게 만드는 효과가 있다.

### (2) 원시

원시는 노화로 안구의 전후 길이가 짧아지거나 무수정체안 등으로 인해 물체의 상이 망막의 뒤쪽에 맺혀 흐릿하게 보이는 것이다. 물체와 멀리 떨어질수록 물체의 상이 작아지는 효과가 있으므로 수정체의 굴절력이 작더라도 망막에 제대로 상이 맺힐 수 있어 원시 학생은 사물로부터 거리를 두어 보려는 경향이 있다. 먼 곳의 물체는 잘 보지만 가까운 거리의 물체는 잘 보지 못하므로 원거리 시력이 근거리 시력보다 좀 더 좋을 수 있다. 원시는 근거리 과제에 어려움이 있으므로 볼록 렌즈로 교정하는 것이 필요하다. 볼록 렌즈는 가운데가 두껍고 가장자리가 얇아 물체의 상이 렌즈를 통과할 때 물체의 상을 작게 만드는 효과가 있어 물체와 떨어져서 보지 않더라도 망막에 상이 맺히도록 할 수 있다. 원시 학생은 근거리 과제를 오래 지속하면 눈의 피로나 두통을 일으킬 수 있으므로 원거리 과제를 번갈아 하도록 하는 것이 눈의 피로 해소에 도움이 될 수 있다.

### (3) 난시

난시는 눈의 굴절력이 안구의 모든 면에서 같지 못하여 물체의 상이 한 점이 아닌 여러 점에 초점을 맺어 물체가 여러 개로 보인다. 일반적으로 각막의 모양이나 표면에 문제를 일으키는 안질환들이 각막 전체의 굴절력에 차이가 생겨 난시를 일으킨다. 난시 학생도 난시용 안경 렌즈를 통해 어느 정도 교정이 가능하다. 난시가 있는 학생은 핀홀 효과를 얻기 위해 곁눈질해서 보는 경향이 있으며, 근거리 과제를 오래 하면 눈의 피로가 있을 수 있어 주기적인 휴식을 허용하는 것이 필요하다.

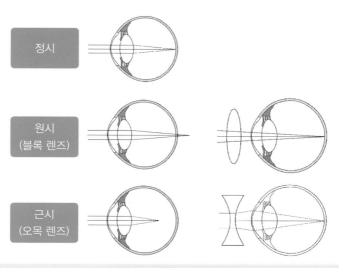

굴절 이상과 렌즈 처방

## 18) 기타 질환

### (1) 복시

복시는 1개의 물체가 2개로 보이는 현상을 의미한다. 한 눈으로 볼 때 사물이 2개로 보이는 현상을 한눈 복시(단안 복시), 양 눈의 정렬이 잘못되어 생기는 복시를 두눈 복시(양안 복시)라고 한다.

한눈 복시의 원인은 각막 손상, 난시, 수정체 탈구, 백내장, 원추 각막, 익상편 등이 있다. 안구는 외안근에 의하여 움직이는데, 하나의 안근에 이상이 발생하면 두 눈의 초점이 달라지는 두눈 복시가 발생한다. 두눈 복시의 원인은 외안근 염증 및 손상, 신경 마비, 중증 근무력증 등이 있다.

두눈 복시는 한쪽 눈을 감았을 때 복시가 사라지는지를 기준으로 진단할 수 있다. 이때 물체의 상이 위아래로 생기는지, 옆으로 생기는지, 상이 기울어져 보이는지 확인한다. 성인의 경우 보이는 것을 잘 묘사할 수 있으므로 복시를 쉽게 진단할 수 있다. 그러나 어린 아동의 복시를 진단하는 것은 어렵다. 아동이 눈을 많이 비비거나, 손으로 가리거나, 곁눈질을 하거나, 머리를 한쪽으로 기울이는 등의 행동을 한다면 복시를 의심할 수 있다. 복시가 갑자기 생겼거나 확실한 원인을 찾지 못한다면, CT, MRI 검사를 시행하여 안구의 문제나 뇌의 이상을 확인할 수 있다.

복시의 치료 방법은 그 원인에 따라 차이가 있다. 근육 이상, 백내장이나 익상편에 의해 생긴 복시는 수술을 통해 교정하고, 난시로 인해 생긴 복시는 특수 콘택트렌즈나 안경을 사용하여 교정한다. 사시가 있는 아이에게는 안경을 착용시키거나 눈을 올바르게 정렬시키는 훈련을 위한 프리즘 치료를 시행하되, 복시 증상이 심하면 사시 교정 수술이 필요할 수 있다. 사시를 동반한 시각장애 학생을 위한 교육적 고려 사항은 다음을 포함한다.

- 눈의 피로감이나 현기증을 느낄 수 있으므로 잦은 휴식 시간을 허용한다.
- 고대비의 라인 마커를 사용하여 주요 정보나 내용에 표시한다.
- 고대비 자료를 사용하고 눈부심(빛 반사)을 감소시킨다.
- 새로운 환경에 친숙해질 수 있도록 보행에서 친숙화 교육을 실시한다.

## (2) 약시

경도 저시력 학생의 안과진단서에 '약시'라고 적혀 있는 경우가 종종 있다. 약시는 안과 검사에서 특별한 안질환을 발견할 수 없음에도 불구하고 안경이나 콘택트렌즈로 최대한 교정해도 정상적인 시력이 나오지 않는 경우를 말한다. 시력표에서 양쪽 눈의 시력이 두 줄 이상 차이가 있을 때 시력이 낮은 쪽을 약시(안)라고 한다. 약시의 원인에는 사시, 굴절 이상, 선명한 시각상의 결여 3가지가 있으므로 조기부터 적절한 지원이 이루어지면 약시를 어느 정도 예방하고 개선할 수 있다. 특히 눈 조직이 발달하는 성장기에 약시를 조기 발견하여 치료하면 예후가 양호하므로 치료 시기를 놓치지 않는 것이 중요하다. 약시 학생을 위한 교육적 고려 사항은 다음을 포함한다.

- 교정하여도 시력이 좋지 않고 좋은 쪽 눈으로만 보는 경향에 따른 시력 저하 문제를 가질 수 있으므로, 시력, 대비감도, 대비 선호 등의 시각 평가를 실시할 필요가 있다.
- 굴절 이상은 안경이나 콘택트렌즈로 교정하고, 사시는 좋은 쪽 눈을 가리고 사시가 있는 나쁜 쪽 눈을 사용하는 기회를 제공하며, 학습 자료를 적합한 글자 크기의 선명한 자료로 만들어 주거나 적합한 배율의 확대경을 통해 선명한 상을 보는 기회를 제공하는 것이 약시 예방과 치료에 도움이 될 수 있다.
- 좋은 쪽 눈만 사용하는 단안시(즉, 양안시의 어려움)로 인해 깊이 지각에 어려움이 있을 수 있어 보행할 때 길가의 웅덩이, 패인 곳, 계단 등에서 발을 헛딛지 않게 유의하도록 한다.
- 두 눈의 큰 시력 차이로 인해 시각-운동 협응(visual-motor coordination)을 요구하는 활동에 어려움을 보일 수 있으므로 과제에 적응할 추가 시간이 필요할 수 있다.
- 교실에서 자리 배치 시에 두 눈 중 좋은 눈을 사용할 수 있는 곳에 자리를 배치한다. 예를 들어, 우측 눈이 더 좋다면 우측 눈은 우측 시야 90°, 좌측 시야 60°가 정상임을 고려하여 교실 중앙이나 약간 좌측에 자리를 배치하는 것이 좋다.

### (3) 안구진탕

안구진탕은 학생의 의지와 상관없이 안구가 무
의식적이고 빠르게 반복적으로 움직이는 질환이
다. 안구가 원하는 위치에 머물러 있지 못하므로
앞에 있는 목표 대상을 일정 시간 동안 주시하여 바

안구진탕

라보는 것이 어렵다. 안구진탕으로 인해 시력의 장애가 발생하거나 진동시(물체가 떨
려 보이는 증상)로 인해 심한 어지럼증을 호소하는 경우에는 치료를 시도할 필요가 있
다. 안구진탕을 동반한 시각장애 학생을 위한 교육적 고려 사항은 다음을 포함한다.

- 안구의 불수의적 움직임은 시력 저하와 눈의 피로 등을 가져올 수 있으므로, 시
  력, 읽기 지속성 등의 시각 평가를 실시할 필요가 있다.
- 읽기 활동에서 글줄을 잃어버리는 현상을 보이면 타이포스코프나 라인 가이드
  를 사용하도록 한다.
- 시력 저하와 같은 영향이 있으므로 적절한 조명, 고대비의 선명한 자료, 확대 자
  료의 사용이 도움이 될 수 있다.
- 안구의 불수의적 움직임이 계속되면 눈의 피로감과 어지러움을 느낄 수 있어 주
  기적인 휴식을 허용한다.
- 과도한 긴장과 스트레스 역시 불수의적 안구 움직임을 심화시킬 수 있으므로 심
  리적으로 편안함을 느끼도록 학습 분위기를 조성한다.
- 시력표, 읽기 자료 등을 사용하여 안진이 줄어들고 가장 잘 보이는 눈의 응시
  방향, 머리 기울이기, 자료와 적정 거리를 찾아 사용하는 정지점 훈련(null point
  training)을 실시한다.
- 안구의 불수의적 움직임으로 인해 일정 시간 동안 안정적으로 고시를 유지하는
  능력이 부족하므로, 전방의 한 점을 계속 주시하는 훈련을 실시한다.
- 줄무늬 같은 특정 무늬가 안구의 불수의적 움직임을 증가시킬 수 있으므로 학습
  자료나 환경에서 이를 제거하거나 피하도록 한다.

### (4) 사시

사시는 외안근의 불균형에 의해 양쪽 눈이 한 지점을 바라보지 못하는 질환이다.

한쪽 눈이 정면을 바라볼 때 다른 쪽 눈은 안쪽 또는 바깥쪽으로 돌아가거나 위 또는 아래로 돌아가는 등 다양한 사시 유형이 있다. 사시는 사물이 겹쳐 보이는 복시, 돌아간 눈을 사물의 인식에 사용하지 못하는 억제, 약시, 두통, 눈의 피로 등이 나타날 수 있다. 유아기에 사시가 있을 경우에는 조기에 치료하지 못하면 시력 저하와 약시가 발생할 수 있다. 사시를 동반한 시각장애 학생을 위한 교육적 고려 사항은 다음을 포함한다.

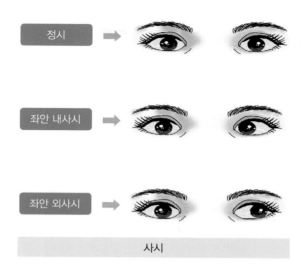

사시

- 사시는 시력 저하와 시야 문제를 가져올 수 있으므로 시력, 시야 등의 시각 평가를 실시할 필요가 있다.
- 사시를 교정하면 양안시(양쪽 눈이 하나로 초점을 맺음) 회복과 시력 개선이 이루어질 수 있다. 사시 유형에 따라 눈을 가리는 차폐법(외사시)이나 안경으로 교정하는 방법(내사시), 수술 등이 있다.
- 사시로 인해 시력이 저하되어 인쇄물이 흐릿하게 보이는 경우에 확대 자료나 글자가 굵고 선명한 자료를 제공하는 것이 도움이 된다.
- 양안시의 어려움으로 눈손 협응 활동 등에 어려움을 보인다면 추시, 추적, 주사 등의 시기능 훈련이 도움이 될 수 있다.
- 대화할 때 눈 접촉이 잘 이루어지지 않으므로 반 친구들이 이를 이해하고 놀리지 않도록 한다.
- 양안시 문제로 인한 입체시 부족으로 깊이 지각이 어려우므로, 단차, 계단, 굴곡 있는 길을 이동할 때 발을 헛딛지 않게 유의하도록 한다.
- 친숙하지 않은 시각 활동이나 과제를 수행할 때 시각적으로 적응하는 데 시간이 걸리므로 과제 수행 시간을 더 준다.
- 사시 유형에 따라 효율적으로 시각을 활용할 수 있는 위치에 자리를 배치한다. 예를 들어, 좌안 정상, 우안 외사시라면 교실 중앙으로부터 약간 좌측에 자리를

배치하는 것이 도움이 될 수 있다.

• 양안시의 어려움으로 눈에 피로감을 느낄 수 있으므로 주기적인 휴식을 허용한다.

### (5) 색각 이상

안질환에 따라 색 지각이나 색맹 같은 문제를 동반하기도 한다. 따라서 어떠한 배색에서 색을 잘 구별하지 못하고, 어떤 배색의 그림이나 이미지를 잘 인식하는지를 확인하는 것이 필요하다. 색 지각 문제는 각막, 수정체, 망막, 뇌의 시피질 등에 이상을 일으키는 안질환에서 나타날 수 있다. 특히 망막 질환은 적색과 녹색을 혼동하거나 청색과 황색을 혼동하는 경우가 있다. 색 지각력이 떨어지는 학생은 착색 렌즈, 고대비 자료, 대비 조절 기능이 있는 확대독서기 등의 사용이 도움이 될 수 있다(Whittaker et al., 2016).

## 19) 시청각장애(맹농) 질환

시청각장애 학생의 원인 질환은 매우 다양하다. 미국의 경우, 유전 질환(4,677명), 차지증후군 958명, 어셔증후군 345명, 다운증후군 308명 등의 순으로 나타난다.

표 2-3 미국 맹농학생의 주요 원인 질환                                    (단위: 명)

| 질환 유형 | 계 |
| --- | --- |
| 유전성 증후군 | 4,677 |
| 차지증후군 | 958 |
| 어셔증후군(1, 2, 3 유형) | 345 |
| 다운증후군 | 308 |
| 스틱클러증후군 | 130 |
| 댄디-워크증후군 | 119 |
| 돌덴하증후군 | 98 |
| 기타 증후군 | 2,719 |

| | |
|---|---|
| 태아기/선천성 합병증 | 1,339 |
| 거대세포바이러스 | 293 |
| 수두증 | 203 |
| 소두증 | 211 |
| 기타 합병증 | 632 |
| 출산후/후천성 | 1,152 |
| 질식 | 183 |
| 두부외상 | 137 |
| 뇌수막염 | 132 |
| 기타 질환 | 700 |
| 미숙아 합병증 | 991 |
| 원인불명 | 1,745 |

### (1) 어셔증후군

어셔증후군(Usher syndrome)은 시력 및 청력 상실을 일으키는 유전 질환이며, 진행성이다. 시력 상실은 망막의 퇴행을 가져오는 망막색소변성증에 기인하며, 일반적으로 유년기, 청소년기 또는 초기 성인기에 나타난다. 청력 손실은 망막에 영향을 미치는 유전자 돌연변이가 내이의 소리 전달 조직인 달팽이관에도 영향을 주어 발생한다.

- 어셔증후군 유형 1(USH1)은 대개 심각한 난청으로 태어나고 균형에 문제를 가진다. 망막색소변성증 증상인 야맹 및 주변 시력 손상이 초기 청소년기에 나타난다.
- 어셔증후군 유형 2(USH2)는 신생아가 중등도의 청력 손실을 가진다. 망막색소변성증 증상은 대개 청소년기 이후에 시작된다. 유형 1보다 시력 문제가 느리게 진행되며 일반적으로 난청 상태는 더 악화되지 않고 유지되는 편이다.
- 어셔증후군 유형 3(USH3)은 일반적으로 청력이 좋지 않거나 가벼운 청력 손실을 가지고 태어난다. 청력 및 시력 손실이 사춘기부터 시작된다.

## (2) 차지증후군

차지증후군(CHARGE syndrome)은 초기 태아 발달기부터 발생하기 시작하여 여러 장기를 침범하는 유전 질환이다. 안조직 결손(Coloboma), 후비공 폐쇄, 뇌신경 이상, 귀 모양 이상과 난청을 동반한다.

안조직 결손으로 홍채 결손, 망박 결손, 시신경 이상 등이 있으며, 80~90%가 망막 결손이 나타난다. 이로 인해 중증의 시각장애가 초래되고, 눈부심을 호소하는 경우가 많다.

귀 모양이 특이하고 중이 소골의 기형이 많으며, 와우 문제 등으로 인해 청력 이상이 발생하게 되어 보청기, 와우 이식 등이 필요할 수 있다.

## 3. 안질환별 체험

특수교육교사가 안질환에 따른 시력과 시야 문제를 체험할 수 있는 저시력 체험 안경을 사용하여 읽기와 쓰기, 미술, 체육, 보행, 일상생활 등 다양한 활동을 수행해 보면 안질환에 따라 어떠한 교육적 어려움이 있고 필요한 특수교육 지원이 무엇인지 이해하는 데 도움이 될 수 있다.

## 1) 저시력 체험 안경 만들기

저시력 체험 안경은 고글, 3D 안경, 하드보드지 등을 이용하여 제작할 수 있다. 장기간 사용을 목적으로 할 때는 고글이나 3D 안경을 활용하는 것이 좋으며, 인터넷에서 종이 또는 플라스틱 재질의 안경테를 구입하여 제작할 수 있다. 저시력 체험 안경은 백내장(시력 장애), 녹내장 및 망막색소변성증(주변 시야 장애), 황반변성(중심부 암점), 반맹(시야 절반 장애)의 4가지 유형을 기본으로 제작하되, 각 질환의 진행 정도에 따라 시력과 시야 장애 정도가 다를 수 있으며, 안질환에 따른 실제 보기 상태와 다소 차이가 있음을 유념해야 한다.

| 표 2-4 | 저시력 체험 안경 만들기 |
| --- | --- |

| 안경 유형 | | 제작 절차 |
| --- | --- | --- |
| 고글형 | | ① 고글이나 3D 안경을 4개 구입한다.<br>② 고글이나 3D 안경에 비닐(시력 장애 질환)과 검은색 색지나 테이프(시야 장애 질환)를 안질환에 맞게 붙인다.<br>  −백내장은 안경에 불투명 흰색 비닐을 덧붙인다.<br>  −망막색소변성증은 렌즈에 검은색 색지를 붙여 모두 가린 후 정중앙에 1mm 정도 지름의 구멍을 낸다.<br>  −황반변성은 렌즈 가운데에 2cm 정도 지름의 원 모양으로 검은색 색지를 붙인다.<br>  −반맹은 안경의 좌측이나 우측이나 상측이나 하측의 절반을 검은색 색지로 가린다. |
| 하드<br>보드지 | | ① 하드보드지를 안경 모양으로 자르거나 인터넷에서 종이나 플라스틱 안경테를 구입한다.<br>② OHP 투명 필름을 안경 렌즈 크기로 잘라 안경테 안쪽에 붙인다.<br>③ 불투명 흰색 비닐이나 검은색 색지 등을 사용하여 안질환에 맞게 붙인다. |
| 모바일<br>앱 | 시각장애 체험 VR<br>YoungHwan Jao<br>4.1 ★    1만 이상<br>이상 44개    다운로드<br>시각장애를 체험할 수 있는 Cardboard VR 앱 | ① 구글 플레이스토어 등에서 저시력 체험, 시각장애 체험, low vision simulator 등으로 검색한다.<br>② 앱을 설치하고, 모바일 카메라를 사물이나 자료를 향하도록 한 후 화면을 바라본다. |

## 2) 다양한 교육 활동 체험하기

저시력 체험 안경을 쓰고 대표적인 학습 및 일상 활동을 선정하여 경험한다. 저시력 체험은 2인 1조로 편성하여 한 명이 체험할 때 다른 한 명은 안전사고가 일어나지 않게 감독 및 보조 역할을 한다. 저시력 체험 안경을 종류별로 착용하고 다음 활동을 각각 수행한 후 활동 수행의 어려움과 차이를 정리한다(〈표 2-5〉 참조).

표 2-5 저시력 체험 안경을 쓰고 다양한 활동하기

| 영역 | 체험 활동 |
|---|---|
| 읽기와 쓰기 | • 책의 표지, 목차, 본문을 읽어 본다.<br>• 짧은 시를 보고 노트에 옮겨 쓴다.<br>• 지도, 그래프 같은 그림이나 사진 자료를 본다. |
| 미술 | • 클레이나 찰흙으로 도자기나 동물을 만든다.<br>• 여러 가지 도형과 그림을 가위로 오려 본다.<br>• 스케치북에 정물화나 풍경화를 그리고 색연필로 색칠한다. |
| 체육 | • 다른 사람의 체조 동작을 보고 동작을 따라 한다.<br>• 두 사람이 마주 보고 선 후 공을 발로 차서 주고받는다.<br>• 100m 직선 트랙과 200m 곡선 트랙을 달려 본다.<br>• 두 사람이 마주 보고 배드민턴을 한다. |
| 보행 및 일상생활 | • 학교 계단을 오르내린다.<br>• 평탄하지 않은 흙길이나 잔디를 걸어 본다.<br>• 구내식당에서 배식을 하고 식사를 한다.<br>• 단추가 있는 셔츠를 입고 벗는다.<br>• 교실이나 방을 청소하고 정리 정돈한다. |

## 3) 체험 결과 정리하기

저시력 체험 안경을 쓰고 다양한 학습 및 일상 활동들을 수행해 본 후에 안질환별로 어떠한 어려움과 차이가 있는지와 어려움을 줄이거나 해결하기 위한 지원 방법을 모색해 볼 수 있다.

표 2-6 저시력 체험 활동 보고서(예시)

| 체험 안경 | 활동 수행의 어려움 | 어려움의 해결 방안 모색 |
|---|---|---|
| 백내장 안경 | • 복도에서 계단 입구를 찾는 것이 어려웠고, 계단과 계단 사이가 구별이 안 되어 발을 내딛는 것도 어려웠음<br>• 비슷한 색으로 칠해진 그림 자료를 볼 때 그림의 세부 요소를 파악하는 데 어려움이 있었음 | • 계단 입구와 계단코에 노란색 같은 고대비 페인팅이나 색 띠를 붙이면 도움이 될 수 있음<br>• 그림의 색 대비를 수정하여 제공하거나 대비 조절이 가능한 확대독서기를 사용할 필요가 있음 |

| | | |
|---|---|---|
| 망막색소<br>변성증 안경 | • 시야가 좁아 계단 입구를 찾는 것이 어려웠고, 다음 계단까지 보이지 않아 어려움이 있었음. 복도의 통로 전체가 보이지 않아 통로 주변 물체에 부딪치기도 하였음<br>• 작은 그림은 시야 안에 들어와 전체를 볼 수 있지만, 큰 그림은 그림 전체가 시야 안에 들어오지 않아 무엇인지 확인하기 어려웠음 | • 안구나 고개를 좌우 또는 상하로 돌려 계단 입구와 다음 계단을 찾고 복도 주변에 장애물이 있는지 살피는 것이 필요함<br>• 큰 그림을 볼 때 안구나 고개를 좌우로 움직여 전체를 파악하거나 그림으로부터 더 떨어져서 보면 그림 전체가 보이는 시야 확대 효과가 있음 |
| 황반변성<br>안경 | • 복도를 걸어갈 때 정면을 바라보면 통로가 제대로 보이지 않아 걷기 어려웠음<br>• 그림 자료를 정면으로 보면 그림의 가운데가 보이지 않아 그림의 내용을 파악하는 것이 어려웠음 | • 대상을 정면으로 바라보지 않고 안구나 고개를 돌려 측면으로, 즉 곁눈질(중심 외 보기)로 보면 복도 통로나 그림의 가운데를 볼 수 있음 |
| 시로 장애<br>(반맹) 안경 | • 시야 좌측 반맹인 안경을 착용하자 계단 좌측이 잘 보이지 않아 좌측에서 올라오는 사람과 부딪칠 뻔하였고, 통로를 걸어갈 때에도 좌측에 있는 장애물을 보지 못해 부딪치곤 하였음<br>• 그림을 보면 그림의 좌측 절반 정도가 보이지 않았음 | • 복도를 이동할 때 의도적으로 고개나 안구를 좌측으로 돌려 좌측에 장애물이 있는지를 확인하는 것이 도움이 될 수 있음<br>• 그림을 볼 때에도 고개나 안구를 의도적으로 좌측으로 돌려 그림 좌측까지 확인하는 것이 필요함 |

**학습 활동**

- 안질환에 따른 시기능의 문제와 필요한 특수교육 지원을 정리하여 발표해 봅시다.
- 2인 1조로 학생의 안질환에 따라 특수교육교사가 학생 및 부모와 최초 상담을 진행하는 역할극을 해 봅시다.
- 백내장 안경, 망막색소변성증 안경, 황반변성 안경, 시로 장애 안경을 쓰고 3가지 학습 및 일상 활동을 수행해 본 후 체험 안경별로 어려움의 차이를 발표해 봅시다.
- 다양한 안질환을 지닌 시각장애 학생을 만나 학습 및 일상 활동에서 어떠한 어려움을 경험하는지 인터뷰한 후 발표해 봅시다.
- 유·초·중·고 학교급에 따라 일반 학생에게 적합한 저시력 체험 활동을 계획하여 발표해 봅시다.

**국내 참고 자료 활용**

저시력 체험 안경 구입처: 실버디바이스(저시력 체험 기기)

PART
02

# 시각장애 학생 진단 · 평가

제2부는 특수교육교사가 객관적이고 체계적인 진단·평가에 근거하여 '시각장애를 지닌 특수교육대상자'를 선정하고 이들의 교육적 요구에 적합한 특수교육 지원 계획을 수립하여 제공하는 것에 대해 주안점을 두고 있다. 최근 우리나라에서 시각장애 교육 현장에 개발·보급된 진단·평가 도구를 제시하고 실습하도록 하고 있다.

# CHAPTER 03

# 진단 · 평가 계획과 활용

- 진단 · 평가의 목적에 맞게 진단 · 평가 계획을 수립한다.
- 시각장애 학생을 위한 진단 · 평가 영역과 검사 도구를 알고 사용한다.
- 진단 · 평가 결과를 근거로 진단 · 평가 보고서를 작성한다.

## 1. 진단 · 평가의 이해

특수교육대상자의 선정이나 학생 특성에 적합한 특수교육 지원을 위해 진단 · 평가는 중요한 과정이다. 특수교육교사는 시각장애 학생에게 적합한 진단 · 평가 도구의 종류, 실시 및 해석 방법, 결과 활용에 대해 잘 알고 있어야 한다.

### 1) 국내외 시각장애 학생 진단 · 평가 비교

미국의 「장애인교육법(IDEA)」은 장애 영역을 13가지로 분류하고 장애 영역별 정의와 기준을 제시하고 있다. 시각장애의 경우, "교정을 하더라도 아동의 교육 수행(성취)에 부정적인 영향을 가져오는 시각의 손상을 말한다."라고 정의함으로써 학생의 시각 문제가 학교생활과 학습 활동에 어려움을 초래하는지를 확인하기 위해 의학적 검사 결과와 더불어 시각장애 교사가 기능시각 평가와 학업 수행도 등을 평가하도록 하는 근거가 되었다. 1997년 「장애인교육법」의 중요한 2가지 개정은 '보행'을 관련 서비스의 하나로 추가하고, 시각장애 학생(시각중복장애 학생 포함)이 개별화교육팀의 평가를 통해 점자가 학생에게 적절하지 않다고 결정하지 않는 한 점자 교육과 사용을 보장하도록 한 것이다. 2004년 개정 「장애인교육법」은 장애 학생에게 접근 가능한 형태의 교수 자료를 보장하도록 함에 따라 교육기관들은 시각장애 학생에게 점자 자료, 확대 자료, 오디오 자료, 전자 자료 같은 적합한 자료를 제공하게 되었다.

미국 「장애인교육법」의 제 · 개정은 개별화교육팀이 시각장애 학생에게 보행 교육이 필요한지, 점자 학습이 필요한지, 점자 자료, 확대 자료, 음성 자료 같은 특수한 대체 자료의 지원이 필요한지를 확인하고자 진단 · 평가 과정에 보행 평가, 기능시각 평가, 학습매체 평가 등을 실시하도록 하는 근거가 되었다.

우리나라는 2013년에 「특수교육법」이 개정되고 치료지원에 보행을 추가함으로써 진단 · 평가 과정에 보행 교육 요구를 평가하도록 하는 근거가 마련되었으나, 특수교육지원센터에서 보행 전문가에 의한 보행 평가는 제대로 실시되지 못하고 있다. 또한 「특수교육법」에 각급학교의 장은 적절한 교수 · 학습 자료와 교구 등을 제공해야 한다고 규정하고 있고, 국가에서 점자 교과서와 확대 교과서를 매년 보급하고 있음에도 불구하고 시각장애 학생 개인별로 적합한 학습 자료와 보조공학 기기를 선정하기 위한 학습매체 평가와 기능시각 평가 역시 제대로 실시되지 않고 있다.

## 2) 진단 · 평가 영역

미국의 「장애인교육법」과 우리나라의 「특수교육법」 모두 진단 · 평가의 주요 목적은 학생이 어떠한 장애 범주에 속하고, 이 장애로 특수교육이 필요한지를 결정하는 데 있으며, 이에 더해 개별 학생에게 적합한 특수교육 계획을 수립하기 위한 지원 요구를 확인하도록 규정하고 있다.

미국의 「장애인교육법」은 특수교육 서비스 대상으로 자격이 있는지를 결정하기 위해 학생의 발달적 수준, 기능적 수준, 학업적 수준을 파악할 수 있는 다양한 평가 도구와 방법을 사용해 종합적인 평가를 하도록 한다. 이것은 진단 · 평가를 할 때 의학적 기준 외에 다양한 형식적 · 비형식적 평가 도구와 방법을 사용하고, 다양한 평가 인사가 참여해야 함을 의미한다. 따라서 미국의 주교육부는 시각장애 학생의 진단 · 평가 영역에 안과 검사 보고서, 기능시각 평가, 학습매체 평가, 보행 평가를 필수 영역으로 규정하고 있으며, 시각장애 기준에 부합하는 학생은 종합적인 교육 지원 내용을 결정하기 위해 확대공통교육과정(Expanded Core Curriculum)에 대한 평가까지 하도록 한다. 확대공통교육과정은 국어, 수학 등의 일반 교과가 아닌 시각장애를 보상하고 대처하기 위해 필요한 특수한 교육 영역을 말하며, 점자, 보행, 일상생활, 대인관계, 감각 활용, 보조공학, 여가와 레저, 진로와 직업, 자기결정 등이 포함된다(Huebner et al., 2004). 여기에 해당하는 우리나라의 특수교육 교육과정이 '시각장애인 자립생활 교육과정'과 '점자 교육과정'이다.

우리나라 교육 현장에서 특수교육 대상자 선정평가 업무를 담당하는 지역 특수교육지원센터가 시각장애 특수교육 대상자를 선정하고 적절한 교육 지원 계획을 수립할 수 있도록 다음의 평가를 실시해야 한다.

• 안과 검사 진단서를 확인해야 한다. '안과 검사 진단서'는 학생의 시각장애 여부와 정도를 의학적이고 객관적으로 확인하기 위해 필요한 자료이다. 시각장애 교육 대상자를 선정하기 위한 최초 평가라면 학생의 안과 진단서에서 얻은 안질환

과 시력 및 시야 등의 시기능 정보를 검토하는 것부터 평가를 시작해야 하고, 이를 기초로 기능시각 평가와 학습매체 평가 등의 교육적 평가 계획을 수립해야 한다. 우리나라도 「장애인 등에 대한 특수교육법 시행령」 제9조(장애의 조기발견 등)에 이미 장애가 의심되는 영유아 등을 발견한 경우에는 병원 또는 의원에서 장애 진단을 받도록 하고, 특수교육 대상자로 선정받기 위해 건강검진 결과통보서 또는 진단서를 제출하도록 하고 있다.

• 기능시각 평가(Functional Vision Assessment)를 실시해야 한다. 병원에서 안과 검사 장비와 도구를 활용하는 임상 시각 검사는 학습 및 생활 환경에서 학생의 실제 시각 사용 능력이나 어려움에 대한 구체적인 정보를 제공하지 못한다. 기능시각 평가는 특수교사가 학생의 생활 환경에서 다양한 일과 활동을 학생이 수행할 때 학생의 시각 사용 능력과 지원 요구를 실질적이고 구체적으로 파악할 수 있도록 한다.

• 학습매체 평가(Learning Media Assessment)를 실시해야 한다. 「장애인 등에 대한 특수교육법」에 장애 학생에게 적절한 교재교구를 제공하도록 규정하고 있고, 교육부 및 지역교육청은 시각장애 학생들에게 점자 및 확대 교과서를 제공하는 정책을 시행하고 있으며, 일반 교과서 사용의 어려움 여부는 교육적 관점에서 시각장애를 진단하는 데 중요한 정보가 된다는 데 근거한다. 더 나아가 학습매체 평가는 학생이 읽기와 쓰기를 배우고 사용하는 문해매체 결정과 보조공학 기기의 선정에도 중요한 정보를 제공한다. 따라서 학습매체평가를 통해 학생이 일반 교과서 및 학습 자료 사용에 어려움이 있는지 그리고 점자, 확대, 오디오 중 어떤 유형의 교수 · 학습 자료와 보조공학 기기가 학생에게 효율적인지를 결정하여 지원하는 것이 중요하다.

• 보행 평가를 실시해야 한다. 학교생활에 있어 독립적인 이동의 어려움은 교육적 관점에서 시각장애를 진단하는 데 도움이 되는 정보이며, 「장애인 등에 대한 특수교육법」에 보행을 관련 서비스로 규정하고 있다는 점에서 보행 서비스 요구를 결정하는 데도 필요하다. 한국시각장애인연합회가 운영하던 '보행지도사' 자격과정이 2020년에 국가 공인 민간자격으로 승인받게 됨에 따라, 우리나라에서도 유자격 보행 전문가의 양성과 이용이 가능하게 되었다는 점도 보행 분야의 평가와 교육에 긍정적인 변화를 가져올 수 있다.

• 학생이 시각장애 특수교육 대상자로 선정되면 확대공통교육과정의 교육 요구를 확인하는 평가도 실시해야 한다. 시각장애 교육 대상자로 선정된 학생에게 적절한 교수를 제공할 수 있는 교육기관 및 교육 지원 내용을 결정하려면 점자, 보행, 감각 활용, 일상생활 기술, 보조공학 등에 대한 교육적 요구를 평가할 필요가 있다 (Holbrook et al., 2017). 우리나라도 2015년부터 미국의 확대공통교육과정을 참고하여 보행, 일상생활, 대인관계, 감각 활용, 보조공학, 여가생활, 진로 준비의 7개 영역으로 구성된 '시각장애인 자립생활'과 '점자' 교과를 편성 · 지도하도록 하고 있다.

앞서 미국의 '시각장애 학생 진단 · 평가 영역'에 비추어 볼 때, 우리나라의 「장애인 등에 대한 특수교육법」의 '특수교육 대상자 진단 · 평가 영역(시각장애)'은 〈표 3–1〉과 같이 개정되는 것이 필요할 것이다.

표 3–1  우리나라 「장애인 등에 대한 특수교육법」의 특수교육대상자 선정 기준 및 개정 방향

| 현행 | | 향후 개정 방향 | |
|---|---|---|---|
| 구분 | 영역 | 구분 | 영역 |
| 시각장애 · 청각장애 및 지체장애 | 1. 기초학습 기능 검사<br>2. 시력 검사<br>3. 시기능 검사 및 촉기능 검사<br>   (시각장애의 경우에 한함) | 시각장애 | 1. 안과 검사/안과 진단서<br>2. 기능시각 평가<br>3. 학습매체 평가<br>4. 보행 평가<br>5. 기초학습기능 검사(시각중복장애) |

## 3) 진단 · 평가 계획 수립

진단 · 평가 계획 수립에는 진단 · 평가 목적, 학생의 연령과 시각장애 정도, 안질환 유형과 진행성 여부, 시각장애 외에 다른 장애 동반 여부 등을 종합적으로 고려해야 한다.

• 진단 · 평가의 목적을 고려하는 것이 필요하다. 진단 · 평가의 목적은 「장애인 등에 대한 특수교육법」에 따라 2가지로 구분할 수 있으므로 특수교육대상자 선정을

위한 최초 평가인지, 매년 시각장애 학생의 개별화교육계획을 수립하기 위한 평가인지에 따라 평가 영역이 다소 달라질 수 있다.

- 학생의 안질환을 고려하는 것이 필요하다. 안질환별로 시기능 저하나 문제에 차이가 있다. 학생의 안질환이 시력, 시야, 대비, 조명 및 눈부심 등 어떠한 시기능에 문제를 주로 일으키는지에 따라 관련 시기능 수준을 확인할 수 있는 평가 영역과 검사 도구를 포함시키는 것이 필요하다. 예를 들어, 망막색소변성증 학생이라면 시야 검사가 중요하고, 안질환이 진행되면 시력 및 대비감도 저하를 확인하는 검사도 중요하게 다루어야 한다.
- 시각장애 정도 역시 고려하는 것이 필요하다. 안과 보고서에 선천성 녹내장에 의해 시력이 안전지수, 안전수동, 광각, 전맹으로 기록되어 있다면 학습매체 평가를 생략할 수 있는데, 그 이유는 교정 시력이 안전지수 이하라면 학습매체 평가 없이도 점자와 음성 자료를 사용해야 한다고 판단할 수 있기 때문이다.
- 동반 장애와 관련된 평가 영역과 도구를 추가로 포함하는 것이 필요하다. 시각중복장애 학생의 경우에 학습과 자립생활의 어려움이 단지 시각 문제 외에 지적장애, 지체장애 등 다른 장애로 인한 것일 수 있다. 지적장애를 동반한 경우에는 지능 검사, 기초학습능력 평가, 언어 발달 평가 등이, 지체장애를 동반한 경우에는 운동기능 평가 등이 관련 장애 전문가와 협의하여 포함될 수 있다.
- 교육 배치 형태도 평가에 고려할 필요가 있다. 일반학교에 배치된 시각장애 학생은 학교생활 적응이나 교우 관계 형성에 보다 큰 어려움을 보이는 경우가 많으므로, 학교 적응이나 교우 관계 문제를 알아볼 수 있는 면담 평가, 관찰 평가, 학교 적응 행동 척도, 교우 관계 척도 등을 포함시킬 수 있다.

## 4) 진단·평가팀 구성

시각장애 학생의 진단·평가팀은 시각장애 평가 영역과 검사 도구에 전문성이 있는 인사로 구성해야 평가 과정과 결과 해석에 신뢰성을 보장할 수 있다. 미국의 「장애인교육법」은 장애 범주에 전문성을 가진 인사가 참여하는 것을 보장하고 있으며, 시각장애를 전공하거나 시각장애 교육에 전문성이 있는 특수교사가 시각장애 학생의 진단·평가 과정에 중요한 역할을 한다. 시각장애 특수교사는 안과 검사 보고서의 검토를 시작으로 기능시각 평가, 학습매체 평가 등을 수행하고, 보행이나 보조공학에 대한 요구를 평가하고자 관련 전문가에게 의뢰한다. 또한 시각장애 특수교사는 평가 팀 구성원들에게 적절한 평가 방법과 검사 조정이 이루어지도록 상담과 지원을 제공한다. 예를 들어, 확대 또는 점자 검사지를 제공한다.

미국의 경우, 시각장애 특수교사 외에 보행 전문가, 저시력 치료사, 재활 교사, 시각장애 보조공학 전문가의 양성과 자격 제도가 마련되어 있어 이들이 평가 과정에 참여한다. 그러나 우리나라는 한국시각장애인연합회에서 관리하는 국가공인 민간자격인 '점역교정사'와 '보행 지도사'를 제외하고는 시각장애 전문가가 양성되지 않아 평가팀을 구성하는 데 어려움이 있다. 따라서 시각장애 학생 진단 · 평가 업무를 담당하는 교사들을 대상으로 현직 연수를 실시하는 것이 무엇보다 중요하며, 평가팀은 다음과 같이 구성할 수 있다.

- 학업 수행도 확인, 기능시각 평가, 학습매체 평가는 시각장애 교육에 경험이 있고 해당 평가 연수를 받은 특수교육교사가 실시한다.
- 보행 평가 영역은 보행 지도사 자격증을 취득하고 보행 교육 경험이 있는 인사를 참여시킨다.
- 점자 평가 영역은 점자 지도 경험이 있거나 점역교정사 자격증을 취득하고 관련 분야에 다년간 종사한 경험이 있는 인사를 참여시킨다.
- 저시력과 보조공학 평가 영역은 보조공학사 자격이 있거나 시각장애 관련 기기의 사용과 교육 경험이 있는 인사를 참여시킨다.
- 특수교육대상자를 선정하는 특수교육지원센터에는 시각장애 전문 인력의 배치가 거의 이루어지지 않고 있기 때문에 시각장애 특수학교, 시각장애인복지관, 점자 도서관 등 시각장애 유관 기관에 종사하는 전문가들을 평가팀의 일원으로 참여시키는 것을 고려할 수 있다.

## 5) 진단 · 평가 실시 고려 사항

진단 · 평가 과정은 시각장애 학생에게 적합한 평가 환경을 조성하여 실시해야 평가 결과를 신뢰할 수 있다. 시각장애 학생을 대상으로 진단 · 평가를 실시할 때의 고려 사항은 다음을 포함한다.

- 시각장애 진단 · 평가실은 소음이 없는 곳에 설치하고, 개인용 스탠드, 독서대, 확대경, 확대독서기, 점자정보단말기, 디지털 녹음기 등을 구비하여 학생이 필요한 저시력 기구 및 보조공학 기기를 활용할 수 있도록 해야 한다. 특히 조명 상태는 저시력 학생의 시각 평가에 큰 영향을 미치므로, 적정 밝기 상태를 유지하는 것이 중요하다.

- 진단 · 평가를 한 회기에 집중적으로 모두 실시하기보다는 학생의 연령과 눈의 피로 정도를 고려하여 여러 회기로 나누어 실시하고, 주기적인 휴식 시간을 주는 것이 필요할 수 있다. 눈의 피로를 느끼거나 호소함에도 불구하고 검사를 지속할 경우에 학생이 검사에 적극적으로 참여하지 않거나 검사를 거부하는 태도를 보일 수 있고, 검사 결과 역시 신뢰하기 어렵다. 시각 평가, 학습매체 평가 등은 장시간 눈으로 읽는 활동을 요구하므로 검사 시간과 휴식 시간을 균형 있게 계획하는 것이 필요하다.

- 시각장애 학생의 교육적 어려움과 특수교육 지원 요구를 파악하기 위해 다양한 형식적 · 비형식적 평가 도구를 함께 사용할 필요가 있다. 표준화 검사 도구는 규준 참조형과 준거 참조형 검사 도구로 구분할 수 있는데, 시각장애인을 위해 개발된 표준화 검사 도구가 많지 않으므로 비형식적 검사 방법인 면담 평가, 관찰 평가, 체크리스트 평가 등을 적극 활용하는 것이 필요하다.

- 일반 학생을 대상으로 개발된 표준화 검사 도구를 사용할 때 해당 검사 요강에 검사 절차 및 해석 기준 등을 통해 시각장애 학생에게 실시 · 해석하는 데 문제점이나 불리한 점이 없는지 살펴보아야 한다. 그리고 시각장애 학생이 해당 검사 도구를 그대로 사용하기 어려워 검사 도구나 검사 시행 절차의 수정이 필요하다면 해당 검사 요강에서 이를 허용하는지를 살펴보아야 한다. 만일 검사 문제지를 점자나 확대나 녹음 검사지로 주는 것이 문제가 되지 않는다면 학생에게 적합한 매체로 바꾸어 주어야 한다. 그리고 규준 참조형 검사는 검사 결과를 규준 점수와 비교해야 하므로 결과 해석에 신중을 기하는 것이 필요하다. 검사 도구가 시각장애로 인해 불리하여 검사 점수가 낮게 나올 수밖에 없다면 검사 점수를 규준 점수와 비교하여 해석하지 않고 학생의 교육 지원에 보다 유익한 관점에서 재해

석하는 것이 필요할 수 있다. 시각장애 학생에게 일반 검사 도구를 사용할 때는 시각장애로 인해 불리한 도구가 아닌지와 검사 과정이나 방법의 수정에 있어 유연성이 있는 검사 도구인지 등을 사전에 확인하는 것이 필요하다.

---

### 🗨🧑 표준화검사 사례

**사례 1** 정해진 시간 내에 같은 모양이나 무늬를 찾거나 짝 짓는 검사들은 점자 사용 학생이나 저시력 학생 모두 낮은 점수를 받을 수밖에 없어 인지 문제가 있거나 해당 영역의 부진 학생으로 해석될 수 있다.

**사례 2** 일반 학생을 위해 개발된 규준 참조형 읽기 유창성 검사는 학생의 읽기 수준과 읽기 부진 여부를 판별하는 데 사용한다. 시각장애 학생에게 점자나 확대 읽기 검사지로 수정하여 제공하고 시각장애 학생의 읽기 속도를 일반 학생을 규준 집단으로 산출한 규준 점수와 비교한다면 읽기 부진 학생으로 판별될 가능성이 높다. 따라서 시각장애 학생의 읽기 부진 여부를 판정할 목적으로 사용하기보다 점자나 확대 글자를 사용하는 시각장애 학생의 읽기 유창성을 규준 집단의 평균 범위와 비교하여 몇 배 정도 느린가를 확인하는 것이 보다 유용할 수 있다. 만일 점자나 확대 글자를 사용하는 학생이 동학년의 일반 학생 평균 속도보다 1.5배 정도 느리게 읽는다면 읽기나 시각 관련 과제 수행을 할 때 교사가 1.5배 정도 시간을 더 주는 것이 필요하다는 해석이 더 유용할 수 있다.

---

## 2. 진단 · 평가 방법

우리나라에서도 2017년에 시각장애 진단 · 평가 검사 도구가 개발 보급되었으므로, 이를 활용할 수 있다.

### 1) 학업성취도(수행도) 확인

학업성취도 확인은 시각장애 학생이 장애로 인해 교과 학습 활동에 어려움이 있는지를 확인하는 데 목적이 있다. 학습 진단은 단순히 교과별 학업 수행의 어려움을 확인하는 데 그쳐서는 안 되며, 교과 학습의 동등한 참여를 위한 특수교육 지원 방법을 강구해야 한다. 시각장애 학생의 학습 진단은 다음과 같은 방법을 사용할 수 있다.

- 면담 평가: 담임 및 교과 교사, 시각장애 학생 및 부모와의 면담을 통해 학생의 교과 학습의 어려움과 필요한 지원을 확인한다(부록 참조).
- 교육과정 중심 평가: 일선 학교에서 교육과정 중심 평가는 형성 평가, 중간고사, 기말고사 등을 통해 이루어진다. 담임교사를 통해 학생의 교과목별 성적을 확인하여 어떤 교과에서 낮은 성취를 보이는지 확인한다. 개인 정보 보호로 성적 확인이 어렵다면 교과목별 학업성취 수준을 매우 높음-높음-보통-낮음-매우 낮음으로 평정해 줄 것을 요청할 수 있다.
- 수업 관찰 평가: 면담 및 교과 성적 확인 결과에 기초하여 학생이 어려움을 보이는 교과 중심으로 수업 관찰을 실시하여 교과 활동과 과제 수행에 어려움을 겪는 이유와 필요한 지원을 확인한다(부록 참조).
- 학생이 지적장애를 동반한 것으로 의심이 된다면 '기초학습 능력 검사'의 실시를 고려할 수 있다.

## 2) 시각 평가

시각 평가는 학생의 시기능 수준과 학습 및 일상생활에서 잔존 시각을 활용하는 능력과 어려움을 확인하고, 잔존 시각을 보다 효율적으로 활용할 수 있도록 적절히 지원하는 데 목적이 있다. 2017년 교육부가 개발·보급한 시각 평가 도구는 공인된 시력표를 사용하는 '객관적 시각 검사'와 '기능시각 평가 검목표'를 활용하는 주관적 시각 평가로 구분하고 있다.

- 객관적 시각 검사: 공인된 원거리 시력표, 근거리 시력표, 대비감도 검사표, 시야 검사 도구 등을 사용하여 학생의 원거리 시력, 근거리 시력, 시야, 대비감도, 조명 및 대비 선호 등의 객관적 시기능 수준을 확인하고 시기능 향상에 도움이 되는 확대경, 망원경, 아세테이트지, 착색 렌즈(선글라스) 등의 저시력 기구를 추천할 수 있다. 안과 전문의나 저시력 클리닉의 검사 진단서를 활용하거나 의뢰할

수 있다.

- 기능시각 평가: 학습과 생활에서 이루어지는 대표적인 활동들을 체크리스트 형태의 문항으로 제작하여 원거리, 근거리, 시야, 대비, 조명의 5가지 하위 영역에서의 실질적 어려움과 지원 요구를 파악할 수 있다. 평가 문항은 학생과의 일대일 면담, 행동 시연 요구, 관찰 평가 형태로 실시할 수 있다. 예를 들어, 교실 앞자리에서 칠판을 볼 수 있습니까(원거리 활동)? 교과서를 편안하게 읽을 수 있습니까(근거리 활동)? 계단 입구를 찾고 계단을 오르내릴 수 있습니까(보행 활동)? 등으로 구성된다.

## 3) 학습매체 평가

학습매체 평가는 모든 학습의 기본이 되는 읽기와 쓰기 활동에 점자, 확대, 음성 중 어떤 유형의 자료와 도구가 시각장애 학생에게 적합한지를 결정하는 데 목적이 있다. 학습매체 평가는 문해매체 평가, 읽기매체 평가 등으로 불리기도 한다. 일반적으로 전맹 학생은 점자를 학습의 주 매체로 사용하지만, 저시력 학생은 자신에게 적합한 글자 크기를 확대하여 해당 학년의 학습 활동을 수행하는 데 어려움이 있는지 여부에 따라 확대 글자나 점자 중 적합한 유형의 자료를 선정하는 과정이 필요하다. 2017년 교육부가 개발 · 보급한 학습매체 평가 도구는 읽기매체와 쓰기매체 평가로 구분하고 있다.

- 읽기매체 평가: 학생이 선호하는 묵자 읽기 환경을 조성한 후 학생의 확대 글자 크기와 읽기 유창성 수준에 근거하여 점자, 확대, 음성 중 어떤 읽기 매체와 도구로 읽기 활동을 하는 것이 적합한지를 결정한다. 읽기매체 평가에 사용하는 문장 읽기 시력표(reading acuity test)는 8포인트부터 48포인트까지의 글자 크기로 된 문장들로 이루어져 있다.
- 쓰기매체 평가: 학생이 선호하는 묵자 쓰기 환경을 조성한 후 묵자 쓰기 속도와 정확성을 평가하여 묵자, 점자, 음성 중 어떤 쓰기 매체와 도구로 쓰기 활동을 하는 것이 적합한지를 결정한다. 다만 읽기매체와 쓰기매체가 다른 경우는 거의 없기에, 읽기매체 평가에서 점자가 적합한 것으로 나왔다면 쓰기매체도 점자가

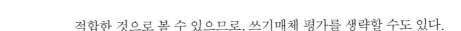

적합한 것으로 볼 수 있으므로, 쓰기매체 평가를 생략할 수도 있다.

## 4) 특수한 교육 활동 영역 평가

학생의 시각장애에 대처하기 위해 특수한 영역의 교육이 요구되는지를 결정하는 것이 필요하다. 미국의 확대공통교육과정에 해당되는 것이 우리나라의 2022개정 특수교육 교육과정에 포함된 '점자 교육과정'과 '시각장애인 자립생활 교육과정'이다. 이들 교육과정에 의해 점자와 시각장애인 자립생활 교과용 도서가 개발 · 보급되고 있다. 시각장애인 자립생활 교과용 도서는 보행, 일상생활, 대인관계, 감각 활용, 보조공학, 여가 생활, 진로 준비의 7가지 영역으로 구성되어 있다. 이들 자료를 활용하여 학생의 학년(연령)과 현재 기술 수행 수준에 적합한 교육 목표 및 내용을 결정할 수 있다.

### (1) 점자 평가

학습매체 평가에서 점자매체가 적합한 것으로 선정된 학생을 대상으로 실시하며, 얼마나 점자를 정확하고 능숙하게 읽고 쓸 수 있는지를 확인하는 데 목적이 있다. 점자 평가는 다음과 같은 방법을 사용할 수 있다.

- 점자 읽기와 쓰기의 정확성과 속도 평가: 이와 관련된 표준화 검사 도구가 없으므로, 일반 학생용 읽기 능력 검사 도구 또는 해당 학년의 권장 도서에서 읽기와 쓰기 지문을 발췌한 후 점자로 제작하여 검사할 수 있다.
- 교육과정 중심 평가: 점자 지도서와 교과서에 근거하여 학생의 현재 습득한 점자 지식 및 사용 수준을 확인하여 향후 지도할 점자 교육 목표와 단원 내용을 결정한다.

### (2) 보행 평가

가정, 학교, 지역사회에서 독립적으로 이동하는 능력을 확인하고, 독립 보행이 어려운 학생은 연령과 현재 보행 기술 수준에 따라 적합한 보행 교육을 제공하는 데 목적이 있다. 보행 평가는 다음과 같은 방법을 사용할 수 있다.

- 면담 평가: 시각장애 학생 및 부모, 교사와의 면담을 통해 가정과 학교에서 학생의 독립적인 이동 수준과 어려움을 확인한다(부록 참조).
- 관찰 평가: 학교에서 학생의 독립 보행 수준 및 어려움을 관찰하여 확인한다(부록 참조).
- 교육과정 중심 평가: 시각장애인 자립생활(보행 대단원) 지도서와 교과서에 근거하여 학생이 현재 습득한 보행 기술 수준을 확인하고 향후 지도할 보행 기술과 단원 내용을 결정한다.

### (3) 일상생활 평가

가정, 학교, 지역사회에서 연령에 적합한 일상적인 활동들을 독립적으로 수행하는 수준을 확인하고, 독립적인 일상 활동이 어려운 학생은 연령과 현재 일상생활 기술 수준에 따라 적합한 일상생활 교육을 제공하는 데 목적이 있다. 일상생활 평가는 다음과 같은 방법을 사용할 수 있다.

- 면담 평가: 시각장애 학생 및 부모, 교사와의 면담을 통해 가정과 학교에서 일상생활의 독립적인 수준과 어려움을 확인한다(부록 참조).
- 관찰 평가: 학교에서 학생의 독립적인 일상 활동 수준 및 어려움을 관찰하여 확인한다(부록 참조).
- 교육과정 중심 평가: 시각장애인 자립생활(일상생활 대단원) 지도서와 교과서에 근거하여 학생이 현재 습득한 일상생활 기술 수준을 확인하고 향후 지도할 일상생활 기술과 단원 내용을 결정한다.

### (4) 저시력 평가

학생의 저시력 기구의 사용 수준과 잔존 시각을 활용하는 시각 활용 기술 수준을 확인하여 저시력 기구 사용법 교육과 시기능 훈련을 제공하는 데 목적이 있다. 저시력 평가는 다음과 같은 방법을 사용할 수 있다.

- 저시력 기구 사용 능력 평가: 시각 평가 결과에 따라 추천된 확대경, 망원경 등 저시력 기구의 사용 수준을 학생 면담, 행동 시연 요구, 관찰을 통해 확인한다.

- 교육과정 중심 평가: 시각장애인 자립생활(감각 활용 대단원) 지도서와 교과서에 근거하여 학생이 현재 습득한 저시력 기술 수준을 확인하고 향후 지도할 저시력 기술과 단원 내용을 결정한다.

### (5) 보조공학 평가

시각장애로 인해 학습과 생활에서 겪는 어려움을 보상하고 극복하기 위해 보조공학 기기의 사용과 교육이 필요한지를 확인하는 데 목적이 있다. 보조공학 기기는 전맹용과 저시력용으로 나누거나 학생의 활용 감각에 따라 촉각 활용 보조공학(점자 지원), 청각 활용 보조공학(음성 지원), 시각 활용 보조공학(확대 지원)으로 구분하기도 한다. 2017년 교육부가 개발 · 보급한 보조공학 평가 도구는 '보조공학 사용 요구 평가'와 '보조공학 사용 능력 평가'로 구분하고 있다.

- 보조공학 사용 요구 평가: 읽기, 쓰기, 컴퓨터 사용, 스마트폰 사용의 4가지 장면에서 어려움 여부와 이와 관련한 적합한 보조공학 기기 유형을 결정할 수 있다(부록 참조).
- 보조공학 사용 능력 평가: 학생에게 필요한 보조공학 기기 유형과 제품을 선정한 후 해당 기기의 기능을 사용하는 능력을 확인하여 보조공학 기기 사용 교육의 실시 여부를 결정할 수 있다.
- 교육과정 중심 평가: 시각장애인 자립생활(보조공학 대단원) 지도서와 교과서에 근거하여 학생이 현재 습득한 보조공학 활용 기술 수준을 확인하고 향후 지도할 보조공학 기술과 단원 내용을 결정한다.

### (6) 대인관계 및 학교생활 적응 평가

시각장애 학생이 학교생활에 잘 적응하기 위해서는 학교 시설 환경이 적절하게 조성되어 있어야 하고, 학급 친구들과 원만한 교우 관계를 형성하여야 한다. 특히 통합교육을 받고 있는 시각장애 학생에게 이와 관련된 평가는 매우 중요하다. 대인관계 및 학교생활 적응 평가는 다음과 같은 방법을 사용할 수 있다.

- 학교 환경 평가: 학교의 전반적인 시설이 시각장애 학생이 이용하는 데 불편이 없

는지와 「장애인·노인·임산부 등의 편의증진 보장에 관한 법률」에서 규정한 시각장애인용 편의시설이 잘 갖추어져 있는지를 확인하고 필요한 시설 환경 개선이 이루어지도록 학교에 요구한다.

- 교우 관계 평가: 담임교사와 학생 및 부모와의 면담, 학생의 학교생활 방문 관찰, 교우 관계 척도 검사 등을 통하여 확인하고, 교우 관계 형성과 발전을 위해 상담 및 교육을 제공한다.
- 교육과정 중심 평가: 시각장애인 자립생활(대인관계 대단원) 지도서와 교과서에 근거하여 학생이 현재 습득한 대인관계 기술 수준을 확인하고 향후 지도할 대인관계 기술과 단원 내용을 결정할 수 있다.

### (7) 진로 및 직업 평가

시각장애 학생이 중·고등학교에 진학하게 되면 자신의 직업 흥미나 적성 등을 확인하여 대학 진학이나 직업을 준비할 수 있도록 해야 한다. 시각장애 학생이 활용할 수 있는 직업 평가 도구에는 MBTI 검사, 홀랜드 직업 적성 검사 그리고 한국장애인고용공단에서 개발한 '시각장애인 고용준비도 검사' 등이 있다. 한국장애인고용공단, 실로암시각장애인복지관 등에서는 시각장애 특수학교를 방문하여 직업 평가를 실시하기도 하므로 이를 활용할 수 있다.

## 8) 지능 검사

시각장애를 지닌 특수교육대상자의 선정 여부는 시각 제한으로 인한 교육적 어려움 여부를 기준으로 결정되므로 진단·평가 도구에 지능 검사를 반드시 포함할 필요는 없다. 다만 지역이나 학교 단위에서 일반 학생을 대상으로 하는 지능 검사를 실시한다면 시각장애 학생도 동등하게 참여해야 하며, 시각장애 학생에게 지적장애의 동반이 의심되는 경우에도 지능 검사를 포함하는 것이 필요할 수 있다. 지능 검사를 실시할 때 시각장애로 인해 불리한 하위 검사가 있다면 이 하위 검사를 생략할 것인지, 검사 방법의 수정을 통해 참여가 가능한지, 검사 결과를 규준점수와 비교하여 해석하는 것이 타당한지 등을 확인하는 것이 필요하다.

💬 **한국판 웩슬러 아동 지능 검사(5판)**

한국 웩슬러 아동 지능 검사 5판(K-WISC-V)은 크게 언어 이해, 시공간, 유동 추론, 작업 기억, 처리 속도의 5개 기본 검사 척도와 기타 척도로 구성된다. 언어 이해 척도는 언어적 추론, 이해, 개념화, 단어 지식 등을 이용하는 언어 능력을 측정한다. 시공간 척도는 시공간 조직과 능력, 전체-부분 관계성의 통합 및 종합능력, 시각적 세부사항에 대한 주의력, 시각-운동 협응 능력 등을 측정한다. 유동 추론 척도는 귀납적 추론과 양적 추론 능력, 전반적인 시각 지능, 동시 처리, 개념적 사고, 추상적 사고 능력 등을 측정한다. 작업 기억 척도는 주의력, 집중력, 작업 기억 등을 측정한다. 처리 속도 척도는 간단한 시각적 정보를 빠르고 정확하게 탐색하고 변별하는 능력, 정신 속도와 소근육 처리 속도 등을 측정한다. 이들 척도의 세부 문항들을 살펴보고, 시각을 사용해야 하는 척도들은 맹학생이나 중증 저시력 학생에게 불리하여 지능 점수가 과소 추정되거나 지적장애로 오인될 수 있다. 따라서 언어 이해 척도나 작업 기억같이 구어나 문자 방식의 검사 문항들로 구성된 척도만으로 지능을 평가하는 것이 타당할 수 있다. 검사 과정에서 시각을 사용해야 하는 척도나 문항들은 점수 산출보다는 학생의 시각 사용 능력을 알아보는 정도로 활용할 수 있을 것이다.

## 3. 진단 · 평가 결과의 활용

진단 · 평가 결과는 학생의 교육적 어려움을 확인하는 데 그쳐서는 안 되며, 교육적 어려움을 해결하기 위한 특수교육 지원 방안을 제시할 수 있어야 한다.

### 1) 특수교육대상자 선정 · 배치용 평가 결과 보고서

「장애인 등에 대한 특수교육법」에 명시된 진단 · 평가 보고서 양식에 기초하여 진단 · 평가에 사용된 검사의 결과, 선정 또는 미선정 여부와 근거, 필요한 특수교육 지원 사항 등을 요약하여 작성한다.

**특수교육대상자 선정배치 평가 결과 보고서**

| 대상자 | 이름 | 정상권(남) | 생년월일 | 2014. 2. 2. |
|---|---|---|---|---|
| | 장애등급 (안질환) | 시각장애 2급(선천성 백내장) | | |
| | 소속학교 | 강일초등학교 4학년 | | |
| | 주소 | 서울시 서초구 잠원동 85 | | |
| 보호자 | 이름 | 정호정 | 연락처 | 010-0001-0002 |
| 작성자 | 이름 | 이태훈 | 소속 | ○○특수교육지원센터 |
| | | | 연락처 | |

| 진단 · 평가 결과 | | |
|---|---|---|
| 검사 영역(도구) | 검사 일시 | 검사 결과 요약 |
| 학습 진단 | 2018. 2. 18. | 학생은 과학, 미술, 체육 교과 활동에 어려움을 호소하고, 수학, 과학 교과에서 낮은 학업성취를 보임 |
| 기능시각 평가 | 2018. 2. 20. | 원거리 시력 좌안 0.04, 우안 실명으로 칠판을 보기 위해 8배율의 망원경과 원거리용 확대독서기 사용이 필요함 |
| | | 근거리 시력 좌안 3.0M, 우안 실명으로 8디옵터의 확대경 사용이 필요함 |
| 학습매체 평가 | 2018. 2. 20. | 읽기 속도가 저하되기 직전의 글자 크기가 24포인트로, 24포인트 이상의 확대 교과서나 학습 자료의 제공이 필요함 |

| 진단 · 평가 결과 종합 의견 | |
|---|---|
| 선정 여부 | 선정 |
| 선정 사유 | • 「장애인복지법」상 심한 시각장애에 해당하고 수학, 과학, 미술, 체육 교과 학습에 어려움을 보이며, 확대 자료, 확대경, 원거리용 확대독서기 등의 특수교육 지원이 필요한 것으로 나타나 시각장애 특수교육대상자로 선정하는 것이 적합함<br>• 학생과 부모 모두 일반학교 배치를 희망하고 있고, 학생의 잔존 시각과 학습 지원 요구 등을 고려할 때 특수교육지원센터의 순회 교육을 받으면서 일반학교에 잘 적응해 나갈 수 있을 것으로 사료됨 |

| 특수교육 지원 내용 | |
|---|---|
| 희망 배치 학교 | • 1순위: ○○학교 일반학급, 2순위: ○○학교 특수학급 |
| 학습 지원 | • 확대 교과서 지원이 필요함<br>• 일반 교사 대상으로 수학, 과학, 미술, 체육 교과 교수법과 교재교구 수정에 대한 자문과 안내가 필요함 |
| 저시력 기구 | • 8배율 망원경 및 8디옵터 확대경 대여와 사용법 교육이 필요함 |
| 보조공학 기기 | • 원거리용 확대독서기 대여와 사용법 교육이 필요함 |

「장애인 등에 대한 특수교육법」 제16조 제3항 및 같은 법 시행령 제9조 제5항에 따라 위와 같이 진단 · 평가 결과를 보고합니다.

년    월    일

○○특수교육지원센터장        (인)

○○시교육지원청교육장 귀하

## 2) IEP용 교육적 요구 평가 결과 보고서

매년 특수교육교사는 학생의 이전 연도의 평가 기록과 당해 연도 평가 결과에 근거하여 교육적 어려움과 필요한 특수교육 지원 사항을 요약하여 작성하고, 이를 개별화교육계획 수립에 반영하여 교육 및 지원을 실시해야 한다.

### 시각장애 학생 교육적 요구 평가 결과 보고서(개별화교육계획서 참고용)

| 이름 | 송길동 | 학교/학년 | 일반○○고등학교/1학년 |
|---|---|---|---|
| 생년월일 | 2008. □□. □□. | 보호자(연락처) | ○○○(010-□□□□-□□□□) |
| 작성자 | 이태훈 | 작성일 | 2017. □□. □□. |
| **기본 정보** | | | |
| 안질환명 | 선천성 녹내장 | 시각장애 발생 시기 | 2세 |
| 시각장애 등급 | 1급 | 동반장애 | 없음 |
| 시력 변동 여부 | ☐ 유지 | ☑ 감소 | ☐ 향상 |
| **보장구 관련 정보** | | | |
| 저시력 기구 | ☐ 사용하지 않음 | ☑ 사용함(16D 확대경) | |
| 보조공학 기기 | 다목적용 확대독서기 | | |
| **평가 결과 요약** | | | |
| 학습 진단 | 작년과 비교하여 급격한 시력 감소로 모든 교과 학습에서 어려움을 보임 | | |
| 학교 적응 평가 | 급격한 시력 감소로 학교생활과 교우 관계 유지에 어려움을 보임 | | |
| 시각 평가 | 녹내장이 진행하여 양안 원거리 시력이 안전지수이고, 양안 근거리 시력이 5cm에서 8.0M(64포인트) 글자 크기를 겨우 읽는 정도임 | | |
| 학습매체 평가 | 작년까지 확대 자료와 확대독서기를 사용하여 학습 활동을 해 왔으나 올해부터 급격한 시력 감소로 확대해도 읽기 어려워하므로, 점자를 학습의 주매체로 사용하고 보조 매체로 음성 자료를 사용할 필요가 있음 | | |
| 보조공학 평가 | 읽기와 쓰기, 컴퓨터 활용을 위해 점자정보단말기, 화면 읽기 프로그램, 데이지 플레이어 지원이 필요함 | | |
| 특수한 교육 영역 | 점자 | 점자를 배운 적이 없음 | |
| | 보행 | 자기 보호법, 손으로 스쳐가기 등을 사용하여 실내에서 독립 보행이 가능하나 실외에서 혼자 다니지 못함 | |
| | 일상 생활 | 세수, 목욕은 스스로 할 수 있으나 자기 방을 청소하고, 의복과 옷장을 정리 정돈하지 못함 | |
| | 보조 공학 | 확대독서기는 사용할 수 있으나, 점자정보단말기와 스크린리더는 사용해 본 적이 없음 | |

| 특수교육 지원 요구 요약 | | |
|---|---|---|
| 교과 학습 지원 | | • 점자 사용 능력이 부족하므로 우선 교과서와 EBS 음성 도서를 함께 사용하도록 지원해야 함<br>• 일반 교과 담당 교사에게 맹학생의 교과별 교수법과 특수한 교재교구 활용에 대해 자문을 제공해야 함 |
| 학습매체 지원 | | • 학습의 주 매체가 확대 자료에서 점자로 변경되었으나 아직 점자 사용 능력이 부족하므로 점자 도서와 음성 도서를 함께 제공해야 함 |
| 특수한<br>교육<br>영역 | 점자 | • 1학기 동안 점자 익히기 교과서를 사용하여 한글 점자를 익히도록 지도해야 함 |
| | 보행 | • 1학기 동안 시각장애인 자립생활 교과서를 사용하여 실외의 친숙한 지역에서 흰지팡이를 사용해 혼자 이동할 수 있도록 지도해야 함 |
| | 일상<br>생활 | • 1학기 동안 시각장애인 자립생활 교과서를 사용하여 의류 관리, 청소 및 정리 정돈 방법을 지도해야 함 |
| | 보조<br>공학 | • 1학기 동안 시각장애인 자립생활 교과서를 사용하여 점자정보단말기, 화면 읽기 프로그램, 데이지 플레이어 기본 사용법을 지도해야 함 |
| 학교 적응 지원 | | • 학급의 일반 학생 대상으로 장애 이해 교육을 실시하여 시각장애 학생을 적절히 배려하고 도울 수 있는 방법을 안내해야 함 |

### 학습 활동

- 시각장애 학생을 위한 진단·평가 영역 및 검사 도구의 종류와 실시 목적을 정리하여 발표해 봅시다.
- 시각장애 학생 진단·평가를 위한 평가 계획 수립과 실시 과정상의 고려 사항을 정리하여 발표해 봅시다.
- 시각장애 거점 특수교육지원센터와 시각장애 특수학교를 방문하여 시각장애 학생 진단·평가에 사용하고 있는 검사 도구에 대해 인터뷰한 후 발표해 봅시다.
- 지역 특수교육지원센터로부터 시각장애 학생 진단·평가 배치 보고서 작성 샘플을 받아 시각장애 학생의 교육적 어려움에 기초하여 진단·평가를 작성하고 있는지 검토하여 발표해 봅시다.

**국내 참고 자료 활용**

교육부 및 광주광역시교육청(2017). 시각 및 청각장애 거점 특수교육지원센터 운영 가이드 북(시각장애편).

교육부(2017). 시각장애 발견 및 교육적 요구 평가 검사 세트 및 검사요강.

CHAPTER 04

# 시각 평가

학습 목표

● 시각 평가의 목적과 구성 영역을 이해한다.

● 기능시각 평가 검목표의 실시 절차와 해석 방법을 알고 사용한다.

● 형식적 시각 검사의 실시 절차와 해석 방법을 알고 사용한다.

## 1. 시각 평가의 목적과 구성

시각 평가의 목적은 시각장애 학생이 학습과 생활에서 시각을 활용하여 다양한 활동과 과제를 수행하는 수준이나 능력을 확인하여 필요한 특수교육 지원을 제공하는 데 있다. 특수교육교사는 시각 평가의 목적과 하위 검사 도구의 종류 및 결과 활용에 대해 잘 알고 있어야 하며, 검사 실시 전에 학생과 부모에게 검사 목적, 방법, 결과 활용에 대해 설명하여 학생의 적극적인 검사 참여와 검사 결과의 신뢰도를 높여야 한다. 2017년에 교육부에서 개발·보급한 '시각 평가 도구'의 구성과 내용은 〈표 4-1〉과 같다.

표 4-1 **2017년 교육부 개발 시각 평가 도구의 구성과 내용**

| 구성 | 하위 검사 | 평가 목적과 활용 |
|---|---|---|
| 객관적 시각 검사 | 흑백반전 근거리 시력 검사 | • 공인 흑백 반전 근거리 시력표와 표준 근거리 시력표의 시력을 비교한다.<br>• 흑백 반전 근거리 시력표에서 시력 향상이 나타나면 컴퓨터, 스마트폰, 확대독서기의 모니터 환경을 검은색 바탕에 흰색 글자로 변경하여 사용한다. |
| | 대비감도 검사 | • 대비감도 검사표로 명도 대비 수준을 측정한다.<br>• 낮은 명도 대비 자료의 읽기와 대비 증진을 위해 확대독서기, 착색 렌즈, 아세테이트지 등의 지원 여부를 결정한다. |
| | 색상 대비 검사 | • 색상 대비 검사표로 색상 대비 수준을 측정한다.<br>• 낮은 색상 대비 자료의 읽기와 대비 증진을 위해 선호 색상 대비로 자료 수정이나 확대독서기 지원 여부를 결정한다. |
| | 대비 선호 검사 | • 근거리 시력표나 대비감도 검사표를 사용하여 착색 렌즈나 아세테이트지 사용 전과 후의 시력 변화를 측정한다.<br>• 착색 렌즈나 아세테이트지 사용 후 근거리 시력이나 대비감도가 향상되면 착색 렌즈나 아세테이트지를 사용하도록 한다. |
| | 조명 선호 검사 | • 근거리 시력표나 대비감도 검사표를 사용하여 개인용 스탠드 사용 전과 후의 시력 변화를 측정한다.<br>• 개인용 스탠드 사용 후 근거리 시력이나 대비감도가 향상되면 개인 조명 기구를 사용하도록 한다. |

| | | |
|---|---|---|
| | 시야 검사 | • 원판 시야 검사 도구나 1.2m 시야 검사 띠 등을 사용하여 시야 손상 정도와 위치를 확인한다.<br>• 학생에게 적합한 좌석 배치, 교구의 제시 위치, 필요한 시야 확대기기 등을 추천한다.<br>• 중심 외 보기, 추시, 추적, 주사 등의 시기능 훈련 여부를 결정한다. |
| 기능<br>시각<br>평가 | 원거리<br>검목표 | • 원거리에서 이루어지는 학습, 보행, 일상 활동에서 잔존 시각을 활용하는 수준을 확인한다.<br>• 학생이 어려움을 경험하는 원거리 활동 및 지원 요구를 대략 파악한다. |
| | 근거리<br>검목표 | • 근거리에서 이루어지는 학습과 일상 활동에서 잔존 시각을 활용하는 수준을 확인한다.<br>• 학생이 어려움을 경험하는 근거리 활동 및 지원 요구를 대략 파악한다. |
| | 시야<br>검목표 | • 시야와 관련하여 이루어지는 학습, 보행, 일상 활동에서 겪는 어려움과 선호 시야를 확인한다.<br>• 학생이 어려움을 경험하는 시야 문제와 지원 요구를 대략 파악한다. |
| | 조명<br>검목표 | • 다양한 조명 조건에서 이루어지는 학습, 보행, 일상 활동에서 겪는 어려움과 조명 선호를 확인한다.<br>• 학생이 어려움을 경험하는 조명 문제와 지원 요구를 대략 파악한다. |
| | 대비<br>검목표 | • 다양한 대비 환경에서 이루어지는 학습, 보행, 일상 활동에서 겪는 어려움과 대비 선호를 확인한다.<br>• 학생이 어려움을 경험하는 대비 문제와 지원 요구를 대략 파악한다. |
| | 원거리<br>시력 검사 | • 공인 원거리 시력표로 원거리 시력을 측정한다.<br>• 망원경 지원 여부 결정과 적합한 배율을 추천한다.<br>• 원거리용 확대독서기 지원 여부를 결정한다. |
| | 근거리<br>시력 검사 | • 공인 근거리 시력표로 독서 거리에서 볼 수 있는 글자 크기를 측정한다.<br>• 확대경 지원 여부 결정과 적합한 배율을 추천한다.<br>• 근거리용 확대독서기의 지원 여부를 결정한다. |

## 2. 객관적 시각 검사

객관적 시각 검사는 공인된 시력표나 검사 도구로 평가하는 것으로, 안과 의사나 저시력 클리닉에 평가를 의뢰하거나 2017년에 교육부에서 보급한 시각 평가 도구를 사용하여 특수교사가 직접 평가할 수 있다.

## 1) 원거리 시력 검사

원거리 시력 검사(distance vision test)는 3m 또는 6m 정도에서 보는 능력을 측정하고, 검사 결과에 의해 망원경과 원거리용 확대독서기를 추천하는 데 목적이 있다. 저시력인용 원거리 시력표는 시표 크기가 훨씬 크고 다양하고 검사 거리도 조정하기 용이하여 0.001까지도 시력을 측정할 수 있다. 2017년 교육부에서 개발·보급한 '원거리 시력표'는 표준 검사 거리가 3m로 학생용(숫자 시표)과 유아용(그림 시표)으로 구성되어 있으므로, 숫자를 읽지 못하는 유아나 시각중복장애 학생은 유아용을 사용할 수 있다.

원거리 시력표 학생용

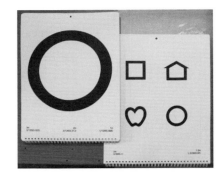

원거리 시력표 유아용

원거리 시력 검사는 크게 3단계로 진행할 수 있다(Whittaker et al., 2016).

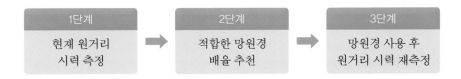

| 1단계 | 2단계 | 3단계 |
| --- | --- | --- |
| 현재 원거리 시력 측정 | 적합한 망원경 배율 추천 | 망원경 사용 후 원거리 시력 재측정 |

원거리 시력 검사 결과는 양안, 우안, 좌안, 망원경 사용 시 우세안 시력으로 구분하여 기록한다.

| 원거리 시력(□ 나안   ☑ 안경) | | | (6)배율 망원경 사용 시 시력 |
| (검사 거리: 3m) | | | (우세안: 우안) |
| 양안 | 우안(우세안) | 좌안 | |
| 0.08 | 0.08 | 0.02 | 0.5 |

※ 우세안: 좌안과 우안 중 좋은 쪽 눈을 말함.

### (1) 1단계: 현재 원거리 시력 측정

원거리 시력표는 적정 밝기를 제공하고 눈부심이 없으며 부착물이 없는 흰색 계열의 벽에 부착하되, 학생의 눈높이에 시력표 중앙이 오도록 한다. 원거리 시력표는 양안, 우안, 좌안 순서로 검사한다.

① 학생이 시력표로부터 표준 검사 거리에 서거나 앉도록 한다.

② 시력표의 가장 큰 시표(숫자)부터 작은 시표(숫자) 순서로 읽도록 한다.

③ 학생이 마지막으로 읽은 시표에 해당하는 시력을 기록한다. 일반적으로 각 줄에 5개 시표가 있을 경우에 3개 이상을 바르게 읽어야 해당 시력을 보유한 것으로 인정하며, 시력을 표기할 때 잘못 읽은 숫자의 개수를 위첨자로 표시할 수 있다(예: $0.04^{-1}$).

**원거리 시력 검사 장면**

④ 만일 표준 검사 거리에서 가장 큰 시표조차 읽지 못하면 1m 간격으로 시력표에 다가가서 읽도록 하고, 공식에 따라 시력을 계산하여 기록한다. 예를 들어, 학생이 표준 검사 거리가 3m인 원거리 시력표를 사용하여 우안으로 시력 0.016에 해당하는 시표를 1m에서 읽었다면 우안의 시력은 [0.016×(1/3)m]로 계산한다.

학생이 표준 검사 거리보다 가까운 거리에서 읽었을 경우 시력 계산 공식

시력 = 마지막으로 읽은 라인의 시력×(실제 검사 거리/표준 검사 거리)

차안기 일반형

차안기 안경형
(저학년 학생이 편안하게 한 눈을 가림)

만약 시력표에 1m까지 다가가서도 가장 큰 시표를 읽지 못한다면 안전지수, 안전
수동, 광각 순으로 측정한다.

- 안전지수는 학생의 50cm, 30cm 거리에서 검사자가 편 손가락의 개수를 맞힐 수
있는 시력으로, 거리와 함께 기록한다(예: 50cm 안전지수).
- 안전수동은 학생의 50cm, 30cm 거리에서 검사자가 손을 좌우로 흔들고 있는지 멈
추고 있는지를 맞출 수 있는 시력으로, 거리와 함께 기록한다(예: 30cm 안전수동).
- 광각은 학생의 눈앞에서 검사자가 전등이나 플래시를 켰는지 껐는지를 맞출 수
있는 시력으로, 빛의 유무를 지각하면 '광각', 이를 지각하지 못하면 '광각무' 또
는 '전맹'이라고 한다.

### (2) 2단계: 망원경 배율 계산과 추천

학생의 현재 원거리 시력이 0.3 이하인 경우에는 망원경과 원거리용 확대독서기를
사용하도록 하는 것이 필요할 수 있다. 다만 짧은 시간 동안의 원거리 보기에는 망원
경이나 스마트폰(카메라)을 사용할 수 있으나, 수업 시간 내내 칠판을 봐야 할 때는 원
거리용 확대독서기를 사용하는 것이 적절하다. 망원경 배율의 경우, 쌍안경은 좌안과
우안의 시력에 맞추어 배율을 결정하고, 단안 망원경은 좌안과 우안 중 좋은 눈을 기
준으로 배율을 추천한다. 단안 망원경의 경우에 좋은 눈을 기준으로 하는 이유는 보
다 낮은 배율의 망원경을 사용하도록 하여 더 넓은 시야와 편안한 사용을 돕기 위함이
다. 망원경 배율은 '목표 원거리 시력'과 '현재 원거리 시력(우세안)'에 의해 결정된다.

$$\text{망원경 배율}(\times) = [\text{목표 원거리 시력} \div \text{현재 원거리 시력}]$$

일반적으로 교실에서 칠판을 보는 데 필요한 최소 시력을 0.3으로 보기 때문에(이혜정, 엄정희 공역, 2010) 목표 원거리 시력을 0.3을 기준으로 학생의 현재 원거리 시력에 따라 가감하게 된다. 예를 들어, 좋은 눈의 시력이 0.1인 경우에는 목표 원거리 시력을 0.6이나 0.8까지 높여 잡아도 되지만, 좋은 눈의 시력이 0.01이라면 목표 원거리 시력을 0.3으로 설정하게 될 경우 20배율이 필요하기 때문에 목표 원거리 시력을 0.2 이하로 내려 잡는 것이 좋을 수 있다.

### (3) 3단계: 망원경 사용 시 원거리 시력 재측정

교사가 추천한 망원경을 사용할 때 목표 원거리 시력에 도달하는지를 다시 검사할 필요가 있다. 목표 시력에 도달하지 못할 경우에는 한 배율 더 높은 망원경을 사용하도록 할 것인지를 교사가 결정해야 한다. 학생이 망원경을 사용하여 검사할 때 교사가 가리키는 시표(숫자)를 찾는 데 어려움을 보이면 노란색 색지를 해당 시표 아래에 대어 줌으로써 망원경으로 노란색 색지를 먼저 찾고 그 위의 숫자를 찾아 읽도록 도울 수 있다.

망원경 사용 시
원거리 시력 검사 장면

## 2) 근거리 시력 검사

근거리 시력 검사(near vision test)는 40cm 정도 거리에서 보는 능력을 측정하고, 검사 결과에 의해 확대경과 근거리용 확대독서기를 추천하는 데 목적이 있다. 2017년 교육부에서 개발·보급한 근거리 시력표는 표준 검사 거리가 40cm로 학생용(숫자 시표)과 유아용(그림 시표)으로 구성되어 있으므로, 숫자를 읽지 못하는 유아나 시각중복장애 학생은 유아용을 사용할 수 있다.

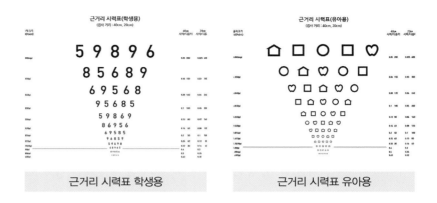

근거리 시력표 학생용    근거리 시력표 유아용

근거리 시력 검사는 크게 3단계로 진행할 수 있다(Whittaker et al., 2016).

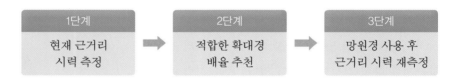

| 1단계 | 2단계 | 3단계 |
|---|---|---|
| 현재 근거리<br>시력 측정 | 적합한 확대경<br>배율 추천 | 망원경 사용 후<br>근거리 시력 재측정 |

근거리 시력 검사는 양안, 우안, 좌안, 그리고 확대경 사용 시 우세안 시력으로 구분하여 기록한다.

| 근거리 시력(☑ 나안 ☐ 안경)<br>(검사 거리: 40cm) | | | (8)디옵터 확대경 사용 시 시력<br>(우세안: 우안) |
|---|---|---|---|
| 양안 | 우안(우세안) | 좌안 | |
| 3.0M | 3.0M | 4.0M | 1.0M |

※ 1.0M은 8포인트 글자 크기에 해당하므로 3.0M은 24포인트, 4.0M은 32포인트 정도의 글자 크기임.

### (1) 1단계: 현재 근거리 시력 측정

학생이 바르고 편안한 자세로 검사하기 위해 높낮이 조절 독서대에 근거리 시력표를 놓은 후, 적정 밝기를 제공하고 눈부심 및 그림자를 방지할 수 있는 테이블 위치에 놓아야 한다. 근거리 시력 검사는 양안, 우안, 좌안 순서로 검사한다. 근거리 시력은 글자 크기(1M=8포인트)로 기록한다.

① 학생의 눈과 근거리 시력표 간에 표준 검사 거리를 유지한다.

**근거리 시력 검사 장면**

② 시력표의 가장 큰 시표(숫자)부터 작은 시표(숫자) 순서로 읽도록 한다. 학생이 시력표의 줄을 잃어버리거나 시표(숫자)를 찾는 데 어려움을 보이는 경우에 읽어야 하는 시표 아래를 검은색 색지로 가려 준다.

③ 학생이 마지막으로 읽은 시표의 글자 크기(M size)를 기록한다. 다만 시표의 5개 숫자 중 3개 이상을 바르게 읽어야 해당 시력을 보유한 것으로 인정하며, 시력을 표기할 때 잘못 읽은 숫자의 개수를 위첨자로 표시할 수 있다(예: $1.6M^{-1}$).

④ 만일 학생이 표준 검사 거리에서 가장 큰 시표(숫자)조차 읽지 못하는 경우에는 학생이 볼 수 있는 거리까지 다가가서 읽도록 하고, 검사 거리(cm)와 마지막으로 읽은 숫자의 글자 크기를 기록한다(예: 10cm에서 2.0M).

## (2) 2단계: 확대경 배율 계산과 추천

표준 검사 거리에 읽을 수 있는 글자 크기가 고학년 학생의 경우에 1.0M(8포인트), 저학년 학생의 경우에 2.0M(16포인트)보다 더 크다면 확대경과 근거리용 확대독서기를 사용할 필요가 있다. 확대경 배율은 좌안과 우안 중 좋은 눈을 기준으로 확대경을 추천한다. 좋은 눈을 기준으로 하는 이유는 확대경은 배율이 높아질수록 시야가 감소하고 렌즈의 주변부에서 상의 왜곡 현상이 있어 읽기 효율성이 떨어지기 때문이다. 확대경 배율에 사용하는 단위인 디옵터(D: Diopter)는 목표 글자 크기, 현재 읽을 수 있는 가장 작은 글자 크기, 검사 거리에 의해 결정된다.

확대경 디옵터(D) = (현재 읽을 수 있는 글자 크기/목표 글자 크기) × (100cm/검사 거리)

근거리 시력표 종류에 따라 필요한 확대경 디옵터를 시력표에 명시한 경우가 있는데, 일반적으로 표준 검사 거리 40cm와 목표 글자 크기 1.0M을 위 공식에 대입하여 산출한 것이다. 그러나 학생이 취학 전이나 저학년인 경우에 학생이 주로 보는 학습 자료 (보통 교과서)의 글자 크기를 목표 글자 크기로 정할 수 있으며, 목표 글자 크기가 클수록 확대경 배율은 감소하게 된다. 표준 검사 거리에서 검사를 실시하지 못한 경우에는 실제 검사가 이루어진 거리(cm)를 기록하여 공식에 대입하는 것을 잊지 말아야 한다.

### (3) 3단계: 확대경 사용 시 근거리 시력 재측정

확대경 사용 시
근거리 시력 검사 장면

교사가 추천한 배율(디옵터)의 확대경을 사용할 때 목표 글자 크기를 읽을 수 있는지를 다시 검사하는 것이 필요하다. 목표 글자 크기까지 읽지 못할 경우에는 한 배율 높은 확대경을 사용하도록 할 것인지를 결정해야 한다. 학생이 이미 높은 배율을 사용하고 있고 현재 배율의 확대경을 사용하는 것이 힘들고 어지럽다고 호소한다면 더 높은 배율의 확대경보다는 근거리용 확대독서기를 사용하도록 하는 것을 권고할 수 있다. 확대경의 디옵터(D)에 따라 학습 자료와 렌즈 간의 초점 거리가 달라지므로 초점 거리 공식(초점 거리=100cm/D)을 이용해 구해야 한다. 확대경은 초점 거리를 제대로 맞추지 않으면 선명하고 확대된 상을 얻지 못한다.

## 3) 흑백 반전 근거리 시력 검사

흑백 반전 근거리 시력표는 검은색 바탕에 흰색 숫자로 제작되는 것을 제외하고는 표준 근거리 시력표와 동일하다. 흑백 반전 근거리 시력 검사는 백색증, 무홍채증, 망막색소변성증 등 눈부심이 있는 질환이나 눈부심을 호소하는 학생에 대해 실시한다. 바탕(배경)색으로서 검은색은 흰색보다 빛을 덜 반사하여 눈부심을 감소시키기 때문에 시기능을 향상시킬 수 있다. 우리나라에도 2017년 교육부에서 개발·보급한 '흑백 반전 근거리 시력표'가 있어 이를 활용할 수 있다.

흑백 반전 근거리 시력 검사는 표준 근거리 시력 검사와 동일한 방법으로 실시하며, 양안으로만 측정해도 된다. 2개의 근거리 시력표 간의 시력(읽을 수 있는 가장 작은 글자 크기) 차이를 보는 것이 중요하기 때문에 표준 근거리 시력 검사와 동일한 검사

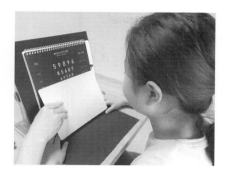

흑백 반전 근거리 시력표

거리를 유지하여야 검사 결과를 신뢰할 수 있다. 흑백 반전 근거리 시력표를 사용할 때 근거리 시력(글자 크기)이 향상되었다면, 컴퓨터 및 스마트 기기와 확대독서기의 모니터 환경을 설정할 때 검은색 바탕에 흰색 글자로 대비 환경을 조정하도록 추천할 수 있다(Whittaker et al., 2016).

| 표준 근거리 시력표<br>양안 시력(글자 크기) | 흑백 반전 근거리 시력표<br>양안 시력(글자 크기) |
| :---: | :---: |
| 3.0M | 2.5M |

## 4) 대비감도 검사

대비감도 검사(contrast sensitivity test)에서 사용하는 시표는 흰색 바탕에 고대비의 검은색 글자로 시작하여 점차 흐릿해지는 저대비 검은색 글자로 구성된다. 대비감도는 원거리나 근거리 시력에 영향을 미칠 수 있는데, 원거리 시력이나 근거리 시력이 동일하더라도 대비감도가 낮으면 학습과 일상에서 보는 데 어려움이 더 클 수 있다 (Whittaker et al., 2016). 따라서 대비감도가 낮은 학생은 책의 선명하지 못한 글자 보기, 사람의 얼굴 식별, 계단 오르내리기, 길가의 웅덩이 피하기 등에 어려움을 보일 수 있다. 2017년 교육부에서 개발·보급한 대비감도 검사표를 활용할 수 있다.

독서대에 대비감도 검사표를 놓은 후, 적정 밝기를 제공하고 눈부심 및 그림자를 방지할 수 있는 테이블 위치에 놓아야 한다. 대비감도 검사는 양안, 우안, 좌안 순서

**대비감도 검사표**

로 실시하거나 양안만 검사할 수 있다. 다만 좌안과 우안의 시력과 시야가 비슷하다면 좌안과 우안의 대비감도를 검사하여 대비감도가 좋은 눈을 우세안으로 보고 망원경이나 확대경을 사용하도록 하는 것이 좋다.

① 대비감도 검사표의 표준 검사 거리를 유지한다.
② 가장 대비가 높은 시표(숫자)부터 점점 낮아지는 시표(숫자) 순서로 읽도록 한다.
③ 학생이 마지막으로 읽은 시표에 해당하는 대비 단계(level)를 기록한다.

| 대비감도 검사 (☐ 나안  ☑ 안경  ☐ 색이 들어간 안경) | | |
|:---:|:---:|:---:|
| 양안 | 우안 | 좌안 |
| 16 | 16 | 13 |

학생의 대비 수준이 정상적인 수준보다 낮게 측정되었다면 저대비 학습 자료나 저대비 생활 환경에서 어려움을 겪을 수 있으므로, 고대비 학습 자료의 제공, 착색 렌즈, 아세테이트지, 확대독서기 등 대비 증진 기구를 사용하도록 추천할 수 있다.

## 5) 조명 선호 검사

적절한 조명은 시력, 대비 등의 시기능을 향상시키는 효과가 있다. 안질환에 따라 선호하는 조명의 밝기가 다르므로, 학생이 어떤 조명 밝기에서 잘 볼 수 있는지를 검

2. 객관적 시각 검사    113

개인용 스탠드와 근거리 시력표를 이용한 조명 선호 검사
(대비감도 검사표 사용 시 동일하게 검사)

사하는 것이 필요하다. 밝은 조명을 선호하지만 눈부심이 있다면 조명의 밝기를 단계적으로 높여 가며 눈부심을 조절하거나 눈부심을 줄이기 위해 착색 렌즈의 사용이나 조명등의 위치 조정 및 자리 배치를 고려할 수 있다.

조명 선호 검사(lighting preference test)에는 근거리 시력표나 대비감도 검사표를 다시 사용하며, 개인용 스탠드가 추가로 필요하다. 개인용 스탠드는 조명등의 밝기와 방향을 조절할 수 있는 것을 구입하는 것이 좋다. 조명등의 방향이 검사표를 향하도록 하여 광원이 눈에 비치지 않도록 해야 한다.

조명 선호 검사는 양안으로만 검사해도 되며, 개인용 스탠드를 켠 상태에서 이전의 근거리 시력 검사 또는 대비감도 검사와 동일한 절차로 검사한다. 조명의 시기능 향상 효과를 정확하게 확인하기 위해서는 이전의 근거리 시력 검사 또는 대비감도 검사와 같은 검사 거리를 유지해야 하는 것을 잊지 말아야 한다. 개인 조명 기구를 사용할 때 근거리 시력이나 대비감도가 향상된 경우에는 조명 사용 효과가 있는 것으로 보고 개인용 스탠드를 사용할 것을 추천할 수 있다(Whittaker et al., 2016).

| 근거리 시력 변화 | | 대비감도 변화 | |
| --- | --- | --- | --- |
| 개인 조명 기구<br>사용 전<br>양안 근거리 시력 | 개인 조명 기구<br>사용 후<br>양안 근거리 시력 | 개인 조명 기구<br>사용 전<br>양안 대비감도 | 개인 조명 기구<br>사용 후<br>양안 대비감도 |
| 3.0M | 2.5M | 12 | 14 |

## 6) 대비 선호 검사

여러 가지 색의 착색 렌즈나 아세테이트지는 대비를 높이고 눈부심을 감소시켜 시력이나 대비감도 같은 시기능을 향상시키는 효과가 있다(Whittaker et al., 2016). 빛 투과율이 좋은 노란색, 갈색 같은 착색 렌즈나 아세테이트지를 사용할 때 시력이나 대비감도가 향상된다면 이를 사용하도록 추천할 수 있다. 대비 선호 검사에는 근거리 시력표나 대비감도 검사표를 다시 사용하며, 착색 렌즈나 아세테이트지가 추가로 필요하다.

아세테이트지나 착색 렌즈와 근거리 시력표를 이용한 대비 선호 검사
(대비감도 검사표 사용 시 동일하게 검사)

대비 선호 검사는 양안으로만 검사해도 되며, 착색 렌즈를 착용하거나 아세테이트지를 시력표 위에 놓은 상태에서 이전의 근거리 시력 검사 또는 대비감도 검사와 동일한 절차로 검사한다. 착색 렌즈나 아세테이트지의 시기능 향상 효과를 정확하게 확인하기 위해서는 이전의 근거리 시력 검사 또는 대비감도 검사와 같은 검사 거리를 유지해야 하는 것을 잊지 말아야 한다. 이들 기구를 사용할 때 근거리 시력이나 대비감도가 향상된 경우에는 착색 렌즈나 아세테이트지 사용 효과가 있는 것으로 보고 사

| 근거리 시력 변화 | | 대비감도 변화 | |
|---|---|---|---|
| 착색 렌즈/<br>아세테이트지 사용 전<br>양안 근거리 시력 | 착색 렌즈/<br>아세테이트지 사용 후<br>양안 근거리 시력 | 착색 렌즈/<br>아세테이트지 사용 전<br>양안 대비감도 | 착색 렌즈/<br>아세테이트지 사용 후<br>양안 대비감도 |
| 3.0M | 2.5M | 10 | 12 |

용할 것을 추천할 수 있다(Whittaker et al., 2016).

## 7) 색상 대비 검사

교과서나 참고서 등 학습 자료는 학습 내용을 구분하거나, 강조하거나, 분류하기 위한 방법으로 다양한 바탕색에 다양한 글자색이 들어간 표, 박스, 그림 등을 포함하고 있다. 색상 대비 검사는 높은 색상 대비에서 낮은 색상 대비로 이루어진 시표를 식별하는 시각 능력을 측정하는 것으로, 학생이 잘 읽거나 학생이 잘 읽지 못하는 색상 대비를 확인할 수 있다. 2017년 교육부에서 개발·보급한 '색상 대비 검사표'를 활용할 수 있다.

학생의 바르고 편안한 자세를 위해 높낮이 조절 독서대에 색상 대비 검사표를 놓은 후, 적정 밝기를 제공하고 눈부심 및 그림자를 방지할 수 있는 테이블 위치에 놓아야 한다. 색상 대비 검사표는 학생이 선호하는 거리에서 양안으로 색상 대비율이 높은 시표부터 대비율이 낮은 시표 순서로 읽도록 하여 학생의 색상 대비율과 선호하는 색상 대비를 확인한다. 그리고 색상 대비율이 낮은 학생은 낮은 색상 대비 자료를 읽을 때에 색상 대비 조절 기능이 있는 확대독서기를 사용할 것을 추천할 수 있다.

색상 대비 검사표

## 8) 시야 검사

정상적인 상하 시야는 대략 50°와 70° 정도이고, 좌우 시야는 좌안의 경우 좌측(바깥쪽) 90°와 우측(코쪽) 60°, 우안의 경우 우측(바깥쪽) 90° 좌측(코쪽) 60° 정도이다. 시야 검사는 양안, 우안, 좌안 순서로 실시하거나 상황에 따라 양안만 검사할 수 있다. 학생에게 시야 손상과 관련된 질환이 있다면 시야 검사를 실시할 필요가 있다.

시야 손상은 크게 주변부 시야 손상과 중심부 시야 손상(중심부 암점)으로 나눌 수 있다. 주변부 시야 손상도 좌·우측 시야 손상이 비슷하거나 좌·우측 중 한쪽의 시야 손상이 더 심한 경우 등 다양하며, 중심부 시야 손상도 중심부 암점의 크기와 위치가 개인마다 다를 수 있다(Whittaker et al., 2016).

정상 수직 시야

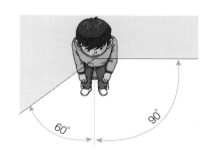

정상 수평 시야(좌안 기준)

표 4–2   시야 손상 유형에 따른 어려움과 중재 방법

| 시야 손상 | 어려움 | 중재 방법 |
|---|---|---|
| 중심부 암점이 있는 경우 | • 정면으로 보면 보이지 않는다.<br>• 읽기에서 글자나 단어를 빼 먹고 읽곤 한다. | • 가장 적합한 주변부 시야로 보는 중심 외 보기 기술을 지도한다.<br>• 중심 외 보기 방향을 고려하여 자리를 배치한다. |
| 우측 시야 손상이 있는 경우 | • 우측편의 대상을 확인하지 못하거나 부딪힌다.<br>• 문장을 우측으로 읽어 나갈 때 느리게 읽거나 멈칫멈칫 읽는다.<br>• 읽기에서 문장의 마지막 단어를 빼고 다음 줄로 넘어간다.<br>• 중앙에 앉으면 칠판의 우측이 잘 보이지 않는다. | • 안구나 고개를 우측으로 돌려보는 시각 기술(추시, 추적, 주사)을 지도한다.<br>• 페이지의 문장 끝에 수직 라인을 긋고 수직 라인이 보일 때까지 읽도록 한다.<br>• 교실 중앙으로부터 조금 우측에 자리를 배치하고, 교재교구는 학생의 좌측에 제시한다. |

2. 객관적 시각 검사     117

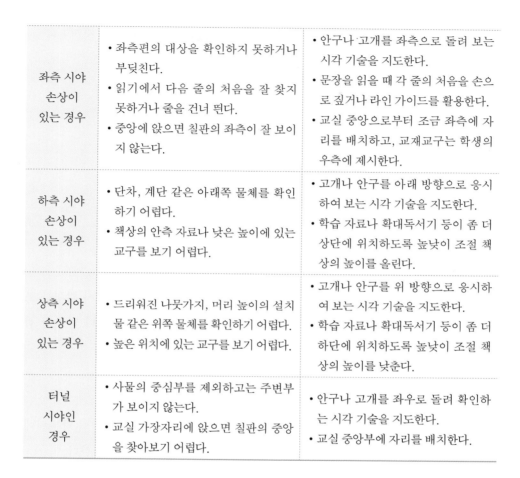

| 좌측 시야 손상이 있는 경우 | • 좌측편의 대상을 확인하지 못하거나 부딪친다.<br>• 읽기에서 다음 줄의 처음을 잘 찾지 못하거나 줄을 건너 뛴다.<br>• 중앙에 앉으면 칠판의 좌측이 잘 보이지 않는다. | • 안구나 고개를 좌측으로 돌려 보는 시각 기술을 지도한다.<br>• 문장을 읽을 때 각 줄의 처음을 손으로 짚거나 라인 가이드를 활용한다.<br>• 교실 중앙으로부터 조금 좌측에 자리를 배치하고, 교재교구는 학생의 우측에 제시한다. |
|---|---|---|
| 하측 시야 손상이 있는 경우 | • 단차, 계단 같은 아래쪽 물체를 확인하기 어렵다.<br>• 책상의 안측 자료나 낮은 높이에 있는 교구를 보기 어렵다. | • 고개나 안구를 아래 방향으로 응시하여 보는 시각 기술을 지도한다.<br>• 학습 자료나 확대독서기 등이 좀 더 상단에 위치하도록 높낮이 조절 책상의 높이를 올린다. |
| 상측 시야 손상이 있는 경우 | • 드리워진 나뭇가지, 머리 높이의 설치물 같은 위쪽 물체를 확인하기 어렵다.<br>• 높은 위치에 있는 교구를 보기 어렵다. | • 고개나 안구를 위 방향으로 응시하여 보는 시각 기술을 지도한다.<br>• 학습 자료나 확대독서기 등이 좀 더 하단에 위치하도록 높낮이 조절 책상의 높이를 낮춘다. |
| 터널 시야인 경우 | • 사물의 중심부를 제외하고는 주변부가 보이지 않는다.<br>• 교실 가장자리에 앉으면 칠판의 중앙을 찾아보기 어렵다. | • 안구나 고개를 좌우로 돌려 확인하는 시각 기술을 지도한다.<br>• 교실 중앙부에 자리를 배치한다. |

## (1) 주변 시야 검사

망막색소변성증, 녹내장, 시로 장애 등의 안질환을 가진 학생은 주변 시야 검사를 실시하는 것이 필요하다. 학생 면담이나 관찰에서 학생이 우측 물체와 잘 부딪치거나 우측으로 고개를 돌려 보는 경향이 있다면 우측 시야 손상이 큰 것으로 추측하고, 형식적 시야 검사를 통해 이를 확인할 수 있다. 우측으로 고개를 돌리는 이유는 우측이 잘 보이지 않기 때문에 이를 보상하려는 자연스러운 행동이다. 교육 현장에서 사용할 수 있는 주변 시야 검사 방법에는 대면법 외에도 2017년 교육부에서 개발한 '원판 시야 검사'와 '1.2m 띠 시야 검사'를 활용할 수 있다.

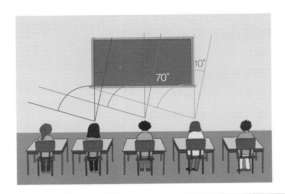

우측 시야 손상 아동의 교실 자리 배치: 중앙에서 약간 우측 자리에 배치

### 가. 원판 시야 검사

원판 시야 검사는 학생이 부착물이 없는 깨끗한 벽면을 바라보도록 검사 위치를 조정하는 것이 좋다. 원판 시야 검사는 양안, 우안, 좌안 순서로 실시하거나 양안만 검사할 수 있다.

① 학생이 원판의 손잡이를 잡고 파인 부분을 눈 아래에 대도록 한다.
② 학생이 원판 맞은편 중앙의 표식 1을 응시하도록 하고, 교사는 학생의 맞은편에서 학생이 눈동자를 움직이지 말고 중앙 표식 1만 계속 바라보도록 한다.

원판 시야 검사

③ 교사가 긴 투명판을 오른쪽 가장자리에서 중앙으로 천천히 이동시킬 때 학생이 투명판의 표식 2가 보이면 말하도록 한다. 학생이 "보여요."라고 말하는 지점의 우측 시야각을 기록한다.

④ 긴 투명판을 왼쪽 가장자리에서 중앙으로 천천히 이동시킬 때 학생이 "보여요."
   라고 말하는 지점의 좌측 시야각을 기록한다.

### 나. 1.2m 띠 시야 검사

원판 시야 검사가 어려운 유아, 시각중복장애 학생 등은 1.2m 띠 시야 검사를 실시
할 수 있다. 1.2m 띠 시야 검사도 양안, 우안, 좌안 순서로 실시하거나 양안만 검사할
수 있다(임안수 외, 2014). 검사 결과의 기록 방법은 원판 시야 검사와 동일하다.

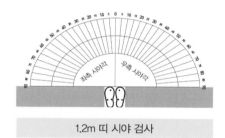

1.2m 띠 시야 검사

① 학생은 1.2m 띠의 중앙에 선다.
② 교사 1은 학생으로부터 2~3m 떨어진 전방에 서서
   학생에게 교사 1의 코를 계속 응시하도록 한다.
③ 교사 2가 띠의 우측 끝에서 전방을 향해 직선으로
   걸어갈 때 학생은 교사 2가 보이면 말하도록 한다.
   학생이 보인다고 말하는 지점의 시야각을 재어 우
   측 시야각으로 기록한다.
④ 교사 2가 띠의 좌측 끝에서 전방을 향해 직선으로 걸어갈 때 학생이 교사가 보
   인다고 말하는 지점의 시야각을 재어 좌측 시야각으로 기록한다.

우측 시야 검사

좌측 시야 검사

## 다. 대면법

대면법은 교사와 학생이 마주 보고 검사하며, 대비가 높은 색의 막대나 맨손을 사용하여 검사한다. 대면법도 양안, 우안, 좌안 순서로 실시하거나 상황에 따라 양안으로만 검사할 수 있다.

대면법 시야 검사 장면

① 교사와 학생이 80~100cm 거리에서 마주 본다.
② 학생이 검사자의 같은 쪽 눈을 바라보도록 하고, 검사자는 학생이 눈동자를 움직이지 않도록 말한다.
③ 교사가 3시, 1시 반, 4시 반, 9시, 10시 반, 7시 반 방향에서 손가락이나 막대를 중앙으로 이동시킬 때 보이면 말하도록 한다.
④ 학생이 "보여요."라고 말한 지점의 바깥 부분이 시야가 손상된 부위이고, 안쪽 부분이 남아 있는 부위이다.
⑤ 시야 검사지에 잔존 시야를 대략 그려서 표시한다.

### (2) 중심 시야 손상 검사

황반부 변성, 시신경 위축 등의 안질환을 가진 학생은 시야 중심부에 암점이 있는지를 검사하는 것이 필요할 수 있다. 또한 기능시각 검목표에서 학생이 사물의 정면을 응시할 때 사물의 중앙 부분이 안 보이거나 고개를 기울여 보는 것으로 기록되었다면 시야 검사를 통해 중심부 암점 여부를 확인할 필요가 있다.

## 가. 시계보기 검사

시계보기 검사는 빈 종이에 시계 그림을 그린 후, 시계의 가운데에 학생이 볼 수 있는 크기로 숫자, 글자, 도형을 적어 검사한다. 양안, 좌안, 우안 순서로 검사하거나 양안으로만 검사할 수 있다(Whittaker et al., 2016). 교사는 학생에게 12시, 1시, 2시, 3시, 4시, 5시, 6시, 7시, 8시, 9시, 10시, 11시, 12시 방향 순서로 바라보도록 하면서 어느 방향을 볼 때 가운데 글자가 가장 잘 보이는지 말하도록 한다. 학생이 중앙의 글자가 가장 잘 보인다고 말하는 시계 방향이 중심 외 보기 방향일 수 있다. 예를 들어, 암점이 중앙에서 2시 방향으로 약간 치우쳐 존재한다면 2시 방향을 바라볼 때 가운데 글자가 가장 잘 보인다고 말할 수 있다.

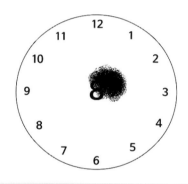

시계보기 검사(2시 방향이 중심 외 보기 방향

A4 용지 검사

## 나. A4 용지 검사

시계보기 검사를 어려워하는 학생은 좀 더 쉽고 간편한 A4 용지 검사를 실시할 수 있다. 교사는 학생이 A4 용지 중앙의 단어를 바라보도록 한 후, 고개를 좌우로 천천히 움직이면서 어느 방향을 볼 때 단어가 잘 보이는지 말하도록 한다. 다시 고개를 위아래로 천천히 움직이면서 어느 방향이 잘 보이는지 말하도록 한다. 단어가 가장 잘 보이는 방향이 중심 외 보기 방향이다.

복도를 보기 위한 중심 외 보기 기술(좌측 사진)의 사용 장면

## 3. 기능시각 평가

기능시각 평가는 학생이 학교 및 일상 환경에서 시각을 어떻게 사용하고 있는지를 확인하는 데 목적이 있다. 기능시각 평가는 관찰, 면담, 직접 평가방식으로 실시할 수 있다. 이를 통해 시각장애 학생이 잔존 시각을 효율적으로 사용하기 위한 환경 수정, 교수 방법, 저시력 기구 및 보조공학 기기 지원 등에 대한 실질적인 요구와 정보를 확인할 수 있다.

기능시각 평가는 생활 환경에서 다양한 시간대에 여러 번 반복하여 평가가 이루어질 때 평가의 타당도와 신뢰도를 보장할 수 있다. 기능시각 평가는 객관적 시각 검사에 참여하기 어려운 시각중복장애 학생이나 유아에게 더욱 중요하다. 기능시각 평가 결과는 공인 시력표를 사용하는 객관적 시각 검사 결과와 통합해 해석할 때 평가 결

💬🧑 **기능시각 검목표 소개**

- 기능시각 평가 검목표는 학생의 학습과 생활에서 이루어지는 대표적인 시각 관련 활동들을 체크리스트 형태의 문항들로 구성한다.
- 실제 학습 및 일상 활동에서 시각장애로 인해 수행에 어려움을 보이는 활동, 즉 특수교육 지원이 필요한 활동을 구체적으로 확인할 수 있다는 장점이 있다.
- 학생 면담이나 관찰 등의 방법을 통해 평가하며, 응답은 '그렇다, 조금 어렵다, 많이 어렵다'처럼 3점 척도 등을 사용할 수 있다.

과의 신뢰도를 높일 수 있다(Lueck, 2004; Whittaker et al., 2016).

2017년 교육부에서 개발·보급한 기능시각 평가 검목표는 5가지 영역으로 구성되어 있다.

## 1) 원거리 검목표

원거리 검목표는 학생이 어떠한 원거리 활동에서 어려움을 겪고 있는지를 확인하여 필요한 특수교육 지원을 강구하는 데 활용한다. 원거리 검목표의 문항 및 해석 방법은 〈표 4-3〉과 같다.

표 4-3  원거리 검목표 예시

| 영역 | 문항 |
|------|------|
| 읽기 | 교실의 앞자리에서 판서 내용을 읽을 수 있습니까? |
| | 교실의 TV 화면을 볼 수 있습니까? |
| | 시청각실의 스크린 화면을 볼 수 있습니까? |
| 교과 학습 | 선생님이 교단에서 보여 주는 교과 교육 자료나 교구를 볼 수 있습니까? |
| | 선생님의 자세나 동작 등의 시범을 보고 따라 할 수 있습니까? |
| | 축구나 농구 같은 구기 활동에서 공을 주고받을 수 있습니까? |
| | 미술 시간에 교단 앞에 놓인 작품을 감상할 수 있습니까? |
| 보행 | 학교 교실의 팻말(음악실, 3학년 4반 등)을 볼 수 있습니까? |
| | 복도에서 계단 입구를 찾고 계단을 오르내릴 수 있습니까? |
| | 복도나 길에서 장애물에 부딪치거나 걸려 넘어지는 일이 있습니까? |
| | 차도와 인도를 구분하고 인도를 따라 이동할 수 있습니까? |
| | 횡단보도의 신호등 색을 구별하고 안전하게 건널 수 있습니까? |

- 원거리 읽기 영역에서 교실 칠판, TV, 빔프로젝터 스크린을 보는 활동에 대해 어렵다고 응답한다면 앞자리 배치, 망원경, 원거리용 확대독서기 같은 원거리용 저시력 기구 지원, 판서나 TV나 스크린 내용에 대한 구어 설명 제공 등의 교육 지원을 고려할 필요가 있다.
- 교과 학습 영역에서 교과 관련 원거리 활동에 대해 어렵다고 응답한다면, 어려

움을 보이는 교과 학습에 대해 지원이 필요할 수 있다. 예를 들어, 확대 및 양각 교구(음성 저울, 음성 온도계, 소리 나는 공 등), 보조공학 기기(확대독서기, 망원경 등), 자리 배치, 교수 기법의 수정(상세한 구어 설명과 촉각 교수 방법 등) 등의 지원을 고려할 수 있다. 예를 들어, 체육 시간에 교사의 동작 시범을 보고 따라 하는 것이 어렵다고 응답한 경우, 교사는 저시력 학생이 시범을 가까운 위치에서 보도록 허용하고, 가까이에서도 보기 어려운 학생이라면 시범 동작에 대한 촉각 모델링과 신체적 안내법 같은 촉각 교수 방법을 사용할 필요가 있다.

• 보행 영역에서 주변 사물을 구별하거나, 목적지를 찾아가거나, 장애물을 피하는 등의 활동이 어렵다면 독립적이고 안전한 이동을 위해 보행 교육 및 보행 환경의 개선이 필요할 수 있다.

## 2) 근거리 검목표

근거리 검목표는 학생이 어떠한 근거리 활동에서 어려움을 겪고 있는지를 확인하여 필요한 특수교육 지원을 강구하는 데 활용한다. 대표적인 근거리 활동에 책 읽기와 쓰기 등이 있다. 근거리 검목표의 문항 및 해석 방법은 〈표 4-4〉와 같다.

**표 4-4** 근거리 검목표 예시

| 영역 | 문항 |
|---|---|
| 읽기 | 일반 교과서를 편안하게 읽을 수 있습니까? |
| | 일반 참고서, 문제지를 편안하게 읽을 수 있습니까? |
| | 국어사전, 영어사전 등 사전류를 편안하게 읽을 수 있습니까? |
| | 10분 이상 책을 읽으면 눈이 피로합니까? |
| 쓰기 | 수업 시간에 손으로 필기를 할 수 있습니까? |
| | 일반 필기구를 사용하여 필기할 수 있습니까? |
| | 일반 공책에 줄을 따라 쓸 수 있습니까? |
| | 주어진 시간 내에 필기를 마칠 수 있습니까? |
| | 자신이 쓴 글씨를 읽을 수 있습니까? |
| | 공책의 여러 쪽에 걸쳐 필기를 계속할 수 있습니까? |

| 교과<br>학습 | 수학, 과학 등 교과서에 나오는 도표와 그래프를 보고 읽을 수 있습니까? |
|---|---|
| | 사회 교과서에 나오는 지도를 보고 지역 위치를 찾을 수 있습니까? |
| | 사회, 과학, 미술 등 교과서에 나오는 사진, 그림 자료를 보고 어떤 그림인지 알 수 있습니까? |
| | 과학 실험 및 실습 활동에서 실험 기구를 보고 조작할 수 있습니까? |
| | 미술시간에 연필로 그림을 그리고 스케치한 선을 벗어나지 않게 색칠할 수 있습니까? |
| | 음악시간에 악보를 읽을 수 있습니까? |
| 일상<br>생활 | 동전과 지폐의 금액을 확인할 수 있습니까? |
| | 컵에 원하는 만큼의 물이나 음료를 따를 수 있습니까? |
| | 식탁에 놓인 반찬의 종류와 위치를 확인할 수 있습니까? |
| | 과자 봉지와 음료수 병에 쓰인 글자를 읽을 수 있습니까? |

- 근거리 읽기 영역에서 교과서, 참고서, 사전 같이 주로 사용하는 학습 자료를 읽는 것에 대해 어렵다고 응답한다면, 확대 자료, 확대경, 근거리용 확대독서기, 점자 자료, 음성 자료 등의 교육 지원을 고려할 필요가 있다.
- 쓰기 영역에서 일반 필기구로 정해진 시간 내에 알아볼 수 있도록 필기하는 것에 대해 어렵다고 응답한다면, 굵은 펜이나 굵은 선 노트, 확대경이나 확대독서기를 이용한 쓰기, 컴퓨터 워드프로세서로 쓰기, 점자 쓰기, 음성 녹음 등의 교육 지원을 고려할 필요가 있다.
- 근거리 교과 학습 영역의 경우, 교과 관련 시각 자료 및 교구를 보고 이용하는 것에 대해 어렵다고 응답한다면, 학습 자료나 교구의 수정, 수업이나 교수 · 학습 방법의 변화 등의 교육 지원을 고려할 필요가 있다.
- 근거리 일상 활동을 수행하는 데 어려움이 있다면, 독립적인 일상 활동을 위해 연령에 적합한 일상생활 교육과 생활 환경의 개선이 필요할 수 있다.

## 3) 시야 검목표

시야 검목표는 학생이 어떠한 시야 관련 활동에서 어려움을 겪고 있는지를 확인하여 필요한 특수교육 지원을 강구하는 데 활용한다. 시야 문제는 중심부 시야 손상(중심부 암점)과 주변 시야 손상으로 구분할 수 있으므로, 학생이 시야 어디에 손상이 있는지 확인하는 것이 필요하다. 시야 검목표의 문항 및 해석 방법은 〈표 4-5〉와 같다.

**표 4-5** 시야 검목표 예시

| 영역 | 문항 |
|---|---|
| 주변부 시야 손상 | 책을 읽을 때 읽고 있던 줄을 잃어버리곤 합니까? |
| | 교과서에 있는 도표, 그림, 사진 자료를 볼 때 그림 가장자리가 보이지 않습니까? |
| | 좌·우 측면에 있는 장애물에 부딪칩니까? |
| | 나뭇가지와 같이 머리 위쪽에 있는 장애물에 부딪칩니까? |
| | 문턱이나 돌부리같이 바닥에 있는 장애물에 부딪칩니까? |
| | 횡단보도를 건널 때 좌·우측에서 다가오는 차량을 보기 어렵습니까? |
| 중심부 시야 손상 | 책을 볼 때 측면으로 보거나 고개를 기울여 보는 것이 더 편안합니까? |
| | 교과서에 있는 도표, 그림, 사진 자료를 정면으로 볼 때 그림 중앙이 보이지 않습니까? |
| | 학습 자료나 교구를 가운데보다 측면에 놓을 때 보기가 더 좋습니까? |
| | 정면에 있는 물체를 똑바로 쳐다보면 보이지 않을 때가 있습니까? |
| | 가까이 있는 사람의 얼굴을 똑바로 쳐다보면 코 부분이 모두 보입니까? |

- 주변부 시야 손상 영역에서 읽기 활동에 글줄을 잃어버리거나 그림 자료의 가장자리가 보이지 않는다고 응답한다면, 주변 시야 손상이 있는 것이며, 특정 위치에 있는 물체와 자주 부딪친다면 부딪치는 쪽의 시야 손상이 있다는 것을 의미한다. 타이포스코프나 라인 가이드 같은 읽기 보조기구, 프리즘 렌즈 같은 시야 확대 기구, 추시, 추적, 주사 같은 시기능 훈련을 고려할 필요가 있다.
- 중심부 시야 손상 영역에서 자료나 물체의 정면을 바라볼 때 가운데 부분이 보이지 않거나 고개나 안구를 돌려 측면으로 보는 것이 편안하다고 응답한다면 중심부 암점이 있는 것으로 볼 수 있다. 중심 외 보기 같은 시기능 훈련을 고려할 필요가 있다.

## 4) 대비 검목표

대비 검목표는 학생이 어떠한 대비 환경과 상태에서 어려움을 겪고 있는지를 확인하여 필요한 특수교육 지원을 강구하는 데 활용한다. 대비는 명도 대비와 색상 대비로 구분할 수 있다. 대비 검목표의 문항 및 해석 방법은 〈표 4-6〉과 같다.

표 4-6  대비 검목표 예시

| 영역 | 문항 |
|------|------|
| 명도<br>대비 | 책에서 흐릿하거나 선명하지 않은 글자를 읽을 수 있습니까? |
| | 컴퓨터 화면의 흐릿한 글자를 읽을 수 있습니까? |
| 색상<br>대비 | 배경색과 글자색이 흰색과 검은색이 아닌 경우(연두색 바탕에 검은색 등)에도 읽을 수 있습니까? |
| | 크레파스, 색종이, 물감 등의 색을 구별할 수 있습니까? |
| | 비슷한 색의 물건들이 함께 섞여 있을 때 혼동하곤 합니까? |
| | 계단과 계단 사이를 구별할 수 있습니까? |
| | 투명 유리문을 보지 못해 부딪치곤 합니까? |

- 명도 대비 영역에서 책이나 컴퓨터의 보통 글자보다 선명하지 않은 글자를 보는 것이 어렵다면 굵고 진한 글자체로 학습 자료를 제공하거나 개인 조명 기구, 착색 렌즈, 아세테이트지, 확대독서기 같은 대비증진 기구를 읽기 활동에 사용하는 것을 고려할 필요가 있다.
- 색상 대비 영역에서 계단과 계단 사이나 복도의 투명 유리창을 구별하는 것과 비슷한 색상으로 구성된 그림이나 물건을 식별하거나 찾는 데 어려움이 있다면, 계단코나 유리창 가운데 노란색 띠를 부착하는 등의 환경 개선과 낮은 색상 대비의 그림이나 자료를 볼 때 확대독서기를 사용하도록 하는 것을 고려할 필요가 있다.

## 5) 조명 검목표

조명 검목표는 학생이 어떠한 조명 환경과 상태에서 어려움을 겪고 있는지를 확인하여 필요한 특수교육 지원을 강구하는 데 활용한다. 검목표를 통해 밝은 조명과 어두운 조명 중 선호하는 밝기와 눈부심에 대한 문제를 대략 확인할 수 있다. 조명 검목표의 문항 및 해석 방법은 〈표 4-7〉과 같다.

**표 4-7** 조명 검목표 예시

| 영역 | 문항 |
|---|---|
| 밝기<br>선호 | 조명이 밝은 곳과 조금 어두운 곳 중 어디가 읽기 활동에 더 편안합니까? |
| | 현재 교실 조명이 어떻게 느껴집니까? |
| | 컴퓨터나 스마트폰의 밝기를 어떻게 설정하는 것이 보는 데 편안합니까? |
| | 실내에서 조명이 밝지 않은 곳에서 이동하는 데 어려움이 있습니까? |
| 눈부심 | 교실에서 형광등 때문에 눈부시다고 느낍니까? |
| | 교실의 창가에 있을 때 눈부시다고 느낍니까? |
| | 책으로부터 반사되는 빛으로 인해 눈부시고 읽기에 방해가 된다고 느낍니까? |
| | 맑은 날 야외 활동을 할 때 눈부심으로 인해 앞에 있는 물체가 잘 보이지 않습니까? |

- 밝기 선호 영역에서 밝은 장소나 밝은 화면 등에서 읽는 것이 편안하고 잘 보인
다고 응답한다면 개인용 스탠드를 사용하는 것을 고려할 필요가 있다.
- 눈부심 영역에서 태양이나 조명등의 빛 또는 종이나 책상 같은 표면으로부터 반
사되는 빛에 의해 눈부심을 느낀다고 응답한다면 눈부심을 감소시키기 위해 착
색 렌즈, 챙이 있는 모자, 광원을 등진 곳에 자리 배치 등을 고려할 필요가 있다.

### 학습 활동

- 기능시각 평가와 객관적 시각 검사의 목적과 실시 방법을 정리하여 발표해 봅시다.
- 2인 1조로 저시력 체험 안경을 쓰고 기능시각 검목표에 제시된 문항들을 직접 수행해 본 후 발
표해 봅시다.
- 2인 1조로 저시력 체험 안경을 쓰고 객관적 시각 검사들을 실습해 본 후 발표해 봅시다.
- 교육부가 개발 · 보급한 '시각장애 선별 및 교육적 요구 평가 도구'의 검사 안내 동영상 자료를
시청해 봅시다.

**국내 참고 자료 활용**

교육부(2017). 시각장애 발견 및 교육적 요구 평가 검사도구 세트 및 검사 요강.

교육부 및 광주광역시교육청(2017). 시각 및 청각장애 거점 특수교육지원센터 운영가이드
북(3장 진단·평가).

# 학습매체 평가

- 학습매체 평가의 개념과 목적을 이해한다.

- 읽기매체 평가를 통해 적합한 읽기 자료와 도구를 결정한다.

- 쓰기매체 평가를 통해 적합한 쓰기 자료와 도구를 결정한다.

## 1. 학습매체 평가의 이해

### 1) 학습매체 평가의 개념

학습매체란 학습 내용을 전달하는 매개 수단으로 잉크로 인쇄된 묵자 교과서와 참고서가 보편적인 학습매체이다. 일반 학생은 이들 학습매체를 사용하여 읽기, 쓰기, 그림 이해 등을 포함하는 학습 활동을 하게 된다. 시각장애로 인해 일반 교과서와 참고서를 사용하는 데 어려움이 있다면 점자 자료, 확대 자료, 음성 자료 같은 대체 학습 자료의 제공이 필요하다. 따라서 학습매체 평가 결과를 근거로 학생 개인에게 적합한 학습매체를 선정·지원해야 한다.

> ☞ 시각장애 학생에 대한 체계적인 학습매체 평가를 통해 점자, 확대 글자(또는 확대경을 사용한 보통 글자), 음성 자료 중 어떤 매체가 적절한지, 그리고 확대 글자를 주 매체로 사용해야 하는 학생이라면 적합한 확대 글자 크기와 확대경 배율은 무엇인지를 결정하는 것이 학생의 학습 활동의 참여와 학습 성과를 높이는 데 무엇보다 중요하다.

시각장애 학생의 학습매체 사용 유형은 다음과 같이 분류할 수 있다(Goudiras et al., 2009; Kamei-Hannan & Ricci, 2015; Koenig & Holbrook, 1995).

- 일반 묵자를 주 매체로 사용해야 하는 집단: 확대기기나 확대 자료 없이도 적절한 읽기 속도로 학습이 가능한 학생들이다.
- 확대 글자를 주 매체로 사용해야 하는 집단: 18포인트 이상의 큰 문자로 확대해서 보거나 확대경, 확대독서기 같은 저시력 기구를 사용해 학습하는 것이 효율적인 학생들이다. 잔존 시각 수준에 따라 적합한 확대 글자 크기, 확대경 배율 등에 대한 요구가 다르며, 이들 학생 중에는 확대 글자 읽기 능력이나 상급 학년 진학에 따라 음성 자료를 보조 매체로 사용하기도 한다.
- 점자와 묵자를 함께 사용하는 집단(이중 매체 사용자): 확대 글자를 사용하여 읽을 수

있으나 읽기 속도가 현저하게 느리거나 눈의 피로가 심해 오랜 시간 읽기 어려워서 점자를 주 매체로 사용하면서 간헐적으로 확대 글자를 함께 사용하는 학습자들이다. 이들은 많은 분량의 자료는 점자로 읽고, 간단한 자료는 확대 글자로 읽으며, 상급 학년 진학에 따라 음성 자료를 보조 매체로 사용하기도 한다.

- 점자를 주 매체로 사용해야 하는 집단: 전맹, 빛 지각, 형태 지각, 안전수동 수준의 시력만 남아 있어 확대 글자조차 읽기 어렵거나 확대 글자를 읽더라도 읽기 속도가 현저히 느려 점자로 학습하는 것이 오히려 효율적인 학생들이다. 이들 학생은 점자 읽기 능력이나 상급 학년 진학에 따라 음성 자료를 보조 매체로 많이 사용한다.
- 음성 자료를 주 매체로 사용하는 집단: 소아 당뇨, 당뇨병성 망막증, 중도 실명 노인 같은 일부 학습자들은 촉각의 둔감화로 인해 점자를 배우거나 촉각으로 점자를 읽기가 어려워지면 음성 자료를 주 매체로 사용할 수 있다.

## 2) 학습매체 평가의 법적 근거와 절차

학습매체 평가는 문해매체 평가로 불리기도 하며, 시각장애 학생에게 적합한 교수 · 학습 자료의 유형과 도구, 읽기와 쓰기 방법과 도구 등을 결정하는 데 목적이 있다. 미국은 1997년에 개정된 「장애인교육법」에 점자의 교육과 사용이 아동에게 적절하지 않다고 결정되지 않는 한 점자 교육과 사용을 제공하도록 규정함에 따라, 시각장애 학생의 점자 교육과 사용의 요구, 적합한 확대 글자 크기 등을 확인하고자 학습매체 평가를 실시하고 있다. 향후 우리나라도 진단 · 평가 영역에 학습매체 평가를 의무화할 필요가 있다. 기능시각 평가가 시각 활용 능력에 초점을 두는 반면에 학습매체 평가는 시각, 청각, 촉각 중 어떠한 감각 기관과 감각 자료 및 기기를 학습에 사용하는 것이 효율적인가에 초점을 둔다.

일반적으로 학습매체(문해매체) 평가는 2단계로 이루어진다(Koenig & Holbrook, 1995).

- 최초 문해매체 선정 평가: 처음으로 문해 교육과 사용을 위해 적합한 매체를 선정하는 것으로, 선천성 시각장애 학생의 경우에 형식적 문해(한글 읽기와 쓰기) 교

육을 시작하는 유치원이나 늦어도 초등학교 1학년에 실시해야 한다. 평가 과정에 학습과 생활 환경에서 학생이 선호하여 사용하는 감각 기관의 유형, 과제를 수행하는 눈과 자료 간의 작업 거리, 학생이 읽을 수 있는 글자 크기, 읽기 정확성과 속도, 안질환의 진행성 여부와 진행 속도, 다른 장애의 수반 여부, 학생과 학부모의 선호와 태도 등을 종합적으로 고려한다.

• 문해매체 계속 평가: 이 평가는 최초 문해매체 결정의 적합성 여부를 확인한다. 최초 선정한 문해매체로 학생이 편안하고 효율적으로 읽기와 쓰기 등의 학습과제를 수행하는지를 학생 면담과 관찰, 읽기 유창성 평가 등으로 현재 사용 중인 문해매체의 적합성, 현재 매체를 사용하여 적절한 학업 성취에 도달하고 있는지를 확인한다. 그리고 현재와 미래의 문해 관련 과제를 수행하기 위해 추가적인 문해 도구의 사용이나 다른 문해매체로의 변경 필요성 등을 확인한다.

## 2. 학습매체 평가 방법

우리나라 교육부가 2017년에 개발·보급한 학습매체 평가 도구는 읽기매체 평가와 쓰기매체 평가의 2가지로 구성되어 있다.

### 1) 읽기매체 평가

#### (1) 목적

학습 활동에서 자료를 읽는 활동이 가장 중요하고 학습 비중이 높다는 점에서 읽기매체 평가가 무엇보다 중요하다. 읽기매체 평가는 궁극적으로 점자, 확대 글자(또는 확대경을 이용한 보통 글자), 음성의 3가지 읽기매체 중 어떤 매체가 개별 학생의 읽기 활동에 가장 효율적인지를 결정하는 평가이다. 읽기매체 평가의 목적은 크게 2가지로 구분할 수 있다.

• 먼저 학생에게 적합한 확대 글자 크기를 찾는 데 목적이 있다. 시각장애 학생이 가장 편안하고 빠르게 읽을 수 있는 글자 크기를 결정하고 이를 기초로 확대경 배율

을 추천할 수 있다. 학생이 오독 없이 편안하고 빠르게 읽을 수 있는 가장 작은 확대 글자 크기를 결정적 글자 크기(critical print size)라고 부르고, 오독이 있더라도 읽을 수 있는 가장 작은 글자 크기를 임계 읽기 시력(read acuity threshold, 임계 글자 크기)이라고 부른다.

> 💬 **시각장애 학생의 읽기 활동을 위한 최소 확대 글자 크기라고 볼 수 있는 결정적 글자 크기를 확인하는 3가지 방법(Whittaker et al., 2016)**
>
> ① 읽기 속도가 저하되기 직전의 글자 크기
> ② 임계 글자 크기의 2배 글자 크기
> ③ 학생에게 "어느 글자 크기부터 읽기가 어렵니?"라고 질문하였을 때 학생이 어렵다고 말한 글자 크기보다 한 라인 위의 글자 크기
>
> ※ 일반적으로 읽기 속도가 저하되기 직전의 글자 크기를 학생에게 적합한 최소 확대 글자 크기로 보고, 학생이 선호하는 확대 글자 크기 등의 다른 정보를 종합하여 최종 확대 글자 크기를 결정하는 것이 바람직하다.

• 최종적으로 학생에게 적합한 읽기매체로 점자, 확대 글자, 음성 중 어떤 것이 가장 적합한지를 결정하는 데 목적이 있다. 이를 위해 학생에게 가장 적합한 확대 글자 크기나 확대경 배율로 읽기 속도를 평가하여 같은 학년의 점자 사용 학생의 평균 속도와 객관적으로 비교하거나 확대 글자로 현재 학년의 학습 자료를 효율적으로 공부할 수 있는지를 교사가 주관적으로 판단하여 학생에게 적합한 읽기매체를 결정할 수 있다.

## (2) 평가 고려 사항

읽기매체 평가를 위한 방법은 다음을 포함한다.

- 시각장애 학생에게 적합한 확대 글자 크기나 확대경 배율을 결정할 때 근거리 시력표보다 문장형 읽기 시력표(reading acuity test)를 사용한다(Whittaker et al., 2016). 5개의 숫자를 사용하는 근거리 시력 검사(near acuity test)는 학생이 유창하게 읽을 수 있는 최소 글자 크기를 측정하는 것이 아니라, 단지 학생이 5개 중 3개 이상을 정확하게 읽을 수 있는 최소 글자 크기를 측정하는 것이기 때문이다.

☞ 문장형 읽기 시력표는 다양한 글자 크기로 이루어진 문장들에 대한 읽기 속도를 측정하여 읽기 속도가 저하되지 않는, 즉 학생이 편안하고 빠르게 읽을 수 있는 가장 작은 글자 크기를 측정할 수 있다.

- 읽기매체 평가에서 측정해야 할 중요한 2가지는 읽기 유창성(읽기 속도: 분당 정독 어절 수)과 읽기 지속 시간이다. 시각장애 학생이 확대 글자를 적절한 속도로 읽을 수 있다고 하더라도 오랜 시간 읽기 활동을 지속하기 어려운 경우 또한 점자 매체 사용을 고려해야 하기 때문이다.
- 읽기매체 평가를 실시할 때 학생에게 최적의 읽기 환경을 조성하여 평가해야 한다. 학생이 개인 조명 기구, 착색 렌즈, 확대경이나 확대독서기 등을 읽기매체 평가에 사용하기를 원한다면 허용하여야 한다. 다만 학생이 읽기매체 평가에 이들 읽기 보조기구 등을 사용하였다면 이를 기록하고 결과 해석에 반영해야 한다.

## (3) 평가 영역

### 가. 읽기 유창성 평가

2017년 교육부에서 개발·보급한 '단문 읽기 시력표'와 '장문 읽기 시력표'를 활용한 평가 방법은 다음과 같다.

### 단문 읽기 시력 평가

- 짧은 문장을 사용하는 문장형 읽기 시력표이다. 평가의 신뢰도를 높이기 위해 2개의 단문 읽기 시력표로 구성되어 있고, 시력표 1과 2의 결과를 비교하여 학생에게 적합한 확대 글자 크기를 결정하도록 하고 있다.
- 학생이 48~8포인트의 글자 크기로 쓰인 짧은 문장을 읽도록 하고, 교사가 주관적으로 느끼기에 오독이 없으면서 읽기 속도가 저하되기 직전의 글자 크기를 찾도록 하고 있다.
- 학생이 문장을 읽어 나가는 속도를 교사가 주관적으로 듣고 판단하기 때문에 간편하고 쉽게 평가할 수 있으나 평가의 정확성이 다소 떨어질 수 있다.
- 단문 읽기 시력표는 전반적으로 읽기 능력이 부족하여 장문 읽기 시력표를 사용하기 어려운 유아나 초등학교 저학년 학생에게 사용할 수 있다(부록 참조).

**단문 읽기 시력표**

- 단문 읽기 시력 평가는 양안으로 학생이 선호하는 거리에서 실시하되, 학생의 시력 수준에 따라 검사 거리를 조정할 수 있다.
- 단문 읽기 시력 평가 절차는 다음과 같다.
  ① 학생이 단문 읽기 시력표 1의 문장을 편안하게 잘 읽을 수 있는 선호 거리까지 다가가도록 한다.
  ② 양안으로 가장 큰 문자 크기부터 점점 작아지는 글자 크기 순서로 문장을 읽도록 한다.
  ③ 교사는 학생이 읽을 때 오독 글자를 표시하고 읽기 속도가 느려지기 직전의 글자 크기를 기록한다.
  ④ 학생이 더 이상 읽기 어렵다고 말하면 읽기를 중지한다.

⑤ 읽기 종료 후에 학생이 편안하게 읽을 수 있는 글자 크기 또는 읽기에 어려움을 느끼기 시작하는 글자 크기를 시력표에서 선택하도록 한다.

| 글자 크기 | 시력표 1 | 시력표 2 |
|---|---|---|
| 오독이 없고 읽기 속도가 저하되기 직전의 글자 크기 | M | M |
| 오독이 있더라도 읽을 수 있는 가장 작은 글자 크기 | M | M |
| 자신이 편안하게 읽을 수 있다고 생각하는 글자 크기 | M | M |

• 단문 읽기 시력 평가 결과에 따라 확대 글자 크기가 결정되면, 적합한 확대경 배율은 다음의 공식에 따라 계산할 수 있다. 예를 들어, 20cm 검사 거리에서 초등학생 동수의 읽기 속도 저하 직전 글자 크기가 28포인트이고, 현재 사용하는 교과서의 글자 크기가 14포인트 정도라면 적합한 확대경 디옵터는 (28/14)×(100/20) 계산식에 따라 10디옵터일 수 있다. 다만 10디옵터의 확대경을 사용하였을 때 14포인트의 문장을 잘 읽을 수 있는지 확인해야 하고, 필요에 따라 확대경 디옵터를 증감하는 것이 필요할 수 있다.

> 확대경 디옵터(D) = (읽기 속도 저하 직전 글자 크기/목표 글자 크기)×(100cm/검사 거리)

### 장문 읽기 시력 평가

• 여러 개의 문장으로 이루어진 단락을 사용한다. 평가의 신뢰도를 높이기 위해 2개의 읽기 시력표로 구성되어 있고, 시력표 1과 2의 결과를 비교하거나 평균값을 사용하여 학생에게 적합한 확대 글자 크기를 결정하도록 하고 있다.
• 48포인트부터 8포인트까지 글자 크기별로 동일한 글자 수와 어절 수로 된 단락들로 구성되어 있다.
• 학생이 가장 큰 문자 크기부터 작은 글자 크기 순서로 단락을 읽어 나갈 때 이를 모두 녹음해야 한다. 교사는 녹음 자료를 다시 들으면서 글자 크기별로 단락을 읽는 데 소요된 읽기 시간(단위: 초), 오독 어절 수(또는 글자 수), 정독 어절 수(또

| 사랑은 상대방에게 관심을 가져주고 그 마음을 표현하는 것이다. 다른 사람을 아끼고 위해 주고 보살펴 주는 따뜻한 마음이다. | 자신감은 자신을 칭찬해 주는 마음이다. 열심히 노력하고 연습하는 사람은 무슨 일이든 짜증내지 않고 해낼 수 있다고 믿는다. | |
| 성실은 계획을 세우고 이를 실천하는 태도이다. 다른 친구와 약속을 지키고 무슨 일이든 정성을 다하고 책임감을 가져야 한다. | 정직한 사람은 남을 속이지 않는다. 자신이 잘못한 일에 대해서 거짓으로 변하지 않고 용기를 가지고 사실대로 말하는 것이다.<br><br>행복은 마음이 기쁜고 즐거운 것이다. | |

### 장문 읽기 시력표

는 글자 수), 분당 정독 어절 수(또는 글자 수)를 산출해야 한다.

- 오독 어절 수에 포함되는 오독 유형으로 대치와 반전과 생략이 들어가며, 첨가, 반복, 자기 교정은 포함하지 않는다. 첨가, 반복, 자기 교정은 해당 어절을 읽는 과정에서 자연스러운 시간 연장이 이미 발생하기 때문이다.

- 교사는 글자 크기별로 읽기 속도에 해당하는 '읽기 소요 시간(단위: 초)' 또는 '분당 정독 어절 수'를 통해 읽기 속도가 저하되기 직전의 글자 크기를 찾는다. 장문 읽기 시력표는 글자 크기별 읽기 속도를 측정하기 때문에 읽기 속도가 저하되기 직전의 글자 크기를 보다 객관적으로 찾을 수 있다는 장점이 있으나, 검사 및 채점 과정에 많은 시간이 걸린다. 교사는 상황에 따라 장문 읽기 시력 평가를 단문 읽기 시력표와 같은 검사 방법으로 사용할 수도 있다.

- 장문 읽기 시력 평가는 양안으로 학생이 선호하는 거리에서 실시한다.

- 장문 읽기 시력 평가 절차는 다음과 같다.

　① 녹음기를 켜고 학생의 학교명, 학년, 이름을 묻는다.

　② 학생이 장문 읽기 시력표의 문장을 편안하게 잘 읽을 수 있는 선호 거리까지 다가가도록 한다.

　③ 가장 큰 문자 크기부터 점점 작아지는 글자 크기 순서로 문장을 읽도록 한다. 글자 크기별 또는 한 페이지 단위로 중간 멈춤이나 휴식 없이 계속 읽어야 한다.

　④ 교사는 학생이 읽어 나갈 때 오독 글자를 표시한다.

　⑤ 학생이 더 이상 읽기 어렵다고 말하면 읽기를 중지하고 녹음기를 끈다.

　⑥ 녹음기를 다시 들으면서 글자 크기별로 읽기 소요 시간(초), 오독과 정독 어절 수(또는 글자 수), 분당 정독 어절 수(또는 글자 수)를 계산한다.

| 글자<br>크기 | 소요<br>시간(초) | 전체 읽은<br>어절 수 | 오독<br>어절 수 | 정독<br>어절 수 | 읽기 속도<br>(분당 정독 어절 수) | 읽기<br>정확성 |
|---|---|---|---|---|---|---|
| 48포인트 | | | | | | |
| 40포인트 | | | | | | |
| 중략 | | | | | | |
| 8포인트 | | | | | | |

※ 읽기 속도(분당 정독 어절 수)=[(전체 읽은 어절 수−오독 어절 수)÷[소요 시간(초)]]×60(초)
※ 읽기 정확성=(정독 어절 수/전체 읽은 어절 수)×100%

⑦ 글자 크기별로 분당 정독 어절 수 또는 읽기 소요 시간(초)의 그래프를 그려 최대 읽기 속도에 근접하면서 읽기 속도가 저하되기 직전의 글자 크기를 찾는다.

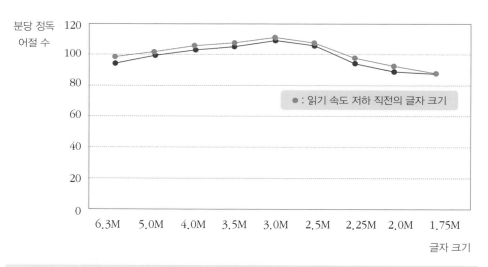

**시력표 1과 2의 글자 크기별 분당 정독 어절 수 그래프**

⑧ 학생에게 적합한 확대 글자 크기가 결정되면 해당 확대 글자 크기의 읽기 속도(분당 정독 어절 수)를 같은 학년의 점자 사용 학생의 점자 읽기 속도(분당 정독 어절 수)와 비교하여 점자 사용 학생의 평균보다 더 느리다면 읽기매체로 점자 사용을 권고하고, 평균보다 더 빠르다면 확대 글자 사용을 권고할 수 있다. 평균 범위는 정규분포곡선에서 ±1 표준편차인 16~84% 또는 사분위수

| 표 5-1 점자 읽기 유창성 백분위 규준 점수 | | | | (단위: 어절) | |
|---|---|---|---|---|---|
| 백분위 | 초등 2 | 초등 3 | 초등 4 | 초등 5 | 초등 6 |
| 10%tile | 11.7 | 20.2 | 27.8 | 36.7 | 46.4 |
| 16%tile | 16.1 | 30.5 | 38.9 | 46.8 | 50.4 |
| 20%tile | 20.5 | 35.5 | 43.3 | 51.8 | 56.2 |
| 25%tile | 22.7 | 38.0 | 48.2 | 56.7 | 64.3 |
| 30%tile | 27.9 | 40.5 | 53.1 | 61.3 | 70.1 |
| 40%tile | 35.0 | 48.6 | 61.2 | 69.2 | 79.6 |
| 50%tile | 39.8 | 57.0 | 67.6 | 76.0 | 88.3 |
| 60%tile | 50.7 | 65.5 | 74.0 | 82.8 | 97.0 |
| 70%tile | 67.6 | 78.1 | 86.9 | 95.7 | 112.8 |
| 75%tile | 78.7 | 86.4 | 95.6 | 105.3 | 123.7 |
| 80%tile | 83.8 | 95.4 | 99.4 | 111.2 | 132.0 |
| 84%tile | 91.9 | 102.9 | 110.5 | 121.4 | 137.4 |
| 90%tile | 97.3 | 111.8 | 123.2 | 144.0 | 155.7 |

출처: 이태훈(2016). 점자 읽기 유창성 규준 점수 산출 연구에서 인용함.

에서 2사분위와 3사분위 구간인 26~75%로 볼 수 있다. 그리고 확대경 배율은 단문 읽기 시력표와 동일하게 계산할 수 있다.

교사가 점자, 확대 글자, 음성 중 저시력 학생에게 적합한 읽기매체를 결정하기 위해 참고할 수 있는 기준은 다음과 같다(Kamei-Hannan & Ricci, 2016).

- 학생의 읽기 속도가 해당 학년의 학습 활동에 지장을 줄 정도로 느리지 않거나 같은 학년의 점자 사용 학생의 평균보다 빠르다면 주 매체로 확대 글자나 확대경을 사용한 보통 글자 읽기 방식을 추천할 수 있다. 다만 학생이 눈의 피로 등으로 인해 장시간 읽기에 어려움을 보이거나 많은 학습 자료를 주어진 시간 내에 읽는 데 어려움이 있다면 보조 매체로 음성 자료의 사용을 추천할 수 있다.
- 학생의 읽기 속도가 같은 학년의 점자 사용 학생의 평균과 비슷하다면 주 매체로 확대 글자나 확대경을 추천할 수 있다. 다만 눈의 피로가 심하여 장시간 읽기

가 어렵다면 확대 글자와 점자를 모두 사용하도록 하거나 보조 매체로 음성 자료의 사용을 추천할 수 있다.

- 학생의 읽기 속도가 같은 학년의 점자 사용 학생의 평균보다 느리거나 10분도 읽지 못하고 눈의 피로를 심하게 느낀다면 점자를 주 매체로 사용하도록 하면서 확대 글자나 음성 자료를 보조 매체로 사용하도록 추천할 수 있다.
- 현재 확대 글자 사용이 적절하더라도 안질환의 진행으로 급격한 시력 저하가 일어나고 있다면 실명 이전에 점자 매체 사용을 권고할 수 있다. 이러한 학생의 점자 지도 시기는 주기적인 읽기 유창성 평가를 통해 학습 활동에 지장을 줄 정도로 확대 자료의 읽기 속도가 급격히 저하되고 있다고 판단될 때이다.

### 나. 읽기 지속성 평가

저시력 학생이 해당 학년의 학습 자료를 모두 학습하기 위해서는 적절한 읽기 속도에 더해 필요한 만큼 읽기 활동 시간을 지속할 수 있어야 한다. 저시력 학생은 안질환과 시력 상태 등에 따라 눈의 피로로 인해 오랜 시간 읽는 것이 어려울 수 있으므로 10분 이상 읽었을 때 눈의 피로가 심하여 더 이상 읽기를 계속하기 어렵다면 점자를 함께 사용하거나 확대 자료에 더해 음성 자료를 보조 매체로 사용하는 것을 고려할 필요가 있다.

- 아직 우리나라에는 시각장애 학생용 읽기 지속성 평가 도구가 개발되어 있지 않으므로, 해당 학년의 권장 도서를 사용하여 평가할 수 있다.
- 교사는 도서에서 10분 이상 읽을 분량을 선정하고 학생에게 적합한 확대 글자 크기로 확대하거나 학생이 확대경이나 확대독서기 사용을 선호한다면 이를 사용하여 읽도록 할 수 있다
- 읽기 지속성 평가는 학생이 소리 내어 읽도록 하고 10분 이상 읽을 수 있는지와 10분 이상 읽었을 때 눈의 피로 정도가 어떠한지 확인하고, 전체 읽은 시간을 절반으로 나누어 전반부와 후반부의 읽기 속도를 비교하는 방법을 사용할 수 있다.
- 학생의 읽기 지속 시간이 10분이 안 되고 읽기 속도가 전반부에 비해 후반부에 현저하게 느려진다면 확대 자료나 확대기기를 사용하여 장시간 읽기 활동을 지속하는 데 어려움이 있다고 볼 수 있고, 이에 따라 음성 매체나 점자 매체를 함께

**표 5-2** 읽기 지속성 평가표

| 읽기 지속 시간 | (12)분 | |
|---|---|---|
| 눈의 피로 정도 | ☑ 많이 피로함  ☐ 조금 피로함  ☐ 별로 피로하지 않음 | |
| 전체 읽기 속도(분당 정독 어절 수) | 전반부 읽기 속도 | 후반부 읽기 속도 |
| 500어절 | 680어절 | 320어절 |

※ 분당 정독 어절 수＝[전체 정독 어절 수÷소요 시간(분)] 또는 [전체 정독 어절 수÷소요 시간(초)]×60

사용하는 것을 고려할 수 있다.

### 다. 확대 글자와 확대경을 사용한 보통 글자 읽기 속도 비교

확대 자료를 사용해야 하는 학생이라면 적합한 확대 글자 크기를 결정해야 하며, 더 나아가 확대 글자와 확대경을 사용한 보통 글자 중 어떤 것이 보다 효율적인 확대 읽기 방법인지도 확인하는 것이 필요할 수 있다(D'Andrea & Farrenkopf, 2000).

- 일반적으로 확대경 사용에 익숙해지면 확대 글자보다 확대경을 사용한 보통 글자 읽기 속도가 더 빠른 것으로 알려져 있다.
- 읽기매체로 확대 글자를 사용하는 것이 적절한 학생의 경우에는 확대경을 사용한 읽기 연습을 통해 확대 글자와 확대경을 사용한 보통 글자의 읽기 속도를 비교하여 적합한 확대 방법이나 도구를 사용하도록 권고할 필요가 있다.
- 학생의 확대경 사용을 위한 동기 유발을 위해 주 단위로 읽기 속도의 향상 정도를 기록하여 알려 주는 것이 도움이 될 수 있다.
- 확대 자료는 구하기 어렵고, 휴대하기 어려우며, 부피가 커서 더 넓은 시야를 요구하는 등의 이유로 학생이 고학년이 되면서부터 확대 자료보다 확대경을 사용한 일반 자료 읽기를 더 선호하게 되는 경향이 있다.

## 2) 쓰기매체 평가

쓰기매체 평가는 손글씨로 묵자를 쓰는 능력을 확인하여 묵자와 점자 중 학생에게 적합한 쓰기 자료와 도구를 결정하는 데 목적이 있다. 읽기매체 유형과 쓰기매체 유형은 동일한 것이 일반적이므로 쓰기매체 평가를 생략할 수 있다. 쓰기매체 평가는 학생이 선호하는 최적의 쓰기 환경을 조성하여 실시하되, 학생이 굵은 펜, 굵은 선 노트, 확대경, 확대독서기 같은 쓰기 도구를 사용하는 것을 원한다면 이를 허용해야 한다. 2017년 교육부에서 개발·보급한 쓰기매체 평가 도구를 활용할 수 있다.

| 쓰기매체 검사지 | 굵은 펜으로 쓰기 검사 장면 |

이 도구를 구할 수 없는 경우에는 학생의 해당 학년 권장 도서 중에서 10줄 정도의 쓰기 지문을 발췌하여 학생에게 읽어 주고 받아쓰도록 할 수 있다. 교사는 학생이 전체 쓰기 지문을 작성하는 데 걸린 시간, 쓰기 속도, 쓰기 정확성, 손글씨 명료도, 쓰기 활동 거리, 쓰기 활동에 따른 눈의 피로 정도 등을 종합적으로 평가하여 묵자와 점자 중 어떤 매체를 사용하는 것이 적절한지를 결정할 수 있다. 만일 학생이 한글을 익히지 못해 문장을 쓰지 못한다면 1~30까지 숫자 쓰기로 대신할 수 있다.

① 학생이 손글씨를 쓸 때 선호하는 펜, 종이, 확대경, 확대독서기 등을 사용하도록 한다.
② 녹음기를 켜고 학생의 학교명, 학년, 이름을 묻는다.
③ 검사자가 한 문장이나 한 어절씩 읽어 주면 학생은 받아쓰도록 한다.
④ 교사는 학생이 한 문장을 다 쓰기 전에 다음 문장이나 어절을 읽어 준다.
⑤ 학생이 마지막 글자를 쓰면, '그만'이라고 말하고 녹음기를 끈다.
⑥ 교사는 녹음기를 다시 들으면서 쓰기 소요 시간(초), 잘못 쓴 글자 수, 바르게 쓴 글자 수, 분당 바르게 쓴 글자 수를 계산하여 기록한다.

| 소요<br>시간(초) | 전체 쓴<br>글자 수 | 잘못 쓴<br>글자 수 | 바르게 쓴<br>글자 수 | 분당 바르게<br>쓴 글자 수 | 쓰기<br>정확성 |
|---|---|---|---|---|---|
|  |  |  |  |  |  |

※ 쓰기 속도(분당 바르게 쓴 글자 수)=[바르게 쓴 글자 수÷소요 시간(초)]×60(초)
※ 쓰기 정확성=(바르게 쓴 글자 수/전체 쓴 글자 수)×100%

　　교사는 학생의 받아쓰기가 끝나면 학생이 쓴 손글씨의 명료도, 글자 크기 등이 적절한지를 검토해야 한다.

### 손글씨 쓰기 평가 검목표

- 학생이 자신이 쓴 문장을 읽을 수 있는가?
- 학생이 쓴 문장을 다른 사람이 읽을 수 있는가?
- 글자를 또박또박 명료하게 썼는가?
- 글자 크기가 지나치게 크지 않은가?
- 2쪽 이상의 쓰기 활동을 계속하면 눈에 피로를 느끼는가?

### 학습 활동

- 저시력 학생에게 적합한 확대 글자 크기를 결정할 때 근거리 시력표가 아닌 문장형 읽기 시력표를 사용하는 이유를 발표해 봅시다.
- 단문 읽기 시력표와 장문 읽기 시력표의 평가 절차와 결과 해석 방법에 있어 차이점과 장단점을 발표해 봅시다.
- 단문 읽기 시력표와 장문 읽기 시력표를 조별로 만들어 보고, 2인 1조로 저시력 체험 안경을 쓰고 실습해 봅시다.
- 시각장애 학생에게 읽기매체 중 점자, 확대, 음성 자료를 주 매체로 사용하도록 추천할 수 있는 기준에 대해 정리하여 발표해 봅시다.

국내 참고 자료 활용

교육부(2018). 시각장애 학생 발견 및 교육적 요구 평가 검사 도구 세트 및 검사 요강.

PART
03

# 교육과정과 교과 교육

제3부는 시각장애 학생이 일반 학생과 동등하게 학교 교육과정과 교과 수업에 참여할 수 있도록 하는 데 주안점을 두고, 시각장애 학생을 위한 특수교육 교육과정의 편성 및 운영, 일반 교과 지도 방법, 효과적인 교수법, 대체학습 자료 유형과 제작 방법 등을 다룬다.

CHAPTER 06

# 교육과정과 교과 지도

학습목표
- 시각장애 학생을 위한 특수교육 교육과정을 이해한다.
- 교과별로 적합한 교수·학습 방법을 사용하여 지도한다.

## 1. 특수교육 교육과정

일반적으로 시각장애 학생은 비장애 학생이 초등학교와 중학교에서 배우는 공통 교육과정과 고등학교의 선택 중심 교육과정을 동일하게 사용한다. 다만 시각장애 학생이 접근하기 어려운 일부 초·중등 교과에 한해 수정·보완한 교육과정을 적용하고, 시각장애로 인한 어려움에 대처하는 데 필요한 지식과 기술을 익히기 위한 특수한 교육과정을 추가로 마련하고 있다. 여기에서는 2022 개정 특수교육 교육과정에서 시각장애 학생과 관련된 주요 교육과정과 개정 사항을 다룬다.

### 1) 공통 교육과정

공통 교육과정 중 체육과 미술 교과는 시각을 주로 활용하는 실기 활동들이 많아 시각장애 학생이 어려움을 겪는다. 따라서 시각장애 학생이 또래와 동등하게 체육과 미술 교과 교육 활동에 참여할 수 있도록 '체육과 미술 교육과정'의 내용 요소, 성취 기준, 교수·학습 및 평가 방법의 일부를 수정·보완하여 '시각장애 체육과 시각장애 미술 교육과정'을 마련하였다. 2022 개정 교육과정에 따라 3~4학년군, 5~6학년군, 중학교 1~3학년군 시각장애 체육 지도서와 시각장애 미술 지도서의 개발 및 보급이 이루어졌다. 해당 교과를 담당하는 교사들은 일반 체육 및 미술 지도서와 시각장애 체육 및 미술 지도서를 함께 활용하여 수업 준비를 하는 것이 바람직하다.

---

**2022 개정 특수교육 교육과정 '총론'의 공통 교육과정 관련 개정 사항**

1 초등학교
 마) 특수학교에서는 시각·청각·지체 장애 학생을 위해 [별책 2]에 제시된 별도의 교
  육과정을 활용할 수 있다.
  • 시각장애: 체육, 미술, 점자, 시각장애인 자립생활
2 중학교
 라) 특수학교에서는 시각·청각·지체 장애 학생을 위해 [별책 2]에 제시된 별도의 교
  육과정을 활용할 수 있다.
  • 시각장애: 체육, 미술, 점자, 시각장애인 자립생활

---

시각장애 체육 교육과정은 2015 특수교육 교육과정에도 포함되어 있었다. 2022 개정 시각장애 체육 교육과정은 초등학교 3~4학년군, 5~6학년군, 중학교군까지 개발하였다.

**표 6-1  2022 개정 '체육(시각장애) 교육과정'의 주요 내용(일부 제시)**

| | |
|---|---|
| 성격 | • 시각장애 체육과는 장애 정도와 특성에 적합한 신체 활동 참여 기회를 보장하고, 이를 통하여 의미 있는 신체 활동에 참여하는 데 초점을 둔다. |
| 목표 | • 시각장애 체육과는 시각장애 학생의 장애 정도 및 특성에 적합한 신체 활동에 의미 있게 참여하고, 생애 전반에서 건강한 삶을 영위하는 데 필요한 신체활동 역량을 기르는 데 목표가 있다. |
| 내용 영역 | • 운동, 스포츠, 표현 |
| 성취 기준 | • 자신의 시각 정도와 특성에 적합한 운동을 탐색하여 안전하게 운동을 시도한다.<br>• 시각 정도와 특성에 적합한 기술형 스포츠 활동 방법과 기본 전략을 알고 적용한다.<br>• 다양한 감각을 활용하여 유형별 표현 활동의 응용 동작을 탐색하고 시도한다. |
| 교수 · 학습 방법 | • 시각장애 학생의 신체 활동 참여를 촉진하기 위해서 체육과 내용, 교수 방법, 환경 등을 수정하거나 조정하여 지도한다.<br>• 시각장애 학생의 장애 정도와 특성, 선호하는 감각을 고려하여 시설과 용 · 기구를 그대로 사용하거나, 시각 단서(색 대비를 고려한 바닥 선이나 공), 청각 단서(소리 나는 공, 음향 유도 장치), 촉각 단서(돌출된 라인, 질감이 다른 바닥) 등을 활용할 수 있도록 시설과 용 · 기구의 일부를 변형하여 제공한다. 또한 필요한 경우에는 시각장애 학생을 위해 새롭게 제작된 시설과 용 · 기구(볼링 가이드 레일, 골볼 기구, 시각 탁구대, 쇼다운 기구) 등을 제공할 수 있도록 한다. |
| 평가 | • 시각장애 학생은 시각 정도(전맹, 저시력), 특성(시각적 경험의 유무, 신체 활동의 경험, 원인 질환 등)으로 인하여 개인차가 매우 크다. 시각장애 학생의 개인차를 고려하여 맞춤형 평가(정규평가, 평가조정, 대안평가 등)를 실시하여야 한다. |

시각장애 미술 교육과정은 2022 개정 특수교육 교육과정에서 신설되었다. 2017년에 시각장애 미술 지도서가 개발 · 보급되기는 하였으나, 2015 특수교육 교육과정에서는 시각장애 미술 교육과정을 별도로 마련하지 않았다. 2022 개정 시각장애 미술 교육과정은 초등학교 3~4학년군, 5~6학년군, 중학교군까지 개발하였다.

표 6-2 2022 개정 '미술(시각장애) 교육과정'의 주요 내용(일부 제시)

| 성격 | • 시각장애 학생은 시각 손상 시기나 기능 시각의 활용 능력, 중복장애 여부에 따라 지각 방식과 표현 방법이 다를 수 있지만 특정 보조공학 기기 등의 학습 매체를 사용하며 활용 가능한 감각으로 미술과에 접근하고 참여할 수 있다. |
|---|---|
| 목표 | • 대상과 현상에 대한 미적 체험을 바탕으로 느낌과 생각을 표현하고 감상하는 활동을 통하여 자신과 세계를 이해하고 미술 문화 창조에 주도적으로 참여할 수 있다. |
| 내용 영역 | • 미적 체험, 표현, 감상 |
| 성취 기준 | • 자연물과 인공물을 탐색하는 데 다양한 감각을 활용할 수 있다.<br>• 다양한 감각과 매체를 활용하여 자신과 대상을 탐색할 수 있다.<br>• 다양한 방법을 활용하여 작품을 감상하며 작품에 관한 서로 다른 관점을 존중할 수 있다. |
| 교수 · 학습 방법 | • 시각장애 학생들에게 접근 가능한 교수 · 학습 방법이 영역별로 전반적으로 적용될 수 있도록 계획하고 실행한다.<br>• 미적 체험 영역에서는 탐색 과정은 전체에서 부분, 부분에서 전체로 충분한 시간을 두고 체계적 탐구가 이루어질 수 있도록 한다.<br>• 표현 영역에서는 표현 재료와 용구의 쓰임을 익힐 때 적절한 도움을 제공하여 경험하게 하며, 색의 개념을 설명할 때는 학생의 선지식과 통합하여 통상적 개념으로 나아가게 한다.<br>• 감상 영역에서 시각 이미지는 입체 및 촉각 자료나 확대 자료, 해설 자료 또는 교사의 언어적 설명을 제공한다. |
| 평가 | • 교수 · 학습 과정에서의 다양한 산출물(계획서, 아이디어 스케치, 보고서, 창작 작품, 발표 자료 등) 및 학생의 변화와 성장에 대한 자료를 다각적으로 수집하여 학습자에게 구체적이고 명확한 맞춤형 피드백을 제공한다.<br>• 시각장애 학생의 개별화교육계획과 연계하여 평가와 후속 계획에 활용한다. |

## 2) 선택 중심 교육과정

2022 개정 고등학교 선택 중심 교육과정의 '특수교육 전문 교과'에 시각장애 학생을 위한 별도의 교과목을 편성하도록 하고 있다. 시각장애인의 대표 직업인 안마사 양성을 위한 '이료 교육과정'과 시각중복장애 학생의 경제적 자립과 취업을 돕기 위한 '직업과 자립 교육과정'을 마련하고 있다.

**표 6-3** 고등학교의 특수교육 전문 교과 (선택) 교육과정

| 교과(군) | 과목 | | | |
|---|---|---|---|---|
| 직업·생활 | 직업준비 | 안정된 직업생활 | 기초작업기술 I | 기초작업기술 II |
| | 정보처리 | 농생명 | 사무지원 | 대인서비스 |
| | 외식서비스 | 직업현장실습 | 직업과 자립 | 사회적응 |
| | 시각장애인 자립생활 | 농인의 생활과 문화 | | |
| 이료 (시각장애학교) | 해부·생리 | 병리 | 이료보건 | 안마·마사지·지압 |
| | 전기치료 | 한방 | 침구 | 이료임상 |
| | 진단 | 이료실기실습 | | |

※ 특수교육 전문 교과 과목의 이수 학점은 시·도 교육감이 정한다.

이들 교육과정의 편성·운영 지침은 다음과 같다.

**2022 개정 특수교육 교육과정의 '총론'의 선택 교육과정 관련 개정 사항**

3 고등학교

가. 편제와 시간 배당 기준

(3) 특수교육 전문 교과

(가) 특수교육 전문 교과의 교과(군)는 직업·생활과 이료 과목으로 한다.

(나) 특수교육 전문 교과는 고등학교 과정의 특수교육 대상 학생이 재학하는 학교에서 개설한다.

나. 교육과정 편성·운영 기준

파) 학교는 특수교육 대상 학생을 위해 필요시 특수교육 전문 교과의 과목을 개설할 수 있다. 이 경우 진로 선택 과목 또는 융합 선택 과목으로 편성한다.

### (1) 이료 교육과정

시각장애 특수학교는 고등부와 전공과에서 안마사 자격증 취득을 위한 10개의 이료 교과목을 편성·지도하고 있다. 이 교육과정에 근거하여 10개 이료 교과의 지도서와 교과서를 개발·보급하고 있다.

## (2) 직업과 자립 교육과정

'직업과 자립 교육과정'은 시각중복장애 학생에게 적합한 직업 선택과 취업 준비에 필요한 능력을 기르는 교과이다. 직업과 자립은 2015 특수교육 교육과정에서 신설된 교육과정으로, 자립생활과 직업의 2가지 주제와 내용을 다루었다. 2022년에 개정된 직업과 자립은 기존의 자립생활과 관련된 내용들은 '기본교육과정의 일상생활 활동(시각중복장애 영역)'으로 옮기고, 직업 중심으로 내용을 수정·보완하였다.

표 6-4 | 2022 직업과 자립 교육과정 주요 내용(일부 제시)

| | |
|---|---|
| 성격 | • 특수교육 전문 교과 직업·생활의 '직업과 자립'은 시각중복장애 학생이 학교를 졸업한 후 직업생활을 독립적으로 영위해 나가는 데 필요한 지식, 기술, 태도 등을 습득하여 미래 사회 변화에 대응하는 직업인으로 살아가도록 돕는 과목이다. 이 과목의 대상은 시각장애를 주 장애로 가지고 있으면서 지적장애, 정서·행동장애, 발달장애 등 다른 장애를 함께 가지고 있는 시각중복장애 학생이다. |
| 목표 | • 시각중복장애 학생이 지역사회 적응 기술과 직업생활에 필요한 기초 작업 기술을 습득하여 지역사회에서 독립적인 성인이자 직업인으로 더불어 살아가도록 한다. |
| 내용 영역 | • 자기 탐색, 직업생활 준비, 작업 기술, 직업의 이해, 직업의 실제 |
| 성취 기준 | • 자신의 기본 정보, 흥미, 적성, 성격, 가치관 등 다양한 특성을 알아보고 자신을 긍정적으로 인식한다.<br>• 직업생활에 필요한 대인관계 기술을 이해하고 다른 사람과 친해진다.<br>• 작업 상황에 맞는 기초 작업 기술을 이해하고 익힌다.<br>• 다양한 작업 실습을 경험하며 직업생활을 준비하는 데 필요한 기초 직업 능력의 핵심역량을 기른다. |
| 교수·학습 방법 | • '직업과 자립'은 기본 교육과정의 '일상생활 활동'과 '진로와 직업', 특수교육 전문 교과인 직업·생활의 '시각장애인 자립생활' 및 다른 과목, 국가직무능력표준 기반 학습 내용 등과 서로 연계하여 운영한다.<br>• 시각중복장애 학생이 취업에 도달하는 과정에서 문제 해결이 필요한 다양한 상황을 모의 활동, 역할극, 시연과 같은 실제적인 장면 혹은 유사한 상황에서 반복 연습하도록 지도한다. |
| 평가 | • 학생 개인의 진로의 방향에 맞게 성취 기준을 적정화하여 평가 계획을 세운다.<br>• 학생의 수준, 장애 유형, 장애 정도 등 개인차를 반영하되 교육 목표가 얼마나 달성되었는지 그 기준을 구체적으로 제시하여 평가한다. |

## 3) 시각장애 학생을 위한 특수한 교육과정

　2022 개정 특수교육 교육과정은 시각장애 학생들이 시각장애를 바르게 인식하고 시각장애로 인한 장벽과 어려움에 대처하는 지식과 기술을 익히는 2가지 교육과정으로 '점자 교육과정'과 '시각장애인 자립생활 교육과정'을 편성 · 운영하도록 하고 있다. 이들 교육과정은 미국의 확대공통교육과정(Expanded Core Curriculim)에 해당한다고 볼 수 있다.

---

**2022 개정 특수교육 교육과정의 '총론'의 관련 개정 사항**

1. 기본 사항
　라) 학교는 특수교육 대상 학생을 위해 필요한 경우 교과(군)별 증감 시수를 활용하여 '점자' '시각장애인 자립생활' 또는 '수어' '농인의 생활과 문화'를 창의적 체험 활동에 포함하여 운영한다.

①초등학교
　가. 편제와 시간 배당 기준
　라) 학교는 특수교육 대상 학생을 위해 필요한 경우 교과(군)별 증감 시수를 활용하여 '점자' '시각장애인 자립생활' 또는 '수어' '농인의 생활과 문화'를 창의적 체험 활동에 포함하여 운영한다.

②중학교
　가. 편제와 시간 배당 기준
　다) 학교는 특수교육 대상 학생을 위해 필요한 경우 교과(군)별 증감 시수를 활용하여 '점자' '시각장애인 자립생활' 또는 '수어' '농인의 생활과 문화'를 창의적 체험 활동에 포함하여 운영한다.

③고등학교
　가. 편제와 시간 배당 기준
　가) 학교는 특수교육 대상 학생을 위해 필요한 경우 '점자'와 '수어'를 창의적 체험 활동에 포함하여 운영한다. (단, 시각장애인 자립생활은 고등학교에서 창의적 체험 활동이 아닌 '특수교육 전문 교과'에 편성 · 운영하도록 함)

## (1) 점자 교육과정

'점자 교육과정'은 시각장애 학생이 점자 사용 능력을 길러 초·중등학교의 교과 활동에 비장애 학생과 동등하게 참여하도록 하는 데 목적이 있다. 점자 교육과정은 초등학교, 중학교, 고등학교 모두 창의적 체험 활동 시간을 활용하여 편성·지도하도록 하고 있다.

| 표 6-5 | 2022 '점자 교육과정'의 주요 내용 |

| | |
|---|---|
| 성격 | • 점자 교육과정은 일반 문자를 확대하여도 읽기와 쓰기에 어려움이 있는 시각장애 학생을 대상으로 하며, 기초적인 점자 학습이 가능한 시각중복장애 학생도 점자 교육의 대상에 포함하여야 한다. |
| 목표 | • 한글 점자, 수학 점자, 과학 점자, 음악 점자, 영어 점자, 일본어 점자의 기호와 규정을 익혀 비장애인과 동등하게 교과 활동에 참여한다. |
| 내용 영역 | • 점자의 기초, 한글 점자, 기능적 점자(시각중복장애 학생 점자 지도), 수학 점자, 과학 점자, 음악 점자, 영어 점자, 일본어 점자 |
| 성취 기준 | • 여러 가지 사물과 질감의 촉감을 탐색하고 분류한다.<br>• 자음자의 점자 기호와 규정을 알고, 점자로 읽고 쓴다.<br>• 분수와 소수의 점자 기호와 규정을 알고, 점자로 읽고 쓴다. |
| 교수·학습 방법 | • 점자 교수·학습 계획은 점자 학습의 계열성과 위계성을 고려하고, 점자 교육의 전문성을 가진 교사 및 전문가가 참여하여 수립한다.<br>• 초·중등학교의 창의적 체험 활동으로 점자 교육 시수를 확보하여 편성할 수 있으며, 점자 영역과 관련된 교과 수업에 통합하여 지도할 수 있다.<br>• 시각장애 학생은 묵자의 읽기 속도, 읽기 지속 시간과 눈의 피로 정도, 시력 감소의 진행과 예후 등을 종합적으로 고려하여 점자 학습 여부를 결정하고, 학생의 요구에 따라 점자와 묵자 2가지 매체를 모두 사용하도록 지도한다.<br>• 한글 점자의 읽기는 소리 내어 읽기, 따라 읽기, 함께 읽기, 반복 읽기, 짝지어 읽기, 훑어 읽기, 목적 읽기 등의 읽기 전략을 사용하고, 학생의 점자 읽기 정확성과 속도가 해당 학년의 평균 수준에 도달하도록 지도한다. |
| 평가 | • 점자 읽기와 쓰기의 정확성을 평가한다. 점자 읽기와 쓰기의 오류 유형과 원인을 분석하여 교정적 지도를 한다.<br>• 점자 읽기와 쓰기의 속도를 평가한다. 학생의 읽기와 쓰기 속도가 해당 학년의 평균 수준에 도달하도록 주기적으로 읽기와 쓰기 속도를 점검한다.<br>• 시각중복장애 학생은 생활에서 자주 사용하는 낱말을 점자로 읽고 쓰며 사용할 수 있는지를 평가한다. |

## (2) 시각장애인 자립생활 교육과정

'시각장애인 자립생활 교육과정'은 시각장애 학생이 가정, 학교, 지역사회에서 자립적인 삶을 준비하고 실천하는 능력을 기르는 데 목적이 있다. '시각장애인 자립생

표 6-6 ┃ 2022 '시각장애인 자립생활 교육과정'의 주요 내용

| 성격 | • 시각장애인 자립생활 교육과정은 시각장애로 가정, 학교, 지역사회에서 하는 다양한 활동에 독립적으로 참여하는 데 어려움을 겪는 학생을 대상으로 한다. |
|---|---|
| 목표 | • 시각장애인 자립생활 교육과정은 다양한 생활 영역에서 시각장애가 미치는 영향을 바르게 이해하고, 삶의 문제들을 능동적이고 주도적으로 해결하는 능력과 태도를 길러 가정, 학교, 지역사회에서 자립적인 삶을 계획하고 영위하도록 한다. |
| 내용 영역 | • 보행, 일상생활, 대인관계, 감각 활용, 보조공학, 여가 활용, 진로 준비 |
| 성취 기준 | • 흰지팡이 기초 기술의 종류를 알고, 보행 장소에 맞는 기술을 선택하여 사용한다.<br>• 의복의 종류와 형태를 구별하고, 옷을 바르게 입고 벗는다.<br>• 다양한 신체 접촉 방법을 알고, 상대에 따라 적절한 신체 접촉을 사용한다.<br>• 생활 주변의 시각 정보를 변별하고, 학습과 생활에 잔존 시각을 활용한다.<br>• 점자정보단말기를 사용하여 문서를 작성하고 파일을 관리한다.<br>• 취미 활동 유형을 조사하고, 자신에게 맞는 취미를 선택한다.<br>• 시각장애인의 다양한 직업 사례를 조사하고, 성공을 위한 역량을 분석한다. |
| 교수·학습 방법 | • 모든 학생에게 교육과정의 자립생활 영역을 일률적으로 적용하기보다 시각장애 정도, 자립생활 수준 등을 고려하여 개인별로 필요한 영역을 선정하고, 시각장애인 자립생활의 전문성을 가진 교사 및 전문가와 함께 교수·학습 계획을 수립한다.<br>• 초등학교와 중학교의 창의적 체험 활동, 그리고 고등학교의 특수교육 전문 교과 시수에 시각장애인 자립생활 교육 시수를 확보해 편성할 수 있으며, 시각장애인 자립생활과 관련된 교과 수업에 통합하여 지도할 수 있다.<br>• '보행' 영역은 환경을 이해하고 공간 내 이동 기술을 습득하도록 집단 이론 지도, 일대일·소그룹 실습, 모델링, 현장 학습, 지역사회 중심 교수 등을 적용한다. |
| 평가 | • 평가의 신뢰도와 타당도를 보장하기 위해 시각장애인 자립생활 영역에 대한 전문성을 가진 교사와 전문가가 함께 평가 계획을 수립하여 실시한다.<br>• '보행' 영역은 생활 환경에서 안전하고 독립적으로 이동하는 능력에 중점을 두고, 면접, 행동 관찰, 자기 평가, 동료 평가, 현장 평가 등을 활용한다.<br>• '보조공학' 영역은 학습과 생활에 필요한 보조공학 기기를 사용하는 능력에 중점을 두고, 문제 해결 평가, 프로젝트 평가, 포트폴리오 평가 등을 활용한다. |

활 교육과정'은 초등학교, 중학교에서 '창의적 체험 활동 시간'을, 고등학교에서 '특수교육 전문 교과' 시간을 활용하여 편성·지도하도록 하고 있다.

## 4) 기본교육과정의 일상생활 활동

2022 개정 특수교육 교육과정에서 가장 큰 변화는 기본교육과정 편제에 '일상생활 활동'이 신설된 것이다. 이는 학교 현장에서 기본교육과정을 적용하기 어려운 중도중복장애 학생의 증가에 따른 대책으로 볼 수 있다. 따라서 2022 개정 특수교육 교육과정의 기본교육과정은 '교과, 창의적 체험 활동, 일상생활 활동'의 3가지 편제로 바뀌었다. 일상생활 활동은 7개의 내용 영역으로 구성되어 있으며, 이 중 '시각중복장애 영역'이 포함되어 있다.

| 기본교육과정 일상생활 활동의 내용 영역 | | | | | | |
|---|---|---|---|---|---|---|
| 의사소통 | 자립생활 | 신체 활동 | 여가 활동 | 생활적응 | | |
| | | | | 시각중복 | 청각중복 | 지체중복 |

**표 6-7** 일상생활 활동의 '시각중복장애 영역'의 학습 내용

| 내용 요소 | 활동 |
|---|---|
| 감각 지각과 활용 | 자극 경험하기와 자극 유무 지각하기 |
| | 다양한 자극 변별하기 |
| | 감각 정보 조절하기 |
| | 감각 단서를 기능적으로 적용하기 |
| 의사소통 방법의 선택과 적용 | 신체로 의사소통하기 |
| | 사물과 상징물로 의사소통하기 |
| 신체 조절과 이동 | 자신의 신체와 움직임 인식하기 |
| | 이동 준비하기 |
| | 안전하게 이동하기 |

## 2. 교과 지도

### 1) 국어

국어 교과는 학습 활동에서 읽기와 쓰기가 가장 비중 있게 다루어진다. 따라서 교사는 초등학교부터 점자, 확대 글자 중에서 학생에게 적합한 학습매체를 선정하여 지도해야 한다. 국어 교과는 다른 교과에 비해 교과서에서 시각 자료의 사용이 많지 않으므로, 맹학생도 한글 점자를 익히면 수업에 어려움이 크지 않은 편이다. 국어 교과의 효과적인 지도 방법은 다음을 포함한다.

- 맹학생은 점자 익히기 지도서와 보조 교과서를 사용하여 한글 점자를 지도하도록 한다.
- 점자 교과서와 일반 교과서의 학습 단원을 비교하여 점자 교과서에 어떤 시각 자료가 생략되었거나 글로 풀어 설명하고 있는지를 수업 전에 확인한다.
- 맹학생이 한글 묵자의 모양을 익힐 때 시중에 판매되는 묵자(한글 자모) 양각 교구를 구

**묵자 모양 익히기 양각 교구**

입하거나 하드보드지로 자음과 모음을 오려 사용할 수 있다.
- 맹학생은 시각적 경험과 정보 습득이 제한되므로 국어의 다양한 어휘와 개념을 정확하게 이해하기 위해 비유를 통해 설명하거나, 관련된 실물이나 모형을 사용하거나, 관련 활동을 경험을 통해 지도하는 것이 도움이 될 수 있다.
- 맹학생의 점자 읽기와 쓰기 활동에 점자정보단말기를 활용하여 학습의 동기와 효율성을 높인다.
- 한글 점자를 학습하는 초기에는 철자를 소리 나는 대로 잘못 쓰는 경우가 많으므로 한글 맞춤법 지도에 신경을 쓴다.
- 저시력 학생은 잔존 시각과 시기능 문제에 따라 적합한 광학기구와 비광학기구를 사용하여 효율적인 읽기와 쓰기 활동을 하도록 한다.

- 저시력 학생은 읽기 활동에 개인용 스탠드, 아세테이트지, 확대경, 확대독서기, 타이포스코프 등을 사용하여 최적의 읽기 환경을 조성한다.
- 저시력 학생은 쓰기 활동에 굵은 펜, 굵은 선 노트, 확대경, 확대독서기, 묵자 쓰기 가이드 등을 사용하여 최적의 쓰기 환경을 조성한다.
- 국어 교과서에 수록된 도서는 국립특수교육원, 국립장애인도서관, 점자도서관, 시각장애인복지관 등에서 시각장애인 대체 도서로 제작되어 있는지 확인하여 활용한다. 특히 국가대체자료공유시스템(DREAM) 사이트를 적극 활용한다.

아세테이트지를 이용한
저대비 자료 읽기

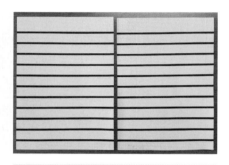

굵은 선 노트로 쓰기

## 2) 영어

영어 교과 영역은 듣기, 말하기, 읽기, 쓰기로 구성되며, 읽기와 쓰기 영역에 상대적으로 어려움을 겪는다. 영어는 국어와 마찬가지로 학습매체 평가 결과에 따라 점자와 확대 글자 중 학생에게 적합한 매체를 선정하여 지도한다. 영어 교과는 교과서에 시각 자료가 많지 않고 듣고 말하고 읽고 쓰는 활동 위주로 수업이 이루어지므로, 맹학생도 영어 점자를 익히면 수업에 어려움이 크지 않은 편이다. 영어 교과의 효과적인 지도 방법은 다음을 포함한다.

- 맹학생은 점자 익히기 지도서의 영어 점자 대단원을 활용하여 지도하고, 학년에 따라 필요한 영어 점자 기호를 단계적으로 익혀 영어를 정확하고 유창하게 읽고 쓸 수 있도록 한다.

- 점자 교과서와 일반 교과서의 학습 단원을 비교하여 점자 교과서에는 어떤 시각 자료가 생략되거나 글로 풀어 설명하고 있는지 수업 전에 확인한다.
- 영어 어휘를 지도할 때에는 원본 그림이나 사진을 볼 수 없으므로 관련된 실물 또는 양각 자료를 활용하거나 동작 경험을 통해 설명한다.
- 점자정보단말기나 화면 읽기 프로그램을 사용하여 전자 영어 사전을 이용하도록 한다.
- 발음을 지도할 때는 입술과 입 모양을 자세히 설명해 주고, 필요할 경우에는 학생이 교사의 입 모양을 만져 보게 허용한다.
- 저시력 학생은 확대 자료나 확대경 등의 광학기구나 비광학기구를 사용하여 능숙하게 읽고 쓸 수 있도록 해야 한다.

영어 알파벳 음각 점자 교구

사물을 이용하여 전치사(in) 설명

## 3) 수학

시각장애 학생은 국어나 영어 교과에 비해 수학 교과에서 상대적으로 더 큰 어려움을 보이고 학업성취도 낮은 경향이 있다. 수학 교과의 공간, 도형, 그래프 같은 시각 자료에 접근이 어려워 공간적 · 시각적 수학 관련 개념을 이해하는 데 어려움이 크기 때문이다. 초등학교 수학 교과 영역은 수와 연산, 도형, 측정, 규칙, 자료와 가능성으로 구성되며, 도형, 측정, 자료와 가능성은 시각적 활동과 교구 사용이 많은 영역이다. 중학교 수학 교과 영역은 수와 연산, 문자와 식, 함수, 기하, 확률과 통계 등으로 구성되며, 함수와 기하 영역도 시각적 활동이나 교구 사용이 많아 어려움을 겪는다. 수학 교과에 효과적인 지도 방법은 다음을 포함한다.

- 2019년에 국립특수교육원에서 개발·보급한 '시각장애학생 수학 교수·학습 지침서(초·중·고 3권)와 수학 보조교구'를 활용하여 지도한다.
- 맹학생은 다양한 수학 기호나 수식을 점자 기호로 표현할 수 있으므로 학년에 적합한 수학 점자 기호를 단계적으로 익혀 사용하도록 한다.
- 연산 학습 단원에서 저시력 학생은 필산법을 지도하고, 맹학생은 지산법, 암산법, 주산법 등을 활용하도록 지도한다.
- 측정 관련 단원에서 양각 자, 양각 각도기 등의 수학 보조교구를 사용하여 측정하도록 한다.
- 그래프 관련 단원을 지도할 때 수학 격자 고무판, 슈파핀, 고무줄을 이용하여 양각 그래프를 나타낼 수 있으며, 그래프의 이해를 돕기 위해 손 위 손 안내법 등을 통해 탐색을 도와줄 수 있다.
- 입체도형과 전개도는 자석 입체 도형 교구, 벨크로 입체 도형 교구, 비슷한 사물 등을 이용하여 지도할 수 있다.
- 수학에 나오는 그림을 양각 그림으로 학생이 직접 그리기 위해 생고무판 위에 특수필름을 올려놓고 볼펜으로 그으면 양각으로 선이 돌출되는 '양각선 그림판'을 사용할 수 있다.
- 저시력 학생은 소수점, 위첨자나 아래첨자 기호들을 잘 구별하지 못하거나 혼동하기도 하므로, 이 부분을 상대적으로 더 크게 확대하는 것이 필요할 수 있다.

점·묵자 1~100 자석 숫자판

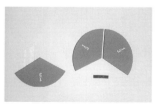

자석 분수 교구

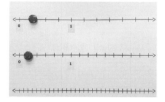

UV 양각 수직선 자석 보드

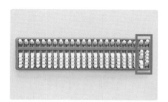

시각장애인용 주판

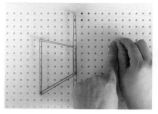

페그보드를 이용한 선대칭 도형

블록을 이용한 쌓기나무

자석 블록을 이용한
입체도형 전개도

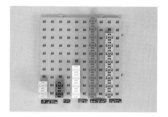

블록을 이용한
막대그래프

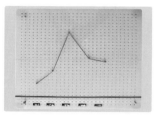

페그보드를 이용한
꺾은선 그래프

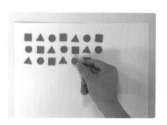

에바 스티커를 이용한
규칙성

양각선 그림판을 이용한
원의 작도

3D 프린터를 이용한
입체도형

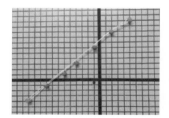

수학 격자 고무판 등을 이용한
양각 선그래프

3D 프린터를 이용한
입체도형의 닮음

양각 각도기를 이용한
각 재기

## 4) 과학

과학 교과는 과학적 개념을 이해하기 위해 교과서에 식물, 곤충, 도식 등의 다양한 시각 자료를 포함하고 있고, 실험·실습 활동이 이루어진다는 점에서 어려움이 크다. 과학 교과의 효과적인 지도 방법은 다음을 포함한다.

- 맹학생이 과학에 나오는 단위와 수식은 과학 점자를 익혀 점자로 표현할 수 있도록 한다.
- 2016년 초등학교 과학 교과서에 제시된 주요 시각 자료를 시각장애 초등학생을 위해 양각 그림 책자로 개발·보급하였으므로 이를 활용하여 지도한다.
- 과학 실험실은 많은 안전 위험 요소가 있으므로 안전에 각별한 주의가 필요하며, 과학실의 구조에 대해 사전에 숙지하도록 지도해야 한다.
- 저시력 학생을 위해 눈부심이 있는 창가에서 떨어져 앉고, 실험 테이블과 실험 기구 간의 대비를 높이며, 시각적으로 복잡하지 않은 벽 앞 등을 실험 장소로 선정한다.
- 저시력 학생이 저시력 기구를 사용하거나 다가가서 실험을 관찰하는 것을 허용하고, 안전을 위해 필요하다면 고글을 쓰고 가까이서 보도록 한다.
- 맹학생이 실험 과정을 이해할 수 있도록 학습 도우미나 특수교육 보조원이 실험 진행 상황을 말로 설명해 주거나 실험을 보조하도록 한다.
- 실험 테이블에서 손을 움직일 때는 허공이 아닌 바닥에 댄 상태에서 천천히 움직여야 실험기구를 넘어뜨리는 것을 방지할 수 있다.
- 실험 기구나 재료를 점자나 확대 글자로 표시하고, 화학 약품의 경우 점자나 확대 글자 부착 외에도 종류에 따라 용기나 뚜껑의 모양 또는 색을 달리하여 구별을 도울 수 있다.
- 실험에 따라 대안적인 재료를 사용할 수 있다. 혼합물 분리 실험에서 좁쌀 대신 입자가 더 큰 렌틸콩을 사용할 수 있다. 물을 사용하는 실험에서 몇 방울의 식용 색소(식품 착색료)나 물감을 넣으면 실험 과정의 변화와 결과를 시각적으로 보기 쉽다.
- 첫 번째 상자에 실험 기구나 장비를 두고, 두 번째 상자에 실험 재료를 실험 순서

에 따라 배열해 놓으면 맹학생의 효율적인 실습을 도울 수 있다. 실험 기구나 재료를 사용 후 바로 제자리에 두어 혼동하지 않도록 한다.

- 저시력 학생은 투명한 실험 기구 뒤에 흰색이나 노란색 종이를 배경으로 두면 더 잘 볼 수 있으며, 실린더 입구에 노란색 페인트나 테이프 등으로 표시하면 입구를 더 잘 확인할 수 있다.
- 실험에 사용되는 유리 용기는 모두 클램프나, 스탠드나, 두꺼운 테이프로 장비를 고정하면 실험 과정에 안전성을 높일 수 있다.
- 저시력 학생은 측정 기구, 비커, 플라스크, 실험관 등에 확대 눈금 표시를 하고, 맹학생의 경우 실린더, 비커, 플라스크 등의 안쪽에 촉각 눈금 표시를 하면 무독성 용액을 다룰 때 손가락을 사용하여 깊이를 측정할 수 있다.
- 실험에 열원이 필요할 경우에 분젠 버너 대신 전열기(전기레인지)를 사용할 수 있다.
- 소리굽쇠, 청광기, 감광기, 음성 색 감별기, 음성 타이머, 음성 저울, 음성 온도계 같이 청각을 활용하는 특수 기구들을 실험에 이용한다.

식물의 구조 관련
실물 교구 제작

큰 문자 라벨링

노란색 색지를
이용한 측정

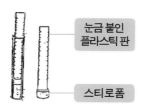

촉각 눈금을 붙인
부표를 이용한 측정

온도계 구조와 사용법
점자 그림

양각 채색 물고기
(미국맹인인쇄소)

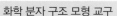
화학 분자 구조 모형 교구

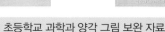
초등학교 과학과 양각 그림 보완 자료

## 5) 사회

사회 교과는 사회 현상을 이해하고 사회생활을 영위하는 데 필요한 지식을 습득하는 데 목적이 있다. 사회과는 정치, 역사, 사회문화, 지리 등 여러 영역으로 구성되어 있으며, 사진, 그림, 지도, 연표, 도표, 그래프, 만화 등 다양한 시각 교육 자료가 활용된다. 사회 교과를 효과적으로 지도하는 방법은 다음을 포함한다.

- 시각장애 학생은 사회 교과서의 시각 자료 중 상당수를 차지하는 지도를 보는 데 어려움이 크므로, 2014년에 개발 · 보급한 초등학교용 양각 지도 책자와 양각 지구본을 적극 활용하도록 한다.
- 일반 사회 교과서와 점자 교과서를 비교하여 사진, 지도, 그림, 도표 등 어떠한 시각 자료가 생략되었는지 확인하고 생략된 시각 자료가 구어 설명으로 대체 가능한지 또는 별도의 양각 자료의 제작이나 구입이 필요한지를 확인해야 한다.
- 양각 지도나 그림을 직접 제작해야 하는 경우에 손으로 만져 식별할 수 있도록 원본 지도를 단순화하거나 개념을 이해하는 데 필요 없는 그림 요소를 생략하는 등의 수정 과정을 거쳐 제작한다.
- 양각 지도나 그림을 탐색할 때 양손을 사용하여 전체 윤곽을 먼저 탐색하고 내부 요소를 탐색한다. 내부 요소를 탐색할 때는 촉각 심벌 중 하나를 기준점으로 정하여 한 손으로 기준점을 접촉하고 다른 손으로 기준점 주변을 탐색해 나가도록 할 수 있다.
- 사회과 관련 동영상 자료를 이용할 때에는 동영상 화면에 대한 화면 음성 설명

이 잘 되어 있는 것으로 선정한다.

- 저시력 학생을 위해 원본 지도의 윤곽선을 굵은 선으로 수정하거나 지역별로 다른 색을 넣은 채색 지도로 수정할 수 있다.
- 대비가 낮은 원본 그림 자료는 확대해도 보기 어려우므로 확대독서기를 사용하여 색상 대비를 조절하여 보도록 한다.
- 시장 놀이, 전통 혼례식, 성인식, 모의 국회 등을 간접적으로 체험하도록 역할극 활동을 실시한다.
- 생활 주변과 관련된 수업 내용 및 개념은 지역사회 해당 기관을 방문하는 현장 학습 기회를 제공한다.

국내 보급
양각 지구본

질감 종이로 제작된
양각 지도

우리나라 양각 및 채색 지도
(맹학생 · 저시력 학생 겸용)

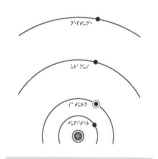

입체복사기 출력
태양계 양각 그림

초등학교 사회과 양각 그림 보완 자료

## 6) 체육

체육 교과는 다양한 장소에서의 신체 활동을 기본으로 하기 때문에 시각장애 학생

에게 어려움이 크다. 체육관, 운동장, 경기장 등 체육 활동 공간은 학생이 최대한 잔
존 시각이나 다른 감각(촉각, 청각 등)을 활용할 수 있도록 환경을 조성하는 것이 필요
하다. 그리고 일반 체육 활동과 경기 종목은 경기 방법이나 규칙 변경 등(육상, 유도,
볼링, 골프, 텐덤 사이클 등)을 통해 시각장애 학생이 참여할 수 있도록 해야 하며, 더 나
아가 시각장애인을 위해 개발된 골볼, 키퍼볼, 시각장애인 탁구 같은 경기 종목을 일
반 학생도 안대를 착용하고 참여할 기회를 마련하도록 한다. 체육 교과의 효과적인
지도 방법은 다음을 포함한다.

- 시각장애 체육 교사용 지도서를 활용하여 지도한다.
- 체육 활동 공간은 전반적인 대비를 높여 주고, 적정 밝기를 유지하며, 태양 빛으
  로 인한 눈부심을 줄여 주는 것이 필요하다. 또한 시각장애 학생이 체육관에서
  안전사고가 일어나지 않도록 체육 설비를 잘 정돈하고 각 설비의 위치를 숙지시
  켜야 한다.
- 체육 활동별로 자세와 동작을 지도할 때는 순서에 따라 설명해 주면서 손 위 손
  안내법, 촉각 모델링, 공동 운동(coactive movement) 같은 촉각 교수 방법을 사용
  한다.
- 교사가 동작 시범을 보일 때 저시력 학생이 눈부심을 느끼지 않도록 태양이 비
  치는 쪽에 서서 하지 않아야 하고, 주변 배경과 대비되는 색의 옷을 입으면 학생
  이 동작을 구별하기 쉽다.
- 실외 체육 활동에서 교사나 특수교육 보조원 또는 학급 또래 도우미 학생이 신체
  활동 중에 구어 설명, 청각 단서 제공, 신체적 지원 등을 적절히 제공하도록 한다.
- 경기장의 라인은 바닥과 대비가 잘 되는 색으로 굵게 칠하거나 맹학생을 위해
  다른 질감의 바닥재 등을 사용하여 촉각 단서를 통해 구분할 수 있도록 한다.
- 일반 장비나 기구를 조금만 변경하면 저시력 학생도 쉽고 안전하게 사용할 수
  있다. 배경과 대조되는 밝은 색의 공, 매트 등을 사용할 수 있다.
- 맹학생을 위해 일반 공 대신 소리 나는 공을 사용할 수 있으며, 부저 또는 종
  (bell)을 목표물이나 목표 장소에 설치하면 목표 위치에 대한 청각 단서를 줄 수
  있다.
- 체조 수업에서 교사의 신체 자세와 동작 시범을 저시력 학생이 가까운 위치에서

보고 따라 하도록 하고, 맹학생은 교사가 체조 동작을 과제분석을 통해 한 단계씩 취한 후 학생이 교사의 자세를 만져 보는 촉각 모델링과 교사가 자신의 손으로 학생의 해당 신체 부위를 접촉하여 바른 자세를 만들어 주는 신체적 안내법을 이용하여 지도한다.

• 댄스는 맹학생이 자신의 파트너의 위치를 알고 따라갈 수 있도록 하는 소리 나는 팔찌(wrist band with bells)를 사용할 수 있다.

• 육상 경기는 개인 종목이기 때문에 최소한의 조정만으로 시각장애 학생도 참여할 수 있다. 저시력 학생은 트랙 라인을 고대비 색으로 선명하게 그려 주거나 트랙 라인에 고대비의 트래픽 콘(traffic cones)을 놓아 주고, 트랙에 친숙해질 시간을 미리 주면 혼자서 뛰는 데 큰 문제가 없다. 맹학생은 트랙 옆에 매끄러운 로프를 설치하여 줄을 접촉하며 뛰게 하거나 친구나 특수교육 보조원을 가이드 러너로 선정하여 함께 뛸 수 있다. 허들 경기의 경우는 밝은 색상의 허들을 사용하고, 허들의 높이 낮추기 등이 도움이 될 수 있다.

• 투창, 원반, 투포환 같은 던지기 종목도 시각장애 학생의 접근성이 상대적으로 높은 종목이다. 던지기 동작은 촉각 교수 방법과 반복적인 연습을 통해 가능하며, 안전과 바른 방향으로 던지기 위해 방향을 안내하는 청각이나 촉각 단서를 제공할 수 있다.

• 멀리뛰기나 높이뛰기 같은 도약 경기는 많은 조정이 필요하지 않다. 달려가면서 뛰기보다 제자리에 서서 뛰기, 도약 지점을 나타내는 다른 질감의 바닥 재질이나 고대비 색의 발판 사용하기, 위치를 알려 주는 음향이나 말소리 같은 청각 단서 제공하기 등을 통해 참여할 수 있다.

• 농구, 축구, 핸드볼 같은 구기 종목은 경기 참여 학생의 수, 빠른 속도, 선수 간 많은 접촉 등으로 어려움이 크지만, 경기 참여 학생의 수를 줄이고, 경기장의 크기를 더 작게 만들고, 잔존 감각으로 식별하기 쉬운 경기 라인을 그려 주고, 공의 크기와 색상 대비를 높여 주고, 경기 규칙을 단순화하는 등의 방법으로 시각장애 학생도 참여할 수 있다.

• 배드민턴, 테니스, 배구, 탁구와 같은 네트형 종목은 경기장의 크기를 작게 만들고, 대비가 높고 크기가 더 큰 공을 사용하고, 스펀지 공이나 풍선으로 대체하여 볼의 속도를 낮추고, 네트의 높이를 기준보다 더 낮추고, 경기 테이블 주변에 장

벽을 설치하여 공이 밖으로 멀리 나가지 않도록 하는 등의 방법으로 시각장애 학생도 참여할 수 있다.

- 소프트볼, 야구 같은 타격 경기는 안전이나 잔존 시각을 고려하여 얼굴 보호대를 착용하고, 음향으로 타격 위치를 알려 주는 타격 지원 스탠드(support stand)를 사용하고, 경기 상황을 안내해 주거나 대신 베이스까지 뛰어 줄 주자로 특수교육 보조원이나 친구를 활용하는 등의 방법으로 시각장애 학생도 참여할 수 있다.
- 시각장애인이 매우 선호하는 생활 체육인 볼링은 맹학생을 위해 볼링 라인을 따라 이동하면서 공을 던질 수 있도록 안내하는 가이드 레일, 핀의 위치를 알리는 음향기 등이 있으면 좋지만, 상황에 따라 구두 설명이나 안내만으로도 볼링에 참여 가능하다.
- 시각장애의 원인 질환을 고려하여 수업 참여 내용과 정도를 조정할 필요도 있다. 망막 박리와 관련된 안질환이 있는 학생은 외부 충격을 받을 경우 망막이 떨어질 수 있으므로 과격한 활동을 자제하도록 해야 한다.

신체적 안내법으로
배팅 자세 지도

시각장애인 볼링
(가이드 레일)

소리 나는 팔찌(댄스용)

시각장애인 탁구
(숏 케이스)

가이드 러너와 함께
줄을 잡고 달리기

타격 스탠드와
소리 나는 큰 야구공

원형 로프를 이용해 달리기

가이드 와이어(러닝 로프)를
잡고 달리기

촉각 단서를 활용한
던지기 동작 지도

## 7) 음악

　음악은 다른 교과에 비해 상대적으로 청각을 많이 사용하는 교과라는 점에서 시각장애 학생이 잘할 수 있는 교과이다. 유아기부터 주변의 소리와 다양한 악기 연주 소리를 들을 기회를 제공하는 것이 음감 등의 음악적 발달에 긍정적인 영향을 준다. 음악 교과의 교육 영역은 표현, 감상, 생활화의 3가지 영역으로 구성되어 있다. 노래, 악기 연주, 음악 만들기 등으로 구성된 표현 영역은 악보를 보아야 한다는 점에서 어려움이 클 수 있다. 음악실은 일반 교실과 달리 다양한 악기가 있고, 합주 등으로 인해 음악실 배치와 장비 위치의 변화가 있을 때마다 미리 알려 주어야 한다. 음악 교과의 효과적인 지도 방법은 다음을 포함한다.

- 시각장애 정도에 따라 점자 악보나 확대 악보 등을 제공하는 것이 필요하며, 음악 점자는 점자 익히기 지도서의 음악 점자 대단원을 활용하여 지도할 수 있다.
- 오케스트라에서 시각장애 학생은 악보 읽기와 연주를 동시에 하기 어렵기 때문에 악보를 암기하는 것이 필요하므로 충분한 준비 시간을 주는 것이 필요하다.
- 모든 악기는 연주를 위한 바른 자세, 움직임, 주법 등을 요구한다. 학생이 바른 자세로 악기를 연주할 수 있도록 저시력 학생은 가까이 다가와서 시범을 볼 수 있도록 하고, 맹학생은 설명과 손 위 손 안내법 같은 촉각 교수 방법을 병행하여 지도한다.
- 일대일 또는 소집단 악기 연주 수업에서 맹학생이 점자 외에 녹음 장치를 이용해 필기할 수 있도록 허용해야 한다. 교사가 새로운 음악을 지도할 때는 관련 녹

음 자료를 제공하거나 수업 내용을 녹음하여 제공하는 것이 좋다.

- 바른 자세, 호흡, 발성, 발음 등 노래 부르기 기본 자세를 지도한 후 듣고 부르기, 보고 부르기, 외워 부르기 활동 등을 통해 노래 부르기를 지도한다. 가창 활동 시에는 듣고 따라 부르는 청각 중심의 학습 방법에서 벗어나 악보를 보고 부를 수 있도록 지도한다.

- 학생의 잔존 시각에 따라 점자 악보, 촉각 악보, 확대 악보를 준비한다. 음악 점자를 익히지 못한 학생은 촉각 악보를 만들어 제공한다.

- 학생이 연주 시작 시점 등 지휘를 볼 수 없으므로 소리나 촉각으로 단서를 알려 준다. 예를 들어, 교사가 반주, 박수, 발장단, 호흡, 숫자 구호로 시작 신호를 주거나 옆에 있는 친구가 가볍게 쳐서 시작 신호를 줄 수 있다.

- 다양한 종류의 악기를 직접 만져 주면서 기본 개념을 설명하고, 듣고 연주하기, 보고 연주하기, 외워 연주하기 활동을 통해 악기 연주를 지도한다.

- 가창, 악기 연주 등의 수업이 있을 때 음악 수업 내용을 미리 알려 주거나 점자 및 확대 악보 자료를 수업 며칠 전에 제공하여 준비할 수 있도록 한다.

| 확대 악보 | 점자 악보 | 입체 악보 |

| 글루건과 스티커를 이용한 촉각 악보 | 굵은 선, 고대비 음표 악보 | 확대 장치를 이용한 악보 보기 |

출처: 김슬기(2018), 김정화(2012)에서 사용한 악보를 인용함.

## 8) 미술

미술 교과는 시각 매체나 시각 활동을 기본으로 하기 때문에 시각장애 학생에게 어려운 교과이다. 미술 교과는 체험, 표현, 감상 영역으로 구성되며, 교사는 시각장애 정도에 따라 대안적인 방법과 재료를 찾아 학생이 미술 활동에 참여할 수 있도록 하는 것이 중요하다. 미술 교과의 효과적인 지도 방법은 다음을 포함한다.

- 시각장애 미술 교사용 지도서를 활용하여 지도한다.
- 크레용, 물감 등 미술 수업 관련 교구에 점자나 확대 글자로 표시한다.
- 깃털, 단추, 줄, 종이, 콩알, 털실 등 촉감각을 사용할 수 있는 다양한 재료를 사용하고 그러한 재료를 분류·보관할 상자를 마련한다.
- 사물, 페인트, 종이, 타일, 고무찰흙, 톱밥과 밀가루의 혼합물, 플라스틱 아교 등 손으로 만졌을 때 질감이 다른 다양한 수업 재료를 활용한다.
- 도자기 같은 다양한 공예품을 만드는 수업에서는 모방할 수 있는 실물이나 이미 완성된 공예품을 모델로 제시하여 맹학생이 완성된 공예품과 자신의 작품을 계속 비교하며 만들어 가도록 한다.
- 저시력 학생은 대비가 크거나 형체가 큰 그림을 그리도록 허용한다. 교사가 굵은 검은색 펜으로 윤곽선을 덧그려 주거나 학생이 색칠해야 하는 그림 요소별로 해당 색으로 윤곽선을 그려 주면 학생이 선을 벗어나지 않고 색칠하는 데 도움이 된다.
- 맹학생이 손가락으로 그림의 형태를 알 수 있도록 양각 그림을 준비하거나, 양각 선 그리기 도구를 사용하여 그리거나, 연필 윤곽선을 따라 글루건으로 덧칠하거나 지끈을 붙여 도드라지게 표시해 줄 수 있다. 물감으로 색칠을 할 때는 색깔별로 질감이 다른 가루를 섞고 손가락으로 색칠하는 핑거 페인팅도 활용할 수 있다.
- 감상 영역에서는 시각장애 학생이 촉각이나 다감각을 통해 감상할 수 있는 양각이나 입체 작품을 준비하고, 손 위 손 안내법 같은 촉각 교수 방법과 작품 설명을 통해 감상 과정을 지원한다.
- 시각장애인을 위한 미술 전시회를 견학할 때는 친구나 특수교육 보조원이 시각장애 학생을 안내하고 작품에 대한 설명을 해 주도록 한다.

• 입체 조형물을 손으로 만져 감상할 때 얇은 장갑을 낀다. 그 이유는 작품의 훼손을 예방하고, 학생이 손으로 탐색하는 과정에 다치지 않도록 하기 위함이다.

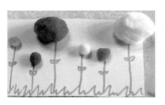

솜을 활용한 꽃 그리기

양각선 그림판으로 그리기

지끈을 붙인 양각 그림

입체 복사기를 이용한
양각 도안

글루건을 이용한
양각 그림

(섬유용) 물감을 이용한
양각 그림

서예 템플릿

양각 인물화

라이트 테이블을 이용한
미술 활동(저시력)

**학습 활동**

- 2022 개정 특수교육 교육과정에서 시각장애와 관련된 교육과정(각론)을 정리하여 발표해 봅시다.

- 수학, 과학, 사회 교과에서 학습 단원을 선정하고, 해당 단원을 지도할 때 시각장애 학생이 교수·학습 과정에서 경험할 수 있는 어려움과 이를 해결할 수 있는 교수적 적합화 및 대안에 대해 발표해 봅시다.

- 시각장애 체육 지도서에서 육상, 유도, 골프, 볼링, 야구, 스포츠 댄스 등에 있어 시각장애 학생 참여를 위해 경기 규칙이나 방법 등이 어떻게 변경되었는지를 찾아 발표해 봅시다.

- 미술, 체육 교과에서 학습 단원을 선정하고, 해당 단원을 지도할 때 시각장애 학생이 교수·학습 과정에서 경험할 수 있는 어려움과 이를 해결할 수 있는 교수적 적합화 및 대안에 대해 발표해 봅시다.

 **국내 참고 자료 활용**

교육부(2022). 2022 개정 특수교육 교육과정 총론, 공통 및 선택 교육과정.

교육부(2024). 점자 교사용 지도서. 서울: 미래엔.

교육부(2024). 시각장애 체육 교사용 지도서.

교육부(2024). 시각장애 미술 교사용 지도서.

교육부(2024). 시각장애인 자립생활 교사용 지도서.

교육부(2024). 직업과 자립(시각중복장애) 교사용 지도서와 교과서. 서울: 미래엔.

 **국내외 참고 사이트 활용**

한국시각장애인스포츠연맹: http://kbsa.koreanpc.kr

CHAPTER 07

# 수업계획과 교수 방법

학
습
목
표

- 맹학생과 저시력 학생 특성에 맞게 교수적 적합화를 한다.

- 맹학생과 저시력 학생 특성에 맞게 효과적인 교수 방법을 선택하여 사용한다.

- 맹학생과 저시력 학생 특성에 적합한 수업지도안을 작성한다.

## 1. 교수적 적합화

교수적 적합화(instructional adaptation)란 특수교육대상자가 학습 활동에 유의미하게 참여할 수 있도록 장애 특성을 고려하여 교수 · 학습 환경 전반을 조절하고 수정하는 것으로 교수적 수정이라 부르기도 한다. 교수적 적합화는 교수 목표의 적합화, 교수 활동이나 내용의 적합화, 교수 방법의 적합화, 교수 자료의 적합화, 교수 집단의 적합화, 교육 평가의 적합화 등으로 분류할 수 있다.

### 1) 교수 목표의 적합화

시각장애 학생은 일반 학생이 사용하는 공통교육과정을 적용하므로 일반 교과의 학습단원별 목표를 그대로 적용하게 된다. 다만 교육 목표가 시각장애로 인해 성취하기 어렵다면 교육 목표를 저시력 학생이나 맹학생이 성취할 수 있도록 수정하는 것이 필요할 수도 있다. 예를 들어, '우리 고장의 관광 지도를 그릴 수 있다.'라는 목표의 경우에 맹학생이 직접 그려 보기 어렵다면 교사가 계획 중인 수업 활동 및 방법을 고려하여 '우리 고장의 관광 자원을 양각 지도에 표시할 수 있다.'로 수정할 수 있다. 다만 단순 시각장애 학생의 경우에는 일반 학생의 교육 목표에 제시된 시각적인 용어나 표현을 청각이나 촉각적 용어나 표현으로 수정하려고 애쓸 필요는 없다. 따라서 다음 표와 같이 목표를 반드시 수정해야만 하는 것은 아니다.

| 교과 | 원래 수업 목표 | 수업 목표 수정 |
|------|---------------|---------------|
| 수학 | 삼각형, 사각형, 원의 특징을 이해하고 그릴 수 있다. | 삼각형, 사각형, 원의 특징을 설명하고 양각 도형을 구분할 수 있다. |
| | 세 자리 수의 덧셈과 뺄셈에서 계산 결과를 어림할 수 있다. | 수정 없이 사용 |
| | 일차함수의 의미를 이해하고, 그래프를 그릴 수 있다. | 일차함수의 의미를 이해하고 양각 그래프에 표시할 수 있다. |

| | | |
|---|---|---|
| 과학 | 여러 가지 식물을 관찰하여 특징에 따라 식물을 분류할 수 있다. | 수정 없이 사용 |
| | 기체에 무게가 있음을 알아보는 실험을 할 수 있다. | 과학 실험 동영상을 보고 기체에 무게가 있음을 설명할 수 있다. |
| 사회 | 옛날과 오늘날의 혼인 풍습과 가족 구성을 비교하여 설명할 수 있다. | 수정 없이 사용 |
| | 디지털 영상 지도를 활용하여 주요 도시의 위치를 파악할 수 있다. | 우리나라 양각 지도를 활용하여 주요 도시의 위치를 설명할 수 있다. |

## 2) 교수 방법의 적합화

일반 학생을 대상으로 하는 수업은 주로 교사의 설명과 시범이 일반적인 교수 방법이다. 시각장애 학생은 교사의 시각적 수업 전달 방식을 이해하기 어렵기 때문에 잔존 감각을 충분히 활용할 수 있는 교수 방법을 사용하는 것이 효과적이다. 또한 수업에서 시각장애 학생의 활동 참여나 과제 수행 역시 시각적인 방식보다는 잔존 감각을 사용하는 대안적인 학습 방식으로 수정할 필요가 있다. 시각장애 학생에게 수업 내용을 전달할 때 가장 효과적인 방법으로 상세한 설명이나 비유적 설명, 신체적 안내법이나 손 위 손 안내법 같은 촉각 교수 방법 등이 있다. 예를 들어, 일반적으로 교사가 사회과 부도의 지도를 보면서 지도 내용을 설명만 하기보다 양각 지도를 준비하고 시각장애 학생이 양각 지도를 제대로 탐색할 수 있도록 손 위 손 안내법과 설명을 병행할 필요가 있다.

| 교과 | 원래 수업 방법 | 수업 방법 수정 |
|---|---|---|
| 과학 | 거울을 이용하여 반사의 개념을 보여 주고 설명하기 | 철사를 이용하여 반사의 개념을 손으로 만져 보게 하고 설명하기 |
| 사회 | 우리 고장의 관광 지도를 그리기 | 우리 고장의 양각 지도에 관광지를 점자 스티커를 붙여 만들기 |
| 미술 | 붓과 먹으로 궁서체를 보고 쓰기 | 궁서체 모양 템플릿을 손으로 만지며 붓으로 쓰기 |
| 체육 | 공을 공중으로 던지며 주고받기 | 소리 나는 공을 바닥에 굴리며 주고받기 |

## 3) 교수 자료의 적합화

시각장애 학생은 교과 수업에 사용되는 시각 자료(그림, 사진, 그래프 등)나 교구(자, 각도기, 비커 등)에 접근하기 어려우므로, 교육 자료의 수정은 시각장애 학생에게 가장 많이 요구되는 교수적 적합화 유형이다. 교사는 시각장애 학생이 잔존 감각을 활용할 수 있는 형태의 대체 자료와 교구로 준비해야 한다. 학습 단원별로 사용하는 자료와 교구에 시각장애 학생이 접근하여 사용할 수 있는지를 수업 전에 살펴보아야 한다. 예를 들어, 수학 시간에 측정을 위해 각도기와 자를 사용해야 한다면 저시력 학생을 위해 시중에 판매되는 것 중 눈금과 숫자가 크게 표시된 것을 구입하고, 맹학생을 위해 양각 자와 각도기를 구입하여 사용하도록 한다.

| 교과 | 원래 수업 자료 | 수업 자료 수정 |
|---|---|---|
| 수학 작도 단원 | • 자, 각도기 | • 큰 문자 자와 각도기<br>• 양각 자와 각도기 |
| 과학 측정 단원 | • 저울, 타이머 | • 큰 문자 저울과 타이머<br>• 음성 저울과 타이머 |
| 사회 지도 단원 | • 사회과 부도의 지도 | • 확대 지도<br>• 양각 지도 |
| 미술 그리기 단원 | • 스케치북, 연필 | • 굵은 연필이나 펜<br>• 양각 선 그리기 도구 |
| 체육 구기 종목 단원 | • 축구공 | • 고대비 축구공<br>• 소리 나는 축구공 |

## 4) 교수 집단의 적합화

교수 집단이란 일반적으로 수업을 진행하기 위해 학급 구성원을 적절히 조직화하는 것으로 일대일 수업, 소집단 수업, 전체 집단 수업 등이 있다. 시각장애 학생이 수업에 보다 적절히 참여하고 학습이 이루어지도록 교수 집단을 수정하는 것이 도움이 될 수 있다. 교사가 전체 집단 수업을 하더라도 시각장애 학생에게 간헐적으로 일대일 지도나 설명을 제공하거나, 일반학교의 모둠별 수업에서 시각장애 학생에 대해 잘 이해하고 보조할 수 있는 또래 학생을 구성원으로 참여시키거나, 시각장애 특수학교에서는 저시력 학생과 맹학생을 균형 있게 모둠으로 구성하는 것이다. 특히 교사는 모둠별 수업에서 시각장애 학생과 일반 학생이 상호 역할을 적절히 분담할 수 있도록 안내하고 지원하는 것이 필요하다.

## 5) 교수 환경의 적합화

교수 환경은 수업이 진행되는 장소의 모든 요소를 말한다. 먼저 수업이 이루어지는 교실, 과학실, 음악실, 체육관 등은 저시력 학생과 맹학생이 잔존 감각을 보다 효과적으로 활용할 수 있도록 조명, 색상 대비, 가구 배치와 정렬, 편의시설 등에 신경을 써야 한다. 자리 배치의 경우 저시력 학생은 눈부심이 적고 칠판에 가까운 앞자리에 배치할 수 있고, 맹학생은 소음이 적고 교사의 설명을 잘 들을 수 있는 곳에 배치할 수 있다.

## 6) 평가의 적합화

시각장애 학생이 각종 학교 시험에서 시각장애로 인해 불리함이나 불편을 겪지 않고 공정하게 평가받을 수 있도록 다음과 같은 평가 환경과 방법의 적합화가 필요할 수 있다(국립특수교육원, 2016).

- 평가 장소는 맹학생이 대독 등을 위해 소음이 없는 독립 공간을 사용할 수 있고, 저시력 학생이 시험 자료를 잘 볼 수 있도록 각도 조절 책상이나 확대 시험지 또는 확대독서기 등을 사용할 수 있도록 넓은 책상으로 준비하며, 적절한 밝기에 눈부심이 적은 자리에 배치한다.
- 시험에 시각장애 학생이 희망하는 확대경, 확대독서기, 점자정보단말기, 컴퓨터, 화면 확대 프로그램, 화면 읽기 프로그램 등의 보조공학 기기를 사용하도록 허용한다.
- 시험 시간은 시각장애 학생이 읽고 쓰는 데 더 많은 시간을 필요로 하므로 저시력 학생은 1.5배, 맹학생은 1.7배 정도의 추가 시간을 준다.

- 시험지는 확대, 점자, 음성(녹음이나 대독), 전자 파일 형태(점자정보단말기, 컴퓨터 및 화면 읽기 프로그램, 컴퓨터 및 화면 확대 프로그램)로 제공할 수 있다. 답안지는 점자, 음성, 대필 등을 이용하여 작성할 수 있다.
- 시험에 그림이 나오는 경우 시험 보조 인력이 그림을 풀어 설명해 주도록 하고, 그림을 말로 풀어 설명하기 어렵다면 교사가 비슷한 난이도의 대체 문항을 출제하도록 한다.
- 체육, 미술 같은 교과별 실기 시험은 시각장애 학생의 특성을 고려하여 일반 학생의 평가 기준을 수정함으로써 보다 불리하지 않고 공정한 평가가 되도록 한다.

## 2. 교수 방법과 전략

### 1) 수업 준비 전략

#### (1) 학습자 분석

교사는 수업에 참여하는 시각장애 학생의 시각장애 정도를 사전에 파악하고 있어야 한다. 학생의 기능시각 평가와 학습매체 평가 결과를 기초로 잔존 시각을 주로 활용하는 학습자인지, 촉각과 청각을 주로 활용하는 학습자인지를 분석하고, 이전 학년의 담임교사 및 학생과의 면담을 통해서도 교과별 학습의 어려움과 교과 학습에 필요한 지원이나 특수한 교구 등을 확인하는 것이 필요하다.

#### (2) 교과서 및 참고 자료 분석

모든 수업에는 교과서와 다양한 참고 자료를 사용하게 된다. 시각장애 학생의 장애 정도에 따라 확대 교과서와 점자 교과서를 사용할 수 있으나, 점자 교과서의 경우에는 일반 교과서의 사진, 그림 등의 시각 자료들이 생략되어 있는 경우가 있으므로, 교과서의 어떤 시각 자료가 생략되어 있는지 확인한 후 설명으로 대체할 것인지, 모형 자료를 구입할 것인지, 점자 프린터기나 입체복사기로 양각 자료를 만들 것인지를 결정해야 한다. 수업에 참고 자료를 사용할 경우에도 시각장애 학생이 사용하는 데 어려움이 없을지를 검토한 후 점자, 확대 자료, 전자 파일 중 무엇으로 제공할 것인지

| 일반 교과서 | 점자 교과서 | 대안적인 방법과 자료 |
|---|---|---|
| 여러 나라의 주택 비교 | 이글루, 초가집 등 양각 그림 생략 | 이글루와 초가집 모형 구입 활용 |
| 우리나라 주요 도시의 관광 자원 이해 | 주요 도시의 양각 관광 지도 그림 생략 | 주요 도시의 관광 지도를 단순화하여 양각 지도로 제작 의뢰 |
| 잎의 구조 이해하기 | 잎맥 등 양각 그림 생략 | 국립특수교육원의 시각장애 학생 과학과 양각 그림 보완 자료 활용 |

를 고려해야 한다.

### (3) 학습 단원 내용 및 활동 분석

　수업 전에 학습 단원을 미리 분석하여 저시력 학생과 맹학생이 학습 활동에 참여하는 데 어떠한 어려움이 있을지를 확인하고 적절한 교과 지원을 준비해야 한다. 시각장애 학생을 위해 학습 단원을 분석할 때 과제분석법과 요소분석법이 유용하게 활용될 수 있다. 과제분석과 요소분석은 과제를 작은 단계로 나누어 분석한다는 점에서는 동일하지만, 과제분석은 과제를 순서에 따라 작은 단계로 나누고, 요소분석은 순서에 상관없이 작은 성분으로 나눈다는 점이 다르다. 따라서 학습 단원에서 순서에 따라 이루어지는 활동은 과제분석을, 순서에 상관없이 이루어지는 활동은 요소분석을 선택하는 것이 적절하다. 이들 분석법은 주로 지적장애 학생에게 활용하는 것으로 알려져 있지만, 시각장애 학생에게도 유용하다. 시각장애 학생을 위해 과제분석법이나 요소분석법을 실시할 때는 각 세부 단계에서 사용되는 교구나 자료, 활용 감각 기관 등에 주안점을 두어 분석하는 것이 좋다.

☞ 과제분석법은 시각장애 학생이 이해하기 쉽게 과제 수행 단계를 순서대로 지도할 수 있고, 시각 활용이 필요해 수행하기 어려운 세부 단계를 확인하여 다른 감각을 활용하는 대안적인 수행 방법을 고려할 수 있어 유용하다.

**표 7-1** 과학 실험의 과제분석과 실험 활동 지원 예시

| | |
|---|---|
| 물(액체)의 열에 의한 부피 변화 실험의 과제분석 결과 | ① 알코올램프 위에 삼발이를 놓는다.<br>② 삼발이 위에 물을 담은 비커를 놓는다.<br>③ 실린더에 10ml의 물을 넣은 후 비커 안에 고정한다.<br>④ 알코올램프에 불을 붙여 비커를 가열한다.<br>⑤ 비커의 물이 끓을 때 실린더 물기둥의 높이 변화를 측정한다.<br>⑥ 알코올램프를 끄고 비커에 얼음을 넣는다.<br>⑦ 비커에 실린더를 넣고 실린더의 물기둥이 식을 때 높이 변화를 측정한다.<br>⑧ 가열 전과 후의 물기둥 높이 차이를 비교한다. |
| 저시력 학생이 어려움을 경험할 단계와 대안적인 수행 방법 및 지원 | ③ 물을 넣기 위해 실린더의 입구를 찾기 어려우므로 실린더 입구에 고대비 페인트를 칠하거나 유색 테이프를 붙인다.<br>④ 알코올램프의 주둥이와 심지를 찾기 어려우므로, 램프 주둥이에 비인화성 고대비 페인트를 칠한다.<br>③, ⑤, ⑦ 실린더 뒤에 노란색 색지를 대어 실린더 눈금을 보다 잘 읽을 수 있도록 한다. |
| 전맹 학생이 어려움을 경험할 단계와 대안적인 수행 방법 및 지원 | ① 알코올램프 대신 전열기를 사용한다.<br>③, ⑤, ⑦ 물에 뜨는 부표가 달린 측정기를 실린더에 넣어 물기둥의 높이를 측정한다. 또는 정안 학생이나 저시력 학생이 확인한 물기둥의 높이를 점자로 기록한다.<br>⑥ 비커에 얼음을 담는 역할을 한다.<br>⑧ 가열 전과 후의 부피 차이를 계산한다. |

## 2) 수업 중 교수 방법

### (1) 언어를 이용한 교수법

교사는 시각장애 학생이 수업 자료(판서, 전자칠판, 교구, 학습지 그림 등)를 보는 데 어려움이 있는 경우에 수업 내용을 다음과 같이 효과적으로 설명할 필요가 있다.

- 순서대로 설명하기: 순서가 있는 활동이나 과제를 설명할 때는 첫째, 둘째, 셋째……와 같이 수행 단계별로 설명한다.
- 비교하여 설명하기: 학생이 이미 알고 있는 사물이나 대상과 비교하여 설명한다.

예를 들어, "코끼리는 SUV 자동차보다 크다."라고 설명할 수 있다.

- 비유로 설명하기: 추상적인 개념을 유사한 특징이나 이미지를 가진 대상과 비유하여 설명한다. 예를 들어, "빨간색은 촛불의 뜨거움, 장미 향기의 강렬함, 고추 가루의 매운 맛과 비슷한 느낌을 주는 색이야."라고 설명할 수 있다.
- 풀어 설명하기: 사물이나 대상이 가진 특징과 형태가 머릿속에 그려지도록 자세하고 구체적으로 풀어서 설명한다. 예를 들어, "김서연 선생님은 키가 크고, 마른 편이고, 머리가 허리까지 길며, 안경을 쓰고 있다."라고 설명할 수 있다.

맹학생이나 중증 저시력 학생은 시각적 경험이나 사용에 제한이 많아 '개념 학습'에서 '오개념'이나 개념을 적용하는 '일반화'에 어려움이 있을 수 있다. 따라서 교사는 개념을 지도한 후에 학생이 정확하게 개념을 이해하고 있는지 질문하고 토의함으로써 오개념 형성 여부의 확인과 교정적 피드백을 제공해야 한다. 시각장애 학생이 학습한 개념을 적용하는 일반화에 있어 '과소 일반화(undergeneralization)'와 '과잉(과대) 일반화(overgeneralization)'가 일어날 수 있으므로 이를 확인할 필요가 있다. '과소 일반화'의 예로, 학생은 쐐기 모양으로 잘라 놓은 녹색의 사과를 '사과'가 아닌 다른 과일로 인식할 수 있다. 그 이유는 시각장애 학생이 다양한 사과에 대한 시각적 경험이나 우발(우연) 학습이 제한되어 교실에서 보거나 만져 본 사과는 '밑부분에 작은 줄기(꼭지)가 있고 빨간색이며 모양이 둥글었기' 때문에 이러한 고정된 스키마(scheme: 지식 구조)를 형성할 수 있다. 따라서 교사는 다양한 형태의 사과를 경험할 기회를 의도적으로 제공하는 것이 필요하다. 과대 일반화의 예로는 학생이 네 발 달린 여러 가지 동물을 구별하는 여러 주요 특징이나 속성을 고려하지 못해 단지 큰 몸집과 4개의 다리만을 기준으로 커다랗고 네 발 달린 동물들을 모두 '소'라고 말하는 것이다. 따라서 교사는 개념을 형성하는 주된 특성이나 속성을 가능한 한 모두 상세히 지도하고, 유사한 다른 개념과 비교하여 공통점과 차이점을 가르치는 것이 도움이 될 수 있다.

특히 '비교 언어(comparative language)'를 사용해 '비교 사고(comparative though)'를 촉진하는 설명 방법은 시각장애 학생이 정확하게 이해하고 오개념을 줄이는 데 도움이 된다. 비교 사고는 둘 이상의 대상들, 이미지들, 환경들, 사람들 간의 공통점과 차이점에 초점을 두어 이해하도록 돕는 중요한 '인지 기술(cognitive skill)'이다.

시각장애 학생과의 교수 · 학습 활동에 '비교 언어'를 사용하면 대상(물체)들 간의 공통점과 차이점을 인식하는 '비교 사고'의 능력을 강화하게 된다. 예를 들어, 통학버스를 이용할 때 교사는 통학버스가 승용차와 어떠한 공통점과 차이점이 있는지 비교 언어로 설명할 수 있다. 교사의 비교 언어를 활용한 설명은 학생의 비교 사고를 촉진하여 통학버스와 승용차를 더욱 명확하게 구별하고 이해하도록 한다.

표 7-2 '비교 언어'를 통한 '비교 사고'의 예

| 학습할 대상 | 학습할 대상의 주요 특징 | 비교 사고를 위한 대상 | 비교 사고를 위한 비교 언어 |
|---|---|---|---|
| 칫솔 | • 한쪽 끝의 강모<br>• 길고 가느다란 손잡이 | 헤어브러시 | 칫솔과 헤어브러시는 모두 한쪽 끝에 강모와 잡을 수 있는 손잡이가 있다. 그러나 헤어브러시는 칫솔보다 크고, 강모가 더 많으며, 손잡이가 훨씬 더 두껍다. |
| 숟가락 | • 타원형<br>• 한쪽 끝이 움푹 파임<br>• 길고 가느다란 손잡이 | 포크 | 숟가락과 포크는 모두 길고 가느다란 손잡이를 가지고 있다. 그러나 숟가락은 한쪽 끝에 타원형으로 움푹 들어가 있고, 포크는 한쪽 끝에 4개의 뾰족한 갈래가 있다. |

### (2) 촉각을 이용한 교수법

교사의 설명만으로는 교과 수업의 주요 개념이나 기술을 시각장애 학생이 이해하고 학습하기 어려우므로, 체계적인 설명에 더해 촉각 교수 방법(tactile instructional strategies)을 병행하는 것이 효과적이다. 촉각 교수 방법은 다음을 포함한다(Chen & Downing, 2006; Sacks & Zatta, 2016).

- 신체적 안내법(physical guidance): 교사가 자신의 손을 사용하여 학생의 신체 부위를 접촉하거나 이끌어서 적절한 자세나 동작을 지도한다. 예를 들어, 체육 수업의 체조 동작이나 보행 교육의 자기보호법 자세 등을 지도할 때 사용할 수 있다.
- 손 위 손 안내법(hand over hand guidance): 교사가 학생의 손 위에 자신의 손을 얹어 필요한 손동작이나 자세를 지도한다. 신체적 안내법과 다른 점은 교사가 접촉하는 학생의 신체 부위는 손에 한정된다는 것이다. 교사가 학생에게 양각 지도나 사물을 탐색하는 바른 손의 자세와 움직임을 지도할 때 사용할 수 있다.
- 손 아래 손 안내법(hand under hand guidance): 교사가 학생의 손 아래에 자신의

신체적 안내법으로
자기보호법 자세 지도

촉각적 모델링으로
인라인스케이트 자세 지도

손 위 손 안내법으로
양각 선그래프 탐색법 지도

손 아래 손 안내법으로
피아노 손 자세 지도

손을 두고 교사의 손동작과 움직임을 학생이 느끼고 모방하도록 안내한다. 손 위 손 안내법에 비해 덜 개입적이고 강압적이므로 타인의 접촉에 민감한 학생에게 더 효과적일 수 있다.

## (3) 모델링

모델링(modeling)은 교사가 과제의 수행 방법을 시범 보이면 학생이 모방하는 것이다. 모델링은 학생의 잔존 시각 정도에 따라 적합한 모델링 방법을 선택하여 사용해야 하고, 시각장애 학생에게 모델링을 사용할 때는 단계별로 시범 보이면서 구어 설명을 함께 제공하는 것이 효과적이다. 학생의 잔존 시각 정도에 따라 2가지 모델링을 선택할 수 있다.

- 시각적 모델링(visual modeling): 저시력 학생에게 적합하다. 교사가 시범을 보일 때 저시력 학생이 잔존 시각을 잘 활용할 수 있도록 환경을 조성하는 것이 필요

하다. 학생이 교사의 시범을 다가와서 보는 것을 허용해야 하고, 교사는 창가처럼 태양이 비치는 장소를 피해 시범을 보여야 하며, 시범을 보이는 장소의 배경과 대비되는 옷을 입는 것이 좋다.

• 촉각적 모델링(tactile modeling): 맹학생을 위한 촉각 교수 방법에 속한다. 교사가 과제 수행에 필요한 자세와 동작을 단계별로 시범을 보이면 학생이 교사의 신체 자세와 동작을 만져서 확인하고 동일하게 모방하는 것이다. 맹학생이 촉각적 모델링만으로 교사의 시범을 정확하게 이해하기 어려우므로, 학생이 교사의 자세와 동작을 손으로 탐색할 때 교사는 설명을 함께 제공하는 것이 좋다.

## (4) 공동 운동

촉각 모델링이 교사의 신체 부위에 학생이 손을 대고 교사의 자세나 움직임(동작)을 느끼도록 한다면, 공동 운동(coactive movement)은 학생이 교사와 같은 움직임을 동시에 경험하도록 하면서 배운다는 점에서 다르다. 맹학생의 경우에는 특정 동작을 공동 운동으로 배우기 위해 해당 신체 부위를 상호 접촉해야 한다. 공동 운동에는 교사 대신 또래 교수를 활용할 수 있는데, 배울 동작이나 기술에 따라 체격이 비슷한 사람이 수행하는 것이 효과적일 때가 있기 때문이다.

예를 들어, 수동 미끄럼판을 타는 법을 배우기 위해 학생이 교사의 손등에 자신의 손을 올려놓고 교사의 팔 움직임에 맞추어 함께 움직임으로써 손을 사용하여 타는 법을 배우는 것이다.

맹학생 공동 운동 지도
(상호 신체 접촉)

저시력 학생 공동 운동 지도
(근거리 위치와 고대비 배경)

## (5) 전체-부분-전체

전체-부분-전체(whole-part-whole) 교수법은 보통 3개의 학습 단계로 진행된다. 첫 번째 단계는 학습 과제(기술이나 지식)의 '전체(whole)'를 학생에게 노출함으로써 학습 과제에 대한 전체적인 이해를 돕는 단계로, 인지적 스캐폴딩(mental scafolding)이라고도 한다. 두 번째 단계는 학습 과제를 구성하는 '부분들(parts: 구성 요소)'에 초점을 두어 지도하는 것으로, 교사는 과제분석한 각 부분을 촉각 교수 방법 등을 통해 지도해 나간다. 마지막 단계는 각 부분들을 성공적으로 학습한 후에 각 부분을 서로 연결하여 전체를 수행하도록 지도하는 것으로, 부분과 전체 간의 관계에 대한 학습자의 이해를 통해 학습이 마무리된다.

예를 들어, 체육 시간에 '공 굴리기' 기술을 지도한다면, 첫 번째 단계에서 학생은 이 기술의 전체를 관찰하고 설명을 들을 기회가 주어진다. 두 번째 단계는 과제분석한 일련의 부분들(공을 손으로 잡는다-손을 뒤로 올린다-손을 앞으로 내민다-공을 바닥에 굴린다)을 하나씩 익혀 나가는 것으로 교사는 신체적 안내법, 촉각 모델링 등을 통해 학생이 각 부분을 정확하게 익힐 때까지 연습시킨다. 마지막 단계는 이미 학습한 각 부분의 기술들을 연결하여 학생이 전체 기술을 수행하도록 하는 것으로, 이 단계에서는 부족한 부분에 한해 교정적 지도가 이루어질 수 있다.

| 전체 동작 관찰과 설명 | 부분 동작들의 지도와 연습 | 전체 동작 수행 |

## (6) 과제분석과 행동연쇄

시각장애 학생에게 과제 수행 방법을 지도할 때는 과제분석법을 이용하여 분석된 수행 단계들을 단계적으로 지도해 나가는 행동연쇄(behavior chain)가 효과적이다. 행동연쇄 지도 방법은 다음과 같이 분류할 수 있다.

- 전체행동연쇄: 교사가 과제의 전체 수행 단계를 연속적으로 보여 주면서 지도한 후 학생이 과제 수행 방법을 익히도록 한다. 간단한 과제에 한하여 전체행동연쇄를 사용할 수 있다. 교사는 전체행동연쇄로 지도할 때 학생이 오류를 보이는 단계를 교정한다.
- 전진행동연쇄: 과제의 첫 번째 단계부터 마지막 단계 순서로 한 단계씩 지도하고 학생이 익히도록 한다. 학생이 첫 번째 단계를 익히지 못하면 다음 단계로 진행하지 않는다. 맹학생은 여러 단계를 동시에 익히는 것이 쉽지 않으므로 전진행동연쇄를 효과적으로 사용할 수 있다.
- 후진행동연쇄: 마지막 단계부터 시작하여 첫 번째 단계까지 거꾸로 한 단계씩 지도한다. 한 단계를 익히지 못하면 다음 단계로 진행하지 않는다. 전진행동연쇄로 지도할 경우에 마지막 단계까지 도달하는 데 오랜 시간이 소요되어 흥미를 잃거나 과제를 포기하기 쉬운 시각중복장애 학생이나 영유아에게 사용할 수 있다. 마지막 단계부터 지도하므로 과제 수행에 대한 빠른 성공감과 자연적인 강화를 얻을 수 있어 학생이 과제를 포기하지 않고 수행하도록 할 수 있다. 예를 들어, 음료 자판기 이용 방법을 지도할 때 마지막 단계인 음료 배출구에서 음료를 꺼내는 단계부터 지도하는 것이다.

## (7) 촉진과 소거

교수 · 학습 과정에서는 지도(teaching)와 촉진(prompting) 간에 작은 차이가 있다. 일반적으로 지도는 학생이 특정 기술을 익힐 수 있도록 과제분석법, 촉각 교수 방법 등을 사용하여 가르치는 행위를 말하며, 촉진은 교사가 기술을 지도한 후에 학생의 오반응이나 무반응, 즉 독립적으로 기술을 바르게 수행하지 못하였을 때 학생에게 부가적으로 주어지는 힌트, 단서, 도움이라고 볼 수 있다. 촉진의 유형은 언어적 촉진, 시각적 촉진, 신체적 촉진 등으로 나눌 수 있다. 교사는 이들 촉진을 조합하여 사용할 수 있으며, 점진적으로 촉진의 수준은 낮추어 가며 최종적으로 교사의 촉진 없이도 학생이 혼자서 과제 수행을 할 수 있도록 해야 한다.

- 언어적 촉진(verbal prompting): 학생이 독립적으로 과제 수행 기술을 바르게 수행 하지 못하거나(오반응) 가만히 있을 때(무반응), 교사가 수행 방법을 말로써 도움 을 주는 것이다. 예를 들어, 교사는 체조 동작 과제에서 "민수야, 팔꿈치." 또는 "팔꿈치를 펴야지."라고 말할 수 있다.

- 시각적 촉진(visual prompting): 교사가 과제 수행 동작의 일부를 보여 주거나 관련 사진이나 그림 자료를 제시하여 돕는 것이다. 시각적 촉진은 저시력 학생에게 가까이 다가가서 주어야 한다. 예를 들어, 교사가 팔꿈치를 쭉 편 자세를 보여 줌 으로써 학생은 팔꿈치를 펴야 한다는 것을 알아차릴 수 있다.

- 신체적 촉진(physical prompting): 부분적 신체 촉진과 전반적 신체 촉진으로 나눌 수 있다. 부분적 신체 촉진은 학생이 오반응이나 무반응을 보일 때 신체 부위를 가 볍게 접촉하는 것이다. 예를 들어, 교사가 학생의 팔꿈치를 손으로 접촉하여 학생 이 팔꿈치를 펴야 바른 동작이라는 것을 알아차리도록 한다. 전반적 신체 촉진은 교사가 신체 부위 전반을 바르게 이끄는 것이다. 예를 들어, 교사가 학생의 팔을 잡고 팔꿈치를 바르게 펴 주는 것으로 가장 많이 개입되는 촉진으로 볼 수 있다.

## 3) 수업 정리와 피드백

교사는 수업을 종료하기 전에 학생의 학습 목표 도달 여부를 점검하고 교정적 피드 백을 제공하는 것이 필요하다. 교사는 수업 정리 단계에서 학생에게 학습한 내용과 주요 개념에 관해 설명하도록 요구하거나, 질문을 준비하여 응답하도록 하거나, 학습 한 기술을 직접 보여 주도록 행동 시연을 요구할 수 있다.

## 3. 수업지도안 작성

### 1) 작성 지침

시각장애 학생을 위한 수업지도안을 작성할 때 앞에서 다룬 시각장애 학생에게 요 구되는 교수적 적합화가 반영되어야 한다. 지적장애 학생을 위한 수업지도안에서 학생 수준을 가 수준, 나 수준, 다 수준으로 구분하여 교수·학습 활동을 구성하는 것처럼, 시각장애 학생을 위한 수업지도안은 잔존 시각에 따라 저시력 학생, 맹학생, 시각중복장애 학생으로 구분하거나 학생의 수행 능력에 따라 상 수준, 중 수준, 하 수준으로 구분할 수 있을 것이다. 이 장에서는 저시력 학생과 맹학생 집단으로 구성하여 수학, 과학, 사회, 미술, 체육, 음악 교과의 수업지도안 작성 샘플을 제시하고 있다.

교사가 시각장애 학생에게 효과적인 수업을 준비하기 위한 체크리스트를 제시하면 〈표 7-3〉과 같다.

표 7-3 **수업 실연 점검 체크리스트**

| 문항 | 평정 |
|---|---|
| 1. 시각장애 학생에게 학습 목표를 명료하게 안내하고 있는가? | |
| 2. 수업지도안에 따라 수업 내용을 전개하고 있는가? | |
| 3. 교사와 시각장애 학생 간에 적절한 방식으로 의사소통이 이루어지고 있는가? | |
| 4. 맹학생과 저시력 학생에게 적절하고 공평한 학습 기회를 제공하는가? | |
| 5. 맹학생과 저시력 학생의 특성에 따라 적절한 수업 활동과 방법으로 지도하는가? | |
| 6. 시각장애 학생이 수업 내용을 정확히 이해하고 있는지 적절히 점검하는가? | |
| 7. 맹학생과 저시력 학생에게 적합한 수업 자료와 교수매체를 사용하고 있는가? | |
| 8. 시각장애 학생의 동기 유발과 주의 집중을 고려하면서 수업을 진행하고 있는가? | |
| 9. 맹학생과 저시력 학생에게 적합한 교수 방법을 선택하여 사용하고 있는가? | |
| 10. 맹학생과 저시력 학생에게 적절한 평가를 실시하고 피드백을 제공하는가? | |

## 2) 작성 사례

| 대상 | 중학교 1학년 | 단원명 | 함수 | 차시 | 6/12 | 지도교사 | 이태훈 |
|---|---|---|---|---|---|---|---|
| 학습 목표 | | 일차 함수를 풀고 그래프로 표현할 수 있다. | | | | | |

| 학습 단계 | 학습 흐름 | 교수 · 학습 활동 | | | 시간 (분) | 학습 자료 및 유의 사항 |
|---|---|---|---|---|---|---|
| | | 교수 활동 | 학습 활동 | | | |
| | | | 저시력 학생 | 맹학생 | | |

−도입 생략−

| 학습 단계 | 학습 흐름 | 교수 활동 | 저시력 학생 | 맹학생 | 시간 (분) | 학습 자료 및 유의 사항 |
|---|---|---|---|---|---|---|
| 전개 | 활동 1. 일차 함수식 이해하기 | • 일차 함수 개념 설명하기 −일차 함수 풀이 절차를 지도한다. −예제를 제시하여 풀어 본다. | 일차 함수: $y=ax+b$ <br> • 확대 교과서와 대형 모니터를 보면서 교사의 함수 개념 설명을 듣는다. • 확대 교과서와 대형 모니터를 보면서 일차 함수의 풀이 절차에 대한 설명을 듣는다. | • 점자 교과서를 보면서 교사의 함수 개념 설명을 듣는다. • 점자 교과서를 보면서 풀이 절차에 대한 설명을 듣는다. | | • 일차 함수식 자료를 컴퓨터로 작업하여 대형 모니터로 준비한다. |
| | 활동 2. 일차함수식 그래프 그리기 | • 일차 함수식 그래프로 이해하기 −a값 변화에 따른 그래프 변화를 보여 준다. −b값 변화에 따른 그래프 변화를 보여 준다. • 예제를 제시하고 학생이 그래프로 표현하도록 하기 −맹학생에게 양각 그래프 용지 사용법을 설명한다. | $y=x+1$, $y=x+5$, $y=3x+1$, $y=3x+5$ ／ 양각 그래프 그림 <br> • 대형 모니터로 a와 b값 변화에 따른 그래프 변화를 본다. • 확대한 예제 문제지를 보고 $x$와 $y$값을 구한다. • 확대 그래프 용지에 $x$와 $y$축 좌푯값에 굵은 펜으로 점을 찍은 후 점을 연결하여 그래프를 그린다. | • 교사가 제공한 양각 그래프로 a와 b값 변화에 따른 그래프 변화를 탐색한다. • 점자 예제 문제지를 보고 $x$와 $y$ 값을 구한다. • 양각 그래프 용지에 $x$와 $y$축 좌표 값에 양각 심벌을 붙인다. | 15 | • 양각 그래프 용지, 양각 심벌 |

−활동 3 및 정리 단계 생략−

[그림 7−1] 수학 교과 지도안

| 대상 | 초등학교 5학년 | 단원명 | 식물의 구조와 기능 | 차시 | 2/4 | 지도교사 | 이태훈 |
|---|---|---|---|---|---|---|---|
| 학습 목표 | | 잎을 관찰하여 잎의 구조를 설명할 수 있다. | | | | | |

| 학습<br>단계 | 학습 흐름 | 교수 · 학습 활동 | | | 시간<br>(분) | 학습 자료 및<br>유의 사항 |
|---|---|---|---|---|---|---|
| | | 교수 활동 | 학습 활동 | | | |
| | | | 저시력 학생 | 맹학생 | | |
| 전체 | | | −도입 생략− | | | |
| 전개 | 활동 1.<br>여러 가지<br>잎 탐색하기 | • 주변에서 흔히 볼 수<br>있는 잎 제시하기<br>−개나리 잎, 달개비<br>잎을 나누어 준다.<br>• 잎의 생김새와 특징<br>자유 관찰 및 발표<br>하기 | **개나리 잎, 달개비 잎 실물 자료** | | 10 | • 잎 실물 자료,<br>확대경 |
| | | | • 확대경을 사용하<br>여 개나리 잎과<br>달개비 잎을 관<br>찰한다.<br>• 노트에 굵은 펜으<br>로 두 잎의 차이<br>와 특징을 기록<br>한 후 발표한다. | • 개나리 잎과 달<br>개비잎을 손으로<br>만져 관찰한다.<br>• 점자정보단말기<br>에 두 잎의 차이<br>와 특징을 기록<br>한 후 발표한다. | | |
| | 활동 2.<br>잎의 구조<br>관찰하기 | • 잎의 구조 설명하기<br>−잎자루, 잎몸, 잎<br>맥으로 구성한다.<br>−잎맥은 나란히 맥<br>과 그물맥으로 나<br>뉜다.<br>−잎의 겉면에는 기<br>공이 있다.<br>• 확대와 양각 잎맥 제<br>시하기<br>−교사의 안내에 따<br>라 추가 관찰하도<br>록 한다. | **먹으로 본을 뜬 잎맥 자료<br>양각 잎맥 자료** | | 15 | • 먹으로 본 뜬<br>잎맥, 기공 확<br>대 자료, 잎<br>관련 양각 그<br>림(과학과 양<br>각 보완 자료) |
| | | | • 먹으로 본을 뜬<br>잎맥 자료를 보<br>고 잎맥을 관찰<br>한다.<br>• 잎의 기공을 확<br>대한 자료를 보<br>고 기공의 형태<br>를 관찰한다.<br>• 처음 관찰과 추<br>가 관찰 간에 어<br>떠한 사실을 추<br>가로 알게 되었<br>는지 발표한다. | • 과학과 보완 자<br>료에 제시된 잎<br>모양, 잎맥, 기공<br>양각 자료를 교<br>사의 손 위 손 안<br>내법 도움을 받으<br>면서 손으로 관<br>찰한다.<br>• 처음 관찰과 추<br>가 관찰 간에 어<br>떠한 사실을 추<br>가로 알게 되었<br>는지 발표한다. | | |
| 전체 | | | −활동 3 및 정리 단계 생략− | | | |

[그림 7-2] 과학 교과 지도안

| 대상 | 초등학교 6학년 | 단원명 | 우리나라 도시 | 차시 | 2/3 | 지도교사 | 이태훈 |
|---|---|---|---|---|---|---|---|
| 학습 목표 | | 지도를 통해 주요 도시와 내가 사는 지역의 위치와 거리를 파악할 수 있다. | | | | | |

| 학습<br>단계 | 학습 흐름 | 교수 · 학습 활동 | | | 시간<br>(분) | 학습 자료 및<br>유의 사항 |
|---|---|---|---|---|---|---|
| | | 교수 활동 | 학습 활동 | | | |
| | | | 저시력 학생 | 맹학생 | | |

−도입 생략−

| 전개 | 활동 1.<br>전라남도의<br>주요 도시<br>살펴보기 | • 우리나라 지도 살펴보기<br>−우리나라를 구성하는 17개 광역시 · 도를 설명한다.<br>• 전라남도 지도 살펴보기<br>−전라남도에 소재한 주요 도시를 설명한다. | 양각 지도 그림 | | 10 | • 우리나라 양각 지도, 전라남도 양각 지도 |
| | | | • 확대독서기로 우리나라 지도를 보고 17개 광역시 · 도의 위치를 확인한다.<br>• 확대독서기로 전라남도 지도를 보고 전라남도에 속하는 시 · 군 · 구 지명을 읽어 본다. | • 양각 지도를 손으로 만져 17개 광역시 · 도의 위치를 확인한다.<br>• 전라남도 양각 지도를 교사의 손 위 손 안내법 도움을 받아 손으로 만져서 전라남도에 속하는 시 · 군 · 구 지명을 읽어 본다. | | |
| | 활동 2.<br>내가 사는<br>도시와<br>주요 도시의<br>위치와<br>거리 알기 | • 우리가 사는 지역과 주요 도시 간의 위치 관계 설명하기<br>• 우리가 사는 지역과 주요 도시 간의 거리 알기<br>−축척을 통해 실제 거리로 환산하는 방법을 설명한다. | 양각 지도 그림 | | 15 | • 큰 문자 자, 촉각 자, 형광펜, 고대비 스티커, 양각 심벌 |
| | | | • 확대독서기를 이용하여 내가 사는 도시와 주요 도시에 색이 다른 스티커를 붙인다.<br>• 큰 문자 자를 이용하여 거리를 재고, 축척을 이용해 원래 거리를 계산한다. | • 교사의 손 위 손 안내법 도움을 받아 양각 지도에 내가 사는 도시와 주요 도시에 양각 심벌을 붙인다.<br>• 촉각 자를 이용하여 양각 심벌 간의 거리를 재고, 축척을 이용해 원래 거리를 계산한다. | | |

−활동 3 및 정리 단계 생략−

[그림 7−3] 사회 교과 지도안

| 대상 | 중학교 1학년 | 단원명 | 가창 | 차시 | 1/3 | 지도교사 | 이태훈 |
|---|---|---|---|---|---|---|---|
| 학습 목표 | 산타루치아 악보에 맞게 부를 수 있다. | | | | | | |

| 학습<br>단계 | 학습 흐름 | 교수·학습 활동 | | | 시간<br>(분) | 학습 자료 및<br>유의 사항 |
|---|---|---|---|---|---|---|
| | | 교수 활동 | 학습 활동 | | | |
| | | | 저시력 학생 | 맹학생 | | |
| | | | −도입 생략− | | | |
| 전개 | 활동 1.<br>가사<br>익히기 | • 산타루치아 가사 이야<br>기 나누기<br>−가사의 의미와 배경<br>을 설명한다.<br>−점자 가사와 확대 가<br>사를 나누어 준다. | [점자 가사] | | 15 | • 높낮이 조절<br>독서대에 확<br>대 악보를 올<br>려놓아 바른<br>자세로 부르<br>도록 한다. |
| | | | • 산타루치아 가사<br>에 대한 자신의<br>느낌을 말한다.<br>• 확대 악보를 보고<br>가사를 읽는다. | • 산타루치아 가사<br>에 대한 자신의<br>느낌을 말한다.<br>• 점자 가사를 보고<br>가사를 읽는다. | | |
| 전개 | 활동 2.<br>악보 보고<br>부르기 | • 악보의 음높이와 길<br>이 설명하기<br>−피아노로 악보의 음<br>정을 들려준다.<br>• 피아노 반주에 맞추<br>어 노래 부르기 | 확대 악보 그림 | 점자 악보 그림 | 10 | • 맹 학 생 에 게<br>점자 악보를<br>수업 하루 전<br>에 주어 살펴<br>볼 수 있도록<br>한다. |
| | | | • 확대 악보를 보고<br>음의 길이와 계이<br>름을 확인한다.<br>• 확대 악보를 보고<br>음정에 맞게 가사<br>를 부른다. | • 점자 악보를 보고<br>음의 길이와 계이<br>름을 확인한다.<br>• 점자 악보를 보<br>고 음정에 맞게<br>가사를 부른다. | | |
| | | | −활동 3 및 정리 단계 생략− | | | |

[그림 7-4] 음악 교과 지도안

| 대상 | 중학교 1학년 | 단원명 | 인라인스케이트 | 차시 | 1/2 | 지도교사 | 이태훈 |
|------|------|------|------|------|------|------|------|
| 학습 목표 | | 인라인 스케이트를 바른 자세로 탈 수 있다. | | | | | |

| 학습 단계 | 학습 흐름 | 교수 · 학습 활동 | | | 시간 (분) | 학습 자료 및 유의 사항 |
|------|------|------|------|------|------|------|
| | | 교수 활동 | 학습 활동 | | | |
| | | | 저시력 학생 | 맹학생 | | |

―도입 생략―

| 전개 | 활동 1. 기본 자세 익히기 | • 기본 자세를 시범 보이기 ―단계별 자세 시범과 설명을 병행한다. • 학생별로 기본 자세 교정하기 | 〈기본 자세〉 ① 양발을 어깨보다 좁게 벌리고 발뒤꿈치를 붙여 선다. ② 무릎을 120°가량 구부리고 허리를 숙여 중심을 잡는다. | | 15 | • 부딪치거나 넘어져 다치지 않도록 보호 장구를 착용한다. |
| | | | • 학생은 교사의 시범을 가까이 다가가서 보고, 교사는 신체적 안내법을 통해 부정확한 자세를 알려 준다. • 교사의 언어적 촉진을 통해 인라인 스케이트 기본 자세를 바르게 취한다. | • 학생은 교사의 촉각적 모델링을 손으로 만져 확인하고, 교사는 신체적 안내법을 통해 학생에게 바른 자세를 알려 준다. • 교사의 신체적 촉진을 통해 인라인 스케이트 기본 자세를 바르게 취한다. | | |
| | 활동 2. 직선 달리기 | • 직선으로 달리는 방법 시범 보이기 ―단계별 다리 동작 시범과 설명을 병행한다. • 학생별로 다리 자세를 교정하기 | 〈직선 달리기 다리 자세〉 ① 서 있는 자세에서 오른쪽 발을 바깥쪽으로 45도 벌리면서 밀어 준다. ② 발은 무릎이 펴질 때까지 밀어 준다. | | 15 | • 직선 달리기 도중 학생끼리 부딪치지 않도록 일정 거리를 유지한다. |
| | | | • 학생은 교사의 시범을 가까이 다가가서 보고, 교사는 신체적 안내법을 통해 부정확한 자세를 알려 준다. • 교사의 언어적 촉진을 통해 인라인스케이트 다리 동작을 바르게 취해 직선으로 이동한다. | • 학생은 교사의 다리 동작을 손으로 만져 확인하고, 교사는 신체적 안내법을 통해 학생에게 바른 다리 동작을 알려 준다. • 교사의 신체적 촉진을 통해 인라인스케이트 다리 동작을 바르게 취해 직선으로 이동한다. | | |

―활동 3 및 정리 단계 생략―

[그림 7-5] 체육 교과 지도안

**학습 활동**

- 일반 교과에서 한 차시 학습 단원을 선정하고 저시력 학생과 맹학생에게 필요한 교수적 적합화를 정리하여 발표해 봅시다.

- 일반 교과에서 한 차시 학습 단원을 선정하여 저시력 학생과 맹학생에게 이 단원을 지도할 때 효과적인 교수 방법과 전략을 정리하여 발표해 봅시다.

- 일반 교과에서 한 차시 학습 과제나 활동(예: 실과의 샌드위치 만들기, 미술의 도자기 만들기, 과학의 식물의 잎맥 그리기 등)을 선정하여 과제분석한 후 어떤 세부 단계를 맹학생과 저시력 학생이 각각 수행하기 어려워하는지와 대안적인 수행 방법은 무엇인지 정리하여 발표해 봅시다.

- 일반 교과에서 한 차시 학습 단원을 선정하여 수업지도안을 작성해 보고 수업 실연을 해 봅시다.

**국내 참고 자료 활용**

교육부(2024). 시각장애 체육 교사용 지도서.

교육부(2024). 시각장애 미술 교사용 지도서.

국립특수교육원(2014). 시각장애 사회과 양각 보완 자료.

국립특수교육원(2016). 시각장애 과학과 양각 보완 자료.

국립특수교육원(2016). 장애유형 및 교과별 평가조정 방안.

CHAPTER 08

# 교육 자료 준비와 활용

학습목표

● 시각장애 학생을 위한 대체 자료의 유형과 신청 방법을 이해한다.

● 양각 자료의 제작 방법을 알고 제작한다.

● 확대 자료의 제작 방법을 알고 제작한다.

● 음성 자료의 녹음 방법을 알고 제작한다.

## 1. 대체 자료 유형과 신청

### 1) 대체 자료의 유형

수업에 사용되는 일반 교과서와 참고 자료를 볼 수 없는 시각장애 학생은 수업 참여와 자기주도적 학습을 위해 적합한 형태의 대체 교육 자료를 제공받는 것이 중요하다. 시각장애 학생을 위한 대체 자료는 크게 점자 자료, 확대 자료, 음성(오디오) 자료로 구분할 수 있다. 교사는 학생의 학습매체 평가 결과에 따라 적합한 학습 자료를 준비하여 수업에 사용해야 한다.

- 점자를 사용하는 맹학생은 점자 인쇄 자료, 전자 파일, 양각 그림 자료가 필요하다.
- 확대를 사용하는 저시력 학생은 확대 인쇄 자료, 확대 그림 자료, 확대기기가 필요하다.
- 맹학생과 저시력 학생 모두 점자와 확대 글자 읽기 능력에 따라 음성 자료를 보조적으로 사용할 수 있다. 음성(오디오) 자료에는 육성 녹음 자료, 전자 음성 자료가 있다.

### 2) 대체 자료 신청

시각장애 학생을 위한 대체 자료는 국립특수교육원, 국립장애인도서관, 시각장애인복지관, 점자도서관 등에서 매년 신청 수요가 높은 도서 중심으로 제작하여 무료 지원이나 대여하고 있다. 국립특수교육원의 이얍 사이트나 에듀에이블 사이트를 통해 대체 자료 신청 및 지원을 받을 수 있으므로, 시각장애 학생을 지도하는 특수교육교사는 이를 활용해야 한다.

- 대체 교과서에는 점자 교과서, 확대 교과서, 점자 파일이 있으며, 특수교육교사가 국립특수교육원에 신청할 수 있다. 국립특수교육원에서 관리·운영하는 이얍 사이트에 회원으로 가입하면 점자 파일을 내려받을 수 있으며, 확대 교과서

는 A3(본문 19포인트)와 B4(본문 15 포인트)의 두 종류가 있다.

- 참고서 등 주요 학습 참고 자료도 국립특수교육원의 신청 안내문을 참고하여 특수학교 및 시각장애 학생이나 교사가 신청할 수 있다.
- EBS 방송교재는 중1~고3 시각장애 학생 및 학부모가 신청할 수 있으며, 신청 서식을 작성하여 국립특수교육원에 제출하여야 한다.
- 개별 학생이 필요로 하는 기타 참고 도서는 국립장애인도서관의 국가대체자료 공유시스템(DREAM)을 통해 대체 자료로 제작되어 있는지 검색하여 다운로드하거나 시각장애인복지관의 학습지원센터(실로암시각장애인복지관, 성북시각장애인복지관, 한국시각장애인복지관 등) 또는 지역 점자도서관에 신규 제작을 의뢰할 수 있다.

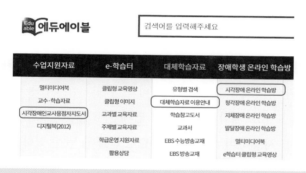

국립특수교육원 에듀에이블

## 2. 양각 자료 제작과 활용

교사는 확대 자료를 이용하기 어려운 맹학생에게 점자 자료와 양각 그림 자료를 제공함으로써 일반 학생과 동등하게 수업에 참여하도록 해야 한다.

### 1) 점자 자료

점자 자료는 일반적으로 국립특수교육원, 국립장애인도서관, 시각장애인복지관,

점자도서관 등에서 전문 점역교정사를 통해 제작한다. 따라서 교과서 외에 수업 자료를 점자 인쇄 자료로 제작하고자 한다면 특수교육교사가 직접 점자 자료를 만들기보다는 관련 기관에 제작을 의뢰하는 것이 좋다. 교사에게 한글 파일(hwp), 텍스트 파일 등의 전자 자료가 있으면 학생이 점자정보단말기에 다운로드하여 점자로 읽도록 한다.

## 2) 양각 그림 자료

일반 교과서와 점자 교과서를 비교하여 수업에 필요한 그림이 점자 교과서에 생략되었다면 해당 그림을 점자 관련 기관에 제작을 요청하거나 간단한 그림의 경우에는 특수교육교사가 양각 그림으로 제작할 필요가 있다. 양각 그림 자료는 원본 그림의 형태에 따라 적절한 방법으로 제작해야 한다. 수학 교과의 도형, 그래프 같은 시각 자료는 점자 프린터나 입체 복사기로 제작할 수 있다. 점자프린터기로 제작하기 어려운 여건에서는 양각선 그리기 도구를 사용하여 간단한 도형이나 그래프 등을 제작할 수 있다. 과학 교과의 세포 구조, 사회 교과의 선상지나 삼각주 등과 같이 점자프린터나 양각선 그리기 도구로 제작하기 곤란한 입체 자료는 3D 프린터로 제작하거나 다양한 사물과 재료를 사용하여 사물 촉각 자료로 만들어 볼 수 있다.

> ☞ 사물 촉각 자료의 면은 촉감이 다른 종이, 옷감, 사포, 은박지, 나무판, 스티로폼, 고무판, 셀로판지 등을, 사물 촉각 자료의 선은 각종 실, 공예용 철사, 낚싯줄, 빨대 등을, 사물 촉각 자료의 점은 다양한 못, 압정, 씨앗, 쌀 등을 사용할 수 있다.

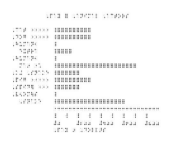

점자프린터 막대그래프

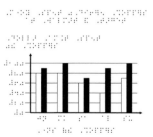

입체복사기 막대그래프

곡물 이용 촉각 지도

원본 그림이 시중에 입체 자료, 모형, 미니어처 형태로 판매되고 있다면 구입하여 사용하는 것이 효율적이다. 양각 그림 자료를 제작할 때 준수해야 할 지침과 기준은 다음을 포함한다(국립장애인도서관, 2016; 국립특수교육원, 2012; Holbrook et al., 2017; RNIB, 2006).

- 원본 그림이 본문의 내용이나 개념을 이해하는 데 필요한 자료인지 확인한다. 단지 장식적인 목적의 그림이거나 구어 설명만으로 충분한 이해가 가능하다면 생략할 수 있다.
- 원본 그림을 양각 그림으로 만들 때 점자프린터나 입체복사기로 출력할 것인지, 교사가 여러 가지 사물과 재료로 제작할 것인지 결정한다. 단순한 시각 자료(예: 단순한 모양의 차트)는 점자프린터나 입체복사기로도 제작할 수 있다.
- 양각 그림의 크기는 양손으로 확인할 수 있는 크기(30×30cm 내외)가 적절하다. 너무 크거나 작으면 촉각 자료의 전체 모양이나 세부 요소 간의 관계를 파악하기 어렵다. 촉각 자료의 세부 요소는 손으로 지각하고 구별할 수 있는 최소 크기가 되어야 한다.
- 양각 그림을 만들 때 원본 그림과 똑같이 만드는 데 주안점을 둘 필요가 없다. 원본 그림에서 필수적이지 않은 요소는 제거하거나 단순화하여 양각 그림을 만들면 더 잘 이해할 수 있다. 예를 들어, 우리나라의 지도 모양을 이해하는 데 있어 남도의 많은 섬을 배우는 데 목적이 있는 것이 아니라면 작은 섬들을 생략하거나 보다 단순화하여 제시할 수 있다.
- 양각 그림은 원본 그림과 동일한 크기로 제시하는 데 주안점을 둘 필요는 없다. 다만 원본 그림을 정확한 비례로 확대·축소해야 하고, 필요에 따라 그림의 확대나 축소 비율을 명시할 수 있다.
- 복잡한 원본 그림의 모든 세부 정보가 필요하다면 원본 그림을 한 장에 제시하기보다 여러 장으로 분리하여 책자형으로 제작할 수 있다. 첫 장에는 원본 그림의 전체 윤곽이나 형태를 나타내는 양각 그림을 배치하고, 다음 장부터는 원본 그림을 몇 개로 나누어 만든 세부 양각 그림들을 제시한다.
- 양각 그림의 주요 특징을 손으로 탐색할 때 그림 이해를 돕기 위한 짧은 설명의 점자 글을 함께 제시할 수 있다.

- 원본 그림의 형태를 단지 양각의 윤곽선만으로 나타내기보다 선의 안쪽을 채운 양각면 형태로 제시하면 대상의 모양이나 형태 등을 더 잘 지각할 수 있다.
- 중증의 저시력 학생은 촉각 탐색뿐만 아니라 잔존 시각도 활용할 수 있도록 그림의 양각 윤곽선에 대비가 높은 색을 입히면 양각 그림 자료를 더 잘 이해할 수 있다.
- 양각 그림에 여러 개의 양각 선을 사용해야 할 때는 양각 선들을 촉각으로 구별할 수 있도록 5mm 정도의 간격을 두고, 그림의 양각 선과 점자 글자 간의 간격도 3mm 이상 되도록 한다.

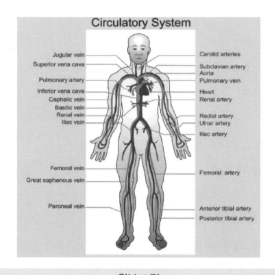

원본 그림

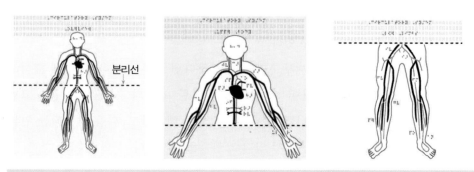

단계별 방식 양각 그림(전체 윤곽–상체 상세–하체 상세)

출처: BANA (2010). *Guidelines and standards for tactile graphics*에 제시된 인체 그림을 인용함.

본문 내용: 농약과 축산 폐수 등으로 물과 토양이 오염되고, 폐그물과 배에서 나오는 기름 등으로 바다도 오염되고 있습니다.

---

원본 그림 생략 가능한 예시:
본문의 내용을 이해하는 데 우측 원본 사진을 양각 자료가 제작할 필요가 없음[1]

0    100km

서울특별시
1,002만 2,181명
인천광역시
292만 5,815명
세종특별자치시
21만 884명
충청남도
207만 7,649명
전라북도
186만 9,711명
광주광역시
147만 2,199명

경기도
1,252만 2,606명
강원도
154만 9,507명
충청북도
158만 3,952명
대전광역시
151만 8,775명
경상남도
336만 4,702명
전라남도
190만 8,996명

경상북도
270만 2,826명
대구광역시
248만 7,829명
울산광역시
117만 3,534명
부산광역시
351만 3,777명

⇒

지도 생략: 수도권의 인구(2015년)

수도권
서울특별시: 1,002만 2,181명
경기도: 1,252만 2,606명
인천광역시: 292만 5,815명

그 외 광역시 · 도
강원도: 154만 9,507명
충청북도: 158만 3,952명
충청남도: 207만 7,649명

---

원본 지도를 양각 지도가 아닌 점자로 풀어 설명한 예시[2]

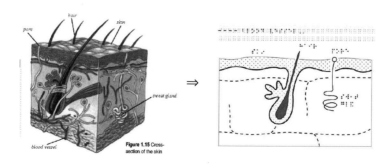

---

원본 그림을 단순화하여 수정한 양각 그림 예시[3]

1) 환경 오염 사진은 (주)지학사의 사회 교과서 4학년에서 제시된 것을 인용함.
2) 양각 지도 대신 점자 글로 풀어 제시하였음. 원본 지도는 수도권 및 주요 도시의 위치를 알아보는 데 목적이 있는 그림이 아니라 수도권과 비수도권 주요 도시의 인구 분포를 알아보는 데 목적이 있으므로, 양각 그림으로 만들 필요가 없이 원본 지도를 풀어 설명하는 것으로 충분할 수 있음.
3) BANA (2010). *Guidelines and standards for tactile graphics*에 제시된 피부 구조 그림을 인용함.

- 양각 그림에 점자 글자를 적기 어려운 경우에는 안내선(유도선)을 사용하기보다 기호나 주석을 사용한다. 안내선을 사용해야만 한다면 안내선으로 사용한 양각 선이 양각 그림에서 사용하고 있는 양각 선과 구별되어야 한다.
- 복잡한 원본 그림을 양각 그림으로 제작하는 방법으로 전체-부분 방식이나 단계별 방식이 있다. 전체-부분 방식은 전체 그림을 2개 이상의 부분 양각 그림으로 나누어 제작하는 것이고, 단계별 방식은 원본 그림의 전체 윤곽과 세부 내용을 나누어 제작하는 것이다.
- 복잡한 원본 그림을 여러 부분으로 분리하여 양각 그림 자료를 제작할 때 그림의 분리점(또는 분리선)을 더욱 명확하고 도드라지게 표시해야 분리된 양각 그림 자료를 탐색한 후 하나로 통합하여 이해하기 쉽다.
- 복잡한 원본 그림을 분리할 때는 논리적인 분할이 이루어져야 하고, 각 분리된 부분을 잘 나타내는 제목을 다시 붙여야 한다. 분할은 수평이나 수직으로 절반을 나누거나 1/4로 나눌 수 있으며, 또는 자연의 랜드마크(강, 산맥 등)에 의해 나눌 수 있다.
- 양각 그림을 개발할 때는 학생의 연령과 경험을 고려해야 한다. 학생의 연령과 기술 수준이 낮을수록 양각 그림에서 사용하는 양각 면, 양각 선, 양각 점, 양각 기호의 수를 줄여 주는 것이 좋다.

### (1) 양각 그림 자료 활용 방법

교사가 양각 그림 자료의 탐색 방법을 학생에게 지도할 때 설명과 함께 손 아래 손 안내법, 손 위 손 안내법 등을 사용할 수 있다. 양각 그림을 체계적으로 탐색하는 절차는 다음과 같다(Holbrook et al., 2017).

① 양각 그림에 대한 일관된 방향정위를 위해 원형보다는 사각 테이블에 놓고, 움직이지 않게 고정시킨다.
② 학생에게 양각 그림을 양손으로 대략 탐색해 보도록 한다. 이 단계는 학생이 양각 그림에 대한 관심과 흥미를 갖도록 하는 데 목적이 있다.
③ 양각 그림의 제목과 내용에 대해 간략히 설명한다.
④ 양각 그림의 전체적인 윤곽, 모양, 크기 같은 전체 구성에 관심을 두고 손으로 탐

색하게 한다. 교사는 손 위 손 안내법을 사용하여 체계적인 탐색을 도울 수 있다.

⑤ 양각 그림의 내부 요소별로 교사의 설명을 들으면서 각 요소를 손으로 탐색하게
한다. 교사는 손 위 손 안내법을 사용하여 체계적인 탐색을 도울 수 있다.

⑥ 학생 혼자서 양각 그림 전체를 손으로 탐색하며 필요한 특정 정보를 발견하고
이해하도록 한다.

⑦ 교사는 양각 그림에 대한 학생의 정확한 이해 여부를 확인하는 질문을 하고 교
정적 피드백을 제공한다.

학생이 양각 그림을 보다 효과적으로 탐색할 수 있는 전략으로 다음을 포함한다.

- 양각 그림의 촉각 심벌 중 하나를 기준점을 정해 한 손으로 기준점을 접촉하고
다른 손으로 기준점 주변을 탐색하게 한다.
- 코르크보드에 고정한 양각 그림의 특정 위치에 압정이나 양각 심벌을 부착하고

주요 지점에 핀을 꽂아 지도 탐색

기준점(입구 심벌)을 이용한 주변 탐색

미국맹인인쇄소(APH)의
촉각 탐색 훈련 교구

손 위 손 안내법을 통한
지도 탐색

압정이나 양각 심벌을 기준점으로 하여 주변을 탐색하게 한다.
- 양각 지도의 두 지역 간의 위치와 방향 등의 관계를 쉽게 알 수 있도록 두 지역에 압정이나 양각 심벌을 부착하고 탐색할 수 있다.

## 3. 확대 자료 제작과 활용

확대 자료를 만들 때 원본 자료를 그대로 확대 인쇄하는 방식은 원본 자료의 유형과 편집 상태 등에 따라 효과적이지 않을 수 있다. 따라서 확대 자료를 만들 때 원본 자료의 글과 그림의 편집 및 수정이 필요한지를 검토할 필요가 있다. 확대 교과서는 인쇄 자료 외에 컴퓨터 및 아이패드 등에서 볼 수 있는 디지털 자료로도 함께 제작하는 것이 효과적이다.

미국맹인인쇄소의 큰 문자 인쇄 교과서

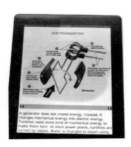

미국맹인인쇄소의 큰 문자 디지털 교과서

### 1) 확대 글자본 자료

확대 자료를 사용하는 저시력 학생의 가독성을 높일 수 있도록 제작하는 것이 필요하다(이해균 외, 2014; Holbrook et al., 2017; RIDBC, 2011; RNIB, 2006).

- 확대 자료의 종이 크기가 크면 휴대하거나 손으로 다루기 어렵고, 넓은 시야를 요구하므로 가급적 A4 정도 크기가 적절하다.
- 학생이 요구하는 확대가 큰 경우는 너무 큰 종이를 사용하기보다 원본 자료를

**표 8-1** 글자체

| 명조체 | 숲이 만들어 내는 오염되지 않은 산소 등 인체에 유익한 성분을 흡수하게 되어 인체를 정화시킨다. |
|---|---|
| 궁서체 | 숲이 만들어 내는 오염되지 않은 산소 등 인체에 유익한 성분을 흡수하게 되어 인체를 정화시킨다. |
| 헤드라인 | 숲이 만들어 내는 오염되지 않은 산소 등 인체에 유익한 성분을 흡수하게 되어 인체를 정화시킨다. |
| 굴림체 (권장) | 숲이 만들어 내는 오염되지 않은 산소 등 인체에 유익한 성분을 흡수하게 되어 인체를 정화시킨다. |
| 맑은 고딕 (권장) | 숲이 만들어 내는 오염되지 않은 산소 등 인체에 유익한 성분을 흡수하게 되어 인체를 정화시킨다. |

편집하여 여러 페이지로 분리하여 확대하는 것이 좋다.

- 학생의 읽기 효율성을 향상시키기 위해 반사가 적은 종이를 사용하는 것이 좋다. 흰색 종이에 눈부심을 느끼는 경우에는 옅은 담황색 종이를 사용할 수 있다.
- 확대 글자의 크기는 보통 16~18포인트 이상이며, 24포인트를 넘지 않는 것이 좋다.
- 글자체의 경우, 한글은 명조체, 필기체, 장식적인 서체를 피하고, 굴림체, 돋움체, 고딕체를 사용하고, 영어는 Arial, Verdana 서체가 추천할 만하다.
- 글자의 두께는 표제, 단어, 문장을 강조하고자 할 때 효과적으로 사용될 수 있다. 글자의 두께가 너무 가늘면 보기 어렵고, 너무 두꺼우면 글자 획 간의 간격이 좁아 오독할 수 있다(예: 눌린/늘린). 특정 단어나 어구를 강조할 때 글자를 진하게 하거나 글자 두께가 좀 더 두꺼운 글자체를 선택할 수 있다.
- 글자는 가로 쓰기로 배열하는 것이 읽기에 도움이 되므로, 원본 자료가 세로쓰기로 되어 있더라도 가로 쓰기로 수정할 수 있다.
- 일반 본문의 줄 간은 대략 180~200% 정도면 적당할 수 있다. 다만 제목, 문단, 인용같이 페이지의 중요한 부분을 강조하기 위해 줄 간 띄우기, 들여쓰기, 정렬 등을 활용할 수 있다.
- 글자와 기호 간의 자간이 너무 좁으면 읽기 어려우므로 자간 설정을 조정하거나 띄어쓰기를 통해 자간을 띄울 수 있다.

| 원본 | 수정 |
|---|---|
| $3x+12=6x-18$ | $3x+12 = 6x-18$ |

- 단어, 어구, 문장 등을 강조할 때 두꺼운 글자체를 사용하거나, 글자를 진하게 설정하거나, 고대비의 형광펜 기능을 사용하는 것이 밑줄선보다 적절하다.
- 모양을 식별하기 어려운 주석이나 강조 표시 문양은 눈에 잘 띄는 색상과 문양으로 변경할 수 있다.
- 배경과 글자색 간의 대비가 낮으면 확대하더라도 읽기가 어렵기 때문에 가능하다면 배경과 글자색을 고대비로 수정하는 것이 좋다.

바탕색과 글자색 대비

- 한 페이지를 여러 다단으로 나누어 사용할 때 다단 간에 보다 넓은 여백을 확보해야 한다. 정렬 방법은 가운데 정렬이나 우측 정렬보다 좌측 정렬이 다음 줄을 더 쉽게 찾고 읽을 수 있도록 한다.

| 원본 | | 수정 | |
|---|---|---|---|
| 등산은 심신을 단련하고 즐거움을 찾고자 하는 행위 중 하나로서, 산을 오르는 것 자체가 | 숲이 만들어 내는 오염되지 않은 산소 등 인체에 유익한 성분을 흡수하게 되어 인체를 정화시킨다. | 등산은 심신을 단련하고 즐거움을 찾고자 하는 행위 중 하나로서, 산을 오르는 것 자체가 | 숲이 만들어 내는 오염되지 않은 산소 등 인체에 유익한 성분을 흡수하게 되어 인체를 정화시킨다. |

## 2) 확대 그림 자료

확대 그림 역시 원본 그림을 그대로 확대하는 것보다 가독성이 떨어지는 그림의 형태, 내용, 채색, 배열 등을 일부 수정하면 그림을 보다 쉽게 이해할 수 있다. 확대 그림 자료의 제작 방법과 유의점은 다음을 포함한다(이해균 외, 2014; RIDBC, 2011; RNIB, 2006).

- 원본 그림의 배열이나 순서가 내용의 이해와 상관이 없다면 확대 그림의 크기를 고려하여 재배열을 할 수 있다.
- 원본 그림이 크고 복잡한 경우에는 원본 그림을 일정한 기준에 따라 여러 개로 나누어 확대할 수 있다.

원본 그림(좌)과 수정 분리한 그림(우)

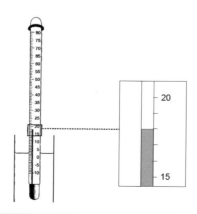

원본 그림(좌)과 필요한 부분만 발췌 확대한 그림(우)

- 원본 그림 중 본문 내용 이해와 관련 없는 세부 요소는 생략하고 관련된 세부 요소 중심으로 확대할 수 있다.
- 원본 그림이 윤곽선으로만 되어 있어 시각적 혼동을 주어 이해하기 어렵다면 선 내부에 색을 넣을 수 있다.
- 원본 그림의 색이 회색조이거나 대비가 낮은 색이라면 고대비 색으로 바꾸어 확대할 수 있다.

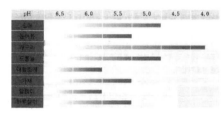

원본 그림(좌)과 색상 대비 수정 확대 그림(우)

출처: 이해균 외(2014). 확대 교과서 제작 지침 개발 연구에서 그림을 인용함.

- 원본 그림 아래에 있는 간략한 설명글을 확대 그림 위로 재배열하면 그림에 대한 내용을 먼저 이해하고 그림을 살펴볼 수 있다.
- 원본 그림 속에 글자가 있는 경우 그림과 글자 간에 대비가 낮아 읽기 어렵다면 고대비 글상자로 수정하거나 글자를 그림 밖으로 빼내어 제시할 수 있다.

원본 그림에 고대비 글상자와 확대 글자를 넣어 수정한 그림

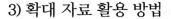

## 3) 확대 자료 활용 방법

저시력 학생이 시력 외에 대비감도나 시야에도 문제가 있다면 다음과 같은 전략이 도움이 될 수 있다.

- 확대 그림 전체가 시야에 들어오지 않는 경우에 그림 전체 윤곽을 보기 위해 자료와 좀 더 떨어져서 본 후 세부 요소는 다가가서 보도록 한다.
- 확대 그림의 세부 요소 간의 관계를 볼 때 양손으로 요소들을 짚어 가며 보면 상호 관계를 파악하는 데 도움이 된다.
- 해상도가 낮거나 대비를 수정하지 못한 확대 자료를 볼 때 확대독서기의 색상 대비 조절 기능을 사용하여 본다.

## 4. 음성 자료 제작과 활용

음성 자료는 점자나 확대 자료 사용자가 좀 더 편안하고 빠르게 도서를 읽기 위해 사용된다. 음성 자료는 육성 녹음 도서와 전자 음성 도서의 2가지로 구분할 수 있다. 전자 음성 도서인 TTS 도서란 텍스트 파일을 음성 변환 프로그램을 사용해 변환한 오디오 파일 도서로, 화면 읽기 프로그램, 점자정보단말기, 데이지 플레이어 등을 통해 음성으로 들을 수 있다. 시각장애인복지관과 점자도서관에서 음성 도서를 제작하여 무료로 이용할 수 있도록 하고 있다.

## 1) 음성 자료 제작 방법

점자도서관에 음성 자료의 제작 · 신청이 용이하지 않고, 녹음할 자료의 양이 많지 않다면 교사가 스마트폰을 이용하여 직접 만들 수 있다. 다만 이미 학습 자료의 전자 파일이 있다면 군이 육성 녹음을 할 필요가 없으며, 전자 파일을 학생에게 주면 점자 정보단말기나 화면 읽기 프로그램을 이용해 들을 수 있다. 육성 녹음 자료를 제작하는 방법과 유의점은 다음을 포함한다(한국시각장애인연합회, 2018).

- 소음이 적은 시간과 장소에서 녹음한다.
- 일부러 읽는 속도를 늦추지 말고 보통 속도로 최대한 명확하게 발음하여 읽는다.
- 자료를 녹음할 때 원본 자료에 기재된 표지, 목차, 저자 소개 등을 빠뜨리지 않고 녹음하는 것을 기본으로 한다.
- 쉼표, 마침표 같은 구두점은 특별한 경우가 아니면 듣기 가독성과 이해도를 돕기 위해 생략한다.
- 도서는 1개의 챕터를 1개의 파일로 제작하는 것이 일반적이나 1개의 파일이 60분이 넘어가면 2개의 파일로 나누어 저장하고 이를 알기 쉽게 파일 이름에 번호를 달아 준다.
- 제목 번호 낭독은 보편적으로 로마자 단위는 '단원'을 붙여 낭독하고(II-2단원), 1.1은 '1장 1절'로, 1.1.1은 '1장 1절 1'로, ① 은 '동그라미 일'로, (1)은 '괄호 일'로, 1)은 '반괄호 일'로 낭독한다.
- 괄호 안에 있는 글을 읽는 방법은 여러 가지가 있다. 1) 괄호 안의 글이 길거나 문장일 경우는 '괄호 열고 내용 낭독 괄호 닫고' 순서로 읽는다. 2) 괄호 안의 글이 한두 단어 정도면 괄호 밖으로 빼서 자연스러운 연결 문장으로 만들어 읽을 수 있다. 예를 들어, '노년기의 20년간 시간 수는(수면 시간 제외함) 하루 16시간으로'를 '노년기의 20년간 시간 수는 수면 시간을 제외한 하루 16시간으로'라고 읽을 수 있다.
- 표를 읽을 경우에는 각 항목을 어떠한 순서로 읽을 것인지 알려 준 후 항목별 내용을 읽어 준다. 예를 들어, 다음 표는 "구분, 오메가-3, 수은, 수은 대비 오메가-3의 비율 순으로 낭독해 드리겠습니다. 먼저 연어, 2.7, 0.05, 54.0, 다음 정어리 1.57, 0.04, 39.3, 다음 훈제 연어 1.54, 0.04, 38.5, 마지막으로 송어 1.15, 0.06, 19.2입니다."라고 읽을 수 있다.

| 구분 | 오메가-3 | 수은 | 수은 대비 오메가-3 비율 |
| --- | --- | --- | --- |
| 연어 | 2.7 | 0.05 | 54.0 |
| 정어리 | 1.57 | 0.04 | 39.3 |
| 훈제 연어 | 1.54 | 0.04 | 38.5 |
| 송어 | 1.15 | 0.06 | 19.2 |

- 원그래프는 현재 몇 시 방향(보통 12시 방향 기준)에서 시작하여 시계 또는 반시계 반향으로 어떤 항목이 어느 정도 비율을 차지하는지를 읽어 준다.
- 막대그래프는 가로축과 세로축의 제목을 읽고, 가로축의 항목별로 세로축의 크기를 설명한다.
- 선그래프의 경우는 $x$축과 $y$축의 제목을 읽고, $x$축과 $y$축의 범위와 간격이 어떠한지 먼저 이야기한다. 그다음 각 좌표의 점을 $x$축, $y$축 순서로 읽어 준다. 이때 각 그래프의 변화 경향성은 어디서부터 감소하고 증가하는지를 설명한다.

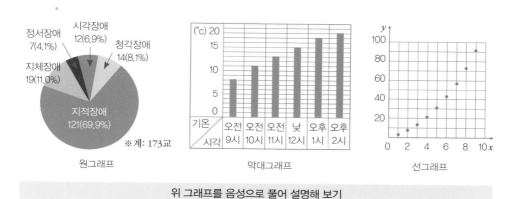

원그래프          막대그래프          선그래프

**위 그래프를 음성으로 풀어 설명해 보기**

## 2) 음성 자료 활용 방법

국립장애인도서관에서 운영하는 국가대체자료공유시스템(DREAM) 또는 시각장애인복지관이나 점자도서관에서 운영하는 소리도서관에 회원 가입한 후 점자정보단말기나 컴퓨터 및 스마트폰으로 필요한 음성 도서(데이지 도서 등)를 검색하여 내려받는다. 음성 도서는 점자정보단말기, 데이지 플레이어, 스마트폰, 컴퓨터 및 화면 읽기 프로그램 등을 이용해 들을 수 있다. 학생의 듣기 능력에 따라 음성 속도와 크기를 조절하고, 음성 도서를 여러 번 나누어 듣는 경우에는 듣던 곳을 다시 찾기 쉽게 음성 지원 기기의 '책갈피나 마크 기능'으로 표시해 둔다.

### 학습 활동

- 일반 교과서에 나오는 그림들 중 생략 가능한 그림과 양각 그림으로 제작이 필요한 그림으로 나누어 발표해 봅시다.
- 일반 교과서의 학습 단원을 선정하여 확대 자료로 제작할 때 편집 및 그림의 수정이 필요한 페이지를 찾아 발표해 봅시다.
- 일반 교과서에서 그림 자료 1개를 선정하여 양각 그림 자료로 제작해 보고 원본 그림의 어떤 부분을 수정하거나 단순화하였는지 발표해 봅시다.
- 시각장애인 음성 도서 제작 기관에서 음성 도서를 대여받아 들어 봅시다.
- 한 페이지 정도의 학습 자료를 음성 자료 제작 지침에 따라 스마트폰으로 녹음하여 발표해 봅시다.

### 국내 참고 자료 활용

국립장애인도서관(2016). 점자 도서 점역 및 출판 지침.
국립특수교육원(2012). 교과용 도서 교육용 자료 점역 출판 매뉴얼.
국립특수교육원(2014). 확대 교과서 제작 지침 개발 연구.

### 국내외 참고 사이트 활용

노원시각장애인복지관 소리샘: http://www.sorisem.net/
한국시각장애인복지관 디지털음성도서관소리책: http://www.sori.or.kr/Login/
    FrmLogin.asp
스마트폰 앱: 행복을 들려주는 도서관

PART
**04**

# 특수한 교육 영역

제4부는 특수교육교사가 시각장애를 보상하고 극복하기 위한 대처 기술과 지식을 지도하는 특수한 교육 영역인 점자, 보행, 저시력, 보조공학, 일상생활, 대인관계 등의 분야를 지도할 수 있도록 하는 데 주안점을 두고 있다. 학생의 시각장애 정도에 따라 필요한 영역을 선정하여 지도한다.

# CHAPTER 09

# 의사소통 교육

학습목표

- 맹학생에게 점자 읽고 쓰기를 지도한다.
- 저시력 학생에게 묵자 읽고 쓰기를 지도한다.
- 시각장애 학생에게 효율적인 듣기 방법을 지도한다.

## 1. 점자 교육

### 1) 점자 규정 이해

#### (1) 한글 점자

특수교육교사는 한국점자규정에 따라 개발된 '점자 지도서'를 사용하여 점자를 지도하여야 한다. 점자는 한 칸을 구성하는 6개의 점으로 이루어지고, 6개의 점으로 만들 수 있는 63개(빈칸 제외)의 점형을 자음과 모음, 약자, 문장부호, 숫자 등에 배정하여 사용한다.

점자는 점자지에 점자를 찍은 후에 뒤집어 읽기 때문에 읽을 때와 쓸 때 점의 좌우 위치가 바뀌게 된다. 따라서 점자 쓰기는 묵자와 반대로 종이 우측에서 좌측으로 찍어 나가고, 점자 읽기는 묵자와 동일하게 좌측에서 우측으로 읽어 나간다. 그리고 한 칸에 점자를 쓸 때에도 읽기 기준의 점 번호와 쓰기 기준의 점 번호 위치가 다름을 유의해야 한다. 묵자는 글자를 구성하는 자모를 한 칸에 모아쓰지만(예: 길), 점자는 자모를 여러 칸에 풀어쓰기(예: ㄱ+ㅣ+ㄹ) 때문에, 묵자에 비해 점자는 자료의 부피가 늘어나고 읽는 속도가 느릴 수밖에 없다. 점자의 이러한 문제를 보완하고자 약자와 약어를 만들어 사용하고 있다.

읽기 기준: 점 번호          쓰기 기준: 점 번호

문화체육관광부의 2023 개정 한국점자규정에 따라 주요 점자 규정을 제시하면 다음과 같다.

#### 가. 자음

묵자의 초성과 종성 자음은 같은 모양이지만 위치를 통해 구별할 수 있다(예: 국).

그러나 점자는 자모를 풀어쓰기 때문에 자음과 모음의 점형이 달라야 한다(예: ㄱ+ㅜ +ㄱ). 자모와 관련된 주요 규정은 다음과 같다.

- 기본 자음자 14개가 첫소리와 받침으로 쓰일 때에는 다음과 같이 적는다. 다만 'ㅇ'이 첫소리로 쓰일 때에는 점자로 표기하지 않는다.

| 자음 | ㄱ | ㄴ | ㄷ | ㄹ | ㅁ | ㅂ | ㅅ | ㅇ | ㅈ | ㅊ | ㅋ | ㅌ | ㅍ | ㅎ |
|------|----|----|----|----|----|----|----|----|----|----|----|----|----|----|
| 첫소리 | ⠈ | ⠉ | ⠊ | ⠐ | ⠑ | ⠘ | ⠠ | (⠿) | ⠨ | ⠰ | ⠋ | ⠕ | ⠙ | ⠚ |
| 받침 | ⠁ | ⠒ | ⠔ | ⠂ | ⠢ | ⠃ | ⠄ | ⠶ | ⠅ | ⠆ | ⠖ | ⠝ | ⠏ | ⠞ |

- 된소리 글자 'ㄲ, ㄸ, ㅃ, ㅆ, ㅉ'이 첫소리로 쓰일 때에는 'ㄱ, ㄷ, ㅂ, ㅅ, ㅈ' 앞에 된소리표 (⠠)을 적어 나타낸다.

  꾸러미　⠠⠈⠍⠐⠂⠑⠕　　　　허리띠　⠚⠎⠐⠕⠠⠊⠕　　　　아저씨　⠎⠠⠨⠎⠠⠠⠕

- 쌍받침 'ㄲ'은 ⠁⠁으로 적고, 쌍받침 'ㅆ'은 약자인 ⠌으로 적는다.

  낚시　⠉⠎⠁⠁⠠⠕　　　　있다　⠕⠌⠊⠎

- 겹받침은 각 받침 글자를 어울러(연이어) 적는다.

  앉다　⠣⠒⠅⠊⠎　　　　않다　⠣⠒⠞⠊⠎　　　　읽다　⠮⠂⠁⠊⠎

## 나. 모음

모음은 기본 모음자(단모음)와 그 밖의 모음자(복모음)으로 구성된다. 모음과 관련된 주요 규정은 다음과 같다.

| 기본<br>모음자 | ㅏ | ㅑ | ㅓ | ㅕ | ㅗ | ㅛ | ㅜ | ㅠ | ㅡ | ㅣ |
|------|----|----|----|----|----|----|----|----|----|----|
| | ⠣ | ⠜ | ⠎ | ⠱ | ⠥ | ⠬ | ⠍ | ⠩ | ⠤ | ⠕ |

- 기본 모음 [ㅏ ㅑ], [ㅓ ㅕ], [ㅗ ㅛ], [ㅜ ㅠ], [ㅡ ㅣ]의 점형은 상호 대칭된다.
- 자음자나 모음자가 단독으로 쓰일 때에는 해당 글자 앞에 온표 ⠿을 적어 나타내며, 자음자는 받침으로 적는다.

파열음에는 ㄱ, ㄷ, ㅂ 등이 있다.

⠙⠣⠳⠪⠢⠝⠉⠵ ⠿⠁⠐ ⠿⠔⠐ ⠿⠃ ⠊⠪⠶⠕ ⠕⠌⠊⠲

- 한글의 자음자가 번호로 쓰일 때에는 온표를 앞세워 받침으로 적는다.

  ㄱ. 유아기 ⠿⠁⠲ ⠩⠣⠈⠕　　ㄴ. 아동기 ⠿⠒⠲ ⠣⠊⠿⠈⠕

| 그 밖의 모음자 | ㅐ | ㅢ | ㅔ | ㅚ | ㅘ | ㅝ | ㅖ | ㅒ | ㅙ | ㅞ | ㅟ |
|---|---|---|---|---|---|---|---|---|---|---|---|
| | ⠗ | ⠺ | ⠝ | ⠽ | ⠧ | ⠏ | ⠌ | ⠜⠗ | ⠧⠗ | ⠏⠗ | ⠍⠗ |

- 모음 'ㅖ'는 'ㅆ'과 점형이 같으므로, 모음자 다음에 'ㅖ'가 올 때에는 그 사이에 구분표 ⠤을 적어 나타낸다. 그렇지 않으면 'ㅖ'를 'ㅆ'으로 잘못 읽을 수 있다.

  서예 ⠠⠎⠤⠌,　　셨 ⠠⠎⠌

- 'ㅑ, ㅘ, ㅜ, ㅝ'에 '애'가 붙어 나올 때에는 두 모음자 사이에 구분표 ⠤을 적어 나타낸다. 'ㅑ, ㅘ, ㅜ, ㅝ' 다음에 구분표를 적지 않으면 'ㅒ, ㅙ, ㅟ, ㅞ'로 읽어야 한다.

  구애 ⠈⠍⠤⠗,　　귀 ⠈⠍⠗

다. 약자

약자는 묵자의 글자 중 사용 빈도수가 많은 글자를 점자로 보다 빨리 읽고 쓸 수 있도록 줄여 쓰고자 만들어졌으며, 글자에 약자가 있으면 정자로 풀어쓰지 않고 약자로 써야 한다. 약자와 관련된 주요 규정은 다음과 같다.

- 다음 글자들은 약자를 사용하여 적는다. '가'와 '사'를 제외한 약자를 'ㅏ 생략 약자'라고 부르기도 한다. 다만 라, 차는 정자로 적는다.

| 가 | 나 | 다 | 마 | 바 | 사 | 자 | 카 | 타 | 파 | 하 |
|---|---|---|---|---|---|---|---|---|---|---|
| ⠫ | ⠉ | ⠊ | ⠑ | ⠘ | ⠇ | ⠨ | ⠋ | ⠓ | ⠙ | ⠚ |

  가지 ⠫⠨⠕　　나비 ⠉⠘⠕　　다리미 ⠊⠐⠕⠑⠕

- 위의 글자에 받침이 있거나 첫소리가 된소리일 때에도 약자를 사용하여 적는다.

  강산 ⠫⠶⠇⠒　　낮잠 ⠉⠅⠨⠢　　빵집 ⠠⠘⠶⠨⠕⠃

- '나, 다, 마, 바, 자, 카, 타, 파, 하('ㅏ 생략' 약자)'에 모음이 붙어 나올 때에는 약자를 사용하지 않고 정자로 적는다.

  나이　⠿⠿　　　다음　⠿⠿⠿　　　마우스　⠿⠿⠿⠿

- '팠'을 적을 때에는 'ㅏ'를 생략하지 않고 적는다.

  땅을 팠다.　⠿⠿⠿　⠿⠿⠿⠿

- 다음 글자들은 약자를 사용하여 적는다.

| 억 | 언 | 얼 | 연 | 열 | 영 | 옥 | 온 | 옹 | 운 | 울 |
|---|---|---|---|---|---|---|---|---|---|---|
| ⠿ | ⠿ | ⠿ | ⠿ | ⠿ | ⠿ | ⠿ | ⠿ | ⠿ | ⠿ | ⠿ |

| 은 | 을 | 인 | 것 |
|---|---|---|---|
| ⠿ | ⠿ | ⠿ | ⠿ |

  덕망　⠿⠿⠿　　　인내　⠿⠿⠿　　　이것　⠿⠿

- '성, 썽, 정, 쩡, 청'은 'ㅅ, ㅆ, ㅈ, ㅉ, ㅊ' 다음에 'ㅕ(⠿)'의 약자를 적어 나타내되, 'ㅇ'으로 읽는다.

  성가　⠿⠿⠿　　　정성　⠿⠿⠿　　　청년　⠿⠿⠿

- '까, 싸, 껏'을 적을 때에는 '가, 사, 것'의 약자 앞에 된소리표를 적어 나타낸다. 다만 '껐'을 적을 때에는 '껏'에 'ㅅ 받침'을 덧붙여 적는다.

  까치　⠿⠿　⠿⠿　　　쌍둥이　⠿⠿⠿⠿⠿⠿

  불을 껐다.　⠿⠿⠿　⠿⠿⠿⠿⠿

## 라. 약어

약어는 접속어를 두 칸으로 줄여 쓴 것으로, 가능한 접속어의 첫 글자의 종성과 마지막 글자의 자모를 1개씩 선택하여 적으려고 하였다. 약어와 관련된 주요 규정은 다음과 같다.

| 그래서 | 그러나 | 그러면 | 그러므로 | 그런데 | 그리고 | 그리하여 |
|---|---|---|---|---|---|---|
| ⠿⠿ | ⠿⠿ | ⠿⠿ | ⠿⠿ | ⠿⠿ | ⠿⠿ | ⠿⠿ |

- 약어 뒤에 다른 글자가 붙어 나올 때에도 약어를 사용하여 적는다.

  그래서인지 ⠿⠿⠿⠿⠿⠿⠿     그런데도 ⠿⠿⠿⠿⠿

- 약어 앞에 다른 글자가 붙어 나올 때에는 약어를 사용하지 않고 정자로 적는다.

  오그리고 ⠿⠿⠿⠿⠿⠿⠿⠿     찡그리고 ⠿⠿⠿⠿⠿⠿⠿⠿⠿

### 마. 숫자

숫자는 0부터 9까지 일의 자리 수를 익히면 백의 자리, 천의 자리 등의 숫자도 쉽게 적을 수 있다. 숫자와 관련된 규정은 다음과 같다.

| 0 | 1 | 2 | 3 | 4 | 5 | 6 | 7 | 8 | 9 |
|---|---|---|---|---|---|---|---|---|---|
| ⠼ | ⠼ | ⠼ | ⠼ | ⠼ | ⠼ | ⠼ | ⠼ | ⠼ | ⠼ |
| 초성<br>ㅎ | | | 초성<br>ㄴ | 초성<br>ㅍ | 초성<br>ㅁ | 초성<br>ㅋ | 약자<br>군 | 초성<br>ㅌ | 초성<br>ㄷ |

- 숫자는 수표(⠼)를 앞세워 적는다.

- 숫자 사이에 붙어 나오는 쉼표와 자릿점은 ⠂로 적는다.

  9,375명 ⠼⠊⠂⠒⠛⠢⠑ ⠹     5,700,000원 ⠼⠑⠂⠛⠚⠚⠂⠚⠚⠚⠿

- 일곱 자리 이상의 긴 숫자를 두 줄에 나누어 적을 때에는 위 줄 끝에 연결표 ⠿을 적고, 아랫줄의 첫머리에는 수표를 다시 적지 않는다. 이때 아랫줄에는 세 자리 이상의 숫자가 나와야 한다. 그리고 자릿점이 있는 숫자의 경우, 자릿점 뒤에 연결표를 적는다.

  택배 송장 번호는 123456789012입니다.

  ⠿⠿⠿⠿⠿ ⠿⠿ ⠿⠿⠿⠿ ⠿⠿⠿⠿⠿⠿ ⠿⠿⠿⠿⠿⠿⠿⠿⠿ ⠿⠿⠿⠿⠿⠿⠿⠿⠿

  당첨금: 10,000,000,000원

  ⠿⠿⠿⠿⠿⠿⠿ ⠿⠿⠿⠿ ⠿⠿⠿⠿⠿ ⠿⠿⠿⠿⠿⠿⠿⠿⠿⠿⠿ ⠿⠿⠿⠿⠿

- 숫자 뒤에 이어 나오는 한글의 띄어쓰기는 묵자를 따른다. 다만 숫자와 혼동되는 'ㄴ, ㄷ, ㅁ, ㅋ, ㅌ, ㅍ, ㅎ'의 첫소리 글자와 '운'의 약자가 숫자 뒤에 붙어 나오는 경우에는 숫자와 한글을 띄어 적는다.

  1가 ⠼⠁⠂⠫     2권 ⠼⠃⠂⠦⠒

1년 ⠿⠿ ⠿⠿    2도 ⠿⠿ ⠿⠿

- 숫자 사이에 마침표, 쉼표, 연결표가 붙어 나올 때에는 뒤의 숫자에 수표를 다시 적지 않는다. 다만 그 밖의 다른 기호가 숫자 사이에 붙어 나올 때에는 수표를 다시 적는다.

0.48 ⠿⠿⠿⠿    1,000 ⠿⠿⠿⠿⠿

02)799–1000 ⠿⠿⠿⠿⠿⠿⠿⠿⠿⠿⠿

- 동그라미 숫자는 수표 뒤에 숫자의 점형을 한 단 내려 적고, 그 밖의 동그라미 문자는 자는 ⠿로, 네모 문자는 ⠿로 묶어 나타낸다.

① ⠿⠿   ㉮ ⠿⠿⠿   ㉠ ⠿⠿⠿⠿   ⓐ ⠿⠿⠿⠿

１ ⠿⠿⠿⠿⠿   가 ⠿⠿⠿⠿⠿   ㄱ ⠿⠿⠿⠿⠿⠿   ａ ⠿⠿⠿⠿⠿

## 바. 문장 부호 및 기타 기호

한글 자음과 모음, 약자와 약어를 익힌 후에 문장을 점자로 읽고 쓰는 활동을 통해 문장 부호와 기타 기호를 익히도록 지도한다.

- 띄어쓰기는 묵자를 따른다.

| . | ? | ! | , |
|---|---|---|---|
| ⠿ | ⠿ | ⠿ | ⠿ |
| 마침표 | 물음표 | 느낌표 | 쉼표 |
| ( | ) | { | } |
| ⠿⠿ | ⠿⠿ | ⠿⠿ | ⠿⠿ |
| 여는 소괄호 | 닫는 소괄호 | 여는 중괄호 | 닫는 중괄호 |
| – | - | ~ | . |
| ⠿⠿ | ⠿ | ⠿⠿ | ⠿⠿ ⠿⠿ |
| 줄표 | 붙임표 | 물결표 | 드러냄표, 밑줄표 |

## (2) 영어 점자

영어 점자는 점자 교사용 지도서의 '영어 점자 대단원'을 활용하여 지도한다. 영어 등 외국어 점자는 해당 국가의 점자 규정에 따라 적으며, 한글에 영어 등 외국어가 나오면 외국어 표를 적는다.

- 알파벳의 점형은 다음과 같이 적는다.
  = 알파벳 a~j은 수표 다음에 표기하는 숫자 1~9와 0의 점형과 같다.
  = 알파벳 k~t는 a~j의 점형에 3점(⠄)을 더하여 표기한다.
  = 알파벳 u~z는 a~e의 점형에 3~6점(⠤)을 더하여 표기한다. 다만 w는 이러한 원칙을 따르지 않고 별도의 점형으로 표기한다.

| 1 | 2 | 3 | 4 | 5 | 6 | 7 | 8 | 9 | 0 |
|---|---|---|---|---|---|---|---|---|---|
| a | b | c | d | e | f | g | h | i | j |
| k | l | m | n | o | p | q | r | s | t |
| u | v | x | y | z | | w | | | |

- 한글 문장 안에 로마자가 나올 때에는 그 앞에 로마자표 ⠰을 적고 그 뒤에 로마자 종료표 ⠄를 적는다. 이때 로마자가 둘 이상 연이어 나오면 첫 로마자 앞에 로마자표를 적고 마지막 로마자 뒤에 로마자 종료표를 적는다.

그는 Canada로 여행을 떠났다.

- 로마자가 한 글자만 대문자일 때에는 대문자 기호표 ⠠을 그 앞에 적고, 단어 전체가 대문자이거나 두 글자 이상 연속해서 대문자일 때에는 대문자 단어표 ⠠⠠을 그 앞에 적는다. 3개 이상의 연속된 단어가 모두 대문자일 때에는 첫 단어 앞에 대문자 구절표 ⠠⠠⠠을 적고, 마지막 단어 뒤에 대문자 종료표 ⠠⠄을 적는다.

New York          NEW YORK

### (3) 수학 점자

수학 점자는 점자 교사용 지도서의 '수학 점자 대단원'을 활용하여 지도한다. 기초 연산과 관련된 수학 점자 기호를 소개하면 다음과 같다.

| 덧셈표<br>(+) | 뺄셈표<br>(-) | 등호<br>(=) | 32 + 24 = 56 |
|:---:|:---:|:---:|:---:|
| ⠐⠔ | ⠐⠤ | ⠐⠶ | 32 + 24 = 56 |

- 수의 세 자리마다 표기되어 있는 쉼표는 ⠂로 적는다.

  예: 5,700,000 ⠼⠑⠂⠛⠚⠚⠂⠚⠚⠚

- 덧셈표, 뺄셈표, 등호는 다음과 같이 적는다.
- 사칙 연산 기호는 저학년 묵자 도서에서 학습자들이 보기 쉽게 기호와 숫자 사이에 여백을 두는 경우가 있으나, 점자에서는 기호와 숫자 사이에 빈칸 없이 붙여 적는다. 다만 연산 기호와 비교 기호가 한글 사이에 나올 때에는 기호의 앞뒤를 한 칸씩 떼어 쓴다.

  나루 + 배 = 나룻배 ⠉⠣⠐⠒⠤⠠⠘⠗⠒⠠⠗⠉⠣⠐⠃⠎⠘⠗

  5개−3개=2개 ⠼⠑⠊⠗⠐⠤⠼⠉⠊⠗⠐⠶⠼⠃⠊⠗

## 2) 점자 지도 방법

점자 교육은 점자 준비 교육, 한글 점자 교육, 교과별 점자 교육 순서로 지도하되, 처음에는 점자 기호와 규정을 정확하게 익히는 데 주안점을 두고, 점차 학습과 생활에 점자를 능숙하게 사용할 수 있도록 숙달하는 데 주안점을 두어야 한다.

### (1) 점자 학습의 접근 방법

학생의 시각장애 정도와 발생 시기, 중복장애 여부와 유형을 고려하여 점자 지도를 계획해야 한다.

- 저시력 학생은 묵자의 읽기 속도, 읽기 지속 시간과 눈의 피로 정도, 시력 감소의 진행과 예후 등을 종합적으로 고려하여 점자 학습 여부를 결정하고, 학생의 요구에 따라 점자와 묵자 2가지 매체를 모두 사용할 수 있다. 저시력 학생은 점

자를 배울 때 안대를 착용하거나 랩트레이를 사용하여 눈으로 점자를 보고 읽지 않도록 한다.

- 지적장애가 있는 시각장애 학생은 인지 수준에 따라 음소 및 문법 중심의 점자 지도보다 일상생활에서 자주 사용하는 낱말을 선정하여 언어 경험 접근법과 의미 중심 접근법으로 낱말의 의미와 기능을 알고 사용하도록 한다.

- 지체장애가 있는 시각장애 학생은 양팔과 손가락의 운동 기능의 이상 여부를 확인하고, 점자 읽기와 쓰기에 필요한 운동 기능이 있는 팔과 손가락을 점자 학습에 사용하도록 한다.

- 시청각장애 학생은 점자 읽기와 쓰기 지도에 더하여 보완대체의사소통 방법의 하나인 점화(손가락 점자)를 학습하여 사용하도록 지도할 수 있다.

- 묵자를 학습한 중도 실명 학생은 손가락의 촉지각을 발달시키고, 연령에 적합한 점자 읽기와 쓰기 예문으로 재구성하여 점자 학습에 대한 흥미와 동기를 높이도록 한다.

저시력 학생의 '랩트레이' 활용
점자 읽기 지도

시각·지체장애 아동의
엄지 손가락으로 점자 읽기 지도

## (2) 점자 준비 교육

점자 준비 교육(pre-braille education)은 한글 점자를 배우기 전에 손의 촉지각 발달, 여섯 점의 구성 이해, 바른 점독 행동과 습관, 점자에 대한 학습 동기 형성 등의 점자 기초 기술을 학습하는 것이다(Kamei-Hannan & Ricci, 2015; Swenson, 2016).

- 조기부터 촉지각이 발달하지 않으면 점자의 다양한 점형을 변별하기 어려우므로 다양한 촉지각 활동을 통해 발달시키는 것이 필요하다.

• 중 · 고등학교 때에 실명한 맹학생은 촉지각이 발달하지 못해 손으로 점형을 변별하는 데 가장 큰 어려움을 보이므로 촉지각 발달을 위한 집중 훈련이 필요하다.

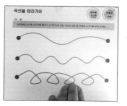

취학전 유아용 촉지각 발달 교재

• 6점에 대한 개념을 익히는 데 탭틸로, 자석보드, 리벳교구 등 다양한 점자 학습 교구를 사용하면 효과적이다.

점자 학습 교구(자석-리벳-탭틸로)

바른 점독 자세와 행동은 다음과 같다(Kamei-Hannan & Ricci, 2015).

• 손가락의 관절이 둥근 모양이 되게 살짝 구부리고, 손가락들이 함께 움직이도록 손가락 사이를 가볍게 붙인다.
• 점자는 주로 둘째손가락으로 촉지하여 읽지만, 셋째, 넷째, 다섯째 손가락이 점자를 먼저 촉지하여 점형을 예측하고 글줄을 안정되게 따라가는 기능을 한다.
• 점칸을 상하로 문질러서 촉지하지 않는다.
• 점칸을 세게 눌러 촉지하지 않는다.

- 점자를 읽어 나갈 때 점칸을 촉지하는 손가락이 자주 멈추지 않는다.
- 점자를 읽어 나갈 때 놓친 글자를 읽기 위해 되돌아가 다시 촉지하지 않는다.

손 아래 손 안내법           손 위 손 안내법           바른 점자 읽기 자세

점자 읽기 지도 방법

교사는 학생의 연령, 손과 손가락의 운동 기능, 개인의 선호, 점자 사용 상황 등을 고려하여 적합한 점자 읽기 방법을 사용하도록 지도한다. 일반적으로 양손 점자 읽기가 한손 점자 읽기보다 읽기 정확성과 속도가 우수하므로, 점자 학습 초기부터 양손 점자 읽기 기술을 습관화하도록 한다.

양손 점자 읽기는 양손의 손가락들을 호 모양이 되도록 가볍게 모아서 점자를 효율적으로 읽는 방법이다. 집게손가락이 점자를 읽는 주된 기능을 하고, 나머지 손가락은 줄을 안정되게 따라가고 점형을 먼저 탐색하여 예측하는 보조 기능을 수행함으로써 집게손가락이 보다 빠르고 정확하게 점형을 인식하도록 한다. 이것이 양손 점자 읽기가 한손 점자 읽기보다 점자 읽기의 정확성과 속도가 높은 이유이다.

양손 점자 읽기 방법은 병행형, 왼손 표시형, 분리형, 가위형의 4가지가 있으며, 일반적으로 가위형 양손 점자 읽기가 가장 효율적인 것으로 알려져 있다. 그러나 처음부터 가위형 양손 점자 읽기를 사용하는 것이 어려우므로 병행형과 분리형 양손 점자 읽기를 먼저 익힌 후에 가위형 양손 점자 읽기로 전환하는 것이 효과적이다.

- 병행형 양손 읽기는 가장 단순하고 익히기 쉬우므로 먼저 지도할 수 있으며, 시각장애 유아나 시각중복장애 아동에게 적합할 수 있다. 다만 다른 양손 읽기보다 읽기 효율성이 부족하므로, 분리형이나 가위형 양손 읽기로 발달시킬 필요가 있다.

① 양손을 모아 줄의
시작점에 놓는다.

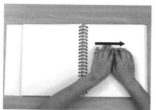

② 양손으로 줄을 따라가며
끝까지 읽는다.

③ 양손으로 읽었던 줄을
되돌아 시작점으로 온다.

④ 양손을 다음 줄의
시작점으로 내린다.

⑤ 같은 방식으로
다음 줄을 읽는다.

병행형 양손 읽기 방법

• 분리형 양손 읽기는 양손이 줄의 중간 위치까지 함께 읽지만, 중간 이후부터 오
른손은 나머지를 읽고 왼손은 다음 줄의 시작점을 찾는다. 양손을 사용하여 줄
의 중앙까지 보다 빠르고 정확하게 읽을 수 있고, 왼손이 미리 다음 줄의 시작점
을 찾음으로써 줄을 찾는 데 별도의 시간을 할애할 필요가 없어 효율적인 읽기
가 가능하다.

① 양손을 모아 줄의
시작점에 놓는다.

② 줄을 따라가며 중간
위치까지 양손으로 읽는다.

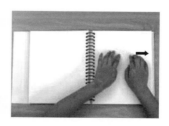

③ 줄의 중간 이후부터 끝까지
오른손으로 읽는다.

| ④ 오른손이 줄의 끝까지 읽는 동안, 왼손은 다음 줄의 시작점을 대각선으로 이동한다. | ⑤ 오른손이 줄의 끝까지 모두 읽으면 왼손 옆으로 대각선으로 이동한다. | ⑥ 같은 방식으로 다음 줄을 읽는다. |
| --- | --- | --- |

**분리형 양손 읽기 방법**

- 가위자형 양손 읽기는 분리형 양손 읽기를 더욱 발전시킨 것이다. 왼손의 역할이 다음 줄의 시작점을 찾는 데 그치지 않고, 오른손이 나머지를 읽고 왼손 옆으로 내려오는 동안 왼손 혼자서 다음 줄을 먼저 읽어 나간다는 것이다. 따라서 오

| ① 왼손은 줄의 시작점에, 오른손은 중간 위치에 놓는다. | ② 줄의 중간까지 왼손으로 읽는다. | ③ 줄의 중간 이후부터 끝까지 오른손으로 읽는다. |
| --- | --- | --- |

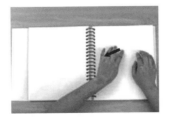  

| ④ 오른손이 줄의 끝까지 읽는 동안, 왼손은 다음 줄의 시작점으로 이동한다. | ⑤ 오른손이 다음 줄의 중간 위치로 이동하는 동안 왼손이 먼저 줄을 따라 읽기 시작한다. | ⑥ 같은 방식으로 다음 줄을 계속 읽어 나간다. |
| --- | --- | --- |

**가위형 양손 읽기 방법**

른손이 왼손 옆으로 내려올 때까지 기다리지 않고 양손이 각각 독립적인 읽기를
수행함으로써 읽기 유창성을 더욱 높일 수 있다.

### (3) 한글 점자 교육

한글 묵자 교육이 유치원부터 초등학교 저학년 사이에 이루어진다는 점에서 한글
점자 교육도 유치원부터 초등학교 2학년 사이에 이루어지는 것이 바람직하다.

- 학생이 표준 크기의 점형을 변별하는 데 계속 어려움을 보인다면, 큰 점자를 먼저 도입하여 지도한 후에 표준 점자를 도입할 수 있다. 한국에서 개발한 버사슬레이트, 탭틸로처럼 종이가 필요 없고 점의 크기가 큰 점자 읽기와 쓰기 교구를 사용하여 점자 교육을 할 수 있다.
- 유치원이나 초등학교 1학년부터 한글 점자를 배우기 시작할 때 점자 학습 시간은 매일 1~2시간씩 꾸준히 지도하는 것이 효과적이다.
- 한글 점자는 가급적 약자와 약어를 조기에 도입하고, 읽기와 쓰기를 병행하여 지도하는 것이 좋다.
- 학생이 한글 점자 기호와 규정을 이해하는 데 그치지 않고, 한글 점자의 읽기와 쓰기가 해당 학년의 평균 속도에 도달하도록 지도해야 한다.
- 한글 점자 읽기 초기 단계에 있는 학습자에게 한 줄만 제시된 점자 문장 읽기, 줄 간격이 더 넓은 두 줄 점자 문장 읽기, 표준 줄 간격으로 된 여러 줄 점자 문장 읽기, 한 페이지 점자 문장 읽기, 양면 출력 인쇄 점자 읽기 등의 단계적인 읽기 연습 자료를 사용한다.
- 점자의 읽기는 양손으로 읽는 것을 권고하되, 상황에 따라 한손으로 읽고 다른 손으로 쓰기를 동시에 할 수 있게 왼손과 오른손 모두 점자를 능숙하게 읽을 수 있도록 지도하는 것이 필요하다.
- 점판과 점필을 사용한 점자의 읽기와 쓰기 활동에 어느 정도 익숙해지면 점자정보단말기를 도입하는 것이 학생의 점자 학습 흥미와 교과 학습의 효율을 높일 수 있다.

점자판(표준 점자판, 노트형 점자판, 회중 점간)     바른 점자 쓰기

종이가 필요 없는 점자 읽기와 쓰기 교구—버사슬레이트(Versa Slate)

학생이 점자의 읽기에 숙달할 수 있도록 다양한 읽기 전략과 연습이 필요하다
(Kamei-Hannan & Ricci, 2015; Swenson, 2016).

- 따라 읽기: 점자 읽기 능력이 부족한 학생에게 효과적인 방법으로, 교사가 점자
  문장을 한 문장씩 읽으면 학생이 점자로 따라 읽는다.
- 함께 읽기: 혼자 읽기에 흥미를 갖지 않는 학생에게 효과적인 방법으로, 교사가
  먼저 읽기 시범을 보인 후에 교사와 학생이 함께 속도를 맞추어 읽는다. 읽기 속
  도와 정확성, 운율에 맞추어 읽기 등을 향상시킬 수 있다.
- 반복 읽기: 학생이 같은 문장이나 글을 여러 번 반복하여 읽는 것으로, 학생의 점
  자 읽기 속도와 정확성을 향상시킬 수 있다. 학생이 반복 읽기를 통해 점자 읽기
  정확성과 속도가 어떻게 향상되고 있는지 알려 주는 것이 좋다.
- 짝지어 읽기: 대본 형태의 읽기 자료를 사용하여 재미와 흥미를 높일 수 있는 방
  법으로, 두 사람 간에 읽기 속도를 맞추어 나가는 과정을 통해 읽기 유창성을 향
  상시킬 수 있다.
- 훑어 읽기: 소리 내지 않고 글을 최대한 빨리 읽고 전체 줄거리를 파악하는 방법
  으로 읽기 속도 증진에 도움이 된다. 교사는 학생이 글을 모두 읽었는지를 질문

을 통해 확인해야 한다.

학생이 점자의 쓰기에 숙달할 수 있도록 다양한 쓰기 전략과 연습이 필요하다 (Kamei-Hannan & Ricci, 2015; Swenson, 2016).

- 말하며 쓰기: 학생이 써야 할 글자를 말하면서 동시에 써 나가는 방법이다. 학생이 써야 하는 글자에 집중할 수 있다.
- 듣고 쓰기: 교사가 써야 할 글자를 말하면 학생은 듣고 받아쓰는 방법으로, 학생의 연령과 쓰기 수준을 고려하여 쓰기 자료를 선택해야 한다.
- 반복 쓰기: 같은 문장이나 글을 여러 번 반복하여 쓰는 방법으로, 점자 쓰기 정확성과 속도를 향상시킬 수 있다.
- 보고 쓰기(옮겨 쓰기): 점자 글을 읽고 다른 종이에 따라(옮겨) 쓰는 방법으로, 점자 읽기와 쓰기 연습이 동시에 이루어질 수 있다. 학생의 흥미와 관심이 높은 짧은 도서를 선정하는 것이 좋다.

## 3) 점자 평가

한글 점자 평가는 점자 읽기와 쓰기 유창성에 주안점을 두어야 하고, 영어 점자, 수학 점자, 과학 점자 등의 교과별 점자 평가는 교과 학습에 필요한 점자 기호와 표현식을 정확하게 읽고 쓸 수 있는지에 주안점을 두어야 한다(Kamei-Hannan & Ricci, 2015).

### (1) 점자 읽기와 쓰기 속도 평가

한글 점자의 읽기와 쓰기 속도에 대한 목표는 같은 학년의 점자 사용 학생의 평균 이상이 되도록 설정하고 충분히 연습을 하도록 한다. 점자의 읽기와 쓰기는 초기에는 바르고 정확한 쓰기에 주안점을 두지만, 결국 점자를 능숙하게 읽고 쓰는 읽기 속도에 주안점을 두어야 한다. 점자 읽기와 쓰기 평가는 2~3분 분량의 이야기 글을 사용할 수 있다. 점자 읽기 속도는 분당 정독 어절 수(또는 글자 수)로, 점자 쓰기 속도는 분당 바르게 쓴 글자 수로 다음과 같이 계산할 수 있다(Kamei-Hannan & Ricci, 2015).

점자 읽기 속도(분당 정독 어절 수)

=[(전체 읽은 어절 수–오독한 어절 수)÷소요 시간(초)]×60초

점자 쓰기 속도(분당 바르게 쓴 글자 수)

=[(전체 적은 글자 수–잘못 적은 글자 수)÷소요 시간(초)]×60초

## (2) 점자 읽기와 쓰기 정확성과 오류 유형 분석

① 정확성 평가: 점자 읽기와 쓰기 초기 단계에는 95% 이상 정확하게 쓸 수 있도록
하는 데 목표를 두고 지도한다. 점자 읽기와 쓰기의 정확성 평가는 읽기와 쓰기
속도 평가와 함께 이루어질 수 있다. 점자 읽기와 쓰기의 정확성 평가는 학생이
잘못 읽거나 쓴 이유가 무엇인지를 확인하여 오류를 교정하는 것이 중요하다.
점자 읽기와 쓰기 정확성은 다음과 같이 백분율로 계산한다.

점자 읽기 정확성=(정독 어절 수÷전체 읽은 어절 수)×100%

점자 쓰기 정확성=(정필 글자 수÷전체 적은 글자 수)×100%

② 오류 유형 분석: 학생이 점자를 잘못 읽는 '읽기 오류 유형'에는 일반 묵자에서 나
타나는 오류 유형인 '대치, 반전, 생략, 첨가, 반복, 자기교정' 외에도 점자 특성
에 따른 '점 생략, 점 더함, 점자 역전, 점자 정렬, 점칸 생략'처럼 잘못 촉독하여
나타나는 점자 오류(braille misque) 유형 2가지로 구분할 수 있다. 점자 읽기 오
류 유형은 다음과 같다(Kamei-Hannan & Ricci, 2015).

• 점 생략(missed dot): 원래 점형에서 일부 점을 빠뜨리고 읽는다.
• 점 더함(added dot): 원래 점형에서 없던 점을 더해 읽는다.
• 점자 역전(braille reversal): 원래 점형에서 점형의 전체나 일부를 좌우나 상하로 뒤
집어 읽는다.

- 점자 정렬(braille alignment): 원래 점형에서 전체나 일부를 한줄 위로 올리거나 한 줄 아래로 내려 읽는다. 또는 앞 칸의 2열과 뒤 칸의 1열의 점형을 한 칸으로 합쳐 읽는다.
- 점칸 생략(braille cell omission): 점칸 하나를 빠뜨리고 읽는다.
- 잘못된 마침(missed ending): 원래 점자 문장이나 단어에서 마지막 단어나 글자를 빠뜨리고 읽는다. 한글보다는 영어 약자에서 나타나는 경우가 많다.

| 점자 오류 유형 | 바른 읽기 | | 잘못된 읽기 | |
|---|---|---|---|---|
| 점 생략 | 노기 | (점자) | 고기 | (점자) |
| 점 더함 | 고서 | (점자) | 도서 | (점자) |
| 점자 역전 | 모시 | (점자) | 도시 | (점자) |
| | 우리 | (점자) | 오리 | (점자) |
| 점자 정렬 | 보리 | (점자) | 초리 | (점자) |
| | 거수 | (점자) | 여수 | (점자) |
| 점 칸 생략 | 각고의 | (점자) | 가고의 | (점자) |
| 잘못된 마침 | 해 본다고 | (점자) | 해 본다 | (점자) |

그리고 점자 쓰기의 오류는 점자 기호와 규정을 부정확하게 이해하거나 혼동하여 잘못 읽고 쓰는 경우 외에 소리 나는 대로 써서 나타나는 철자 문제, 띄어쓰기 등의 한글 맞춤법 문제도 있으므로, 학생의 쓰기 오류 유형을 분석하여 교정해야 한다.

### (3) 점자 읽기 이해력 평가

글을 잘 읽는다는 것은 글의 내용을 파악하면서 읽는 것을 의미한다. 읽기에 있어 점자 기호를 해독하여 읽는 데 많은 시간과 노력을 들임으로써 글의 내용을 파악하지 못한다면 글을 잘 읽는다고 말하기 어렵다. 몇 쪽 분량의 읽기 자료를 묵독(소리 내지 않고 읽기)으로 읽도록 하고 다 읽을 때까지의 읽기 시간(읽기 속도)을 측정한 후 읽기 이해도를 함께 평가할 수 있다. 읽기 이해도는 글의 내용이나 사건의 기억과 이해, 사건과 관련된 주요 인물과 사건의 원인 및 추론 등을 교사가 질문지로 준비하여 평가한다. 점자 읽기 이해도 평가 항목은 다음을 포함할 수 있다.

- 이 글의 줄거리를 요약해 보세요.
- 이 글에서 나타난 주요 사건을 요약해 보세요.
- 중요한 등장인물과 역할에 대해 말해 보세요.
- 그 사건이 일어난 원인을 말해 보세요.
- 앞으로 어떻게 될 것 같은지 예측해 보세요.

## 2. 묵자 교육

### 1) 묵자 읽기와 쓰기 제한

저시력 학생이 묵자의 읽기와 쓰기에 어려움을 초래하는 다양한 요인이 있으므로 학생별로 이와 관련된 문제를 확인하여 적절한 저시력 지원이 이루어져야 한다 (Kamei-Hannan & Ricci, 2015).

- 안구 운동 장애: 안구진탕 등으로 인한 안구 운동 문제는 문장의 줄을 따라가면서 읽는 것을 어렵게 할 수 있다. 안구진탕을 가진 학생은 안구의 불수의적인 움직임이 가장 적고 안구의 움직임을 가장 잘 조절할 수 있는 응시 방향을 찾아야 하는데 이를 정지점이라고 부른다. 안구진탕을 가진 학생은 읽기 활동에서 이러한 정지점을 이용하여 문장을 계속 주시하며 읽어 나가는 것이 도움이 될 수 있다. 안구 운동의 조절의 어려움은 짧은 시간의 읽기 활동에도 쉽게 피로를 느낄 수 있다.
- 시력 장애: 시력 저하 정도에 따라 학생은 학습 자료를 명확하게 보기 어렵다. 작은 글자를 보기 어렵거나 비슷한 글자를 혼동하여 오독하여 읽거나 대비가 낮은 자료를 읽는 데도 어려움을 보일 수 있다. 따라서 읽기 자료의 모든 내용이 학생의 시력 수준에 따라 적합한 글자 크기로 선명하게 확대하여 제공하는 것이 필요하다.
- 시야 장애: 주변 시야나 중심 시야의 손상이 있는 학생은 시야 손상의 위치와 크기에 따라 문장을 읽어 나갈 때 뒤에 오는 단어나 글자를 사전에 지각하지 못하여 느리게 읽거나, 문장을 읽는 도중에 일부 단어나 글자를 빠뜨리고 읽거나, 다

음 줄을 찾지 못하거나, 한 줄을 건너뛰고 읽는 등의 다양한 문제를 보일 수 있다. 이러한 학생은 타이포스코프 등을 사용하거나 추시, 주사 같은 시기능 훈련이 필요하다.

## 2) 묵자 지도 방법

### (1) 묵자 읽기

학생의 연령, 잔존 시각, 보조기구 사용 능력 등에 따라 학생에게 적합한 묵자 읽기와 쓰기 방법이 다를 수 있다. 학생은 여러 가지 읽기와 쓰기 보조기구를 사용하는 방법을 익혀 학습 상황과 과제에 따라 적합한 읽기와 쓰기 보조기구를 선택해야 한다 (Special Education Technology British Columbia, 2008).

- 일반 인쇄물로 읽기: 시야가 좁더라도 중심 시력이 양호한 학생은 일반 자료로 읽을 수 있다.
- 확대 인쇄물로 읽기: 일반 인쇄물을 적합한 확대 글자 크기로 확대하여 읽을 수 있다. 다만 종이의 크기가 커지면 시야가 좁은 학생이 고개나 안구를 좌우로 많이 움직여 읽어야 하고, 확대하면 해상도가 떨어지는 경우가 있으며, 부피가 커서 가지고 다니기 어렵다.
- 확대경으로 읽기: 적합한 배율의 확대경을 사용하여 일반 인쇄물을 읽을 수 있다. 다만 확대경 배율이 높아지면 렌즈로 보이는 시야가 좁아지고, 렌즈 주변부의 왜곡도 심해지며, 어린 학생은 오래 보면 눈의 피로를 많이 느낀다.
- 확대독서기로 읽기: 휴대형이나 탁상형 확대독서기를 사용하여 일반 인쇄물을 읽을 수 있다. 확대독서기는 고배율의 확대가 가능하고, 색의 대비와 밝기 조절이 가능하다. 다만 학생에 따라 고배율로 오래 읽으면 어지러움을 호소하는 경우가 있고, 자료를 빨리 움직이면 카메라의 인식 속도 문제로 혜성 꼬리처럼 해상도가 잠시 흐려지며, 탁상용 확대독서기를 놓을 넓은 개인 책상이 필요하다.

> ☞ 확대경이나 확대독서기로 읽기 연습을 할 때 처음에는 줄을 따라가며 숫자나 단어 읽기, 한 줄로 제시된 문장 읽기, 줄 간격이 넓은 여러 줄의 문장 읽기, 한 페이지 문장 읽기, 단순한 그림에서 복잡한 그림 보기 등과 같이 단계적으로 지도하는 것이 좋다.

- 화면 확대 프로그램으로 읽기: 컴퓨터에 화면 확대 프로그램을 설치하고 파일 형태의 자료를 읽을 수 있다. 컴퓨터 화면에서 한글 파일의 내용을 확대하여 읽을 수 있으며, 확대독서기처럼 글자 크기, 색상 대비 등을 자신에게 맞게 조절할 수 있다. 다만 파일 형태로 학습 자료가 없을 때는 활용하기 어렵다.

| | |
|---|---|
| <br>손잡이용 확대경으로 읽기 | ① 왼쪽 손가락으로 첫 줄의 첫 글자를 가리킨다.<br>② 오른손으로 확대경 손잡이를 잡고 작업 거리를 조절한다.<br>③ 확대경을 좌에서 우로 움직이며 문장을 읽는다.<br>④ 문장을 다 읽으면 왼쪽 손가락은 다음 줄로 내려오고, 확대경은 왼쪽 손가락 옆으로 가져간다.<br>⑤ 위와 같은 방법으로 문장을 읽어 나가되, 숙달되면 왼쪽 손가락의 위치 안내 없이도 읽도록 한다. |
| <br>탁상용 확대독서기로 읽기 | ① 서견대에 맞추어 책을 놓는다.<br>② 서견대를 좌에서 우로 움직이며 문장을 읽는다.<br>③ 서견대를 우에서 좌로 움직이며 문장 처음으로 돌아온다.<br>④ 다음 줄도 동일하게 읽어 나가되, 줄을 자주 잃어버리면 마커(포커스나 라인 읽기) 기능을 사용하여 연습한다. |

### (2) 묵자 쓰기

묵자 쓰기는 저시력 학생의 특성을 고려하여 굵은 펜과 굵은 선 노트로 쓰기, 확대경으로 쓰기, 확대독서기로 쓰기 등을 선택할 수 있다. 다만 굵은 펜을 사용하여 크게 쓰는 학생은 간단한 메모나 필기는 가능하지만 많은 내용을 필기하는 데 적합하지 않을 수 있다. 손으로 묵자 쓰기가 매우 느린 학생은 컴퓨터를 이용한 쓰기(워드프로세서) 방법을 사용할 수 있다. 묵자 쓰기 방법은 다음을 포함한다(Special Education

Technology British Columbia, 2008).

- 일반 필기구로 쓰기: 시야가 좁더라도 중심 시력이 양호한 학생은 일반 필기구로 쓰기가 가능하다.

- 수정된 필기구로 쓰기: 시력 저하가 크지 않은 학생은 굵은 펜이나 굵은 선 노트를 사용하여 쓸 수 있다. 일반 필기구보다 크게 써야 하므로 페이지에 적은 분량을 쓸 수밖에 없다.

- 쓰기 가이드로 쓰기: 시력과 시야 문제로 줄에 맞추어 쓰기가 어려운 학생은 고대비에 촉각으로 쓰기 라인에 대한 단서를 제공하는 쓰기 보조기구를 사용할 수 있다. 쓰기 가이드는 노트형 가이드부터 한줄 가이드, 서명 가이드 등 종류가 다양하므로 쓰기 과제에 따라 적합한 것을 사용한다.

- 확대경으로 쓰기: 확대경으로 쓸 때 일반 필기구를 사용할 수 있다. 눈으로 확대경 렌즈 아래의 필기구를 보면서 써 나가야 하므로 눈과 확대경과 필기구 간의 위치 조절이 필요하다. 왼손으로 확대경을 잡고 오른손으로 쓰는 기술이 필요하다.

- 확대독서기로 쓰기: 일반 필기구를 사용하여 쓸 수 있으며, 확대, 색상 대비, 밝기 등을 자신이 선호하는 것으로 조절할 수 있다. 모니터로 확대된 상을 보고 쓰는 것이므로 처음에는 쓰기 라인의 첫 칸과 마지막 칸, 다음 줄 등을 확인하는 데 어려움을 보일 수 있다. 고배율의 확대가 필요한 학생은 확대경보다 확대독서기를 사용하여 쓰는 것이 더 효과적일 수 있다.

☞ 확대경이나 확대독서기로 쓰기 지도를 할 때는 처음에는 줄 간격이 넓은 종이에 숫자나 단어 쓰기, 한 줄에 여러 단어 쓰기, 한 줄에 문장 쓰기, 여러 줄에 문장 쓰기, 문장의 빈 괄호에 쓰기, 다양한 서식에 글자 쓰기 같이 단계적으로 난이도를 높이는 것이 바람직하다.

- 화면 확대 프로그램으로 쓰기: 확대경이나 확대독서기로도 묵자 쓰기가 너무 느린 학생은 컴퓨터를 이용한 쓰기가 가능하다. 컴퓨터를 이용한 쓰기 방법에는 한글 워드프로세서의 글자체와 글자 크기를 자신에게 맞게 설정하여 쓰거나 컴퓨터에 설치한 화면 확대 프로그램을 실행하여 확대, 대비 등을 선호하는 것으로 설

정하여 쓰는 방법이 있다.

- 화면 읽기 프로그램으로 쓰기: 점자를 사용하는 학생이나 중도의 저시력 학생은 컴퓨터에 화면 읽기 프로그램을 설치하여 타이핑하는 것을 소리로 들으면서 묵자 쓰기를 할 수 있다.

쓰기 보조기구로 쓰기

손잡이형 확대경으로 쓰기

볼펜꽂이 확대경으로 쓰기

휴대형 확대독서기로 쓰기

## 3) 묵자 평가

### (1) 묵자 읽기와 쓰기 속도 평가

학생이 자신에게 적합한 묵자 읽기와 쓰기 방법 및 도구를 익히면 해당 읽기와 쓰기 보조기구를 사용하여 얼마나 빠르게 읽고 쓸 수 있는지를 평가하는 것이 필요하다. 특히 확대경과 확대독서기를 사용하는 경우에 이들 도구를 사용하여 능숙하게 읽고 쓸 수 있을 때까지 연습하는 것이 필요하다. 묵자 읽기 속도 평가는 학생이 확대 자료, 확대경, 확대독서기 중 어떤 도구를 사용할 때 가장 효율적인지를 평가하거나 선택한 도구를 사용할 때의 읽기와 쓰기 향상 정도를 확인할 목적으로 실시할 수 있다. 묵자 읽기와 쓰기 속도는 점자와 같은 방법으로 계산할 수 있다.

## (2) 묵자 읽기와 쓰기 정확성 평가와 오류 유형 분석

저시력 학생은 시각 문제로 묵자 읽기와 쓰기 정확성이 떨어질 수 있으므로, 묵자 읽기와 쓰기 정확성 수준과 오류 유형을 확인하여 교정하는 것이 필요하다. 저시력 학생은 일반 학생보다 시각 문제로 인해 '대치, 반전, 생략, 첨가, 반복' 같은 일반적인 읽기 오류 유형이 더 자주 나타날 수 있으며, 시야 문제로 인해 '잘못된 단어 띄어 읽기, 잘못된 단어 붙여 읽기, 단어 생략, 줄을 건너뛰고 읽기' 같은 추가 오류가 나타날 수 있다(Whittaker et al., 2016).

**표 9-1** 저시력 학생 읽기 오류 유형

| 오류 유형 | | 개념 | 묵자(정답→오류) |
|---|---|---|---|
| 일반 오류 | 대치 | 자모를 다른 자모로 바꾸어 읽는다. | 다들 → 디들 |
| | 반전 | 글자의 순서를 바꾸어 읽는다. | 아라비아 → 아비라아 |
| | 생략 | 일부 글자를 빼고 읽는다. | 지리산 → 지산 |
| | 첨가 | 없는 글자를 추가하여 읽는다. | 경도 → 경기도 |
| | 반복 | 글자를 두 번 이상 반복해 읽는다. | 대국은 → 대대국은 |
| 저시력으로 인한 추가 오류 | 잘못된 단어 띄어 읽기 | 붙여서 읽어야 할 단어를 띄어서 읽는다. | 부산스럽게 → 부산 스럽게 |
| | 잘못된 단어 붙여 읽기 | 띄어서 읽어야 할 단어를 붙여서 읽는다. | 지리산 넘어 → 지리 산넘어 |
| | 첫 단어 생략 | 줄의 첫 단어를 읽지 않고 건너뛰어 읽는다. | |
| | 마지막 단어 생략 | 줄의 마지막 단어를 읽지 않고 다음 줄을 읽는다. | |
| | 줄을 건너뛰고 읽기 | 한 줄 전체를 건너뛰고 그다음 줄을 읽는다. | |

## 3. 듣기 교육

### 1) 듣기 지도 중요성

잘 발달된 듣기 기술은 말하기 기술의 발달뿐만 아니라 읽기와 쓰기 기술, 사회적 기술, 교과 학습에 기초가 된다. 시각장애 학생에게 있어 듣기는 일반 학생이 판서나 교구 등을 눈으로 보고 얻는 정보를 청각 정보로 대체하여 얻는 것이므로 시각장애를 보상하는 기술이라고 볼 수 있다. 시각장애 학생이 청력에 문제가 있는지 확인하고, 필요에 따라 청각사를 통해 적합한 보청기를 지원해야 한다. 시각장애 학생은 일반 학생에 비해 점자와 확대 글자의 느린 읽기 속도 문제를 해결하기 위해 점자정보단말기, 화면 읽기 프로그램, 데이지 플레이어 등을 통해 듣기 자료를 사용한다.

### 2) 듣기 지도 방법

교사는 글의 종류에 따라 무엇에 주안점을 두고 들어야 하는지, 무엇을 어떤 방식으로 기억하면 좋은지를 지도하는 것이 필요하다. 처음에는 짧고 쉬운 이야기 글에서 점차 길고 복잡한 이야기 글을 사용하여 연습하도록 하고, 일반 오디오 북이나 시각장애인을 위해 제작된 녹음 도서를 활용할 수 있다.

시각장애 학생이 학습해야 할 듣기 기술은 적극적인 청자가 되기 위한 기술과 다른 감각 정보를 통해 시각 정보를 대체·보상하는 기술로 구분할 수 있다(Holbrook et al., 2017).

- 적극적인 청자가 되기 위해 필요한 기술은 화자를 향해 시선 마주치기, 바른 듣기 태도 취하기, 경청을 나타내는 얼굴 표정과 몸짓 사용하기, 시의적절한 질문하기, 추가 정보를 화자에게 요청하기 등이 있다.
- 학생이 듣는 동안 적극적인 태도를 유지하게 해 주는 반영 기술(reflective skills)에는 학생의 이해를 점검하기 위해 화자가 방금 무엇을 말했는지를 청자가 구어로 바꾸어 표현하기, 중요한 화제를 요약하여 말하기 등이 있다.

- 시각장애 학생은 시각 정보를 청각 정보(설명 듣기)만으로 온전하게 보상하기 어렵기 때문에 듣기 기술에 더해 다른 감각을 함께 사용하는 다감각 접근법이 필요하다. 일반 학생도 교사의 설명을 들으면서 시각 자료나 교구를 통해 보충적인 정보를 받아들여 이해하게 된다. 따라서 학생이 구어 설명을 듣는 것에 더해 관련 교재나 교구를 확대기기를 사용해 보도록 하거나 관련 촉각 자료나 양각 교구를 활용할 수 있도록 하는 것이 필요하다.

## 3) 듣기 평가

화자의 이야기를 잘 듣는다는 것은 이야기의 핵심 내용을 논리적으로 이해하면서 듣는 것을 의미한다. 학생의 듣기 기술과 이해도의 평가는 이야기 줄거리나 사건의 기억과 이해, 사건과 관련된 주요 인물 파악, 사건의 원인 및 추론 등을 통해 이루어질 수 있다. 교사가 이야기 글로부터 질문 내용을 준비하고, 학생이 이야기를 모두 들은 후에 말하거나 써서 응답하도록 할 수 있다. 이를 위해 해당 학년 권장 도서의 일부 내용을 발췌하여 소리 내어 읽어 주고, 도서 내용과 관련된 주요 질문을 준비하여 학생이 잘 듣고 기억하는지를 확인할 수 있다. 시각장애 학생의 현재 듣기 기술 수준을 평가하여 학생이 높은 듣기 기술 수준에 도달하도록 단계적으로 듣기 기술을 지도해 나가야 한다.

- 이야기의 줄거리를 요약해 보세요.
- 이야기에서 나타난 화자의 관점이나 주장, 또는 주요 사건을 요약해 말해 보세요.
- 이야기 속의 주요 등장인물과 특징에 대해 말해 보세요.
- 이야기에서 화자의 관점이나 주장을 뒷받침하는 증거, 또는 그 사건이 일어난 원인을 말해 보세요.
- 현재까지 이야기를 듣고 앞으로 어떻게 될 것 같은지 예측해 보세요.

## 4) 학교급별 듣기 지도

### (1) 가정

어려서부터 다른 사람의 말이나 주변 소리에 주의를 기울여 듣는 습관이 형성되는 것이 중요하다. 가정에서 유아가 다양한 소리에 대한 경험을 통해 청각적 주의 집중과 기초적인 청각 정보의 변별을 할 수 있도록 다음과 같이 지도할 수 있다.

- 집 안에 소리가 많은 환경(소리 나는 모빌과 장난감 등)을 조성한다.
- 유아의 이름을 자주 부르고, 유아가 목소리가 나는 쪽을 응시하거나 몸을 틀면 강화한다.
- 유아 수준에 맞는 쉬운 노래부터 율동과 함께 따라 하도록 하고, 다양한 악기를 소리 내고 악기를 소리로 구분하도록 한다.
- 유아가 활동하는 부엌, 침대, 화장실 등에서 간단한 대화와 질문으로 자주 이야기 나눈다.
- 유아 수준에 맞는 촉각 동화책을 선정하여 등장인물의 특성에 맞게 목소리를 내어 읽어 준다.
- 유아가 내는 소리나 단어를 부모가 모방하고, 유아도 부모가 내는 소리를 모방하는 주고받기(turn-taking)를 한다.
- 처음에는 한 단계, 점차 두 단계의 간단한 지시를 하고 유아가 지시에 따라 행동하면 강화하도록 한다.

### (2) 유치원

유치원은 다양한 소리의 탐색, 또래와의 상호작용 기회, 다양한 듣기 관련 교육 활동이 이루어진다는 점에서 다양한 듣기 기술의 경험과 지도가 이루어질 수 있다. 유치원에서는 놀이를 통한 언어 경험을 비롯해 다른 사람의 말에 주의를 기울여 듣는 습관이 형성되도록 다음과 같이 지도할 수 있다.

- 유치원에서 경험할 수 있는 모든 유형의 소리를 유아에게 들려주고, 설명하고, 질문한다. 예를 들면 다음과 같다. "이 벨소리는 뭐지? 벨소리는 수업의 시작과

끝을 의미해".

- 유치원에서 일과 활동 중에 누가, 무엇을 어디서, 어떻게, 왜, 언제 같은 질문을 하고 유아가 응답할 기회를 마련한다.
- 이야기를 들려줄 때 이야기와 관련된 물체를 제공하거나 이야기 속에 등장하는 동물 소리나 의성어를 동작과 함께 모방하면 개념 발달과 듣기 이해의 향상이 이루어질 수 있다.
- 반복되는 부분이 많은 이야기를 통해 보다 성공적인 듣기 경험을 제공한다.
- 이야기에서 사용한 새로운 단어나 재미있는 어휘에 관해 이야기를 나누며 의미를 알도록 한다.
- 이야기 내용과 관련된 자신의 경험을 말하거나 새롭게 시도해 보고 싶은 경험을 말하도록 하여 듣기 이해를 높인다.
- 책을 모두 읽은 후에 학생이 이야기에 대해 어떻게 느끼는지 물어보고 학생이 혼란스러워 하는 어휘나 개념에 대해 설명한다.
- 유아에게 녹음기를 사용하는 방법을 지도하고, 교실에 소리 도서관 코너를 만들어 음성 및 촉각 도서, 음성 및 확대 도서를 듣고 만질 수 있도록 한다.

## (3) 초등학교

초등학교에서는 본격적인 교과 학습이 이루어지므로 '필수 듣기 기술'의 교육이 이루어져야 한다. 초등학교 교사는 학생의 연령에 적합한 다양한 주제의 도서를 오디오북이나 육성으로 짧고 단순한 글에서 점차 길고 다양한 주제 글 단계로 들려주면서 다음의 필수 듣기 기술을 지도할 수 있다.

- 화자(교사, 친구 등)의 이야기를 명확히 이해하고 추가 정보를 얻기 위해 화자에게 필요한 질문을 하고 화자의 질문에 답할 수 있어야 한다.
- 화자가 말한 것을 그대로 다시 말하거나 요약하여 말할 수 있어야 한다. 이러한 활동을 통해 학생이 화자의 이야기에 집중하고 기억하는 능력을 향상시킬 수 있다.
- 교사는 학생이 들은 내용을 요약하거나 자신이 이해한 대로 재구성하여 표현하도록 한다.
- 화자의 이야기를 학생 자신의 경험, 관점, 생각과 연결하여 이해하고 표현할 수

있도록 한다.

- 화자의 이야기를 듣고 학생이 주요한 관점이나 생각과 지지 증거를 찾아 발표하거나 글로 써 보도록 한다.
- 학생이 다양한 오디오북을 듣고 등장인물, 줄거리, 사건의 배경 요소를 정리하여 발표하도록 할 수 있다.
- 다단계의 구어 지시를 학생이 이해하고 그에 따라 정확히 수행할 수 있는지를 점검할 수 있다.

### (4) 중 · 고등학교

중 · 고등학교에서는 상위 레벨의 듣기 기술과 학생의 현재 듣기 능력을 평가하여 부족한 듣기 기술에 대한 '교정적 듣기 지도'를 하는 것이 필요하다. 특히 중학교부터는 컴퓨터, 스마트폰, 점자정보단말기, 데이지 플레이어 같은 청각 활용 보조공학 기기들을 보다 능숙하게 사용하고, 상황에 따라 적절한 기기를 선택하여 필요한 음성 정보를 활용할 수 있도록 한다.

- 토론 수업이나 활동에서 상대방의 이야기를 비평적으로 들을 수 있도록 한다.
- 구어 의사소통에서 화자의 톤, 무드, 정서적인 부분을 파악하며 들을 수 있도록 한다.
- 화자의 보다 긴 이야기나 주제 발표를 계속 집중하여 들을 수 있도록 한다.
- 이야기 주제에 대한 화자의 시각과 태도를 파악하고, 하위 생각과 개념을 상호 간에 연결하고, 논리적으로 추론할 수 있도록 한다.
- 일대일 토의, 그룹 토의를 효과적으로 시작하고, 상대방의 아이디어를 들으며, 자신의 새로운 아이디어를 형성하고 자신의 생각을 논리적이고 명확하게 표현할 수 있도록 한다.

## 학습 활동

● 한글 점자의 자음과 모음, 약자와 약어, 숫자, 문장부호 등을 점자 필기구를 사용하여 써 봅시다.

● 한글 점자로 짧은 시를 써 본 후 점역 프로그램을 이용하여 바르게 적었는지 확인해 봅시다.

● 확대경이나 확대독서기를 사용하여 읽기와 쓰기 활동을 해 보고 차이를 비교해 봅시다.

● 저시력 체험 안경을 쓰고 스마트폰 녹음기를 켜고 2분 분량의 도서를 읽은 다음 읽기 속도(분당 정독 어절 수)를 계산해 봅시다.

● 스마트폰의 구글 플레이스토어에서 '점자' '점자 학습' '점역 프로그램'을 키워드로 검색하여 점자 학습 및 점역 관련 앱을 내려받아 사용해 봅시다.

## 국내 참고 자료 활용

교육부(2024). 점자 교사용 지도서. 서울: 미래엔.

문화체육관광부(2023). 개정 한국 점자 규정.

교육부(2024). 시각장애인 자립생활 교사용 지도서(기능시각 대단원). 서울: 미래엔.

## 국내외 참고 사이트 활용

하상장애인복지관 점자 세상 사이트: https://www.braillekorea.org/

한국시각장애인연합회 점역교정사 자격 정보 사이트: http://jum.kbuwel.or.kr/Board/ExamNotice/List

실로암학습지원센터 유튜브: 촉각으로 이해하는 나의 첫 한글점자

CHAPTER 10

# 보행 교육

학습목표

● 보행의 개념과 효과적인 보행 교육 및 평가 방법을 이해한다.

● 실내 보행 기술의 종류를 알고 보행 장소와 상황에 맞게 지도한다.

● 실외 보행 기술의 종류를 알고 보행 장소와 상황에 맞게 지도한다.

## 1. 보행 교육의 이해

### 1) 보행의 개념

보행은 목적지까지 독립적이고 안전하고 효율적이며 품위 있게 도달하는 행위로, 이동과 방향정위의 2가지로 구성된다.

- 이동: 신체를 사용하여 목적지까지 걸어가는 신체 동작과 행동
- 방향정위: 잔존 감각을 이용하여 보행 구간의 주변 정보를 수집·분석하여 현재 자신이 어디에 위치해 있고 어느 방향으로 가야 하는지를 판단하는 인지 과정

시각장애 학생은 방향정위의 어려움으로 목적지를 찾아가는 데 큰 어려움을 가진다. 「장애인 등에 대한 특수교육법」에서 특수교육 관련 서비스로서 보행 훈련이 필요한 특수교육대상자에게 이를 제공하도록 규정하고 있으므로, 독립적인 이동이 어려운 시각장애 학생에게 보행 교육을 실시해야 한다.

시각장애 학생의 보행 방법은 안내 보행, 흰지팡이 보행, 안내견 보행, 전자보행기구 활용의 4가지로 구분할 수 있다. 안내 보행(안내법)은 다른 사람의 안내를 받아 목적지까지 가는 방법이고, 흰지팡이 보행은 다양한 흰지팡이 기술을 사용하여 혼자서 목적지까지 가는 방법이며, 안내견 보행은 18세 이상의 시각장애 학생이 안내견을 분양받아 소정의 교육과정을 수료한 후에 안내견과 함께 이동하는 방법이다. 전자보행기구는 차량의 후방 감지기처럼 음파를 이용하여 전방의 장애물을 확인할 때 사용할 수 있는데 흰지팡이 보행 방법에 보조적으로 활용할 수 있는 도구이다.

### 2) 보행 교육 방법

특수학교에서는 보행 교육을 창의적 체험 활동, 체육 교과, 방과 후 등의 시간에 편성·지도할 수 있고, 일반학교에서는 특수교육지원센터에 방과 후, 주말, 방학 시간

을 이용하여 관련 서비스의 일환으로 순회 보행 교육을 요청할 수 있다. 보행 기술을 효과적으로 지도하기 위한 원리는 다음을 포함한다(Griffin-Shirley & Bozenman, 2016; Jacobson, 2013; Wiener et al., 2010).

- 보행 교육 장소는 환경확대법에 따라 해당 학년의 교실·복도 → 학교 건물 전체 → 학교 운동장 → 학교 인근 지역사회로 확대해 나간다. 즉, 작고 친숙한 장소에서부터 넓고 낯선 장소로 확대한다.
- 보행 기술은 나선형 원리에 따라 쉽고 간단한 기술부터 어렵고 복잡한 기술 순서로 위계적으로 지도한다.
- 보행 자세와 기술은 장애물이 없는 안전한 장소에서 먼저 지도한 후 장애물이 있는 실제 장소에서 실습하도록 한다.
- 보행 기술은 학생의 연령 및 발달 수준을 고려해 처음에는 '경험하기·모방하기 수준'에서 보행에 대한 관심과 자신감을 높이는 데 주안점을 두고, 점차 보행 자세와 기술의 정확성과 숙달에 주안점을 두어 지도한다.
- 보행 기술은 과제분석을 통해 한 단계씩 정확한 자세와 세부 기술을 익히도록 지도하고, 보행 기술을 혼자서 능숙하게 사용할 수 있게 충분히 연습하도록 한다.
- 보행 지도 과정에서 촉각 교수 방법과 언어적·신체적 촉진 등을 통해 바른 자세와 기술을 익히도록 한다.
- 안내 보행, 보행 기초 기술, 흰지팡이 기술은 보행 상황에 따라 왼손과 오른손을 번갈아 사용할 수 있도록 지도한다.

보행 기술은 시각장애 학생의 연령, 장애 정도, 중복장애 여부 등을 고려하되, 가능한 보행 기술의 위계에 따라 가르치는 것이 효과적이다. 보행 교육 프로그램은 [안내 보행-보행 기초 기술-흰지팡이 기술-지역사회 보행] 또는 [안내 보행-실내 보행 기술-실외 보행 기술-대중교통 이용] 순서로 구성하여 지도할 수 있다.

우리나라에서는 2024년에 개발·보급한 '시각장애인 자립생활 교사용 지도서(보행 대단원)'를 보행 교육에 활용할 수 있다.

## 2. 보행 교육의 평가

보행 평가는 보행 수업 시간마다 학습한 보행 기술의 정확성과 숙달 정도를 수행 평가하는 것이 바람직하다. 보행 평가는 규준 참조 평가보다는 학생 개인별로 설정한 보행 교육 목표의 도달 여부를 확인하는 준거 참조 평가가 바람직하다. 보행 기술의 정확성을 평가하기 위해서는 보행 교사가 보행 기술을 구사하는 학생의 정면, 측면, 후면 모두에서 자세와 기술의 정확성을 관찰하여 교정적 피드백을 제공해야 한다. 그리고 독립적인 보행 기술의 수행 평가는 5점이나 3점 척도로 [독립적으로 능숙하게 수행한다-독립적으로 정확하게 수행한다-언어적 도움을 받아 수행한다-신체적 도움을 받아 수행한다-도움을 받아도 수행하지 못한다] 또는 [독립적으로 수행한다-부분적인 도움을 받아 수행한다-도움을 받아도 수행하지 못한다] 등으로 평정할 수 있다. 보행 교육은 학생이 어떤 도움 없이도 정확하고 능숙하게 보행 기술을 사용하는 수준에 도달하도록 지도해야 한다.

## 3. 방향정위 훈련

### 1) 방향정위 전략

비장애인은 일반적으로 목적지를 찾아가는 방향정위에 시각 정보를 주로 활용한다. 시각 정보를 활용하기 어려운 맹학생은 목적지까지 가는 도중 주변에 있는 촉각 정보, 청각 정보, 후각 정보를 방향정위에 최대한 활용하는 것이 필요하다. 시각장애학생은 방향정위에 도움이 되고 자신의 잔존 감각으로 지각할 수 있는 주변 정보를 목적지까지 찾아가는 단서나 랜드마크로 선정해 놓아야 한다.

- 단서: 주변 정보 중 방향정위에 도움이 되는 잔존 시각, 청각, 후각, 촉각으로 지각할 수 있는 정보를 말한다. 이를 청각 단서, 후각 단서, 촉각 단서 등으로 세분화할 수 있다.

- 랜드마크: 단서들 중 잔존 감각으로 보다 쉽게 지각되고 그 자리에 영속적으로 존 재하며 방향을 판단하는 데 결정적인 역할을 하는 단서를 랜드마크로 설정한다. 예를 들어, 주유소의 기름 냄새는 주유소 인근을 지날 때면 쉽게 후각으로 지각 되고, 주유소를 이전하지 않는 한 계속 그 장소에 있다.

　시각장애 학생의 방향정위를 위한 정보 수집 및 분석 절차는 5단계로 진행된다(임 안수 외, 1999; Jacobson, 2013). 방향정위를 위한 5단계 절차는 출발 지점부터 도착 지 점까지 이동하는 동안 계속 이루어진다.

① 지각 단계: 이동하는 구간에서 촉각, 청각, 후각, 잔존 시각으로 정보를 수집한다.
② 분석 단계: 수집한 정보를 분석하여 이 정보가 무엇인지 확인한다. 분석 정보 중 에 필요한 정보가 없으면 다시 지각 단계로 돌아가 추가 정보를 수집해야 한다.
③ 선별 단계: 수집·분석한 정보 중 현재 위치와 가야 할 방향을 판단하는 데 도움 이 되는 정보(랜드마크와 단서)를 찾는다.
④ 계획 단계: 선택한 정보를 활용하여 이동 계획, 즉 가야 할 방향과 방법을 결정한다.
⑤ 실행 단계: 계획에 따라 적절한 방향으로 이동한다.

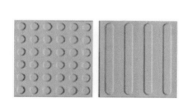

보행 편의시설: 점자블록(점형 – 위치표시용, 선형 – 유도용), 점자 표지판, 촉지도식안내판

## 2) 청각 활용 훈련

　맹학생은 방향정위를 위해 흰지팡이나 발과 손 같은 신체를 통해 수집되는 촉각 정 보와 더불어 청각 정보를 주로 활용한다. 독립보행을 위해 청각 기술 훈련은 매우 중 요하다.

- 소리 인식(sound awareness): 보행 환경 주변에서 나는 소리를 들을 수 있는 것을 말한다. 현재 보행 환경에 다양한 청각 단서가 있으나 주변 소음이 크거나 청력에 문제가 있으면 소리를 듣지 못하고, 청각 단서를 그냥 지나칠 수 있다.
- 소리 식별(sound identification): 수돗물 소리, 체육관에서 공 튀기는 소리, 엘리베이터 소리, 오토바이 소리 등처럼 소리의 정체가 무엇인지 아는 것이다. 학생과 자주 이용하는 보행 장소를 다니면서 소리 식별 훈련을 실시해야 한다.
- 소리 변별(sound discrimination): 소리가 나는 여러 사물 중에 같은 소리, 다른 소리, 특정 사물이 내는 소리를 구분해 내는 것을 말한다. 교차로에서 차량의 흐름이 직진하는지, 좌회전하는지, 우회전하는지를 구분하는 훈련 등이 해당된다. 소리 식별 훈련이 이루어지면 비슷한 소리들을 구별할 수 있는지 소리 변별 훈련을 실시해야 한다.
- 소리 위치 찾기(sound localization): 소리가 나는 곳을 알고 도달할 수 있는 것을 말한다. 소리가 나는 방향과 소리 크기를 통해 거리를 가능한 한 정확하게 판단하는 것이 중요하다. 탁 트인 공간에서 소리 나는 물체를 학생 주변에 떨어뜨리고 학생이 소리 나는 물체를 찾도록 하는 훈련 등이 해당된다.
- 소리 추적(sound tracking): 사람이나 차량처럼 소리 나는 대상을 따라가는 것을 말한다. 보행 교사가 박수를 치면서 앞서가면 학생이 박수 소리를 듣고 따라가기 등이 해당된다. 소리 추적 기술은 인도에서 직선 보행을 하기 위해 앞서가는 사람을 따라가거나 인도와 평행한 도로를 지나가는 차량의 소리를 따라갈 때 활용될 수 있다.

보행 중에 방향정위를 위해 설정한 청각 단서를 들을 수 없게 되면 방향정위에 어려움을 겪을 수밖에 없다. 보행 중에 청각 단서를 이용하는 것을 방해하는 주요 원인들을 알고, 적절히 대처하는 방법을 익히는 것도 필요하다(신동렬, 2000; Jacobson, 2013).

- 사운드 마스크(sound mask): 청각 단서가 주변의 소음으로 인해 들리지 않는 현상으로, 인도 보행 중에 주변 공사 소음으로 인해 차량의 진행음, 카페 음악, 횡단보도 신호음 등을 들을 수 없는 경우이다. 소음이 일시적인 것(응급 구조 차량

의 사이렌 소리)이면 소음이 사라질 때까지 기다리거나, 촉각이나 후각 같은 다른
감각 정보를 이용하여 천천히 이동하거나, 행인에게 도움을 요청할 수 있다.

- 사운드 섀도(sound shadow): 보행 도중 청각 단서가 나오는 곳(음원)과 시각장애
학생 사이에 큰 물체나 구조물이 있어 청각 단서가 차단되어 잘 들리지 않는 현
상으로, 인도를 걷는 도중 음원과 시각장애 학생 사이에 공사를 위한 대형 칸막
이가 있는 경우이다. 청각 단서를 차단하는 것이 일시적인 것(잠시 정차한 대형 트
럭 등)이면 지나갈 때까지 기다리거나, 촉각이나 후각 같은 다른 감각 정보를 이
용하여 천천히 이동하거나, 행인에게 도움을 요청할 수 있다.


## 4. 안내 보행

안내 보행에서 시각장애인이 이미 알고 있는 길이라면 방향정위의 주체는 시각장
애 학생이며, 안내인은 시각장애인이 이야기하는 방향 단서를 확인하면서 안내해야
한다. 그러나 시각장애인도 처음 가는 길이라면 안내인이 방향정위의 주된 책임을
가질 수 있다.

### 1) 안내 보행 자세와 시작

안내 보행 자세는 두 사람이 상호 편안하고 안전하게 이동할 수 있도록 고안된 자
세이다.

- 안내 보행 표준 자세: 시각장애 학생은 안내인의 반보 뒤 반보 안쪽 측면에 선 후
안내인의 팔꿈치 바로 위를 손 전체로 감아 잡는다. 그리고 두 사람 모두 양팔을
몸에 가볍게 붙인다.
- 안내 시작하기: 안내인이 시각장애 학생의 손등에 자신의 손등을 가볍게 대면 시
각장애 학생은 안내인의 손등에서 팔꿈치까지 스쳐 올라가 팔꿈치 위를 잡는다.
- 안내 거절하기: 시각장애 학생은 다른 손으로 안내인의 팔목을 잡아 정중하게 떼
어 내면서 혼자서 갈 수 있음을 이야기한다.

안내 보행 표준 자세          안내 시작          안내 거절

## 2) 안내 위치 및 방향 전환

안내 위치 전환 기술은 안내 보행 도중 시각장애 학생 쪽에 장애물이나 위험물이 있을 경우에 안내 위치를 좌우로 바꿀 때 사용한다.

- 안내 위치 전체 전환: 시각장애 학생은 안내인의 신체 반대편으로 이동하여 안내 보행 표준 자세로 잡는다.
- 안내 위치 부분 전환: 시각장애 학생은 안내인의 팔만 자신의 다른 쪽 손으로 바꾸어 잡고 안내인의 등 뒤에 서서 장애물이나 위험물을 통과한 후 원래 자세로 되돌아온다.

안내 위치 전체 전환                    안내 위치 부분 전환

안내 방향 전환 기술은 안내 보행 도중에 오던 길로 180° 되돌아가야 할 때 사용한다. 넓은 통로에서는 한 사람이 회전축이 되어 돌기 기술을 사용하고, 좁은 통로에서는 두 사람이 마주보며 돌기 기술을 사용하도록 한다.

- 한 사람이 회전축이 되어 돌기: 두 사람이 멈추어 선 후에 둘 중 한 사람은 축이 되어 제자리에서 돌고, 바깥쪽에 있는 사람은 더 넓게 돈다.
- 두 사람이 마주 보고 돌기: 두 사람이 이동을 멈추고 90° 돌아 마주 보고 서서 팔을 바꾸어 잡은 후에 오던 방향으로 90° 돈다.

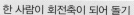

한 사람이 회전축이 되어 돌기　　　　　두 사람이 마주 보고 돌기

## 3) 좁은 통로 지나가기

좁은 통로 지나가기 기술은 두 사람이 함께 지나가기 어려운 좁은 통로에서 사용한다. 좁은 통로 지나가기는 표준 자세 또는 안내 위치 부분 전환 자세를 사용할 수 있다.

- 좁은 통로 지나가기 표준 자세: 자신의 안내하던 손의 손등을 허리에 대면 시각장애 학생은 안내인의 손목까지 내려 잡고 안내인의 등 뒤에 서서 통과한다.

좁은 통로 지나가기 표준 자세　　　　　안내 위치 부분 전환 자세 활용

• 안내 위치 부분 전환 자세 활용: 안내인이 좁은 통로 앞에서 좁은 통로임을 알리면 안내 위치 부분 전환 자세로 바꾸어 통과한다.

## 4) 문 지나가기

문을 지나갈 때 앞에 선 안내인은 문을 여는 역할, 뒤에 선 시각장애 학생은 문을 닫는 역할을 한다. 안내인은 문 앞에서 문의 형태(미는, 당기는)와 열리는 방향(왼쪽, 오른쪽)을 말해 주는 것이 좋다. 시각장애 학생은 경첩에 가까운 쪽(문이 열리는 방향)에 위치해야 하고, 두 사람 모두 문이 열리는 방향(경첩)과 가까운 쪽 손으로 문손잡이를 여닫는 것이 편안하다.

• 미는 문, 시각장애 학생이 경첩 쪽에 위치한 경우: 안내인은 문 앞에 서서 "○○ 쪽으로 미는 문이야."라고 말한 후 문을 밀며 천천히 나간다. 시각장애 학생은 경첩과 가까운 쪽 손을 허리 높이로 뻗어 문손잡이를 찾아 인계받고 두 사람 모두 문을 나간 후에 문을 닫는다.
• 미는 문, 시각장애 학생이 경첩 반대쪽에 위치한 경우: 안내인이 문에 대한 정보를 말하면 시각장애 학생은 안내 위치 부분 전환 자세로 바꾸고, 나머지 절차는 앞과 동일하다.

미는 문: 시각장애 학생이 경첩 쪽에 위치할 때

경첩

미는 문: 시각장애 학생이 경첩 반대쪽에 위치할 때

- 당기는 문, 시각장애 학생이 경첩 쪽에 위치한 경우: 안내인은 문 앞에 서서 "○○ 쪽으로 당기는 문이야."라고 말한 후 문을 당겨 연다. 시각장애 학생은 경첩과 가까운 쪽 손을 상부 보호법 자세로 내밀어 문의 모서리를 따라 내려오면서 문손잡이를 찾아 인계받고 두 사람이 모두 문을 나간 후 시각장애 학생이 문을 닫는다.
- 당기는 문, 시각장애 학생이 경첩 반대쪽에 위치한 경우: 안내인이 문에 대한 정보를

당기는 문: 시각장애 학생이 경첩 쪽에 위치할 때

당기는 문: 시각장애 학생이 경첩 반대쪽에 위치할 때

말하면 시각장애 학생은 안내 위치 부분 전환 자세로 바꾸고, 나머지 절차는 앞과 동일하다.

## 5) 계단 오르내리기

계단 올라가기, 계단 내려가기 순서로 지도하고, 처음에는 계단 난간이나 핸드레일을 잡고 오르내리도록 한다. 원형 계단을 올라갈 때는 시각장애 학생이 바깥쪽에 위치하는 것이 정상적인 계단 디딤판 넓이를 확보할 수 있어 안전하다.

- 계단 올라가기: 안내인이 계단 앞에 서서 올라가는 계단임을 말하면 시각장애 학생은 안내인 옆에 나란히 서서 난간을 잡는다. 안내인이 한 계단 앞서 올라가되, 처음 두세 계단은 천천히 올라가서 계단의 높이와 형태를 파악하도록 하고 그 이후 계단은 정상적인 속도로 올라간다. 시각장애 학생은 안내인의 움직임, 팔의 위치 변화, 난간 곡선 변화 등을 통해 계단(참)의 시작과 끝을 예측하도록 한다.
- 계단 내려가기: 안내인이 계단 앞에 서서 내려가는 계단임을 말하면 시각장애 학생은 안내인 옆에 나란히 서서 난간을 잡는다. 안내인이 한 계단 앞서 내려간다. 나머지 절차는 계단 올라가기와 동일하다.

난간 위치
안내

계단 올라가기와 내려가기

원형 계단
올라가기

## 6) 의자 앉기

의자의 형태에 따라 의자로 안내하는 기술은 여러 가지가 있다.

- 의자 앉기: 의자 근처로 안내하여 시각장애 학생의 한 손을 의자 등받이에 대어 주면 시각장애 학생은 상부 보호법 자세로 의자 바닥을 확인한 후 앉는다.
- 책상 있는 의자 앉기: 책상과 의자 측면으로 안내하여 시각장애 학생의 한 손을 의자 등받이에 다른 한손을 책상 모서리에 대어 주면, 시각장애 학생은 의자를 빼내어 상부 보호법 자세로 의자 바닥을 확인한 후 앉는다.
- 강당 의자 들어가기: 앉을 좌석이 있는 통로에 멈춰 서서 두 사람 중에 좌석에 가까운 쪽 사람이 먼저 옆으로 들어가고 다른 사람이 뒤따라 들어간다. 시각장애 학생의 손등을 앞의자 등받이에 가볍게 대도록 하되, 옆으로 이동할 때 앞사람의 머리나 신체를 건들지 않도록 유의한다.

책상 있는 의자 앉기                         강당 의자 들어가기

## 5. 보행 기초 기술

보행 기초 기술은 흰지팡이를 사용하기 전에 익히는 기술로 주로 실내에서 독립적으로 이동하기 위해 자신의 신체를 이용하는 기술이다.

## 1) 자기 보호법

자기 보호법은 주변 장애물로부터 상체를 보호하는 상부 보호법과 하체를 보호하는 하부 보호법으로 나뉜다. 복도에서 자기 보호법 자세로 벽을 오가면서 연습하는 것이 효과적이다.

- 상부 보호법: 벽에 등을 대고 서서 한 팔을 들어 반대편 어깨에 손을 갖다 댄 후에 팔꿈치의 각도가 120° 정도 되도록 손바닥을 전방으로 내민다. 장애물의 위치에 따라 내민 손바닥의 위치를 얼굴 쪽으로 조정할 수 있다.
- 하부 보호법: 벽에 등을 대고 서서 한 손을 몸 중앙으로 내려 뻗은 후 손등이 바깥을 향하도록 몸으로부터 20~25cm 정도 떨어뜨린다. 장애물의 위치에 따라 내민 손의 위치를 조정할 수 있다.

상부 보호법 표준 자세(좌: 정면, 중: 측면)와 수정 자세(우)

하부 보호법 표준 자세(좌: 정면, 우: 측면)

## 2) 떨어진 물건 찾기

바닥에 떨어진 물건을 손, 지팡이, 발 등을 사용하여 찾을 수 있다. 떨어진 물건을 찾기 위해 떨어진 물건의 소리가 나는 방향과 거리를 예측하여 이동하는 것이 필요하다.

- 손으로 찾기: 떨어진 물건 방향으로 거리를 예측하여 걸어간다. 전방에 있을지 모르는 장애물에 부딪치지 않기 위해 허리를 구부리지 않고 몸통을 수직으로 세운 상태로 앉는다. 상부 보호법 자세로 한손이나 양손을 바닥에 댄 후 원을 그리듯이 찾는다. 물건이 없으면 상부 보호법 자세로 한 걸음 내디딘 후 동일하게 찾아나간다.
- 흰지팡이로 찾기: 떨어진 물건 방향으로 거리를 예측하여 걸어간다. 수직으로 앉은 후 흰지팡이를 바닥에 붙이고 부채꼴 모양이나 수평 방향으로 천천히 움직이다가 물건의 접촉이 느껴지면 지팡이를 내려놓고 지팡이를 따라 올라가면서 손으로 물건을 찾는다.

양손 원형 찾기

양손 반원 찾기

한 손 반원 찾기

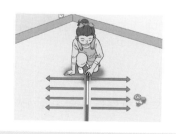
흰지팡이 수평 이동 찾기

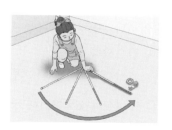
흰지팡이 부채꼴 이동 찾기

## 3) 손 스쳐가기(손 스침)

손 스쳐가기(hand trailing)는 실내에서 흰지팡이 없이 벽을 따라 이동할 때 자주 사용하는 기술이다. 벽 주변에 장애물이 있으면 자기 보호법과 함께 사용할 수 있다.

- 손의 자세: 벽에 대는 손의 자세는 손등 또는 손의 측면이 가장 일반적이며, 벽의 재질이나 매끄러움 정도에 따라 선택할 수 있다.
- 손 스쳐가기: 벽과 반보 떨어져 나란히 서서 벽과 가까운 쪽 팔을 전방 45° 각도로 뻗은 후 손의 측면이나 손등을 가볍게 벽에 대고 이동한다. 벽을 따라 이동할 때 벽에 댄 손이 몸통보다 항상 앞에 있어야 단서나 장애물을 먼저 확인할 수 있다.

손의 자세(좌: 손의 옆면, 우: 손등)

손 스쳐가기와 상부 보호법

## 4) 신체 정렬

맹학생은 주변 사물과 자신의 신체를 볼 수 없어 신체를 수직이나 수평으로 정렬하는 것이 어렵다. 따라서 촉각을 이용하여 신체를 보다 정확하게 정렬하는 기술을 익히는 것이 필요하다.

- 직각 서기(직각 정렬): 진행 방향으로부터 직각으로 방향을 틀어 이동해야 할 때 사용한다. 발뒤꿈치, 엉덩이, 어깨를 벽에 대어 수직으로 선다.
- 평행 서기(평행 정렬): 진행하는 방향과 같은 방향을 계속 유지하며 이동할 때 사용한다. 예를 들어, 복도의 교차 지점을 건너 같은 방향으로 이동해야 할 때 사용

직각 서기

평행 서기

할 수 있다. 벽과 가까운 손을 앞뒤로 45° 정도 들어 올릴 때 팔의 균등한 당김 정도를 통해 벽과 평행하도록 신체를 정렬한다.

## 5) 공간 탐색법

교실, 복도 같은 공간의 구조를 이해하고 친숙해져야 독립적으로 이용할 수 있다. 공간 탐색은 공간의 모양과 크기를 파악하는 '둘레 탐색법'과 공간 내부의 구조와 가구 배치를 파악할 수 있는 '중앙 탐색법'으로 구성되며, 일반적으로 둘레 탐색 후에 중앙 탐색을 사용한다. 혼자서 공간 탐색하는 것을 두려워하는 학생은 교사와 함께 안내 보행 자세로 먼저 탐색할 수 있다.

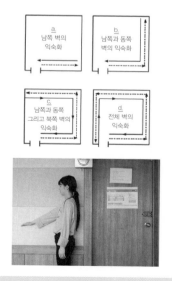
둘레 탐색법

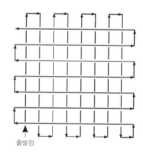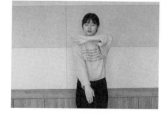
중앙 탐색법

- 둘레 탐색법: 손 스쳐가기와 상부 보호법을 사용하여 방의 출입문을 기준점으로 하여 방의 네 벽을 순차적으로 돌면서 네 벽의 거리와 벽의 부착물 등을 확인함으로써 방의 둘레 이미지를 그려 나간다.
- 중앙 탐색법: 하부 보호법이나 상·하부 보호법을 사용하여 벽의 한쪽 끝에서 바둑판 모양으로 방의 내부를 탐색해 나가면서 가구나 설비 등을 확인함으로써 방의 내부 이미지를 그려 나간다.

## 6. 흰지팡이 사용법

### 1) 흰지팡이 구조와 선택

흰지팡이(white cane)는 손잡이, 자루, 팁으로 구성된다. 흰지팡이 종류에는 일자형 지팡이, 접이식 지팡이, 안테나형 지팡이 등이 있으며, 휴대가 용이하고 견고한 접이식 지팡이를 많이 사용한다. 학생에게 적합한 흰지팡이의 길이는 다음과 같다.

- 일반적으로 흰지팡이의 표준 길이는 학생의 겨드랑이나 가슴 높이 정도에 오는 것이 적절하다.
- 흰지팡이 사용 시, 지팡이가 주변 사물에 자주 걸리는 학생은 표준 길이보다 짧은 것을 사용할 수 있다.
- 흰지팡이 사용 시, 주변 사물이나 장애물에 대한 반응이 느려 자주 부딪치는 모습이 나타나는 학생은 표준 길이보다 더 긴 것을 사용할 수 있다. 유아, 시각·지적 장애 학생, 시각·지체 장애 학생에게 나타날 수 있다.
- 학생의 흰지팡이 사용 능력이 향상되면 표준 길이의 흰지팡이를 도입한다.

흰지팡이 팁의 종류도 다양하며, 학생의 연령이나 운동 기능에 적합한 팁을 사용할 수 있다.

- 표준 팁: 팁이 뾰족하고 가벼워 가장 많이 사용하는 이점 촉타법에 효과적이다. 초등학교부터 성인기까지의 단순 시각장애 학생은 이 팁을 사용하는 것이 좋다.

흰지팡이 구조(접이식 지팡이)와 팁의 종류(표준팁–볼팁–롤링팁)

- 볼 팁: 팁이 탁구공처럼 둥글고 커서 지팡이 팁이 바닥에서 걸리지 않고 잘 미끄러진다. 대각선법이나 지면 접촉 유지법을 주로 사용하는 유아나 시각중복장애 학생에게 효과적이다.
- 롤링 팁: 팁이 베어링에 의해 바퀴처럼 굴러가고 무게감이 있는 팁이다. 흰지팡이를 지면에서 들기 어렵고 팁을 좌우로 움직이는 힘이 부족한 더 어린 유아나 더 심한 시각중복장애 학생에게 효과적이다. 이 팁은 지면 접촉 유지법이나 대각선법에 주로 사용할 수 있으나 이점 촉타법에는 사용하기 어렵다.

## 2) 대각선법

대각선법(diagonal technique)은 실내와 친숙한 곳에서 주로 사용하는 기술이다. 흰지팡이를 잡은 손의 팔을 뻗고 흰지팡이가 대각선 방향이 되도록 조정한 후 팁을 바닥으로부터 5cm 이하를 유지함으로써 이동할 때 장애물과 턱을 확인할 수 있다. 유아나 시각중복장애 학생이 흰지팡이를 바닥에서 들어올리기 어렵다면 팁을 지면에 대고 이동하도록 할 수 있으며, 표준 팁 대신 볼 팁을 사용할 수도 있다. 대각선법은 지팡이를 잡은 손의 팔을 펴야 하며 팁은 한 발 앞에 항상 위치해 있어야 한다. 그리고 대각선법에서 지팡이의 양 끝은

대각선법 표준 자세

어깨보다 약 5cm 정도 더 나와야 한다. 대각선법에서 잡는 방법은 집게손가락 잡기(index finger grasp), 연필 잡는 식 잡기(pencil grasp), 엄지손가락 잡기(thumb grasp)가

| 엄지손가락<br>잡기 | 집게손가락<br>잡기 | 연필 잡는 식<br>잡기 | 대각선법으로<br>벽을 따라가기 |
|---|---|---|---|

있으며, 어린 아동은 흰지팡이를 견고하게 잡고 유지하도록 집게손가락 잡기나 엄지 손가락 잡기를 추천할 수 있다. 대각선법은 실내에서 벽을 따라 기준선 보행을 할 때 도 사용할 수 있으며, 벽과 반대쪽 손으로 흰지팡이를 잡고 지팡이 팁을 벽 걸레받이 에 대고 이동한다.

## 3) 지면 접촉 유지법

지면 접촉 유지법(constant contact technique)은 이점 촉타법 변형 기술로 이점 촉타 법과 유사하다. 성인은 이점 촉타법을 먼저 익힌 후에 지면 접촉 유지법을 사용하지 만, 이점 촉타법의 사용이 어려운 시각장애 유아나 아동은 지면 접촉 유지법을 먼저 익혀 사용할 수 있다. 지면 접촉 유지법은 이점 촉타법과 유사하며, 다른 점은 팁이 바닥을 계속 접촉한 상태에서 어깨너비만큼 좌우를 슬라이딩한다는 것이다. 지면 접 촉 유지법은 바닥이 매끄러운 곳에서 사용할 수 있다.

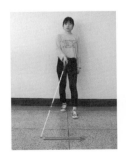

| 지면 접촉 유지법 자세 | 지면 접촉 유지법으로 벽을 따라가기 |
|---|---|

## 4) 이점 촉타법

이점 촉타법(two point touch technique)은 발을 내디딜 지면을 먼저 흰지팡이 팁으로 두드려 지면의 상태나 장애물 여부 등을 확인하는 기술로, 실외에서 가장 널리 사용된다.

- 손 전체로 감아 잡기: 손바닥으로 흰지팡이 손잡이를 감아 잡은 후 둘째손가락을 펴서 흰지팡이 측면에 대는 방법으로 흰지팡이를 놓치지 않고 견고하게 잡을 수 있다.
- 이점 촉타법 자세: 흰지팡이를 잡은 손은 몸의 중앙(배꼽)에 위치하며, 손과 몸 사이의 간격은 20~25cm 정도 거리를 유지해야 한다. 흰지팡이를 잡은 손의 팔꿈치를 옆구리에 가볍게 붙이고 손목의 좌우 스냅을 이용하여 지팡이 팁이 한 발 앞의 양 어깨너비보다 약 5cm 정도 바깥을 두드려야 측면 물체로부터 신체를 보호할 수 있다. 지팡이 팁이 좌우로 호를 그리며 두드릴 때 바닥으로부터 팁이 5cm 이하를 유지해야 낮은 턱을 놓치지 않을 수 있다.

---

### 👥 이점 촉타법 기본 자세 평가 방법

- 학생 앞에서 손목 위치 및 움직임, 그리고 호의 높이를 평가한다.
- 학생 옆에서 손잡이와 몸통 간의 간격, 팁이 두드리는 바닥 지점과 신체 간의 거리를 평가한다.
- 학생 뒤에서 좌우 어깨의 균형과 호의 넓이를 평가한다.

---

손 전체로 감아 잡기

이점 촉타법 자세

## 5) 흰지팡이로 계단 오르내리기

흰지팡이를 사용하여 혼자서 실내·외 계단을 오르내리기 위해 흰지팡이와 핸드레일 및 난간을 이용할 수 있다. 흰지팡이로 계단 이용하기는 계단 올라가기를 먼저 지도한 후 내려가기를 지도한다.

- 계단 올라가기: 대각선법이나 지면 접촉 유지법으로 올라가는 계단 입구를 찾는다. 흰지팡이 팁이 계단을 접촉하면 지팡이를 수직으로 세우면서 계단 입구에 다가간다. 계단 우측 편에 서서 흰지팡이 팁을 바닥에서 들어 올려 첫 번째 계단의 높이와 깊이를 확인한다. 흰지팡이를 연필잡기 식으로 잡되 지팡이는 몸 중앙에 오도록 하여 수직으로 세우고 지팡이를 잡은 팔은 지면과 평행하게 편 자세를 취한다. 지팡이 팁이 세 번째 계단 모서리(계단코)에 살짝 걸쳐 접촉하도록 위치시킨다. 이 자세로 계단을 올라갈 때 흰지팡이 팁이 계단코를 접촉하지 않게 되면 마지막 계단까지 한두 계단 정도 남은 것으로 볼 수 있다.
- 계단 내려가기: 촉타 후 밀기법이나 지면 접촉 유지법으로 내려가는 계단 입구를 찾는다. 흰지팡이 팁이 계단 아래로 떨어지면 챌면(수직면)에 지팡이를 수직으로 세우면서 입구까지 다가간다. 집게손가락 잡기로 대각선법 자세를 취하되, 지팡이 손잡이의 상단을 잡아 지팡이를 길게 잡는다. 지팡이 팁이 두 번째 계단 모서리 위에 위치하도록 하되 계단 모서리에 걸리지 않도록 한다. 이 자세로 계단을 내려갈 때 지팡이 팁이 바닥에 부딪치면 한두 계단 정도 남은 것으로 볼 수 있다.

계단 올라가기

계단 내려가기

## 6) 이점 촉타법 변형 기술

이점 촉타법 변형 기술에는 지면 접촉 유지법(constant contact technique), 촉타 후 밀기법(touch & slide technique), 촉타 후 긋기법(touch & drag technique), 삼점 촉타법(three point touch technique)이 있다. 이점 촉타법의 자세 및 기술의 일부를 수정한 것이다.

- 촉타 후 밀기법: 이점 촉타법처럼 흰지팡이로 좌우 바닥면을 두드릴 때마다 팁을 전방으로 5~10cm 정도 미는 동작이 추가된 기술이다. 도로의 연석이나 경계석, 내려가는 계단, 현관 입구, 단차 등 전방의 떨어지는 곳(drop-off)을 탐지할 때 유용하며, 눈 덮인 보도에서 지면을 확인할 때 사용할 수 있다.
- 촉타 후 긋기법: 흰지팡이로 따라가고자 하는 기준선(면)의 반대쪽을 두드린 후 기준선(면) 쪽으로 지팡이 팁을 바닥에 댄 채로 끌어당기는 기술이다. 보도와 차도의 경계석, 보도와 잔디, 보도의 점자블록 등 지면이 서로 다른 경계선을 따라

촉타 후 밀기법

촉타 후 긋기법

삼점 촉타법

기준선 보행을 하거나 인도 연석처럼 측면의 떨어지는 곳(drop-off)을 탐지할 때
도 유용하다.

- 삼점 촉타법: 흰지팡이로 좌우 바닥면을 두드리는 것에 더해 벽, 잔디 같은 기준
선(면)을 한 번 더 두드리는 동작을 추가한 기술이다. 삼점 촉타법은 실외의 담벼
락, 펜스, 연석 등을 따라갈 때 사용할 수 있으며, 건물 외벽을 따라 이동하다 출
입문을 찾을 때도 효과적으로 사용할 수 있다.


# 7. 지역사회 보행 기술

## 1) 인도 보행과 비어링 수정

인도에서 직선 이동을 하지 못해 방향이 틀어지는 비어링이 일어나면 차도로 들어
갈 수 있으며, 방향을 다시 정렬하는 비어링 수정 기술을 사용하는 것이 필요하다.

- 인도 직선 보행: 인도에서 직선 이동이 이루어지려면 먼저 바른 자세로 이동해야
하며, 팁이 신체 좌우를 균등한 거리로 두드려야 한다. 긴 거리를 직선으로 계속
이동하기 위해서는 이동 중에 차도의 차량 진행 방향이나 앞서가는 사람들의 소
리를 활용하는 것이 필요하다.
- 비어링 수정: 인도 보행 중에 차량 소리가 가까워지거나 지팡이 팁이 인도 아래로
떨어지는 느낌이 든다면 인도 중앙에서 차도 쪽으로 비어링한 것임을 알고 멈춰

인도에서 비어링 수정하기(평행 서기 후 인도 중앙으로 이동)

서야 한다. 비어링을 수정하려면 연석에서 평행 서기를 한 후 인도 중앙을 향해
옆으로 3~4걸음 이동한 후 차량 소리를 이용해 방향과 자세를 정렬해야 한다.

## 2) 기준선 보행

기준선 보행은 보행자의 진행 방향과 같은 방향으로 뻗어 있는 벽, 펜스(울타리), 화
단, 담벼락 등이 있을 때 이들을 기준선으로 활용하여 따라가는 기술이다. 기준선 보
행은 보행자가 방향을 잃지 않고 심리적 안정감을 갖도록 할 수 있다는 장점이 있다.
대각선법, 이점 촉타법, 촉타 후 긋기법, 삼점 촉타법 등을 이용하여 기준선과 기준선
반대쪽으로 번갈아 접촉하며 따라가게 된다.

• 복도 벽 기준선 보행: 실내에서는 흰지팡이를 두드리는 소리가 시끄러울 수 있어
  대각선법이나 지면 접촉 유지법을 이용하여 기준선 보행을 한다.

화단 기준선 보행: 이점 촉타법

점자블록 기준선 보행: 촉타 후 긋기법

- 실내 화단이나 펜스 기준선 보행: 실내 화단이나 펜스를 따라갈 때에는 이점 촉타법이나 삼점 촉타법을 사용할 수 있다. 지면 상태가 좋지 않아 바닥 상태까지 확인하며 따라가야 할 때는 이점 촉타법보다 삼점 촉타법을 사용하는 것이 좋다.
- 점자블록 기준선 보행: 이점 촉타법을 사용하면 점자블록을 감지하기 어려우므로, 촉타 후 긋기법이나 지면 접촉 유지법을 사용하여 점자블록을 따라가는 것이 좋다.

## 3) 도로 횡단

교차로의 형태와 횡단 거리가 다양하고, 도로 횡단은 생명과 직결되므로 바르고 안전하게 횡단할 때까지 충분히 실습하는 것이 중요하다. 삼거리, 사거리, 오거리 등의 구조와 형태를 익히기 위해 2020년 국립특수교육원에서 개발 · 보급한 '보행 촉지도 제작 키트'를 사용할 수 있다. 이 교구는 벨크로보드에 인도, 횡단보도, 중앙선 등의 형태 틀을 부착하여 도로와 교차로를 나타낼 수 있다.

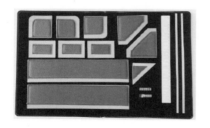

보행 촉지도 제작 키트

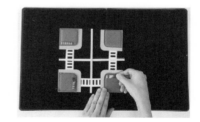

사거리 나타내기

횡단보도는 횡단보도 근처의 점자블록과 인도 경사면, 횡단보도 앞의 사람 소리나 차량 정차 소리, 횡단보도 인근 지형 지물(상가 건물 등) 등을 종합적으로 이용하여 찾아야 한다. 횡단보도를 찾으면 횡단보도 앞의 연석과 지나가는 차량 소리를 이용하여 직각 서기를 하고 지팡이 팁을 연석에 수직으로 세워 놓아야 한다. 신호등의 보행자 신호음, 다른 보행자의 움직임, 차량의 정차 소리 등을 이용해 횡단 시점을 파악하여 직선으로 건너서 반대쪽 연석을 확인한 후 인도로 올라서야 한다.

횡단보도 찾아 건너기

# 8. 유아와 저시력 학생 보행 교육

## 1) 유아 보행

유아기의 보행 교육은 바른 신체 자세와 운동 능력 발달에 기여한다. 조기에 보행 교육이 이루어지지 않으면 손을 허우적거리거나 발을 끌면서 걷는 자세, 혼자서 이동 하려는 동기 부족 등의 문제가 나타날 수 있다.

### (1) 안내 보행 자세

부모가 아이의 손을 잡고 이동하면 아동은 부모에게 이끌려 모든 것을 맡기는 수동 적인 보행자가 된다. 안내 보행에서 유아가 부모의 신체를 잡고 이동하도록 해야 보 행의 능동적인 책임과 자신감을 가질 수 있다. 유아는 키와 손이 작으므로 안내 보행 에서 부모의 손목이나 손가락을 잡도록 자세를 수정할 수 있다.

손목 잡기

손가락 잡기

### (2) 유아용 기구

유아의 독립적인 이동을 돕기 위해 처음에는 친숙한 줄, 바통, 훌라후프 등 유아용 놀이 기구를 활용할 수 있다. 이들 기구를 사용하면 유아의 독립 보행에 대한 자신감과 동기가 높아질 수 있다.

훌라후프로 혼자 이동하기

줄을 따라 혼자 이동하기

### (3) 대체보행기구

유아가 흰지팡이 사용에 어려움을 보이거나, 거부하거나, 또는 더 어린 영아의 경우에 적합한 대체보행기구(Alternative Mobility Device)를 사용하여 보행 교육을 실시할 수 있다. 시각장애 유아에 따라 대체보행기구 사용 과정 없이 바로 흰지팡이 사용 기술을 교육하는 경우도 많다.

유아용 대체보행기구 종류

대체보행기구로 이동하기

### (4) 흰지팡이 도입

유아용 흰지팡이는 무게가 가볍고 바닥에서 쉽게 미끄러지도록 볼 팁이나 롤링 팁을 사용할 수 있다. 유아에게 흰지팡이를 도입할 때는 지팡이 팁을 지면에 대고 이동하는 대각선법과 지면 접촉 유지법을 먼저 지도할 수 있다. 유아가 이들 기술에 익숙해지면 표준 팁으로 교체하고 이점 촉타법을 지도할 수 있다.

유아용 흰지팡이의 도입과 사용 경험

## 2) 저시력 학생 보행 교육

저시력 학생이 방향을 혼동하거나 주변 장애물과 부딪치는 일이 자주 관찰되면 보행 교육을 실시할 필요가 있다. 저시력 학생의 보행 교육 내용은 학생의 잔존 시각 정도에 따라 차이가 있으며, 잔존 시각을 방향정위에 활용하기, 망원경을 사용하여 주변 정보를 파악하기, 야맹증이 있는 학생은 야간이나 그늘진 곳에서 흰지팡이 사용하기 등으로 보행 교육을 계획하여 지도할 수 있다.

- 잔존 시각을 통한 방향정위: 건물 간판이나 표지판의 글자를 읽을 수 없더라도 건물의 모양, 외벽 색, 조명 등의 시각적 특징을 구별할 수 있다면 이 역시 방향정위를 위한 랜드마크와 단서로 활용하도록 해야 한다.
- 망원경 사용하기: 표지판, 상가 간판, 버스 정류소 등을 잔존 시각으로 확인하지 못하면 망원경을 사용하여 보도록 해야 한다.
- 시기능 훈련: 추시, 추적, 주사 같은 시각 활용 기술을 보행에 사용하도록 지도하는 것이 필요할 수 있다. 보도를 걸을 때 점자블록 또는 보도 옆의 펜스나 화단

등을 눈으로 계속 응시하면서 따라가는 추시 기술을 활용할 수 있다.

## 9. 안전한 보행 환경 조성

### 1) 학교 시설 점검

특수교육교사나 보행 전문가는 시각장애 학생이 학교생활에 어려움과 불편이 없도록 학교 시설 및 환경을 점검하는 것이 필요하다. 학교에 배치된 시각장애 학생의 연령, 잔존 시각 등을 고려한 환경 점검이 되어야 한다. 이때 학생의 기능시각 검목표 평가 결과를 점검 과정에 활용할 수 있다. 예를 들어, 기능시각 평가에서 학생이 계단 입구와 계단과 계단 사이를 식별하는 데 어려움을 보이는 것으로 나타났다면 계단이 어둡지 않은지, 계단에 핸드레일이 있는지, 계단 입구와 계단코가 잘 식별되는지 등을 주의 깊게 점검할 필요가 있다.

특수교육교사는 학교 현장을 점검하기 전에 학생, 부모, 담임교사와의 면담을 통해 학생이 학교 시설을 이용하는 데 어떠한 어려움을 경험하고 있고, 어떠한 시설 개선 요구가 있는지를 확인하는 것도 필요하다. 그리고 「장애인, 노인, 임산부 등의 편의증진 보장에 관한 법률」에 따라 공공시설의 시각장애인 편의시설 기준을 충족하는지와 안전을 위협하는 장애물이나 장소가 있는지를 확인하는 것이 중요하다. 학교 환경 개선을 위한 점검 사항으로 다음을 포함할 수 있다.

- 교문부터 건물 출입구까지 보도와 차도가 구별되어 있으며, 보도에는 유도용 선형블록이 설치되어 있는가?
- 출입구, 계단, 화장실, 엘리베이터에 위치표시용 점형블록이 설치되어 있는가?
- 계단 난간, 화장실, 엘리베이터 조작판에 점자 표지판이 설치되어 있는가?
- 운동장이나 건물에 낙상이나 추락할 수 있는 위험한 장소가 있는가? 위험 장소가 있다면 안전 펜스와 시각장애 학생이 인식할 수 있는 경고 표시가 되어 있는가?
- 교실, 복도, 계단, 화장실 등 학교의 내부 시설은 전반적으로 적정한 밝기를 유지하고 있는가?

- 계단 입구와 계단코(모서리)에 유색 띠 등을 붙여 계단을 쉽게 식별하고 안전하게 이용할 수 있도록 하고 있는가?
- 교실, 복도, 운동장, 보도 등에 시각장애 학생이 부딪치거나 충돌할 수 있는 시설물이나 장애물이 있는가?
- 학교 전반에서 저시력 학생을 위한 큰 문자 표지판이 적정 높이에 설치되어 있는가?
- 학교, 교실, 급식실, 화장실 전반에서 저시력 학생을 위해 색상 대비를 고려하고 있는가?
- 체육관, 도서관, 교실 등의 가구나 기자재는 통행과 이용에 불편이 없도록 정렬되어 있는가?

## 2) 학교 시설 개선

특수교육교사는 학교 환경 점검 결과에 따라 시각장애 학생의 학교 생활과 시설 이용에 방해나 불편이 되는 요소를 개선하도록 학교에 권고하는 것이 필요하다. 시각장애 학생이 안전하고 편안하게 학교에서 독립적인 생활을 할 수 있도록 돕기 위한 환경 개선 방법은 다음을 포함한다.

- 교실: 창문에는 눈부심을 줄이고 자연광에 의한 적정 밝기를 유지하기 위하여 밝은 색 계열의 블라인드를 사용한다. 교실의 전체 조명이 적절한 밝기를 유지하도록 한다. 교실 책상과 가구는 위치를 기억하고 통행하기 쉽게 일렬로 정리하고, 학급 학생이 의자를 통로로 빼어 놓지 않도록 한다. 교실의 공용 물품은 정해진 자리에 두도록 한다. 교실의 교구함, 사물함은 점자와 큰 문자 라벨을 붙인다.
- 통행로: 웅덩이, 맨홀, 나뭇가지 등 보도의 위험물을 모두 제거하거나 안전 장치를 마련한다. 파손되거나 표면이 평탄하지 않은 보도는 수리한다. 복도 바닥과 벽은 다른 색이 좋고, 바닥과 벽의 색이 비슷한 경우에는 벽의 걸레받이를 대비되는 색을 사용하여 바닥과 벽의 식별을 높인다. 학교나 학급 행사로 인해 교실이나 강당의 책상 배열을 달리하거나 통로에 기자재를 두어야 하는 경우에는 학생에게 미리 알려 준다. 단차, 턱같이 바닥과 높이 차이가 있는 곳에는 고대비 테이프를 부착하여 저시력 학생의 안전 이동에 도움을 준다. 맹학생이 학교 정문

이나 건물 출입구를 찾기 쉽도록 점자블록이나 차임벨을 설치한다. 보건실, 교무실 등의 주요 시설에는 점자 표지판이나 고대비의 큰 문자 표지판을 사용한다. 큰 문자 표지판은 문 중앙에 눈높이에 부착하고, 점자 표지판은 손으로 촉지하기 쉽게 가슴 높이에 부착한다.

- 계단: 난간이 없는 쪽의 벽에도 핸드레일을 설치하여 잡고 올라갈 수 있도록 한다. 계단은 적정 밝기의 조명 상태를 유지한다. 계단 입구에는 점형 블록을 설치한다. 계단코(계단 모서리)에는 고대비 테이프를 붙여 계단과 계단 사이의 식별을 돕는다. 난간이나 핸드레일에는 층별 정보를 나타내는 점자 표지판을 부착한다.

- 문: 문은 완전히 열어 두거나 완전히 닫아 두어 부딪치지 않도록 한다. 문의 손잡이는 찾기 쉽게 문과 대비되는 색으로 설치한다. 교무실이나 엘리베이터 문 입구를 쉽게 찾도록 바닥에 고대비 색을 칠하거나 매트를 부착한다. 유리문에는 고대비의 유색 테이프를 붙인다.

- 놀이터와 체육시설: 놀이 기구나 운동 기구는 바닥과 대비되는 색으로 칠한다. 놀이 기구나 운동 기구 주변에는 질감이나 색이 다른 바닥재로 마감하거나 고대비 색으로 안전선을 표시한다. 농구장 같은 코트의 경기 라인은 바닥과 대비되는 색으로 그린다.

문 앞의 고대비 매트

유리문의 고대비 띠

계단코의 고대비 띠

엘리베이터 입구의
고대비

벽면과 모서리의
고대비

엘리베이터 버튼에
고대비 스티커 부착

- 학교 식당: 바닥과 대비되는 색의 식탁과 의자를 사용한다. 식탁과 의자는 일렬로 줄을 맞추어 이동 통로를 확보한다. 배식을 위해 줄을 서는 곳은 바닥에 고대비 테이프로 표시한다. 맹학생은 배식과 이동이 용이한 곳에 지정석을 둘 수 있다.

고대비 교실 전등 스위치

큰 문자 안내판

고대비 문

고대비 문손잡이

벽 안으로 마감된 소파 위치

벽면의 보행 촉각 단서

### 학습 활동

- 2인 1조로 안내 보행, 보행 기초 기술, 흰지팡이 기술을 실습하고 소감을 발표해 봅시다. 한 사람이 보행 기초 기술과 흰지팡이 기술을 실습할 때 다른 사람은 교사 입장에서 자세를 교정하고 안전에 신경 쓰도록 합니다.

- 2인 1조로 대학 캠퍼스 정문에서 학생복지회관, 강의동, 기숙사 중 한 곳을 목적지로 정하고 목적지를 찾아가기 위한 랜드마크와 단서를 선정한 후 안대를 쓰고 목적지를 찾아가는 실습을 하고 소감을 발표해 봅시다.

  - 촉각, 청각, 후각 관련 랜드마크와 단서 정하기

  - 목적지까지 길의 형태와 거리 파악하기

  - 출발지부터 목적지까지 랜드마크와 단서를 이용하여 이동하기

  - 목적지에 도달하지 못하거나 특정 구간에서 방향을 잃은 이유 토의하기

  - 목적지를 찾아가지 못한 원인과 문제를 보완할 수 있는 방법, 그리고 랜드마크 및 단서 재설정 토의하기

**국내 참고 자료 활용**

교육부(2024). 시각장애인 자립생활 교사용 지도서(보행 대단원). 서울: 미래엔.

김영일 외(2014). 시각장애 학생 보행의 이론과 실제. 서울: 시그마프레스.

신동렬(2000). 보행 훈련. 서울: 한국시각장애인복지재단.

 **국내외 참고 사이트 활용**

한국시각장애 학생연합회 보행지도사 동영상 자료: http://www.kbuwel.or.kr/Board/
   Theory/List

# 저시력 기구 지원과 교육

- 저시력 중재와 관련된 기본적인 이론을 이해한다.

- 저시력 기구의 종류를 알고 사용법을 지도한다.

- 학생의 시각 문제에 따라 적합한 시기능 훈련을 실시한다.

# 1. 저시력 중재 이론

특수교육교사는 저시력 기구 중재에 관한 기초 이론을 알고 있어야 학생의 시각 문제에 따라 적합한 저시력 지원을 제공할 수 있다.

## 1) 확대법

확대법은 시력과 시야 중 시력에 문제가 있는 학생에게 보다 효과적인 방법이다. 학생이 시력과 시야 모두에 문제가 있다면 학생의 잔존 시야를 고려해 적정 수준에서 확대하는 것이 필요하다. 학생의 잔존 시야를 고려하지 않고 확대하게 되면 글자나 그림 전체가 시야에 들어오지 않거나 시야에 들어오는 글자 수가 적어져서 읽기 효율성이 감소할 수 있다. 자료를 확대하는 방법은 4가지로 분류할 수 있다.

- 상대적 거리 확대법: 자료에 가까이 다가가서 보는 것으로, 자료에 다가갈수록 물체의 상이 커지는 효과가 있다. 체육 시간에 교사에게 가까이 다가와서 보도록 하는 것도 여기에 속한다.
- 상대적 크기 확대법: 자료를 더 크게 만들어 주는 것으로, 칠판에 글자를 더 크게 써 주거나 복사기로 2배 확대한 자료를 제공하는 것이다. 체육 시간에 일반 공보다 큰 공을 사용하는 것도 여기에 속한다.
- 각도 확대법: 렌즈를 사용하여 자료가 더 크게 보이도록 하는 것으로, 원 자료가 렌즈를 통과하면 자료의 글자나 그림의 상이 더 커진다. 이와 관련된 저시력 기구로 확대경과 망원경이 있다.
- 투사 확대법: 카메라 및 전자 장치를 통해 모니터나 스크린에 원 자료의 크기보다 크게 투사한다. 이와 관련된 저시력 기구로 확대독서기가 있다.

학생의 잔존 시각과 학습 상황에 따라 이들 확대법을 조합하여 사용하는 것이 필요할 수 있다. 예를 들어, 판서가 보이지 않는 학생을 상대적 거리 확대법을 적용하여 교실 맨 앞줄에 앉도록 하였으나 여전히 잘 보지 못한다면 교사가 칠판의 글자 크기

를 원래보다 2배 이상 크게 쓰는 상대적 크기 확대법을 함께 적용할 수 있다. 또는 각
도 확대법에 따라 확대경을 사용해야 하는 학생이 확대경의 배율이 너무 높아서 눈의
피로나 어지러움을 호소한다면 확대경 배율을 낮추는 대신에 학습 자료를 확대복사
기로 더 크게 확대해 주는 상대적 크기 확대법을 함께 사용할 수 있다.

☞ 고배율의 확대가 필요한 중도 저시력 학생은 2가지 이상의 확대법을 함께 사용하는 것이 더
  도움이 될 수 있다.

그리고 확대비(ERr) 공식을 이용하면 학생에게 필요한 확대독서기의 배율과 복사
기를 이용한 자료의 확대 비율을 구할 수 있다. 학생에게 필요한 확대비(ERr)는 자료
를 보기 위한 확대 후 글자 크기(자료를 보기 위해 확대한 글자 크기)를 확대 이전 글자
크기(원본 글자 크기)로 나누어 구한다. 근거리 시력 검사를 사용하는 경우에는 현재
읽을 수 있는 글자 크기를 학생이 읽기를 바라는 글자 크기로 나누어 구할 수 있다.
예를 들어, 현재 원 자료를 3배 확대하여야 볼 수 있다면 필요한 확대비는 3÷1은 3배
이고, 근거리 시력 검사에서 현재 읽을 수 있는 글자 크기가 3.0M(24포인트)이고 읽기
를 바라는 교과서의 글자 크기가 1.0M(8포인트)이라면 3÷1은 3배이다.

ERr(필요한 확대비) = Sa/Sb [S = size, a = after, b = before, r = require]

= 확대 이후 글자 크기/확대 이전 글자 크기

= 현재 읽을 수 있는 글자 크기/읽기를 바라는 글자 크기

이 공식은 근거리용 확대독서기와 확대교과서 확대 비율을 구할 때 동일하게 적용
할 수 있으므로, 학습 자료를 확대독서기로 3배(3x) 확대하거나 복사기로 300% 확대
하도록 추천할 수 있다.

확대독서기와 학습 자료의 확대 비율 = ERr = Sa/Sb

## 2) 거리와 확대 및 시야 간 관계

시력과 시야 모두에 문제가 있는 학생은 확대를 할 때 잔존 시야를 고려하는 것이 필요하다. 학생이 거리와 확대 및 시야 간의 관계를 이해하고 효과적으로 활용하도록 지도할 필요가 있다.

- 물체와 눈 간의 거리가 가까워지면 물체가 확대되어 잘 보이는 대신 시야가 좁아져서 물체 전체가 안 보이는 문제가 생긴다.
- 물체와 눈 간의 거리가 멀어지면 시야가 넓어져서 물체 전체가 보이는 대신 물체가 작아져 자세히 안 보이는(시력 저하) 문제가 생긴다.

주변 시야 손상: 물체와 먼 거리(좌), 물체와 가까운 거리(우)

### 💬 주변 시야 손상

물체의 전체가 보이지 않을 때 물체로부터 더 멀리 떨어지면 물체의 상이 작아져 시야가 넓어지는 효과가 있어 전체가 보일 수 있다. 다만 거리가 멀어지면 시력이 감소하여 세부 요소를 정확히 확인하기 어려워지므로, 물체의 전체 윤곽을 확인한 후에 물체에 다시 가까이 다가가서 세부 요소를 살펴보는 단계적 보기 전략을 사용할 필요가 있다.

### 💬 중심부 시야 손상

물체를 바라볼 때 물체의 중심부가 안 보여서 물체를 확인하기 어렵다면, 물체에 더 가까이 다가가는 것이 도움이 된다. 물체에 다가가면 눈의 암점 크기는 변함이 없으나 물체가 커지는 효과가 있어 암점의 영향이 감소되어 물체의 더 많은 부분을 볼 수 있다.

## 2. 저시력 기구 지원과 교육

저시력 기구는 시각장애 학생의 시기능을 향상시키고 보다 바르고 편안한 자세로 볼 수 있도록 하는 데 도움이 된다. 안질환의 유형과 정도에 따라 시기능에 미치는 영향에 차이가 있으므로, 시각 평가 결과에 따라 학생에게 적합한 저시력 기구를 지원

표 11-1　시기능 문제와 중재 방법

| | 시기능 문제 | 중재 방법 |
|---|---|---|
| 시력 | 작은 것을 보기 어렵다. | • 자료를 확대한다.<br>• 자료에 다가가서 본다.<br>• 확대경과 확대독서기를 사용한다. |
| 대비 | 낮은 대비 자료를 보기 어렵다. | • 자료를 고대비로 수정한다.<br>• 적정 조명을 제공한다.<br>• 눈부심을 감소시킨다.<br>• 확대독서기를 사용한다.<br>• 아세테이트지, 착색 렌즈를 사용한다.<br>• 검은색 매트 위에 자료를 놓는다. |
| 중심부 시야 손상 (암점) | 물체를 보면 중앙이 안 보인다. | • 중심 외 보기(주변부 시야 보기) 기술을 지도한다.<br>• 암점보다 자료를 크게 확대한다.<br>• 암점 영향을 줄이기 위해 자료에 더 가까이 다가간다. |
| 주변부 시야 손상 | 물체를 보면 주변부가 안 보인다. | • 추시, 추적, 주사 기술을 지도한다.<br>• 프리즘 렌즈를 사용한다.<br>• 잔존 시야를 고려한 최소 확대를 사용한다. |
| 밝은 조명 선호 | 보통 이하 밝기에서 잘 보지 못한다. | • 개인용 스탠드를 사용한다.<br>• 조명에 가까운 곳에 자리를 배치한다. |
| 눈부심 | 밝은 곳에서 눈부심으로 잘 보지 못하고 눈이 불편하다. | • 광원이 눈에 직접 비치지 않도록 한다.<br>• 조명에 갓이나 루버를 설치한다.<br>• 광원을 등진 자리에 배치한다.<br>• 착색 렌즈를 사용한다.<br>• 조명 기구나 모니터의 밝기를 좀 더 낮게 조절한다. |
| 독서 자세 | 자세가 바르지 않아 쉽게 피로를 느낀다. | • 높낮이 조절 독서대나 책상을 사용한다.<br>• 독서대에 자료를 올려놓을 때 자료의 중앙이 눈높이에 오도록 한다. |

하는 것이 필요하다. 시각장애 학생의 시기능을 향상시키는 데 도움이 되는 저시력 기구 지원 방법은 다음을 포함한다(임안수 외, 2014; Whittaker et al., 2016).

우리나라에서는 2024년에 개발·보급한 '시각장애인 자립생활 교사용 지도서(감각 활용 대단원)'를 저시력 지원과 교육에 활용할 수 있다.

## 1) 비광학 기구

비광학 기구란 저시력 기구 중에서 렌즈를 사용하지 않는 기구로 독서대, 타이포스코프 및 라인 가이드, 개인용 스탠드, 아세테이트지 등이 있다.

### (1) 높낮이 조절 독서대와 책상

높낮이와 각도가 조절되는 독서대나 책상은 시력 저하로 책과 눈 간의 거리가 가까워 고개를 숙이고 보는 학생에게 도움이 된다.

- 책상이나 독서대의 높낮이를 조절하면 학생의 척추가 휘거나 거북목이 되는 것을 예방할 수 있고, 편안하고 바른 자세를 통한 장시간 독서의 피로감을 줄일 수 있다.
- 책상이나 독서대의 각도(기울기)를 조절하면 고개를 숙였을 때 조명을 가려 학습 자료가 어두워지거나 그림자 지는 것을 막을 수 있고, 조명으로부터 책을 통한 2차 빛 반사가 눈에 들어오지 않도록 하여 눈부심을 줄일 수 있다.
- 책상이나 독서대의 책 받침대도 조명 빛을 반사하여 눈부시지 않으며 대비도 높일 수 있는 검은색 계열 무코팅 재질의 페인팅 처리된 것을 사용하는 것이 좋다.
- 독서대 대신 두꺼운 검은색 서류철을 사용할 수 있다.
- 독서대가 없는 경우에 한 손을 구부려 팔꿈치를 책상에 대고 팔 위에 책을 놓아 잡고, 다른 손으로 책장을 넘기거나 손가락으로 줄을 짚으며 읽거나 확대경을 잡고 볼 수 있다.

높낮이 조절 독서대 사용

검은색 서류철 사용

양손 사용

## (2) 개인용 스탠드

개인 조명 기구는 조명 선호 검사 결과에 따라 밝은 조명을 선호하는 학생에게 제공한다. 개인 조명 기구 구입 및 사용 전략은 다음과 같다.

개인용 스탠드의 바른 위치

- 전체 조명은 집중 조명보다는 빛이 고루 퍼지는 조명(산광, 또는 확산광)을 사용한다.
- 학생들의 조명 선호도가 다양하므로, 교실 조명은 기본적으로 적정 밝기를 유지하되, 밝은 조명을 선호하는 학생은 개인용 스탠드를 지원하고, 밝기를 낮추는 것이 필요한 학생은 창가나 형광등에서 떨어진 자리에 배치할 수 있다.
- 개인용 스탠드는 밝기와 방향 조절이 되는 제품으로 구입한다.
- 조명등은 형광등, 백열등 외에도 자연광에 가까우면서 눈에 편안함을 제공하는 다양한 할로겐등을 사용한다.
- 명순응이나 암순응에 어려움을 보이는 학생을 위해 교실, 복도, 계단, 화장실의 밝기 수준은 비슷하게 유지되는 것이 좋다.

학생이 조명에 의한 눈부심으로 보기에 불편을 가진다면 눈부심을 감소시키는 전략을 적절히 사용하는 것이 도움이 될 수 있다.

- 창가를 바라보지 않도록 창가를 등진 앞자리에, 형광등이 학생의 앞쪽보다 바로 위나 뒤쪽에 위치하도록 자리를 배치한다.

- 교구를 보여 주거나 시범을 보이는 교사의 위치는 창가나 태양광이 비추는 곳에서 빛을 등지고 서 있지 않도록 한다.
- 개인용 스탠드는 조명등이 학생의 얼굴 앞쪽보다는 뒤쪽에서 자료를 비추도록 한다.
- 개인용 스탠드 조명등의 방향이 조절되면 조명등이 눈을 비추지 않고 학습 자료만을 향하도록 조정하여 책으로부터 2차 반사되는 빛의 눈부심을 줄일 수 있다.
- 천장 조명 기구와 개인용 스탠드의 조명등이 바로 눈에 노출되지 않도록 루버, 갓 등이 부착되어야 한다.
- 창가에 블라인드나 커튼을 설치하되, 밝은색 계열(아이보리색, 흰색 등)을 선택하여 자연광을 통한 교실 밝기를 저해하지 않도록 한다.
- 책상이나 테이블로부터 빛이 반사되어 일어나는 눈부심을 줄이면서 동시에 대비를 높일 수 있도록 검은색 계열의 테이블보 또는 학습용 매트를 깐다.
- 빛이 반사되지 않는 무광 칠판을 사용하고, 항상 깨끗하게 관리하여 판서 글자가 명료하게 보이도록 한다.

### (3) 타이포스코프

타이포스코프(독서 보조판)는 시야의 문제로 인해 문장을 좌에서 우로 똑바로 읽어 나가지 못하거나 다음 줄을 잃어버리거나 눈부심에 민감한 학생이 사용하면 도움이 된다. 타이포스코프와 비슷한 기능을 하는 것으로 라인 가이드(line guide)가 있다. 타이포스코프는 보통 검은색 하드보드지나 플라스틱판 가운데에 길쭉한 직사각형 구멍을 내어 만든다. 타이포스코프의 주요 기능은 다음과 같다.

- 한 줄 단위로 문장을 제시하여 글줄을 잃어버리지 않도록 한다.

타이포스코프

아세테이트지가 부착된 라인 가이드

- 바탕색과 글자 색 간의 대비를 더 높여 준다.
- 책의 흰색 바탕보다 타이포스코프의 검은색 바탕이 빛 반사를 낮추어 눈부심을 줄여 준다.

### (4) 아세테이트지

아세테이트지는 문구점에서 셀로판지라고도 부르는데, 대비를 높이거나 종이로부터 반사되는 눈부심을 줄여 줄 수 있다. 선글라스로 사용하는 착색 렌즈와 비슷한 기능을 가지고 있다. 대비감도가 낮거나 눈부심에 민감한 학생에게 도움이 된다.

아세테이트지

- 일반적으로 노란색 계열을 많이 사용하지만 안질환에 따라 밝은 갈색 등 다른 색을 사용할 수 있다.
- 아세테이트지는 책 위에 놓고 보며, 자료의 대비를 높이고 눈부심을 줄여 준다.

## 2) 광학 기구

광학 기구는 저시력 기구 중에서 렌즈를 사용하는 기구로 확대경과 망원경 등이 대표적이다.

### (1) 확대경

### 가. 확대경의 종류

확대경은 독서 같은 근거리 보기 활동에 사용한다. 시각장애 교육 현장에서는 학생의 시력, 상지 운동 능력, 읽기 과제 유형 등에 따라 적합한 확대경을 지원할 수 있도록 확대경 세트를 구비하는 것이 좋다. 학생에게 적합한 확대경을 추천하려면 확대경의 종류와 특징에 대해 알고 있어야 한다.

- 연령이 낮거나 확대경을 처음 사용해 보는 학생은 확대경 렌즈의 직경이 크고

사각형인 확대경이 사용하기 쉬울 수 있다. 확대경 사용에 익숙해지면 휴대성이 좋은 작은 확대경을 사용할 수 있다.

- 고배율의 확대경 사용이 필요한 학생은 처음부터 해당 배율을 사용하기보다 저 배율부터 고배율로 단계적으로 도입하여 적응하도록 한다.
- 고배율 확대경의 사용으로 눈의 피로, 어지러움, 낮은 대비 자료 보기의 어려움 등을 호소한다면 휴대형이나 데스크형 확대독서기를 사용하도록 할 수 있다.
- 렌즈의 초점거리 개념을 알고 맞추기 어려운 유아나 시각 · 지적 장애 학생은 처음에는 학습 자료 위에 대고 사용하는 집광 확대경이나 스탠드형 확대경을 사용하도록 한 후 익숙해지면 손잡이형 확대경을 도입할 수 있다.
- 뇌성마비를 가진 시각장애 학생이 수지 기능의 문제로 손잡이형 확대경을 손으로 잡거나 초점거리를 유지하기 어렵다면 스탠드형 확대경을 사용할 수 있다.
- 과학 실험이나 미술 활동처럼 양손을 사용해야 한다면 안경 부착형이나 안경형 확대경을 사용할 수 있다.
- 주변 시야가 좁은 학생은 상대적으로 낮은 배율을 사용하면 시야 감소 문제를 줄일 수 있고, 반대로 중심 암점이 있는 학생은 상대적으로 높은 배율을 사용하면 암점 영향의 감소 효과를 얻을 수 있다.
- 주변 시야 손상이 심한 학생은 프리즘 부착 안경이 도움이 될 수 있다.
- 밝은 조명을 선호하는 학생은 집광 확대경이나 조명이 부착된 확대경 종류를 사용한다.

표 11-2 확대경의 종류와 기능

| 확대경의 종류 | 기능 |
| --- | --- |
| <br>집광 확대경 | • 빛을 모아 주는 성질이 있어 렌즈 안을 밝게 비춘다.<br>• 밝은 조명을 선호하는 학생에게 도움이 된다.<br>• 읽기 자료에 대고 사용하므로 초점거리를 맞출 필요가 없어 유아가 사용하기 쉽다.<br>• 고배율이 없어 경도 저시력 학생에게만 유용하다. |

막대 확대경

- 읽기 자료에 대고 사용한다.
- 한 줄 단위로 읽을 수 있어 글줄을 놓치는 학생에게 도움이 된다.
- 고배율이 없어 경도 저시력 학생 중 시야 문제나 안진 문제로 안정된 읽기가 어려운 학생에게 유용하다.

스탠드형 확대경

- 읽기 자료에 대고 사용하므로 초점거리를 맞출 필요가 없다.
- 어린 학생이나 수지 운동 기능에 문제가 있는 학생에게 유용하다.
- 밝은 조명을 선호하는 학생에게 조명이 부착된 스탠드형 확대경을 지원한다.
- 고배율의 확대경도 있다.

손잡이형 확대경

- 렌즈와 자료 간의 초점거리를 맞추어야 선명하게 확대된다.
- 지능이나 수지 운동 기능 문제로 초점거리를 맞추고 유지하기 어려운 학생은 사용하기 어렵다.
- 밝은 조명을 선호하는 학생에게 조명이 부착된 손잡이형 확대경을 지원한다.
- 고배율의 확대경도 있다.

안경형/안경 부착형 확대경

- 양손을 사용하는 활동이나 과제를 할 때 유용하다.
- 렌즈와 자료 간의 초점거리를 맞추어야 선명하게 확대된다.
- 양안을 모두 사용할 수 있는 학생은 양안용, 한쪽을 실명하거나 양쪽 시력 차가 큰 학생은 좋은 눈을 기준으로 단안용을 사용한다.

아스페릭 안경

- 안경에 볼록 렌즈를 삽입하여 물체의 확대된 상을 보여 준다.
- 렌즈가 상의 왜곡이 적고 상대적으로 시야가 넓다.

프리즘 안경

- 반맹 학생에게 유용하다.
- 안경 렌즈에서 시야가 손상된 쪽에 프리즘을 부착하면 손상된 시야 부분에 대한 보상 효과가 있다.

## 나. 확대경 배율과 시야

확대경은 확대 자료나 확대독서기와 비교하여 휴대하기가 용이하고 가격도 저렴하다. 다만 확대경은 확대독서기보다 확대 배율이 낮고, 대비를 조절하는 기능이 없고, 배율이 높아지면 렌즈 속에 보이는 글자 수가 적어져 읽기 가독성이 현저히 떨어지며, 큰 그림은 렌즈 안에 모두 들어오지 않는다. 확대경을 효율적으로 사용하는 방법은 다음을 포함한다.

- 눈과 렌즈 간의 거리를 가깝게 하면 시야가 넓어지는 효과가 있으므로 고배율의 확대경을 사용할수록 눈과 렌즈 간의 거리를 가까이 하여 렌즈 속에 더 많은 정보가 보이도록 한다.
- 확대경 렌즈의 직경이 클수록 렌즈 속으로 보이는 시야가 넓어지므로, 같은 배율이라도 직경이 큰 렌즈를 구해 사용하면 렌즈 속에 더 많은 글자를 볼 수 있다.
- 확대경이 고배율일수록 렌즈의 곡률 문제로 렌즈의 직경이 작아지고, 렌즈 가장자리에서 물체 상의 왜곡 현상이 증가하므로 렌즈의 중앙으로 보도록 한다.

 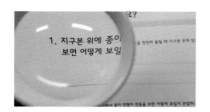

확대 배율에 따른 렌즈 속의 글자 수: 8D옵터 렌즈(좌)와 16디옵터 렌즈(우)

## 다. 확대경 사용 자세

확대경은 종류에 따라 손잡이에 해당하는 부분을 잡게 하여 렌즈를 가리지 않도록 해야 한다. 확대경을 사용하여 장시간 읽기 활동을 할 때 눈과 신체의 피로를 줄이고 바른 독서 자세를 취하도록 독서대에 읽기 자료를 올려놓고 확대경을 사용하도록 한다.

손잡이형 확대경 잡기

스탠드형 확대경 잡기

### 라. 확대경 사용 거리

확대경으로 자료를 크고 선명하게 보기 위해서는 '자료-확대경 렌즈-눈' 간의 거리를 적절히 조절하는 것이 중요하다. 확대경 사용 거리는 '학습 자료와 확대경 렌즈 간의 거리' '확대경 렌즈와 눈 간의 거리'로 이루어지며, 학습 자료부터 눈까지의 거리를 작업 거리 또는 독서 거리라고 부른다.

- 학습 자료와 확대경 렌즈 간의 거리를 초점거리라고 하며, 초점거리를 맞추고 유지해야 학습 자료의 글자를 해당 배율에 맞게 크고 선명하게 볼 수 있다. 초점거리는 [100cm/D(디옵터)] 계산식으로 구할 수 있으며, 확대경 배율이 높을수록 초점거리는 짧아진다. 학생이 10디옵터를 사용한다면 100/10=10cm의 초점거리를 유지해야 한다.
- 확대경 렌즈와 눈 간의 거리는 시야와 관련이 있다. 확대경 렌즈로부터 눈이 멀리 떨어질수록 렌즈 속에 보이는 글자 수가 적어지고 렌즈 주변의 왜곡 현상을 더 많이 느끼게 되어 읽기 가독성이 떨어질 수 있다. 따라서 확대경 배율이 높을수록 렌즈에 더 다가가는 것이 필요하다.

확대경 거리[1]

| 5 | 3 | 1 | 고민 | 간장 | 22point |
|---|---|---|---|---|---|
| 6 | 5 | 4 | 도성 | 고장 | 18point |
| 3 | 3 | 4 | 자랑 | 장비 | 14point |
| 8 | 9 | 8 | 소리 | 동료 | 10point |
| 1 | 2 | 4 | 경도 | 강산 | 8point |

초점거리를 맞추는 연습 자료

1) 작업거리＝렌즈와 자료의 거리(초점거리)＋눈과 렌즈의 거리

## 마. 확대경 사용법 지도

확대경 사용법 교육은 학생의 좋아하는 읽기 자료 중에 편집이 단순하고 줄 간격이 넓은 자료로 시작하는 것이 좋다. 확대경의 초점거리를 맞추는 3가지 방법 중 자신에게 편안한 것을 사용할 수 있다.

- 확대경 렌즈를 자료에 댄 후 천천히 떨어뜨리면서 가장 크고 선명한 상이 보일 때 멈추도록 한다.
- 확대경 렌즈를 눈 가까이 댄 후 천천히 자료에 다가가면서 가장 크고 선명한 상이 보일 때 멈추도록 한다.
- 자료와 눈의 거리를 20~25cm 정도 유지한 상태에서 자료로부터 확대경 렌즈 거리를 증감시키면서 가장 크고 선명한 상이 보일 때 멈추도록 한다.

## (2) 망원경

### 가. 망원경의 종류

망원경은 일반적으로 칠판 보기, TV 보기, 표지판 읽기 같은 원거리 활동에 유용하다. 최근 들어 스마트폰 카메라 성능과 기능이 발전함에 따라 망원경 사용이 감소하는 경향이 있다. 학생에게 적합한 망원경을 추천하려면 망원경의 종류와 특징에 대해 알고 있어야 한다.

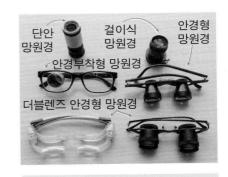

망원경의 종류

- 단안 망원경은 양안의 시력 차이가 큰 경우 좋은 쪽 눈에 사용하고, 쌍안경은 양안의 시력 차이가 없는 경우에 사용한다. 양 눈 중 좋은 눈에 사용하는데, 그 이유는 더 낮은 배율을 사용함으로써 더 넓은 시야로 편안하게 볼 수 있기 때문이다.
- 손잡이형 단안 망원경은 손으로 잡고 보는 망원경으로, 도로 표지판, 버스 노선표, 상점이나 물체 찾기처럼 단시간 동안 사용할 때 가장 보편적으로 사용한다.
- 안경 부착형 망원경은 안경렌즈의 상단 부분에 양안 또는 단안으로 망원경을 부

컴퓨터 작업과 피아노 연주에 안경 부착형 망원경 사용하기

착하는 것으로, 양손을 사용하거나 긴 시간 동안 망원경을 사용해야 할 때 유용
하다.

### 나. 망원경의 구조와 배율

학생이 망원경을 바르고 효율적으로 사용하기 위해서는 망원경의 구조와 특징에
대해 이해하고 있어야 한다(D'Andrea & Farrenkopf, 2000).

- 망원경의 몸체에는 망원경의 사양을 나타내는 '8×21 7.2' 같은 숫자 표기가 되
  어 있다. 이것은 8배율, 대물렌즈 직경 21mm, 시야각 7.2°를 의미한다.
- 접안렌즈: 눈에 대는 렌즈로 보통 고무 재질로 마감되어 있으며, 안경에 댈 때에
  는 고무를 뒤집어 안경에 댄다.
- 대물렌즈: 물체를 향해 있는 렌즈로 딱딱한 재질로 마감되어 있다.
- 경통: 물체와의 거리에 따라 선명한 상을 얻기 위해 경통을 돌려 초점을 조절하
  는 부위이다.

망원경 구조 및 사양 표시

### 다. 망원경 사용 자세

망원경은 좋은 눈에 대고 보기 때문에 일반적으로 좋은 눈 쪽의 손으로 잡되, 엄지
손가락과 나머지 손가락으로 접안렌즈와 경통 부위를 감싸듯이 잡아야 한다. 접안렌
즈를 눈에 최대한 붙이는 이유는 빛은 대물렌즈로만 들어오고 접안렌즈와 눈 사이의
공간으로 불필요한 빛이 들어오지 않도록 차단해야 보다 선명하고 넓은 시야로 볼 수
있기 때문이다.

망원경 사용 자세

망원경 사용과 필기

### 라. 망원경 사용법 지도

망원경 초점을 맞추는 연습은 고대비의 큰 숫자나 도형 카드를 벽에 부착하고 벽
으로부터 다양한 거리에 떨어져서 실시할 수 있다. 중심 시야 손상이나 중심 암점이
있는 학생은 망원경 렌즈를 중심 외 보기 방향으로 바라보도록 해야 한다. 저배율 망
원경에서 시작하여 고배율 망원경으로 단계적으로 도입하면 고배율 망원경 사용에
따른 눈의 피로나 어지러움을 줄이고 망원경으로 목표물을 찾는 어려움을 줄일 수
있다.

## 3) 착색 렌즈

적절한 색과 빛 투과율의 착색 렌즈(선글라스)는 빛을 흡수하여 눈부심을 감소시키
고 대비를 높이는 효과가 있다. 백내장, 녹내장, 황반변성, 백색증, 망막변성증, 시신
경 질환 등 대비 문제를 일으킬 수 있는 안질환은 착색 렌즈가 도움이 될 수 있다(김
홍수, 2015). 일반적으로 사용하는 착색 렌즈는 갈색, 회색, 노란색, 녹색 등이 있으며,

눈부심에는 노란색, 회색 계열이, 대비를 높이는 데는 노란색, 오렌지색, 호박색 등이, 읽기에는 노란색 계열이 도움이 될 수 있다(임안수 외, 2014). 저시력 학생에게 착색 렌즈 사용을 추천하려면 근거리 시력표나 대비감도 검사표를 이용하여 착색 렌즈 사용 전과 후의 시력 또는 대비 변동 여부를 확인하여 결정하는 것이 좋다. 시각 평가에서 착색 렌즈나 아세테이트지 사용

선글라스용 착색 렌즈의 색 종류

효과가 있는 것으로 나타나면 부모에게 전문 안경점에서 선글라스 처방을 받도록 안내하되, 안경사에게 선글라스 사용으로 시력 저하가 일어나지 않도록 착색 렌즈의 색 농도와 빛 투과율을 조절해 줄 것을 요청할 필요가 있다.

## 3. 시기능 훈련

시각장애 학생은 시기능 훈련을 통해 잔존 시각을 보다 효율적으로 활용할 수 있다. 시기능 훈련은 시각 활용 기술 훈련을 의미하는데, 학생의 시야 손상 위치와 정도 등을 고려하여 선정 · 지도하는 것이 좋다. 주변 시야 손상이 있으나 시력이 좋은 학생은 나안으로 훈련할 수 있고, 시력이 나쁜 학생은 확대경이나 망원경을 사용할 때 시야가 좁아지는 문제가 발생하므로 이들 기구를 사용할 때 시각 활용 기술을 익혀 활용하는 것이 도움이 될 수 있다(D'Andrea & Farrenkopf, 2000; Trief & Shaw, 2009).

### 1) 시각 활용 기술

#### (1) 고시

고시(fixation)는 한 지점을 눈으로 계속 응시하는 기술이다. 목표물을 일정 시간 동안 계속 고시를 할 수 있어야 눈으로 초점을 맞추고 그 목표물이 무엇인지 확인할 수 있다. 따라서 시야가 좁거나 안구진탕이나 사시가 있는 학생은 목표물을 찾아 응시를 유지하는 데 어려움을 보일 수 있다.

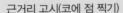

근거리 고시(코에 점 찍기)

망원경으로 원거리 고시(시계 보기)

### (2) 중심 외 보기

시야 중심부에 손상이 있으면 시력이 저하되고, 목표물을 똑바로 바라보면 물체의 가운데가 보이지 않아 물체를 알아보기 어려울 수 있다. 따라서 황반변성, 시신경 위축, 망막 박리 등으로 시야 중심부의 손상이나 암점이 있는 학생은 시야 중심부에서 비교적 가까운 주변 시야로 보는 중심 외 보기(eccentric viewing) 기술을 익혀야 한다. 중심 외 보기를 하는 학생은 정면에 위치한 물체를 보기 위해 안구나 고개가 정면을 향하지 않고, 안구나 고개를 돌려 주변부로 보아야 하는데, 학생마다 시야 중심부의 손상 위치와 크기에 따라 중심 외 보기 방향이 다를 수 있다.

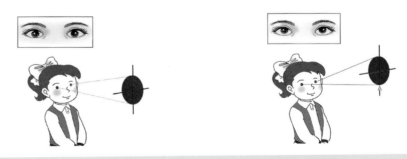

중심부 암점(좌)과 12시 방향으로 중심 외 보기(우)

### (3) 추시

추시(tracing)는 움직이지 않는 목표물을 눈으로 따라가며 목표물 전체를 보는 기술이다. 시야가 좁은 학생은 목표물의 전체를 한 번에 보기 어렵기 때문에 전체를 확인하기 위해 목표물의 시작 부분부터 끝부분까지 눈으로 따라가면서 보는 것이 필요하다. 정상적인 시야를 가진 사람도 고층 아파트는 위아래를 추시해서 보아야 하고, 기차는 좌우를 추시해서 보아야 한다. 시야 손상이 있는 학생은 문장 읽기, 표지판 읽기, 인도에서 펜스나 연석을 따라 걷기 등의 활동에 추시 기술의 사용이 도움이 될 수 있다.

### 5를 찾아 동그라미 표시하기

1 6 4 3 5 7 2 8 5 2 1 6 6 8 3 5
4 5 2 6 9 5 3 2 9 8 7 5 3 2 6 5
5 7 8 6 3 6 2 9 7 6 5 2 2 9 8 5
6 7 3 4 2 1 9 2 5 8 4 3 5 9 0 5

### 단어 맞추기

X X 도 X X X 토 X X X 리 X X
X 멸 X X X 치 X X X 국 X X 물
김 X X X 치 X X 덮 X X 밥 X X
X 장 X X 애 X X 인 X X X 권 X

근거리 추시(연습지)

### 좌에서 우로 읽기

1----영---등------포---------구-------1
2----삼---양--------목----장------에---2
3---동물원에-------어떤------동물이--3
4--사랑한다는 모친의 말이 가슴에--4

근거리 추시(연습지)

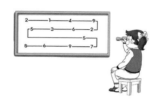

망원경으로 원거리 추시(칠판): 선을 따라 숫자 읽기

### (4) 추적

추적(tracking)은 움직이는 목표물을 눈으로 따라가며 보는 기술이다. 정상적인 시야를 가진 사람은 넓은 시야를 갖고 있어 움직이는 목표물을 놓치지 않고 추적하는데 어려움이 별로 없다. 그러나 시야가 좁은 사람은 움직이는 목표물을 쉽게 놓치기 때문에 목표물의 이동 방향을 눈으로 계속 쫓아가면서 목표물을 확인하는 추적 기술이 필요하다. 시야 손상이 있는 학생은 마우스 커서 움직임 따라가기, 공 주고받기, 앞서가는 사람 따라가기, 움직이는 버스의 노선 번호 확인하기 등의 활동을 할 때 추적 기술의 사용이 도움이 될 수 있다.

풍선 주고받기

망원경으로 움직이는 교사가 들고 있는 카드 읽기

### (5) 주사

주사(scanning)는 특정 공간이나 장소를 눈이나 머리를 체계적으로 움직이면서 빠뜨리지 않고 훑어보는 기술이다. 시야 손상이 있는 학생은 특정 장소에서 목표물을 찾는 데 어려움이 있다. 정상적인 시야를 가진 사람도 운동장처럼 매우 넓은 장소에서 목표물을 찾기 위해 체계적으로 훑어보는 주사 기술이 필요하다. 학생은 바닥에 떨어진 물건 찾기, 책 페이지에서 특정 줄이나 단어 찾기, 운동장에서 사람 찾기, 상가지역에서 특정 상점 찾기 등의 활동을 할 때 주사 기술의 사용이 도움이 될 수 있다.

근거리 주사(연습지):
축구공을 찾아 ○표 하기

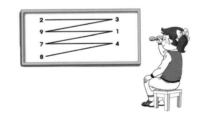

망원경으로 원거리 주사(칠판):
선을 따라 숫자 읽기

## 2) 시기능 훈련 교구

### (1) 라이트박스

라이트박스(lightbox)는 중증 저시력이거나 피질 시각장애(Cortical Visual Impairment)가 있는 유아들의 빛, 색, 물체에 대한 시각 자극 및 인식을 발달시키는 데 유용하다.

라이트박스는 일반 인쇄 자료들에는 흥미나 주의를 보이지 않지만, 빛나는 물체에는 관심을 보이는 유아에게 시지각 기술을 촉진하는 도구로 사용된다. 밝게 빛나는 테이블 표면에 물체를 놓으면 물체와 배경 간의 대비가 증가하여 시각장애 유아들의 시각적 주의 집중을 높일 수 있다. 아이패드나 갤럭시 탭 기기에 'Lightbox' 앱을 설치하여 활용할 수도 있다. 라이트박스 사용 지침은 다음과 같다(Wilings, 2019).

- 라이트박스는 방의 형광등을 소등하거나 조도(밝기)를 낮춘 후에 사용한다. 다만 점차 라이트박스의 밝기를 단계적으로 낮추고 방의 조명을 높여 나가면서 라이트박스에서 학습한 기술을 일반 조명 환경에서도 일반화할 수 있도록 한다.
- 간질(뇌전증) 증상이 있는 학생은 빛의 깜박거림이 발작을 촉발할 수 있으므로 라이트박스에 깜박임이 있는지 확인한다.
- 간질(뇌전증) 증상이 있는 학생의 경우, 일정한 패턴이 있는 형태로 계속 움직이는 아이템이나 이미지의 사용을 삼가는 것이 좋다.
- 빛에 민감하거나 거부 반응을 보이는 학생이라면 테이블 아래가 아닌, 머리 위쪽에 조명이 비치는 라이트박스로 구입해 사용할 수 있다.
- 라이트박스에 활용하는 아이템들은 반투명의 유색 물체나 도구들이 좋다. 불빛이 아이템을 통과하면서 내는 여러 가지 색이 유아의 관심을 끌 수 있다.
- 라이트박스에 아이템을 제시하고, 학생이 아이템의 모양, 크기, 색, 위치를 말하도록 한다.

라이트박스 키트(APH)

### (2) 시기능 훈련 앱

스마트폰, 아이패드 등은 시각장애 아동을 비롯하여 모든 아동의 학습에 유용하게 사용되며, 학습 동기 유발에 효과적이다. 스마트폰이나 아이패드 등은 화면의 밝기를 조절할 수 있고 높은 해상도를 자랑하므로, 유아나 저시력 아동의 시지각 및 시각 활용 기술 발달에 도움이 되는 앱들을 설치하여 훈련하는 데 유용하다. 해외에서 개발된 시기능 훈련 앱들도 음성보다는 이미지 기반이므로 활용 가능하다.

EDA PLSY TOM

Balloon Pops

Baby First Look(ios 앱)

## 4. 기타

저시력 학생이 잔존 시력과 시야를 효과적으로 활용하도록 적절한 자리 배치를 하는 것이 중요하다. 이를 위해 교사는 시야 평가 결과를 고려하는 것에 더해 좌, 우, 중앙 여러 위치에 앉아 보면서 칠판이나 선생님을 더 잘 볼 수 있는 자리를 찾아보도록 할 필요가 있다. 저시력 학생을 위한 자리 배치 조정 방법은 다음을 포함한다.

- 자리 배치 시에 학생의 시력 수준이나 시야 문제를 충분히 고려한다.
- 시력이 나쁘면 칠판에 가까운 앞자리에 배치한다.
- 시야 손상에 따라 시야를 잘 활용할 수 있는 자리에 배치한다.
- 밝기의 선호에 맞게 자리(창가 및 형광등에 가깝거나 먼 쪽)를 배치한다.

저시력 학생을 위한 교내의 각종 안내판(표지판)의 지원 방법은 다음을 포함한다.

- 고대비의 큰 문자 표지판(팻말)을 부착한다.
- 안내판은 보기 쉽게 원래 높이보다 내려 단다.

• 학교 기자재, 교구함, 개인사물함 등에 큰 문자 이름표를 부착한다.
• 학습 게시판의 게시물은 확대하여 게시한다.

 **학습 활동**

● 학생에게 적합한 확대경과 망원경의 배율을 결정하기 위해 활용할 수 있는 공식을 정리하여 발표해 봅시다.

● 도서에서 명도 대비와 색상 대비가 낮은 부분을 찾아 아세테이트지를 올려놓고 볼 때 어떠한 차이가 있는지 실습한 후 발표해 봅시다.

● 개인용 스탠드로 책을 비추는 위치와 조명등의 방향에 따라 눈부심에 어떠한 차이가 있는지 실습한 후 발표해 봅시다.

● 확대경의 배율, 확대경과 눈 간의 거리에 따라 렌즈 속에 보이는 글자 수가 어떻게 다른지 실습한 후 발표해 봅시다.

● 벽에 부착한 그림 카드로부터 다양한 거리에 서서 망원경의 경통을 돌려 초점을 맞추어 그림이 무엇인지 알아보는 실습을 해 봅시다.

● 망막색소변성증 체험 안경을 쓰고 타이포스코프를 사용하기 전과 후의 문장 읽기의 차이를 실습한 후 발표해 봅시다. 두꺼운 검은색 하드보드지로 타이포스코프를 만듭니다.

 **국내 참고 자료 활용**

교육부(2024). 시각장애인 자립생활 교사용 지도서(기능시각 대단원). 서울: 미래엔.
국립특수교육원(2019). 기능시각 교육 교재 및 워크북.

**국내외 참고 사이트 활용**

헨디 인터내셔널(저시력 기구 판매 업체) 사이트: https://www.hendi.org

CHAPTER **12**

# 보조공학 기기 지원과 교육

학습목표

- 시각장애 학생에게 필요한 보조공학 기기를 선정하여 지원한다.
- 촉각 활용 보조공학 기기의 종류와 주요 기능을 이해한다.
- 청각 활용 보조공학 기기의 종류와 주요 기능을 이해한다.
- 시각 활용 보조공학 기기의 종류와 주요 기능을 이해한다.

## 1. 보조공학의 이해

### 1) 보조공학의 개념과 분류

보조공학은 시각장애를 보상하고 대처하는 데 큰 역할을 한다. 「장애인 등에 대한 특수교육법」에서는 특수교육 관련 서비스의 하나로 보조공학 기기 및 학습보조기기의 지원을 포함하도록 하고 있고, 특수교육지원센터에서는 보조공학 기기 대여 및 교육에 관한 사업을 수행하도록 하고 있으며, 각급 학교의 장은 특수교육대상자에게 필요한 각종 학습보조기와 보조공학 기기를 구비 · 제공하도록 규정하고 있다. 따라서 특수교육교사는 이들 법률에 따라 시각장애 학생에게 필요한 보조공학에 관한 기본 지식과 기술을 갖추고, 학생이 학습과 일상생활에 이를 활용하도록 지도해야 하며, 더 나아가 지역 보조공학 기관 및 전문 인력과 협력하여 시각장애 학생에게 필요한 보조공학 기기를 지원하고 체계적인 교육을 실시해야 한다.

- 시각장애 정도에 따라 맹인용 보조공학, 저시력인용 보조공학으로 분류한다.
- 활용 감각 기관에 따라 촉각 활용 보조공학, 청각 활용 보조공학, 시각 활용 보조공학으로 분류한다. 2024년에 개발 · 보급한 '시각장애인 자립생활 교사용 지도서'의 보조공학 대단원은 이 분류를 사용하고 있다.
- 사용 분야에 따라 정보 접근 보조공학, 이동지원 보조공학, 일상생활 보조공학, 여가생활 보조공학 등으로 분류한다.

### 2) 보조공학 선정과 교육

시각장애 학생에게 적합한 보조공학 기기의 선정과 지원은 특수교육교사와 보조공학 관련 전문가에 의한 체계적인 평가에 기초하여 이루어져야 한다. 보조공학은 단지 학생에게 필요한 보조공학 기기를 구입 · 대여하는 데 그쳐서는 안 되며, 학습과 일상 활동에서 보조공학 기기를 효과적으로 활용할 수 있도록 사용법 교육과 사후 관리까지 이루어져야 한다. 보조공학 평가 및 중재를 위한 여러 가지 모델은 기본적인 불일치 모델(Discrepancy Model)을 적용하고 있다(오길승 외, 2002; Manduchi & Kurniawan, 2013).

① 학생이 학습 및 일상 활동 중 어려움을 경험하는 활동을 확인하고, 과제분석법을 통해 해당 활동을 수행하는 데 요구되는 기술을 분석한다.
② 학생이 해당 활동의 수행과 관련하여 보유하고 있는 기술을 확인한다.
③ 해당 활동을 위해 요구되는 기술과 학생이 실제 보유한 기술 간에 불일치하는 기술을 확인한다.
④ 해당 활동의 수행을 위해 시각 제한으로 인해 학생이 보유하지 못한 기술을 보완할 수 있는 보조공학 기기를 선정하여 지원한다.
⑤ 보조공학 기기 지원으로 해당 활동의 수행이 향상되었거나 독립적인 수행이 가능해졌는지를 확인한다.

표 12-1 보조공학 불일치 모델 적용 예시

| 활동: 컴퓨터 타이핑 | | | |
|---|---|---|---|
| 활동 | 학생 | 보조공학 | 결과 |
| • 자판의 글자를 확인한다.<br>• 손가락으로 자판을 친다.<br>• 모니터의 글자를 확인한다. | • 자판의 글자가 작아 보이지 않는다.<br>• 손가락으로 자판을 칠 수 있다.<br>• 모니터의 글자가 작아 확인하지 못한다. | • 큰 문자 키보드를 사용한다.<br>• 화면 확대 프로그램을 컴퓨터에 설치해 모니터를 본다. | • 시각장애 학생이 독립적으로 컴퓨터 타이핑을 할 수 있다. |

2017년 교육부에서 시각장애 학생의 보조공학 기기 사용 요구를 평가하기 위해 개발·보급한 '보조공학 사용 요구 검목표'와 '보조공학 사용 능력 검목표'를 활용할 수 있다. 이 도구는 시각장애 학생의 주요 교육 활동 영역을 읽기, 쓰기, 컴퓨터 사용, 스마트 기기 사용의 4가지로 보고, 이들 활동을 수행하는 데 어려움이 있을 경우에 필요한 보조공학 기기를 추천하도록 하고 있다. 보조공학 평가 검목표 중 일부를 소개하면 〈표 12-2〉와 같다.

**표 12-2** 보조공학 기기 사용 요구 평가: 읽기 활동

| | |
|---|---|
| 1. 교과서, 학생 잡지 등 인쇄 자료 읽기에 어려움이 있습니까? | ① 없다.<br>② 있다. |
| 2. 인쇄 자료를 읽을 때 경험하는 읽기 문제와 어려움이 무엇입니까? | ① 확대하면 어려움이 없다.<br>② 확대하면 읽을 수 있지만 읽기 속도가 느려서 다른 도움이 추가로 필요하다.<br>③ 확대하면 읽을 수 있지만 눈의 피로가 심하여 다른 도움이 추가로 필요하다.<br>④ 확대해도 읽기가 어렵다. |
| 3. 읽기 활동을 할 때 자신에게 어떠한 기기가 필요하다고 생각합니까? | ① 학습 자료를 확대해 주는 기기가 필요하다.<br>② 학습 자료를 소리로 읽어 주는 기기가 필요하다.<br>③ 학습 자료를 점자로 바꾸어 읽을 수 있도록 하는 기기가 필요하다. |

**표 12-3** 보조공학 기기 사용 능력

| 기기 명칭 | 주요 기능 |
|---|---|
| 확대독서기 | □ 전혀 사용할 줄 모른다.<br>□ 확대 배율을 조절한다.<br>□ 대비 조절 기능을 사용한다.<br>□ 줄 단위 읽기 지원 기능을 사용한다.<br>□ 화면 밝기 조절 기능을 사용한다.<br>□ 화면 캡처 저장 기능을 사용한다.<br>□ 원거리용 카메라를 목표물을 향해 조절한다. |

우리나라에서는 2024년에 개발·보급한 '시각장애인 자립생활 교사용 지도서(보조공학 대단원)'를 보조공학 기기 교육에 활용할 수 있다.

## 2. 촉각 활용 보조공학 기기

학습 활동에 잔존 시각을 사용하기 어렵거나 확대 글자가 아닌 점자를 주매체로 사용하는 학생은 촉각을 사용하는 보조공학 기기가 적합할 수 있다. 학습 활동과 과제 유

형에 따라 적합한 촉각 활용 보조공학 기기 유형을 선택·사용하도록 지도해야 한다.

## 1) 점자정보단말기

점자정보단말기는 점자로 읽고 쓸 수 있는 전자 기기로, 초등학교에서 점자를 익힌 후부터 학습 및 생활 전반에서 적극적으로 사용하는 기기이다. 본체에 있는 6개의 점 자 입력 버튼으로 점자를 입력하고, 음성 합성 장치와 점자 디스플레이를 통해 음성과 점자로 출력할 수 있다. 점자정보단말기는 노트북처럼 다양한 기능이 있고, 컴퓨터 및 스마트폰과 연결하여 사용할 수 있으며, 기기의 구조 및 주요 특징은 다음과 같다.

- 점자정보단말기는 본체 중앙에 위치한 〈space〉키를 기준으로 좌측으로 1점, 2점, 3점, 우측으로 4점, 5점, 6점의 점자 입력 키들이 배열되어 있다.
- 본체의 하단에는 플라스틱 재질의 점자가 출력되는 점자 디스플레이가 있는데, 점칸이 6개의 점이 아닌 8개의 점으로 구성되어 있다. 점칸의 제일 아래의 두 점 은 컴퓨터의 커서에 해당하는 것으로, 커서를 이동하여 원하는 위치에 점자의 입력이나 수정을 할 수 있다.
- 점자정보단말기 종류 중에는 점자를 모르거나 익숙하지 않은 시각장애인을 위 해 일반 묵자 자판을 사용하여 입력할 수 있는 제품(한소네 U2 쿼티 등)도 있다.
- 점자정보단말기의 음성 합성 장치는 음성 크기, 속도, 고저를 학생의 연령과 듣 기 능력에 맞게 조정할 수 있다.

점자정보단말기의 주요 기능은 다음을 포함한다.

- 워드프로세서: 문서 작성 프로그램으로 점자정보단말기 문서(hbl), 점자 문서(brl) 외에도 MS 워드 문서(doc), 한글(hwp), 텍스트(txt) 파일 형식도 사용할 수 있다.
- 독서기: 음성 독서를 위한 프로그램으로 점자정보단말기 작성 문서(hbl), 점자 문 서(brl), MS 워드 문서(doc), 한글(hwp), 텍스트(txt), E-book 파일 형식의 문서를 열어 음성으로 들을 수 있다.
- 미디어 플레이어: 디지털 녹음기와 같은 기능으로, 수업 강의 등 원하는 소리를

점자정보단말기
(한소네 5)

일반 묵자 자판식 점자정보
단말기(한소네 U2 쿼티)

점자 디스플레이의
8점 점칸

녹음하고 재생할 수 있으며, mp3 같은 오디오 파일도 열어 들을 수 있다.

- 인터넷 설정: 컴퓨터 없이 인터넷을 사용할 수 있어 웹페이지나 이메일 이용이 가능하다.
- 온라인 데이지: 데이지 도서를 읽을 수 있는 기능이다.
- 기타 기능: 주소록 관리, 계산기, 일정 관리, 달력, 알람 등의 기능을 가지고 있다.

## 2) 점자 프린터와 점역 프로그램

점자 프린터는 컴퓨터에서 작성한 문서를 점자 인쇄물로 출력해 주는 기기로, 점자 프린터를 사용하려면 컴퓨터에 묵자를 점자로 바꾸어 주는 점역 프로그램을 설치하여야 한다. 다음과 같은 특징이 있다.

- 점자 프린터에는 대형 점자 프린터와 개인용 점자 프린터, 양각 그림 등을 인쇄할 수 있는 그래픽용 점자 프린터 등이 있다.
- 우리나라에서 많이 사용하는 점역 프로그램으로 점사랑, 실로암 브레일, 하상

소량 생산용 점자 프린터

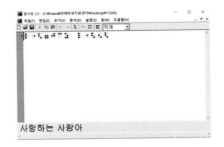

점역 프로그램 화면(점사랑)

브레일 등이 있다.
- 점역 프로그램은 본문에 직접 한글을 입력하거나 텍스트(txt), 한글(hwp), MS 워드(doc) 파일 등을 불러온 후 점자로 변환하여 출력할 수 있다.

## 3) 점자 라벨러

점자 라벨러는 점자 프린터 없이도 간단한 점자 자료를 점자 라벨지에 출력할 수 있는 기기로 다음과 같은 특징이 있다.

- 컴퓨터에 연결하여 사용하는 종류(점자 라벨러 BL-1000)와 컴퓨터 없이 독립형으로 사용할 수 있는 종류(식스닷 점자 라벨 메이커 등)가 있다.
- 엘리베이터, 사무실 문, 도서, 우편물, 가전제품, 자판기 등에 출력한 점자 라벨을 부착하여 사용할 수 있다.

식스닷 점자 라벨 메이커

점자 라벨러 BL-1000

## 4) 입체복사기

입체복사기는 시각장애인을 위한 촉지도, 다이어그램, 그래픽 등을 전용 용지를 사용해 양각 그림으로 제작하는 기기로, 다음 순서에 따라 사용한다.

① 입체복사기용 특수 용지에 원하는 이미지를 전용 펜으로 직접 그리거나 컴퓨터에 필요한 도안을 그린 후 일반프린터에 전용 용지를 넣어 출력한다.
② 출력한 전용 용지를 입체복사기에 통과시키면 열과 반응한 유색 잉크 부분만 부풀어 올라 양각 이미지가 생성된다.

일반프린터로 전용 용지에
이미지 출력하기

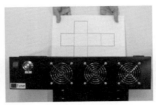
입체복사기에
전용 용지 넣기

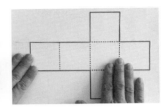
양각 선 전개도
확인하기

## 5) 전자 점자 패드

최근 들어 국내외에서 개발되고 있는 여러 줄의 점자 셀로 이루어진 패드형 점자기기(electronic braille pad)는 점자 텍스트는 물론이고 시각 이미지의 모양대로 점자 셀이 튀어나와 양각 이미지를 만들 수 있다. 수학의 그래프, 사회과의 지도 등 교과서에 제시된 간단한 그림들은 양각 그림으로 구현이 가능하다. 향후 디지털 교과서 활용이 본격화하게 되면, 점자 사용 학생의 디지털 교과서 활용에 점자정보단말기와 점자패드가 유용하게 활용될 수 있을 것으로 여겨진다. 우리나라의 경우에 주식회사 닷(dot)이 '닷 패드'를 개발하였다.

닷 패드

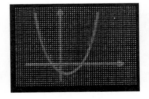
수학 그래프 양각 이미지

세계 지도 양각 이미지

출처: https://www.dotincorp.com

## 3. 청각 활용 보조공학 기기

청각 활용 보조공학 기기는 맹학생과 저시력 학생 모두에게 유용할 수 있다. 점자를 사용하는 학생은 짧은 시간 내에 많은 분량의 자료를 읽어야 하는 경우에 효과적이며, 저시력 학생은 읽기 속도가 느리거나 오랜 시간 읽으면 눈의 피로가 심한 경우에 도움이 된다.

## 1) 화면 읽기 프로그램

화면 읽기 프로그램은 화면 낭독 프로그램이나 스크린 리더라고도 부르는데, 컴퓨터 화면의 내용을 확대하여도 보는 데 어려움이 있는 학생이 컴퓨터에 설치하는 소프트웨어로 다음과 같은 특징이 있다.

- 컴퓨터용 화면 읽기 프로그램으로 센스리더(국산 제품), Jaws for window, WindowEyes 등이 있다.
- 맹학생이 많은 학습 자료를 빠른 속도로 듣기를 통해 학습하거나, 컴퓨터로 문서를 작성하거나, 인터넷에서 필요한 자료를 검색하거나, SNS를 사용하는 등 다양한 컴퓨터 기반의 여가 활동에 활용할 수 있다.
- 음성 출력 기능은 음성 속도, 고저, 크기를 자신에게 맞게 조절할 수 있으며, 공용 장소에서는 이어폰을 착용하고 사용하도록 해야 한다.
- 일부 제품은 처음 컴퓨터 자판을 익히는 학생을 위한 음성 타자 연습 프로그램을 포함하고 있다.
- 텍스트(txt)나 한글(hwp) 문서 파일을 읽을 때 문서의 내용을 글자, 단어, 줄 단위로 읽거나 문서 처음부터 끝까지 연속하여 읽는 등의 읽기 방식을 선택할 수 있으며, 읽다가 멈춘 지점을 표시하기 위한 책갈피 기능도 가지고 있다.

화면 읽기 프로그램
(센스리더)

데이지 플레이어
(책마루)

광학문자판독기
(일체형)

- 화면 읽기 설정에서 읽기 가독성을 위해 구두점을 생략하고 읽을 수 있고, 정확한 글쓰기를 위해서는 구두점 읽기를 선택할 수 있다.

## 2) 데이지 플레이어

최근에는 전자도서 형태로 제작이 증가하고 그 파일을 다양한 기기를 통해 읽을 수 있게 되었는데, 대표적인 기기가 데이지 플레이어로 다음과 같은 특징이 있다.

- 데이지 도서(DAISY)란 시각장애인 등 일반 활자를 이용하는 데 어려움이 있는 사람들을 위한 표준화된 형식의 디지털 도서로, 텍스트, 녹음, 점자 파일 등을 포함하므로 시각장애 정도에 따라 자신에게 적합한 것을 선택할 수 있다.
- 데이지 플레이어로는 책마루, 리니오포켓 등의 제품이 있다.
- 데이지 플레이어의 음성 속도, 크기, 고저 등도 자신에게 맞게 설정할 수 있으며, 독서 기능 외에 녹음하고 재생할 수 있는 녹음 기능, WiFi를 통해 웹 라디오나 팟캐스트를 청취할 수 있는 기능도 있다
- 데이지 플레이어는 기본적으로 데이지 도서를 이용하도록 만들어졌으나 다양한 문서 파일 형식(hwp, doc, pdf 등)도 읽을 수 있다.
- 데이지 도서는 국가대체자료공유시스템인 DREAM을 통해 데이지 도서를 검색하고 내려받아 이용할 수 있다.

## 3) 광학문자인식시스템

광학문자인식시스템(Optical Character Recognition sytstem: OCR)은 인쇄 자료를 확대해도 읽을 수 없어 인쇄 자료를 점자나 음성으로 다시 변환해야 읽을 수 있는 맹학생에게 유용한 기기로 다음과 같은 특징이 있다.

- 광학문자인식시스템은 스캐너 또는 카메라로 인쇄물을 스캔하여 저장한 후 문자 인식 프로그램을 통해 이미지를 제외한 문자만을 추출하여 텍스트(txt) 파일로 변환하게 되며, 이 텍스트 파일을 음성이나 점자로 출력하여 이용하게 된다.

- 일반적으로 문자가 많은 소설책보다 그림, 사진 같은 이미지가 많은 도서의 문자 인식률이 떨어진다.
- 광학문자인식시스템은 리드이지무브 같은 일체형 제품과 소리안, 파인 리더 같은 컴퓨터에 설치하는 소프트웨어형이 있다.
- 스마트폰에서 'TextGrabber translator' 'TapTapSee' 같은 OCR 앱을 내려받아 설치하면 카메라로 찍은 이미지에서 문자를 추출하여 음성으로 읽을 수 있다.

## 4) 보이스아이

보이스아이(VOICEEYE)는 문자 정보를 바코드 심벌로 저장하고, 보이스 아이 전용 리더기나 보이스 아이 앱을 설치한 스마트폰을 이용해 바코드를 음성으로 변환하여 듣거나 확대해서 볼 수 있도록 한 기기로 다음과 같은 특징이 있다.

- 바코드는 가로와 세로 1.5cm 정도 크기로, 바코드 1개에 책 두 페이지 분량 정도가 저장된다.
- 보이스아이 메이커라는 소프트웨어를 컴퓨터에 설치하여 사용하면 hwp와 MS 워드 문서의 페이지 우측 상단에 보이스아이 바코드를 자동으로 생성하여 삽입할 수 있다.
- 스마트폰에서 보이스아이 앱을 설치한 후, 바코드 심벌에 스마트폰 카메라를 대면 바코드에 저장된 문서 내용을 음성으로 변환하여 들을 수 있다.

스마트폰의 보이스아이 앱

구청 소식지의 바코드 삽입 사례

## 5) 스마트 기기 환경 설정

스마트폰의 화면을 확대 기능을 통해서도 보기 어려운 학생은 음성 지원 기능을 활용할 수 있다. iOS폰은 보이스 오버(VoiceOver), 안드로이드폰은 톡백(TalkBack) 등으로 불리는 시각장애인을 위한 화면 읽기 프로그램을 내장하고 있다. 이들 프로그램 모두 음성 속도, 크기, 고저를 조절할 수 있다. 따라서 점자를 사용하는 학생은 스마트폰의

스마트폰의 톡백 기능

보이스 오버나 톡백, 보이스어시스턴트 등을 통해 전화 걸기, 문자 입력, 인터넷 정보 검색 등을 할 수 있다. 이를 위해 손으로 터치하는 기술과 쓸어 넘기는 기술을 익혀야 한다. 예를 들어, 한 손가락으로 화면을 터치하면 음성으로 읽어 주고, 두 손가락으로 화면을 터치하면 읽기를 일시 멈추고, 한 손가락으로 오른쪽으로 쓸어 넘기면 다음 항목으로 이동하고, 화면을 왼쪽으로 쓸어 넘기면 이전 항목으로 되돌아간다. 스마트폰의 마이크 버튼을 활용하여 음성으로 내용을 입력할 수 있는데, 마이크 버튼에서 "이서린에게 전화 걸기"라고 말하거나 문자 입력창에서 "내일 10시에 학교에서 보고 싶습니다."라고 말하면 입력된다.

## 6) 음성 안내 앱

정보통신 기기와 AI(인공지능) 기술의 발달로 스마트 기기 기반의 다양한 음성 지원 앱(App)이 개발되고 있다.

- 사물 인식 음성 안내 앱: AI와 스마트폰 카메라를 활용하여 문자, 얼굴, 그림 등을 촬영하면 인공지능이 이를 해석하여 음성으로 알려 주는 앱이 개발되었다. 우리 나라의 경우에 '설리반+' 앱이 개발되어 구글 플레이스토어에서 무료로 설치할 수 있다. 설리반+는 문자 인식, 얼굴 인식, 이미지 인식의 3가지 음성 해설 기능을 가지고 있으며, 이외에 화면 확대 기능도 탑재되어 있다.
- 음성 길 안내 앱: 주변 환경에 대해 음성으로 알려 주는 기능을 갖고 있다. 사람,

설리반+(앱)

Supersense(앱)

좌석, 문, 휴지통, 교통수단, 동물, 테이블, 교통신호, 작업도구 등의 찾을 장소 및 물건을 직접 입력하여 찾을 수 있다. 구글 플레이스토어에서 Supersense를 검색하여 설치할 수 있다.

## 4. 시각 활용 보조공학 기기

시각 활용 보조공학 기기는 일반적으로 학습에 잔존 시각을 주로 사용하고, 읽기와 쓰기 활동에 확대 글자를 사용하는 학생에게 적합할 수 있다. 학습 활동과 과제 유형에 따라 적합한 시각 활용 보조공학 기기 유형을 선택·사용하도록 지도해야 한다.

### 1) 확대독서기

경도 저시력 학생은 확대경으로도 읽기 활동에 어려움이 없지만, 고배율의 확대가 필요한 중증의 저시력 학생은 확대경보다 확대독서기가 더 유용할 수 있으며, 다음과 같은 특징이 있다.

- 확대독서기는 고배율의 확대가 가능하고, 대비 조절 기능이 있어 낮은 대비 자료를 고대비로 바꾸어 주고, 모니터의 밝기를 자신의 선호 수준이나 눈부심 여부에 따라 조절할 수 있다.
- 휴대용과 데스크용 확대독서기로 구분할 수 있으며, 휴대용 확대독서기는 주로 근거리용이지만 일부 제품은 칠판 보기 같은 원거리 보기도 가능하다. 고배율의 확대가 필요한 학생에게는 휴대용보다 모니터가 큰 데스크용 확대독서기를 추

천할 필요가 있다.

- 데스크용 확대독서기는 근거리용, 근거리와 원거리 겸용인 다목적용 확대독서기로 나눌 수 있다.

확대독서기의 주요 기능은 다음을 포함한다.

- 배율 조절: 확대(+) 및 축소(−) 버튼을 이용하여 책의 글자를 불편 없이 읽을 수 있는 최소 배율로 조절한다.
- 모니터 밝기 조절: 모니터 밝기 조절 버튼을 이용하여 자신의 조명 선호도와 눈부심 여부에 따라 자신에게 맞는 모니터의 밝기로 조절한다.
- 색상 대비 조절: 색상 대비 버튼을 사용하여 자신이 선호하는 바탕색과 글자색을 찾는다. 낮은 대비 자료를 볼 때 대비 조절 기능을 적극적으로 사용하도록 하고, 눈부심이 심한 학생은 검은색 바탕에 흰색 글자가 도움이 될 수 있다.
- 마커 기능: 화면에 줄을 표시하거나 불필요한 영역을 가려 원하는 부분만을 볼 수 있다. 시야가 좁아 줄을 놓치거나 문장을 따라가며 읽는 능력이 부족한 학생에게 도움이 될 수 있다.
- 화면 캡처: 시간 내에 보기 어려운 내용은 스마트폰의 사진 촬영이나 캡처 기능처럼 화면 내용을 저장하였다가 다시 불러내어 확대하여 볼 수 있다.
- 최신 사양의 확대독서기 중에는 카메라에 잡힌 문자를 음성으로 읽어 주는 'OCR(광학문자판독) 기능'과 USB의 파일을 열어 모니터에서 볼 수 있는 '파일 뷰어 기능' 등을 가진 제품도 있다.

휴대형 확대독서기
(근거리용)

데스크형 근거리용
확대독서기

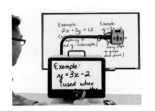

데스크형 다목적 확대독서기
(원거리 겸용)

## 2) 화면 확대 프로그램

화면 확대 프로그램은 컴퓨터 화면의 내용을 보기 어려운 학생을 위해 화면의 내용을 확대해 주는 소프트웨어로 다음과 같은 특징이 있다.

- 줌텍스트(Zoom Text) 같은 전문 화면 확대 소프트웨어를 구입해 컴퓨터에 설치하여 사용할 수 있다. 최신 제품들 중에는 화면의 확대 배율, 대비 조절 기능 외에 화면의 내용을 음성으로 읽어 주는 'TTS(text to sound) 기능'까지 갖춘 경우도 있다.
- 컴퓨터 운영 시스템인 윈도(Window)에 내장된 돋보기 프로그램은 확대 배율을 500%까지 조절할 수 있으며, 화면 확대 방법도 전체 화면 확대, 렌즈 화면 확대, 도킹 화면 확대 중에 선택할 수 있다. 렌즈 화면 확대는 마우스로 이동하는 사각형 렌즈 화면을 통해 일부 내용만 확대하는 것이고, 도킹 화면 확대는 화면 가장자리에 확대된 내용을 보여 준다.
- 스마트 기기의 카메라 기능과 해상도 등의 발전함에 따라 저시력 학생의 스마트폰과 아이패드 활용이 증가하고 있다. 스마트폰에 화면 확대 앱을 다운로드하여 설치하면 휴대용 확대독서기처럼 사용이 가능하다. 이러한 앱은 Magnifier, 확대경, 돋보기 등으로 검색하여 찾을 수 있다.

전문 화면 확대 프로그램
(Zoom Text)

컴퓨터 윈도 무료 돋보기 프로그램 설정(좌) 및
렌즈 화면 확대 기능(우)

돋보기+손전등(앱)

돋보기-확대경(앱)

확대경(앱)

## 3) 컴퓨터의 환경 설정과 주변 기기

컴퓨터 운영체제는 저시력인의 컴퓨터 사용을 돕기 위해 고대비 설정, 키보드 커서와 마우스 포인터 설정 등의 기능을 포함하고 있다. 윈도 운영 체제에서 저시력인을 위한 지원 기능은 다음을 포함한다.

- 고대비 모드: 검은색 바탕에 글자색을 흰색이나 노란색 등으로 조절한다.
- 마우스 포인터: 포인터의 크기를 크고 대비가 높은 색으로, 포인터의 이동 속도는 느리게 조절한다.
- 키보드 커서: 커서를 넓게 조절하면 커서 위치를 확인하기 쉽다.
- 인터넷 익스플로러를 사용할 때에도 〈Ctrl〉키와 마우스 휠을 위·아래쪽으로 돌려 화면 내용을 확대·축소한다.
- 화면 디스플레이: 해상도를 낮추어 화면의 글자나 그림을 크게 조절한다.

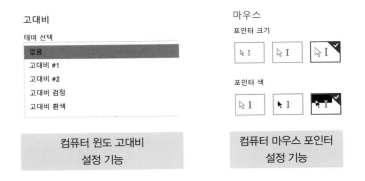

컴퓨터 윈도 고대비
설정 기능

컴퓨터 마우스 포인터
설정 기능

## 4) 스마트 기기 환경 설정

스마트폰도 저시력인을 위한 다양한 기능을 포함하고 있다. 학생의 잔존 시각에 따라 확대 및 축소, 화면 밝기 조절, 색상 변환 등의 기능을 사용할 수 있다. iOS 기반인 애플의 아이폰은 '손쉬운 사용', 안드로이드 기반인 삼성의 갤럭시는 '접근성'에서 이와 같은 기능을 자신에게 맞게 재설정할 수 있다. 저시력 학생은 스마트폰의 카메라 기능과 캡처 및 저장 기능 등을 칠판, 도로 표지판 등의 원거리 보기 활동에 유용하게 사용할 수 있다.

삼성 갤럭시의 접근성(시각)

스마트폰의 고대비 큰 문자 설정

### 학습 활동

- 시각장애인용 보조공학 기기를 촉각 활용, 청각 활용, 시각 활용 보조공학 기기로 구분하고, 어떠한 학습 활동과 과제를 할 때 유용하게 사용할 수 있는지 구체적인 사례를 제시하여 발표해 봅시다.
- 시각장애인복지관이나 지역 보조기기센터를 방문하여 시각장애인용 보조공학 기기 종류들을 직접 보고 체험해 봅시다.
- 컴퓨터와 스마트폰에 내장된 시각장애인을 위한 기능에 무엇이 있는지 찾아 직접 사용해 본 후 발표해 봅시다.
- 스마트폰의 구글 플레이스토어에서 화면 읽기 앱이나 화면 확대 앱을 찾아 설치 · 사용해 본 후 발표해 봅시다. 'Low Vision' 또는 'Magnifier'로 검색해 확대 앱을 찾을 수 있습니다.

### 국내 참고 자료 활용

국립특수교육원(2024). 시각장애인 자립생활 교사용 지도서(보조공학 대단원). 서울: 미래엔.

국립특수교육원(2020). 보조공학 교육 교재(시각장애).

국립특수교육원(2020). 보조공학 활용 안내서(시각장애).

CHAPTER **13**

# 일상생활/대인관계/진로 · 직업 교육

● 시각장애 학생에게 적합한 일상생활 교육을 계획하여 지도한다.

● 시각장애 학생에게 적합한 대인관계 교육을 계획하여 지도한다.

● 시각장애 학생에게 적합한 진로 · 직업 교육을 계획하여 지도한다.

## 1. 일상생활 교육

시각장애 학생은 일반 학생처럼 어려서부터 가정, 학교, 그 밖의 장소에서 가족이나 가까운 사람의 일상 활동 수행을 자연스럽게 관찰 · 모방하여 학습하지 못한다. 일상생활 기술의 습득은 학령기에 부모나 친구에게 의존하지 않고 독립적으로 생활하는 것에 더해 고등학교 졸업 이후에 혼자서 성인 생활을 해 나가는 데 무엇보다 중요하다. 시각장애 학생의 일상생활 교육에 효과적인 전략들은 다음을 포함한다 (Holbrook et al., 2017).

- 일상생활 교육은 담임교사, 부모, 가정 · 기술 교사, 체육 교사, 기숙사 생활지도사 등 학생과 관련된 인사들이 함께 지도하는 것이 효과적이다. 교육팀은 어떤 기술을 상호 간에 지도하고 강화할 것인지 협의해야 한다. 일상생활 기술이 일반 교과의 학습 단원과 관련성이 있다면 관련 교과 교사가 수업 시간에 통합하여 지도할 수 있다.
- 일상생활 기술은 실제 장소와 실제 시간에 실제 도구를 가지고 지도하고, 학생이 학습한 기술을 가정과 학교에서 일과 중에 사용하도록 하여 숙달과 일반화를 촉진해야 한다.
- 일상생활 교육은 가능한 한 유아기부터 실시하되, 학생의 연령에 적합한 기술들을 선정하여 위계적으로 지도해야 한다.
- 시각장애 정도에 따라 일상생활의 어려움 정도와 수행 방법에 차이가 있으므로 맹학생과 저시력 학생에게 적합한 일상생활 수행 방법을 구분하여 지도한다.

우리나라에서는 2024년에 개발 · 보급한 '시각장애인 자립생활 교사용 지도서(일상생활 대단원)'를 일상생활 기술 교육에 활용할 수 있다.

### 1) 개인위생

교사와 부모는 시각장애 학생이 어린 시절부터 양치질, 머리 감기, 목욕하기, 손톱

깎기, 머리 빗기 등 개인위생과 관련된 활동을 독립적으로 수행해 나가도록 지도해야
한다.

저시력 학생이 잔존 시각을 효과적으로 사용하도록 칫솔모와 치약의 색, 욕실용품
과 선반, 욕실 바닥과 욕조 간에 색상 대비를 높여 주고, 신체 부위를 보다 잘 볼 수 있
도록 손톱 깎기나 머리 빗기에 볼록 거울을 사용하도록 할 수 있다.

맹학생은 자기 칫솔, 샴푸와 린스, 스킨과 로션 등 욕실용품에 점자나 촉각 라벨을
붙여 구분하도록 하고, 욕실 바닥은 미끄러져 넘어지지 않도록 반미끄럼 재질로 마감
해야 한다. 혼자서 칫솔에 적정량의 치약을 짜기 위해 칫솔모에 손가락을 댄 상태로
치약을 짜도록 하거나 펌프형 치약을 사용할 수 있으며, 손톱을 깎을 때 손톱이 멀리
튀지 않게 덮개 달린 손톱깎이를 사용하도록 한다.

손가락을 이용해 칫솔에 치약 짜기

세면대 가장자리에 고대비 라인테이프 부착

확대경 달린 손톱깎이

볼록 거울(립글로스 바르기)

## 2) 식사 및 요리

교사와 부모는 시각장애 학생이 연령에 적합한 식사와 요리 기술을 배워 사용할 수

있도록 지도해야 한다.

- 저시력 학생은 식탁과 식사도구, 접시와 반찬, 도마와 음식 재료, 선반과 식기 간에 색상 대비를 높이고, 반찬통, 조미료통, 전자레인지 등에 큰 문자 라벨을 붙이면 대부분의 일상 활동을 혼자서 수행할 수 있다.
- 맹학생은 식탁용 미끄럼 방지 매트, 속이 깊은 접시, 안전칼 등을 사용하고, 반찬통, 조미료통, 전자레인지 등에 점자 라벨을 붙이면 독립적이고 안전한 일상 활동을 하는 데 도움이 된다.
- 맹학생과 백반을 먹을 때 비장애인은 식탁 위의 반찬을 두세 줄로 줄과 열을 맞추어 놓고 맹학생의 젓가락을 잡고 좌에서 우로 가면서 반찬의 이름을 알려 주며, 뷔페 음식을 먹을 때는 시계 방향을 이용하여 접시에 담긴 음식의 이름을 알려 주는 것이 좋다.
- 맹학생이 식탁에서 물통, 컵 등을 찾을 때 손이 허공을 가르며 찾으면 물컵 등을 넘어뜨릴 수 있으므로 식탁 바닥에 손을 대고 천천히 움직이며 찾도록 해야 한다.
- 맹학생이 물이나 음료를 따를 때 컵을 잡은 후 둘째손가락을 컵 입구에 놓고 물을 따르면 물이 차오르는 감각을 통해 적정량을 따를 수 있다.

백반 식사 안내

뷔페 음식 안내

음성 알림 주전자

촉각 계량컵

전자레인지 촉각 표시

고대비 안전칼, 도마

- 볶음밥처럼 넓은 접시에 놓인 밥은 그릇의 바깥쪽에서 안쪽으로 모으면서 먹으면 깨끗하게 남기지 않고 먹을 수 있다.
- 맹학생은 가스레인지보다 전기레인지(인덕션)로 요리하도록 하고, 가스레인지를 사용할 경우에는 가스 누출 차단 장치를 부착하면 안전에 도움이 된다.
- 맹학생은 양념을 넣을 때 작은 스푼을 사용하거나 조미료를 요리에 바로 뿌리지 말고 먼저 손에 뿌려 적정량을 요리에 넣도록 한다.

## 3) 의류 관리와 세탁

교사와 부모는 시각장애 학생이 어려서부터 스스로 옷을 입고 벗으며 자신의 옷장을 정리 정돈하도록 지도해야 한다.

- 저시력 학생이 비슷한 종류의 옷을 찾는 데 어려움이 있다면 옷의 종류와 색에 따라 서랍장에 구분하여 정리 정돈하는 것이 도움이 될 수 있다.
- 맹학생은 라운드 티처럼 앞뒤 구별이 어려운 옷은 옷의 앞면에 질감이 다른 재

고대비 촉각 의류 표시기

칸막이 분류 상자

어울리는 옷의 옷걸이를 밴드로 묶기

점자 라벨지

옷걸이에 라벨지로 옷의 종류나 색 점자 표기

료로 그림이나 로고 등이 붙어 있는 종류로 구입하거나 의류 촉각 표시기를 옷
에 부착하여 옷의 종류와 색을 구분할 수 있다.

• 다른 사람의 도움을 받아 서로 잘 어울리는 옷끼리 옷장에 미리 걸어 두거나, 어
  울리는 옷끼리 같은 의류 표시기를 부착해 놓거나, 음성 색 감별 기기를 사용해
  상의와 하의를 어울리는 색으로 매칭해서 입을 수 있다.

• 세탁기 조작판이나 세정제에 확대 라벨이나 점자 라벨을 붙여 두고, 계량컵을
  사용해 세제를 넣으면 세탁기도 혼자 사용할 수 있다.

• 세탁할 옷도 처음부터 바구니에 분류하여 세탁기에 따로 넣어 돌리고, 세탁 후
  에 건조할 때도 종류별로 건조대에 널어 두면 옷을 개어 정리할 때 도움이 된다.

## 4) 청소와 정리 정돈

교사와 부모는 시각장애 학생도 자신의 책상, 방, 집을 청소하고 정리 정돈을 통해
독립적인 가정생활을 해 나갈 수 있도록 지도해야 한다.

테이블에서 물 찾기

테이블 닦기

콘센트에 전원 꽂기

점자 표기 의약품

- 모든 가정용품은 항상 제자리에 두는 습관을 가져야 하며, 가족이나 다른 사람이 가정용품의 비치 장소를 옮길 때에는 이를 시각장애 학생에게 알려 주어야 한다.
- 가정용품도 종류별로 서랍장이나 선반 또는 칸막이 상자에 분류하여 보관하고 확대 라벨이나 점자 라벨을 붙여 두면 찾기 쉽다.
- 저시력 학생은 책상보와 학습용품, 선반과 가정용품, 바닥 및 벽과 가구 간에 색상 대비를 높여 주고, 모든 공간에 적정 조명 밝기를 유지하면 잔존 시각을 효율적으로 활용할 수 있다.
- 맹학생은 진공청소기로 청소할 때 방을 격자 모양으로 이동하면서 청소하거나 거실처럼 넓은 공간일 때는 몇 개의 구획으로 나누어 청소할 수 있다.

## 2. 대인관계 교육

대인관계 기술은 사회적 기술과 유사한 개념으로 볼 수 있다. 대인관계 기술은 학령기에 교우 관계를 발전시키고 정서적 안정감을 주며, 학교 졸업 이후에는 직장과 지역사회에서 다른 사람과 원만한 관계를 유지하고 어울려 살아가는 데 중요하다. 대인관계 혹은 사회적 기술은 어릴 때부터 자신의 생활 환경에서 부모, 또래, 타인과 상호작용하고 그들의 사회적 기술과 행동을 자연스럽게 모방하면서 발달하게 된다. 시각장애 학생은 다양한 사람과 사회적 상호작용을 할 기회가 부족하고, 다른 사람들의 사회적 상호작용 장면을 자연스럽게 관찰하여 모방 학습을 하는 것이 어렵기 때문에 사회적 기술이 발달하지 못한다. 시각장애 학생의 대인관계 기술은 다음의 방법을 사용하여 평가할 수 있다(Erin, 2006; Sacks, 2014; Wolffe, 2006).

- 관찰 평가: 학교 일과 중의 다양한 사회적 상황에서 시각장애 학생의 또래와의 사회적 상황 참여 빈도, 상호작용의 자세와 언행, 제스처 같은 비언어적 의사소통 기술 등을 관찰하여 일화적으로 기록한다.
- 면담 평가: 부모, 교사, 또래 친구, 시각장애 학생 등을 대상으로 하되, 면담을 통해 시각장애 학생의 사회적 기술을 확인할 수 있도록 반구조화된 면담지를 준비하는 것이 도움이 될 수 있다. 시각장애 학생이 다른 학생에게 먼저 다가가 말을

거는지, 자신의 필요나 요구를 효과적으로 전달할 수 있는지, 학생이 다른 학생과 대화를 유지하고 적절히 타협할 수 있는지, 자녀가 친구를 집에 데려오거나 친구의 집에 자녀가 놀러 가는지 등을 관찰이나 면담으로 확인해야 한다.

- 사회적 기술 검목표(Social Skills Checklists)와 사회적 기술 평정 척도(Social Rating Scales): 검목표는 다양한 사회적 행동과 기술의 수행 정도를 5점이나 6점 척도로 측정하고, 지도가 필요한 사회적 행동과 기술들의 순위를 확인할 수 있도록 한다.

- 상황극(role-playing scenarios) 평가: 학생이 학교생활이나 일상생활에서 직면할 수 있는 전형적인 사회적 상황을 가정하여 시각장애 학생과 교사나 학급 친구가 역할을 맡아 수행할 때 교사는 학생의 사회적 행동과 기술을 평가한다. 역할극을 실시간으로 분석할 수도 있지만 녹화를 통해 학생의 상호작용 자세, 눈 접촉, 대인 간 거리 등을 체계적으로 평가할 수 있다.

- 문제 해결 시나리오(problem-solving scenarios) 평가: 시각장애 학생이 직면할 수 있는 사회적 상황 스토리를 제시하여 학생이 이 상황을 어떻게 인식하고 해석하며, 어떠한 사회적 행동을 선택할 것인지를 토의하면서 확인하게 된다.

- 자기 평가(student self-evaluation): 학생 스스로가 자신의 외모, 대인관계 기술 등을 친구들과 비교하여 스스로의 수준을 평가하는 것이다.

- 영상 기록 평가(video and audio recorded evaluation): 학생이 타인과 상호작용하는 행동 및 기술을 비디오와 오디오로 기록하여 평가하는 것이다. 교사와 학생은 영상 장치를 통해 사회적으로 수용되는 몸짓, 표정, 자세, 음색, 속도, 표현 등을 함께 평가할 수 있으며, 또래들과 비교할 수 있다.

특수교육교사는 시각장애 학생의 대인관계 기술 평가 결과에 기초하여 부족하거나 부적절한 사회적 기술을 교육 목표로 설정하고, 대인관계 기술 전문가, 교사, 부모, 친구 등으로 교육팀을 구성하여 시각장애 학생의 대인관계 기술을 향상시키기 위한 프로그램을 함께 계획하여 지도하고 강화해야 한다(Holbrook et al., 2017; Sacks & Wolffe, 2006).

- 또래 중재 사회적 기술 훈련 모델(Peer-Mediated Social Skills Training Models): 시

각장애 학생의 친구가 사회적 기술을 지도하도록 하는 것으로, 교사는 또래 중재 학생이 시각장애 학생을 지도할 사회적 기술을 선정하고 어떠한 방식으로 지도하고 강화할지를 교육해야 한다.

- 또래 지원 사회적 기술 모델(Peer-Support Social Skills Models): 또래 친구가 시각장애 학생이 사회적 상호작용에 참여할 기회를 조성해 주고, 사회적 상황을 해결해 나가는 데 도움을 주고 조력하는 것이다.

- 멘토 및 롤모델(mentors and role model): 시각장애 학생에게 사회적 기술을 지도하기 위해 사회적으로 성공한 선배나 성인을 통해 지도하는 것으로, 이들은 시각장애 학생의 멘토 및 롤모델로서 자신의 사회적 기술에 대한 경험과 노하우를 알려 주고 시각장애 학생이 겪고 있는 사회적 상황에 대해 토의하면서 바람직한 사회적 기술을 익혀 나가도록 돕는다.

- 상황극: 시각장애 학생이 학교, 가정 또는 지역사회 환경에서 마주칠 만한 사회적 상황을 반영하는 시나리오를 만들어 역할을 배정하고, 역할극을 통해 사회적 기술을 학습하고 연습하도록 한다. 이때 스마트폰으로 영상을 촬영하거나 음성 장치로 녹음하여 학생과 함께 청취함으로써 교정적 피드백을 제공하는 것이 효과적이다.

- 시청각 자료 활용: 청소년 드라마나 영화 등을 학생과 함께 보면서 적절한 사회적 기술과 부적절한 사회적 기술을 비교 · 분석하고 토의 · 모방하면서 적절한 사회적 기술을 배워 나가는 것이다.

- 사회적 스크립트(social script): 의사소통 능력이 부족한 시각장애 유아나 시각중복장애 학생에게 적합한 지도 방법이다. 교사나 부모는 학생의 언어 발달 수준을 고려하여 사회적 상황에서 적합한 구어 또는 보완대체의사소통 기기로 표현할 스크립트(대본)를 작성하여 지도한다. 사회적 스크립트를 작성할 때 또래의 문화, 연령에 적합한 어휘, 사회적 상호작용이 일어나는 장소 등을 고려해야 한다. 따라서 교사는 스크립트가 실제 사용될 장소에서 비장애 또래들의 상호작용 표현들을 관찰하여 작성하되, 시각중복장애 학생의 언어 수준을 고려하여 짧고 간단한 문장으로 수정할 수 있다. 사회적 스크립트는 학생이 역할극을 통해 배우고 연습하도록 한다. 음성 출력 AAC를 사용해야 하는 경우에는 연령과 성별이 같은 비장애 또래 학생이 육성 녹음을 하는 것이 좋다.

교육부가 2024년에 개발 · 보급한 시각장애인 자립생활 교과용 도서(대인관계 대단원)를 사용하여 지도할 수 있다.

## 1) 인사와 감정 표현

시각장애 학생도 친구와 관계를 맺는 데 가장 기본이 되는 인사 및 감정 표현 방법부터 지도해야 한다.

- 시각장애 학생도 인사나 감정을 표현할 때 구어와 함께 친근함이나 감정을 나타내는 제스처와 표정을 잘 사용하도록 한다. 특히 기쁜 일이나 감사한 일은 얼굴 표정에 충분히 드러나도록 하는 것이 필요함을 이해시켜야 한다.
- 맹학생은 주변에 누가 있는지 몰라 먼저 인사하기 어려우므로, 학급 친구들이 맹학생에게 먼저 인사하도록 한다.
- 상대와 상황에 따른 목례, 악수 등도 자연스럽게 관찰하여 모방 학습을 하기 어려우므로, 또래 친구들이 사용하는 다양한 인사 방법과 바른 자세를 지도하는 것이 필요하다.
- 동성 또는 이성 친구 간에 어깨동무하기, 손잡기, 팔짱끼기, 하이파이브와 같이 허용되는 접촉은 하도록 하되, 상대방의 얼굴을 손으로 만지기, 이성 간에 껴안기와 같이 적절하지 않은 신체 접촉을 하지 않도록 한다.

## 2) 대화 기술과 상동행동

시각장애 학생이 친구와 관계를 발전시키기 위해서는 적절한 대화기술과 수용되는 사회적 행동을 하도록 지도해야 한다.

- 다른 사람과 대화할 때는 바른 자세로 앉아 몸이 상대방을 향하고 적절한 눈 마주침을 하도록 해야 하며, 대화 도중 다른 사람의 말을 경청하고 공감하고 있음을 나타내는 음성이나 고개 끄떡임 같은 신호도 보이도록 한다.
- 맹학생이 대화할 때 상대방의 얼굴을 응시하지 않고 귀를 향하거나 고개를 숙이

는 경향이 있는지 확인하여 교정해 주어야 한다.

- 대화 장면에서 부정적인 표현을 자주 사용하거나, 감정을 지나치게 드러내거나, 자신의 말만 하고 상대방의 말을 경청하지 않거나, 고집을 심하게 피우는지 등을 점검하고 교정적 피드백을 하는 것이 필요하다.
- 교우 관계 형성과 발전에 호감을 주는 외모, 유행에 맞는 외모 관리 역시 중요하므로, 교사와 부모가 이와 관련된 정보를 제공하고 도움을 주어야 한다.
- 맹학생이 주변 환경으로부터 시각 자극의 부족으로 인해 자기 자극적 행동이나 불필요한 반복적인 행동인 상동행동(눈 찌르기, 손 흔들기, 몸 흔들기, 머리 돌리기, 제자리에서 빙빙 돌기 등)을 하지 않도록 행동 수정을 해야 한다.
- 시각장애 학생에게 상동행동이 다른 사람에게 어떠한 느낌을 줄 수 있고, 교우 관계에 어떠한 부정적인 영향을 미칠 수 있는지 알려 주어 상동행동을 하지 않도록 지도해야 한다.

## 3) 장애 수용과 자기 옹호

시각장애 학생의 성공적인 대인관계는 시각장애 학생이 자신을 긍정적으로 생각하며 자신의 장애를 숨기지 않고 수용하는 것으로부터 시작되므로, 장애 수용 및 자기 옹호 기술의 지도도 중요하다.

- 저시력 학생이 자신의 장애를 수용하지 않고 감춤으로써 친구의 오해를 사는 경우가 많으므로, 시각장애로 인해 학습과 생활에서 불편하고 어려운 점을 인정하고, 필요에 따라 친구와 주변 사람에게 도움을 요청하도록 한다.
- 상대방이 시각장애에 따른 자신의 행동을 오해하지 않도록 자신의 장애에 대해 잘 설명할 수 있도록 한다.
- 시각장애로 인해 학교나 지역사회에서 받는 차별이나 불이익에 대해 자신의 생각과 권리를 조리 있고 정중하게 표현하고 대처할 수 있도록 연습하는 것이 필요하다.

## 4) 학교생활 적응 상담과 지원

일반학교에서 통합교육을 받는 시각장애 학생의 상당수가 학교생활의 부적응이나 교우 관계 문제 등에 어려움을 보이고 있으며, 이들 중 일부는 시각장애 특수학교로 전학을 가기도 한다. 특수교육교사는 매 학기 1회 이상 학생, 부모, 담임교사 상담을 실시하여 학생이 학교 적응에 어려움을 갖고 있는지 확인하고 적절한 지원을 제공하는 것이 필요하다.

시각장애 학생은 자신의 장애를 인정하지 않거나 장애로 인해 위축되어 있으므로 자신의 장애를 수용하고 자아존중감을 높여 학교 생활에 잘 적응할 수 있도록 돕는 것이 필요하다. 또한 학생에 따라 전문적인 심리 상담이 필요한 경우에 심리상담사를 통해 필요한 상담 지원을 받을 수 있도록 해야 한다. 순회 교사는 학생의 학교생활 부적응 이유를 확인하여 적절한 프로그램을 계획 · 제공하는 것이 필요하다. 시각장애 학생의 학교 적응과 교우 관계 증진을 위해 다음과 같은 프로그램이 도움이 될 수 있다.

- 대인관계 훈련: 대인관계 전문가를 초빙하여 친구 관계 맺기, 갈등 문제 해결하기, 적절한 의사소통 기술 등의 내용으로 구성한다.
- 장애 수용 훈련: 자신의 시각장애를 숨기고 인정하지 않는 학생을 대상으로 장애를 긍정적으로 바라보기, 자신을 사랑하기 등의 내용으로 구성한다.
- 자신감 함양 훈련: 시각장애로 인해 소극적이고 자신감이 부족한 학생을 대상으로 자신의 강점 찾기, 자존감 높이기 등의 내용으로 구성한다.
- 자기 옹호 및 자기 주장 훈련: 자신과 장애를 이해하기, 장애 학생을 다양한 방식으로 대하는 친구들에게 적절히 대처하기, 자신의 장애를 긍정적으로 설명하기 등의 내용으로 구성한다.

우리나라는 장애 관련 법률에서 장애 학생의 통합교육과 학교 적응을 돕기 위해 장애 이해 교육을 실시하도록 하고 있다. 일반 학생이 시각장애 학생의 흰지팡이, 확대경, 확대독서기 등의 보조기기를 사용하는 것을 놀리거나 저시력 학생이 상대방을 알아보지 못하여 먼저 인사하지 못하는 것을 잘못 오해하는 일들이 일어난다. 이로 인해 시각장애 학생이 학습과 생활에 필요한 보조기기 사용을 기피하거나 학급 친구들과 우정 관계를 형성하지 못하기도 한다. 시각장애 이해 교육은 지역 시각장애인복지관, 시각장애인협회, 장애 인권 관련 기관 등과 연계하여 실시할 수도 있다.

시각장애 이해 교육 프로그램은 시각장애 학생 및 부모, 담임교사와 상담하여 학급 친구나 학교 구성원이 갖고 있는 문제점이나 시각장애 학생이 바라는 배려 요구를 파악하여 반영하는 것이 중요하다. 시각장애 이해 교육 프로그램 유형은 다음을 포함할 수 있다(〈표 13-1〉 참조).

표 13-1  시각장애 이해 교육 프로그램의 유형

| 유형 | 활동 |
| --- | --- |
| 시각장애인 스포츠 체험 | • 시각장애인 육상, 탁구, 킥볼 경기 방법 설명하기<br>• 안대를 쓰고 단거리 달리기, 탁구, 킥볼 경기하기<br>• 시각장애인 스포츠 체험 소감 나누기<br>• 시각장애 친구의 체육 활동의 어려움과 도움 방법 정리하기 |
| 예술 작품 감상하기 | • 시각장애 학생의 작품 감상의 어려움과 방법 설명하기<br>• 안대를 쓰고 다양한 도예, 조소, 양각 형식의 미술 작품이나 촉각 도서를 손으로 만져 보며 감상하기<br>• 안대를 쓰고 미술 작품을 감상한 소감 나누기<br>• 시각장애 친구의 미술 작품 감상 안내 및 도움 방법 정리하기 |
| 시각장애 관련 영화 관람과 독서 | • 시각장애인에 대한 오해와 편견에 대해 소개하기<br>• 시각장애인에 대한 바른 이해를 도울 수 있는 영화 관람이나 도서에 대해 이야기 나누기<br>• 시각장애인에 대한 이해와 자기 반성<br>• 시각장애 친구를 배려하고 도울 수 있는 실천 계획 발표하기 |
| 보행 체험하기 | • 시각장애 학생의 보행 어려움과 보행 방법 설명하기<br>• 2인 1조로 짝을 지어 안대를 착용하고 친구의 안내를 받아 이동하기 또는 복도 한쪽 끝에서 다른 쪽 끝까지 안대를 착용하고 흰지팡이로 이동하기<br>• 보행 소감 나누기<br>• 시각장애 친구의 보행을 도울 수 있는 방법과 실천 방법 발표하기 |
| 점자 체험하기 | • 점자의 의미와 점자 용구 사용법 설명하기<br>• 자신과 친구의 이름을 점자로 찍어 교과서에 붙이기와 점자 이름 스티커로 자기 교과서 찾기<br>• 점자로 써 본 소감 나누기<br>• 시각장애 친구의 수업 필기 도움 방법 정리하기 |

| 저시력 안경<br>체험하기 | • 저시력의 의미와 저시력 안경 사용법 시범 보이기<br>• 2인 1조로 저시력 안경을 착용하고 복도와 계단 이동하기, 읽기와 쓰기, 사진이나 그림 보기 등 체험하기<br>• 저시력 안경 체험 소감 발표하기<br>• 저시력 친구의 학교생활 배려 및 도움 방법 정리하기 |
|---|---|
| 저시력 기구<br>체험하기 | • 확대기기 사용 목적과 사용 방법 시범 보이기<br>• 확대경과 확대독서기로 글 읽기와 쓰기, 그림 보기<br>• 확대경과 확대독서기 사용 소감 나누기<br>• 저시력 친구의 읽기 어려움과 도움 방법 정리하기 |
| 일상생활<br>체험하기 | • 시각장애 학생의 일상생활 어려움과 방법 이야기하기<br>• 안대 쓰고 식사하기, 필기구 등 소지품 구별하기<br>• 시각장애인 일상생활 체험 소감 나누기<br>• 시각장애 친구의 식사 등 일상생활 도움 방법 정리하기 |
| 일반 교과 학습<br>체험하기 | • 시각장애 학생의 수학, 과학 등 교과 수업의 어려움과 양각 자료 이용 방법 설명하기<br>• 안대 쓰고 양각 지도나 그래프를 손으로 탐색하고 질문에 답하기<br>• 양각 자료 사용 소감 나누기<br>• 교과 수업에서 시각장애 친구 도움 방법 정리하기 |

일반 학생을 대상으로 실시하는 시각장애 이해 교육 프로그램은 〈표 13-2〉와 같은 단계로 진행할 수 있다.

표 13-2 시각장애 이해 교육 프로그램 진행 예시(보행 체험)

| 단계 | 내용 |
|---|---|
| 본 교육의 목적 및<br>실시 방법 안내 | • 안내 보행은 ○○입니다. 안내 보행을 할 때 한 사람은 시각장애 학생이 되고 다른 사람은 안내하는 역할을 합니다. |
| 학생의 프로그램<br>참여나 실행 | • 안내 보행 방법은 안내 장소에 따라 ○○이 있습니다. 문을 지나갈 때는 ○○ 시범처럼 안내해야 합니다. 자, 2명이 짝이 되어 모두 따라 해 볼까요? |
| 프로그램 종료 후<br>변화된 생각 발표 | • 안대를 쓰고 안내를 받아 복도를 지나 계단을 지나 문을 여닫고 이동해 보니 어떤 점이 어려웠나요?<br>• 안대를 쓰고 흰지팡이를 사용해 복도 한쪽 끝에서 다른 쪽 끝까지 혼자서 이동해 보니 어떤 느낌이 들었나요? |

| 시각장애 친구를 위한 실천 방법과 계획 | • 자, 이제 학교에서 시각장애 친구를 만나면 어떻게 해야 할까요? 네, 맞습니다. 먼저 ○○ 도움이 필요한지 물어보고 바른 안내 자세로 안내해 줍니다. 친구의 흰지팡이로 장난을 치거나 돌려주지 않는 행동은 하지 말아야 합니다. |
| --- | --- |

## 3. 진로 · 직업 교육

시각장애 학생은 일반 학생에 비해 진로와 직업에 대한 정보 접근성이 떨어지고, 다양한 직업에 대한 직·간접적 경험 역시 제한되어 있어 진로 인식과 발달이 지연된다. 시각장애 학생의 진로 발달은 교사, 부모 같은 주변 인사들의 역할이 중요하지만, 이들 대부분이 시각장애 학생에게 적합하거나 가능한 진로 선택 범위에 관해 잘 알지 못하며, 학교도 다양한 직업 경험이나 직업교육 기회를 제공하지 못하고 있다.

☞ 시각장애 학생은 자신의 직업적 관심과 능력에 대해 자신감을 가지지 못하고, 안마사, 연주가, 행정직 공무원, 사회복지사, 중등 교사 같은 제한된 직업 분야에서 진로 목표를 결정하는 경향이 있다.

특수교육교사는 2024년 개발·보급한 시각장애인 자립생활 지도서(진로 준비 대단원)를 사용하여 진로 및 직업 지도를 할 수 있다. 또한 중학교부터 시각장애 학생의 진로 발달과 준비를 위한 전환계획서(Individualized Transition Plan: ITP)를 작성하여 학생이 단계적으로 진로를 준비해 나갈 수 있도록 지도해야 한다. 교사와 부모는 학생이 장애 조건과 직업 흥미를 고려하여 자신에게 적합한 대학 전공이나 직업 분야를 선택하도록 지속적인 상담과 정보를 제공하되, 학생이 다양한 직업에 대한 도전과 현실적으로 수행 가능한 직업 간에 균형적인 시각을 갖도록 도와야 한다.

진로·직업 프로그램을 계획할 때 단지 시각장애인에게 적합한 직업을 소개하는 데 그치지 않고, 학생이 자신의 적성과 흥미에 맞는 도전적인 직업을 찾고 해당 직업에 종사하는 데 있어 시각장애로 인한 장벽을 알고 문제 해결 방법을 찾아갈 수 있도록 하는 것이 필요하다.

시각장애 학생을 위한 진로 · 직업 프로그램은 다음을 포함한다.

- 취업 시각장애인 특강: 다양한 직업 분야에 종사하는 시각장애인을 초청하여 수행 업무, 취업 자격 조건, 급여 및 근무 환경, 시각장애로 인한 업무의 어려움, 해결 방법 등에 대해 듣고 이야기를 나눈다.
- 직업 견학: 청소년 직업체험관이나 시각장애인이 일하고 있는 사업체를 섭외하여 작업장을 견학한다.
- 직업 정보 제공 및 상담: 직업재활기관 종사자를 섭외하여 시각장애인 취업 직종, 취업지원 프로그램에 대한 정보와 상담을 제공한다.
- 직업 체험: 바리스타, 조향사 등 다양한 직업 분야의 일부 직무를 직접 경험할 수 있도록 관련 기업이나 교육기관과 연계한다.
- 진로 동아리: 같은 진로를 고민하고 준비하는 학생들이 모여 자신이 원하는 직업 정보를 수집하고 탐색하고 토론하는 모임을 운영한다.
- 진로 멘토링: 시각장애 대학생이나 직장인이 멘토가 되고 시각장애 고등학생이 멘티가 되어 대학 전공 및 직업 선택과 원활한 대학 및 직장 생활을 위한 정보를 제공한다.
- 이료 교육기관 견학 및 체험: 일반학교에서 통합교육을 받는 시각장애 학생을 대상으로 시각장애인의 대표 직업인 안마사 양성 교육을 하고 있는 시각장애 특수학교를 방문하여 이료 교육기관을 견학하고 간단한 안마 동작을 체험한다.

## 1) 진로 · 직업 교육 자원 활용

특수교육교사는 시각장애 학생의 진로 및 직업 교육을 위해 시각장애인복지관, 한국장애인고용공단 등 다양한 직업재활기관과 협력하는 것이 효율적이다.

- 시각장애인복지관: 대표적인 시각장애인 복지 및 재활기관으로 직업 상담, 직업 정보 제공, 취업 알선 등의 직업재활서비스를 제공하고 있다.
- 한국장애인고용공단: 고등학교 및 전공과에 재학 중인 장애 학생을 대상으로 구직

역량 강화 프로그램, 이미지 컨설팅 프로그램, 사업체 현장 견학 프로그램, 직업 체험 기관 견학, 직업훈련 체험 프로그램, 사업체 현장 장기실습 프로그램(1개월 이내) 등의 다양한 장애 학생 취업지원 프로그램을 운영하고 있다.

- 한국장애인고용공단의 'Work Together': 장애인 고용 정보를 제공하는 전문 사이트(https://www.worktogether.or.kr)로 유용한 직업 정보를 제공한다.
- 시각장애 특수학교/한국시각장애대학생연합: 다양한 대학 전공 분야에서 학업을 수행하는 시각장애 대학생의 정보를 얻을 수 있다. 이들을 진로 특강 강연자로 초빙하거나 진로 멘토로 역할을 부여하여 시각장애 학생에게 진로 선택 정보와 자신감을 심어 줄 수 있다.

### 학습 활동

- 2인 1조로 시각장애 학생에게 지도할 일상생활 기술 1가지를 선정하여 과제분석한 후 행동연쇄법으로 지도하는 실습을 해 봅시다.
- 2인 1조로 시각장애 학생에게 지도할 대인관계 기술을 1가지 선정하여 또래 중재나 역할극을 통해 지도하는 실습을 해 봅시다.
- 인터넷 검색, 드림잡 리포트, 장애와 일터, 장애인 고용 사례집 등을 통해 시각장애인 취업 성공 사례를 조사하여 발표해 봅시다.

### 국내 참고 자료 활용

교육부(2024). 시각장애인 자립생활 지도서 초 · 중 · 고(진로 준비 대단원). 서울: 미래엔.

국립특수교육원(2020). 대인관계 교육 교재 및 워크북(시각장애).

이태훈(2014). 시각장애 청소년 진로직업탐색 워크북. 서울: 시그마프레스.

### 국내외 참고 사이트 활용

실로암시각장애인복지관: https://www.silwel.or.kr/v2/index.php

한국장애인고용공단 장애와 일터, 장애인 고용사례집: https://www.kead.or.kr

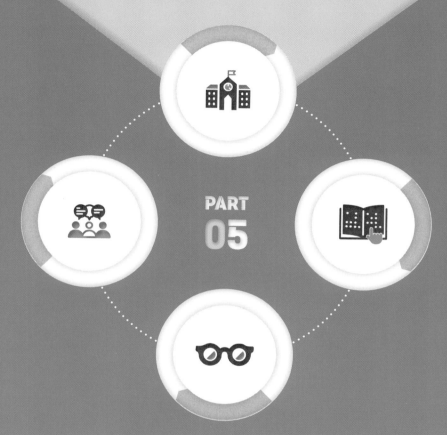

PART
05

# 시각중복장애 학생 및 시각장애 영유아 교육

제5부는 특수교육교사가 지적장애, 뇌성마비, 청각장애 등을 동반한 시각중복장애 학생과
시각장애 영유아를 이해하고 적절한 특수교육 지원을 제공하는 방법을 다룬다.

# 시각중복장애 학생 교육

- 시각중복장애 학생을 위한 기능적 교육과정 개발과 교수법을 이해한다.
- 시각중복장애 학생에게 적합한 문해 및 의사소통 교육을 실시한다.
- 시각중복장애 학생에게 적합한 보행 교육을 실시한다.
- 시각중복장애 학생에게 적합한 일상생활 교육을 실시한다.

## 1. 시각중복장애 학생 현황

### 1) 인구

우리나라는 시각중복장애 학생에 대한 전국 규모의 공식적인 실태조사가 제대로 이루어진 적이 없다. 2019년에 13개 시각장애 특수학교 대상으로만 시각중복장애 학생 수를 파악한 결과, 전체 시각장애 학생 1,220명 중 약 23.6%(288명)가 시각중복장애 학생으로 파악되었다(강경호, 이신영, 2019). 미국이나 영국을 살펴볼 때 향후 우리나라도 전체 시각장애 학생 중 시각중복장애 학생 비율이 지속적으로 증가하고, 시각장애 특수학교의 핵심 교육 대상이 단순 시각장애 학생에서 시각중복장애 학생으로 변화될 것으로 보인다.

> - 미국: 전체 시각장애 학생 수는 62,528명이고, 시각중복장애 학생은 20,821명(33.3%)으로 나타난다(APH, 2016).
> - 영국: 시각장애 학생 수는 23,860명으로, 단순 시각장애 학생 11,890명, 시각중복장애 학생 11,970명(맹농 학생 340명 포함)이다(Keil, 2012).

표 14-1 **우리나라 13개 시각장애 특수학교 시각중복장애 학생의 수반 장애 유형**

| 청각장애 | 지적장애 | 지체장애 | 정서·행동장애 | 자폐성장애 | 의사소통장애 | 건강장애 | 발달지체 | 기타 | 합계 |
|---|---|---|---|---|---|---|---|---|---|
| 6 | 150 | 77 | 0 | 31 | 1 | 1 | 12 | 10 | 288 |

출처: 강경호, 이신영(2019).

### 2) 시각중복장애 학생 교육과정

#### (1) 기능적 교육과정의 개발

시각중복장애 학생은 시각장애 이외의 수반장애로 전반적 발달이 매우 지체되어 있고, 사진이나 그림 위주로 학습 내용을 제시하고 있는 기본교육과정 및 교과용 도서를 그대로 적용하기도 어려운 경우가 많다. 따라서 시각중복장애 학생에게 적합한 기능적 교육과정을 개발하여 지도하는 것이 필요하다.

- 시각장애에 대처하는 데 필요한 의사소통, 보행, 일상생활 같은 자립생활 교육 과정도 추가로 역시 고려해야 한다.
- 시각중복장애 학생의 기능적 교육과정은 학업적 측면보다 학령기와 성인기의 자립생활을 준비하는 데 필요한 지식과 기술에 주안점을 두어야 한다.
- 시각중복장애 학생은 개인 간, 개인 내 차가 크기 때문에 학교 차원에서 시각중 복장애 학생을 위한 교육과정을 개발하더라도 모든 학생에게 일률적으로 적용 하기 어려우므로, 개별화된 교육계획을 통해 지도해야 한다.

시각중복장애 학생을 위한 기능적 교육과정은 자립생활을 위해 현재와 미래에 필 요한 지식과 기술로 교육 내용을 선정한 후 이를 계열화·위계화하여 교육과정으로 개발하게 된다. 기능적 교육과정의 개발은 생태학적 평가를 통한 생태학적 목록을 작성하는 것에서 시작하며, 지적장애 학생을 위한 기본교육과정도 참고 자료로 활용 할 수 있다.

**표 14-2** 생태학적 활동(기술) 목록에 대한 우선순위 결정 예시

| 우선순위 기준 | 생태학적 활동 목록 | | | | |
|---|---|---|---|---|---|
| | 활동 1 | 활동 2 | 활동 3 | ... | ... |
| 1. 현재 환경에서 이루어지는 활동인가? | V | V | V | V | |
| 2. 미래 환경에서 이루어지는 활동인가? | V | V | V | | |
| 3. 생활에서 의무적으로 이루어지는 활동인가? | V | V | | | |
| 4. 생활에서 자주 이루어지는 활동인가? | | | | | |
| 5. 현재 학생의 생활 연령에 적합한 활동인가? | V | V | V | V | |
| 6. 학생의 독립성을 증진시키는 활동인가? | V | V | | | |
| 7. 학생의 생활에서 의미 있는 참여를 증진시키는 활동인가? | | | V | | V |
| 8. 학생의 선호도가 높은 활동인가? | | | | V | |
| 9. 가족의 요구가 높은 활동인가? | V | V | | | |
| 10. 다른 사람과 상호작용을 촉진하는 활동인가? | V | V | | | V |

시각중복장애 학생의 교육팀은 먼저 학생이 생활하는 환경과 해당 환경에서 이루어지는 활동들을 모두 조사하여야 하고, 그다음 어떤 활동들이 학생에게 보다 중요한 활동인지를 분석하는 것이 필요하다. 학생에게 중요한 활동들부터 학생이 독립적으로 수행할 수 있도록 우선적으로 지도할 필요가 있다. 생태학적 활동 목록에 대한 우선순위는 〈표 14-2〉의 기준을 따라 설정할 수 있다(박은혜, 한경근 공역, 2008; Brown et al., 2016).

시각중복장애 학생에게 지도할 기술은 일과 중 이루어지는 기능적 활동과 관련되어야 한다. 기능적 활동은 매일 의무적으로 행해지거나, 자주 이루어지거나, 학생이 필요로 하거나 바라는 활동 등이다(Sacks & Zatta, 2016). 매일의 일과로서 빈번하게 이루어지는 활동은 학생이 다양한 장소에서 다양한 사람과 자연스럽게 많은 연습을 할 기회를 줄 수 있다. 그리고 장애가 심할수록 학생에게 동기를 부여하는 활동이 무엇인지를 찾아 지도하는 것도 중요하다. 예를 들어, 학생이 주스를 마시려면 컵을 사용해야 한다는 것을 알게 된다면, 주스를 컵에 따라 마시는 기술을 적극적으로 배우려고 할 것이다. 학생의 연령에 적절한 기술(age-appropriate skills)을 선정하여 지도하는 것 역시 중요하다. 시각중복장애 학생은 학년이 올라갈수록 또래 친구처럼 할 수 있는 활동을 찾기가 쉽지 않지만, 가능한 한 사회성 발달과 또래 관계 형성을 위해 연령에 적합한 활동들을 할 수 있도록 지도하는 것이 필요하다. 예를 들어, 시각중복장애 학생이 보드 게임을 독립적으로 수행할 수는 없지만, 또래와 보드 게임에 참여하기 위해 주사위를 굴리는 방법을 지도할 필요가 있다(Sacks & Zatta, 2016).

☞ 우리나라에서 시각중복장애 학생 교육은 2024년에 개발·보급한 '기본교육과정 일상생활 활동'의 '시각중복장애 영역'과 고등학교 선택 중심 교육과정의 '특수교육 전문 교과'의 '작업과 자립' 교과용 도서를 활용할 수 있다.

## 2. 시각중복장애 학생 교수법

### 1) 다감각 교수법

시각중복장애 학생이 주변 환경이나 사물로부터 필요한 정보를 얻기 위해 잔존 시각, 촉각, 청각, 후각, 운동 감각 등 가능한 한 많은 감각을 사용하도록 격려하는 것이 필요하다(Sacks & Zatta, 2016).

- 시각: 시각중복장애 학생이 잔존 시각을 효과적으로 사용하도록 지도하는 것이 중요하다. 단지 물체의 형태를 보는 것만으로 물체의 개념을 이해하기 어려우므로 물체를 직접 사용해 보는 경험을 하도록 하는 것이 필요하다.
- 청각: 청각을 통해 중요한 정보를 제공하더라도 들은 정보를 시각이나 촉각을 통해 확인하고 보완하는 것이 필요하다. 예를 들어, 물체의 소리를 들려준 다음 그 물체를 보여 주고 만져 보도록 할 때 물체에 대한 개념이 잘 형성될 수 있다.
- 촉각: 시각중복장애 학생은 정보를 수집하고 이해하기 위한 주요 수단으로 촉각을 사용한다. 환경이나 사물을 만질 때 양손을 사용하여 탐색하도록 하고, 낯선 사물에 대한 촉각적 민감성이나 거부감을 보이는 학생에게는 단계적인 접촉과 탐색이 이루어지도록 해야 한다. 예를 들어, 학생에게 처음 보는 물체를 만지도록 요구하기보다는 좀 더 친숙한 물체부터 시작하여 점차 유사성이 있는 낯선 물체를 순차적으로 소개하는 것이다.
- 후각과 미각: 냄새와 맛은 환경과 사물에 대한 정보를 수집하는 데 중요한 감각은 아니지만, 정보 수집에 제한이 많은 시각중복장애 학생에게는 도움이 될 수 있다. 예를 들어, 학생이 목적지를 찾기 위해 후각 단서를 사용할 수 있다. 학생이 좋아하는 노래방에 가려면 노래방 옆에 있는 빵집의 빵 냄새를 단서로 기억하여 찾아가도록 할 수 있다.

## 2) 촉각 교수 방법

맹·중복장애 학생에게 학습 기술이나 행동을 지도할 때 촉각적 모델링, 신체적 안내법, 손 위 손 안내법, 손 아래 손 안내법, 공동 촉각 관심 등의 촉각 교수 방법을 사용할 수 있다. 다만 촉각 교수법을 사용할 때는 다른 사람의 접촉에 예민하거나 거부감을 보이는 학생의 신체나 손을 강압적으로 다루지 않는 손 아래 손 안내법을 사용하는 것이 좋다. 그리고 신체를 접촉하기 전에 구어로 먼저 이야기하거나 공동 촉각 관심, 손 아래 손 안내법으로 물체에 대한 거부감이나 저항이 감소하게 되면, 손 위 손 안내법으로 바꾸어 지도할 수 있다.

공동 촉각 관심(mutual tactile attention)은 공동 관심(joint attention/shared attention)의 한 유형으로 볼 수 있다. 공동 관심은 아동의 어떤 사물이나 사건에 대한 주의를 다른 사람과 공유하는 상호작용으로, 사회적 관계 형성, 의사소통 기술 발달, 집단 활동을 촉진하는 출발점이다. 공동 관심은 아동 주도로 이루어지며, 일반적으로 아동이 가리키거나 응시하는 것을 성인도 함께 바라보는 방식인 '시각적 공동 관심(joint

촉각적 모델링으로
고개 숙여 자세 지도하기

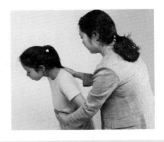

신체적 안내법으로
고개 숙여 인사 동작 지도하기

손 위 손 안내법으로
병뚜껑 열기 지도하기

손 아래 손 안내법으로
병뚜껑 열기 지도하기

visual attention)'을 통해 공유된다. 시각중복장애 아동은 부모나 교사의 공동 관심 행동을 눈으로 확인하거나 느끼지 못하므로, 공동 촉각 관심 방법을 사용하는 것이 필요하다. 시각중복장애 아동의 리드를 따라가는 것이 중요하므로, 교사나 부모는 신체적 안내법이나 손 위 손 안내법을 사용하여 아동의 손 움직임을 지원하려고 하지 말아야 한다. 공동 촉각 관심을 시작하는 절차는 다음과 같다.

① 아동이 손으로 하는 것이나 만지고 있는 사물을 관찰한다.
② 아동의 손 움직임을 방해하지 않도록 성인의 손을 옆에 놓는다.
③ 성인은 아동의 손 움직임을 모방하면서 자신의 손을 움직이되, 아동의 손과 접촉이 이루어질 때 아동의 반응을 주의 깊게 관찰한다.
④ 접촉이 이루어질 때 아동의 손 움직임이 멈추면 함께 하고 싶지 않다는 의미로 보고 공동 촉각 관심을 중지한다. 아동이 개의치 않고 손 움직임을 계속하면 공동 촉각 관심 활동을 계속하되 좀 더 적극적으로 참여할 수 있다.
⑤ 성인과 아동 간의 공동 촉각 관심이 활발해지면 상호 모방이나 주고받기(turning taking)로 발전시켜 나갈 수 있다.

클레이 놀이 활동에서 공동 촉각 관심의 시작과 주고받기

## 3) 자연스러운 환경에서의 지도

자연스러운 환경(natural environments)에서의 지도는 학습할 기술이 사용되는 실제 활동 장소와 시간에 실제 도구를 사용하여 지도하는 것이다. 실제 환경에서 지도하면 모든 환경 요소와 자연적 단서(natural cues)를 경험하고 활용함으로써 일반화를 촉진할 수 있다. 예를 들어, 개인 위생과 관련된 '손 씻기' 기술을 식사 전, 간식 전, 화장

실 사용 후, 체육 수업 후, 실외 놀이 활동 후처럼 손 씻기가 이루어질 때 지도한다. 언어를 지도할 때도 해당 어휘나 언어가 사용되는 자연스러운 사회적 상황과 장소에 이루어지는 것이 효과적이다.

## 4) 일과 활용 지도

일과(routines, 루틴)는 하루 일과, 주간 일과처럼 정기적으로 이루어지는 과제들이나 활동들을 말하는 것으로, 이 활동들은 언제, 어디서, 누구와, 무엇을, 어떻게 하는지를 학생이 예측할 수 있다. 일과 활용 지도(routine based instruction)는 언어발달, 의사소통 기술, 일상생활 기술, 사회적 기술, 수 세기 등 특정 지식과 기술을 시각중복장애 학생의 일과 활동에 통합하여 지도하는 것이다. 일과 활용 지도는 동일한 장소, 동일한 시간, 동일한 사람, 동일한 재료, 동일한 순서 등을 사용하는 구조화된 교육 환경을 제공한다. 예를 들어, 매일 오후 2시 간식 시간마다 음식 관련 어휘, 소근육 스푼 잡기 기술, 간식 테이블까지 보행하기 기술 등을 지도할 수 있다.

일과 활용 지도를 더욱 정교하게 구조화한 교수법이 '공동 행동 일과(joint action routine)'이다. 이 교수법은 교사와 학생이 함께 수행할 일과 활동을 선정하고 이를 통해 다양한 기능적 지식과 기술을 지도하는 것으로, 몇 가지 원칙과 절차에 따라 실행된다. 학생이 먼저 '공동 관심(joint attention)'을 선행 기술로 가지고 있어야 하고, 교사와 학생 간에 명확한 역할을 정의해야 하고, 교사는 학생에게 주어진 역할을 시범 보이고 지도해야 하며, 교사와 학생이 역할을 주고받으며(turn-taking) 함께 수행해야 한다. 학생의 성공적인 참여를 보장하려면 학생에게 동기를 부여하고 의미가 있는 일과 활동을 선정하여 시작해야 한다.

## 5) 과제분석과 행동연쇄 및 부분참여

시각중복장애 학생은 학습이나 일상에 필요한 기술을 과제분석하여 지도할 때 보다 쉽고 정확하게 습득할 수 있으며, 다음과 같은 방법을 고려할 수 있다.

• 단지 과제를 작게 나누는 것에 더해 시각장애로 인해 수행하기 어려운 세부 단

계를 확인하여 대안적인 수행 방법을 제시하는 것이 중요하다.

- 시각중복장애 학생의 장애 정도가 심하여 전진 연쇄를 통해 마지막 단계까지 학습 동기를 유지시키며 지도하기 어렵다면 후진 연쇄로 지도하는 것이 더 효과적일 수 있다. 행동 연쇄로 지도할 때 촉각 교수 방법을 함께 사용할 필요가 있다.
- 활동의 모든 부분을 수행할 수 없더라도 손쉬운 일부 기술이나 단계만을 익히도록 하는 부분 참여(partial participation)도 시각중복장애 학생에게 해당 활동의 참여와 즐거움을 주고 의존성을 줄일 수 있다. 예를 들어, 식탁 차리기의 전체를 수행할 수 없더라도 수저를 의자마다 놓도록 지도할 수 있다.

## 6) 주제 중심 교육

주제 중심 교육(thematic based approach)은 학생에게 지도할 특정 주제를 정하면 수업에서 주제와 관련된 여러 가지 지식이나 교과 단원을 함께 묶어 지도하는 총체적 접근법(holistic approach)이다. 즉, 주제 중심 수업에서는 주제와 관련된 읽기, 예술, 수리, 신체 활동 관련 기술 및 지식의 학습이 함께 이루어진다. 예를 들어, 동물을 주제로 주제 중심 수업을 한다면, 수업에서 동물 이름 읽기와 쓰기, 동물 그리기, 동물의 수 세기, 동물의 동작 모방하기 등의 여러 가지 활동이 통합될 수 있다. 이 교수법은 다양한 활동을 통해 특정 개념을 이해시키고 강화시키는 데 효과적이다.

## 7) 클러스터 교육

학생에게 필요한 지식과 기술을 이와 연관된 여러 교육 환경 및 담당 인사가 '연합(clusters)'하여 지도하는 것이다. 학생에게 지도할 기술들과 관련된 교과 영역, 교육 환경, 관련 교수자들을 확인하여 해당 기술의 지도 계획을 협의하고 공유함으로써 해당 기술의 상호 지도 및 강화, 그리고 일반화가 촉진될 수 있다.

**표 14–3 클러스터 매트릭스 개발 예시**

| 지도 기술 / 지도 영역 | 손을 뻗어 잡기 | 차례 기다리기 | 1개의 지시 따르기 |
|---|---|---|---|
| 국어 (국어 교사) | 촉각 도서의 페이지를 손을 뻗어 넘긴다. | | 네가 보고 싶은 책을 골라 보아라. |
| 점심시간 (식사 보조원) | 손을 뻗어 수저를 잡는다. | 보조원이 우유를 열어 주는 것을 기다린다. | 테이블에 컵을 치워라. |
| 과학 (과학 교사) | 손을 뻗어 비커를 잡는다. | | 상자에 모래를 넣어라. |
| 미술 (미술 교사) | 손을 뻗어 크레파스를 잡는다. | 나누어 주는 종이를 내 차례까지 기다린다. | 좋아하는 모양을 가리켜 보아라. |
| 체육 (체육 교사) | 손을 뻗어 농구공을 잡는다. | 공을 던질 내 차례를 기다린다. | 공을 제자리에 갖다 두어라. |
| 놀이 시간 (가족) | 손을 뻗어 장난감 차를 잡는다. | 장난감 차를 트랙에서 굴릴 내 차례를 기다린다. | 장난감을 제자리에 갖다 놓아라. |
| 집에 가기 (통학 지도원) | 손을 뻗어 자기 점퍼를 잡는다. | 버스 타는 내 차례를 기다린다. | 안전벨트를 매라. |

## 3. 점자 지도

### 1) 일반적인 지도 지침

#### (1) 점자 학습 대상자 결정

전통적인 점자 교육 방법으로 점자를 학습하기 어려운 시각중복장애 학생은 일상생활에서 필수적이거나 자주 사용되는 '기능적이고 친숙한 낱말'을 중심으로 점자 학습을 시작하며, 이들 낱말의 학습 능력을 평가하여 전통적인 자음과 모음 중심의 점자 학습으로 전환할 것인지를 결정한다.

#### (2) 기능적 낱말의 수집과 선정

시각중복장애 학생이 점자로 학습할 기능적이고 친숙한 낱말을 선정할 때 생활에서 의미 있는 경험을 제공하고, 일과 중에 반복적으로 사용되며, 학생의 생활 연령과 언어 발달 수준에 적합한지를 종합적으로 고려한다. 또한 시각중복장애 학생은 개인 차가 커서 개인별로 적합한 낱말을 선정해야 하며, 기능적이고 친숙한 낱말을 수집하기 위한 방법은 다음과 같다.

첫째, 학생과의 대화를 통해 수집한다. 학생이 구어로 의사소통이 가능하다면 대화 과정에서 이해할 수 있거나 표현할 수 있는 낱말, 학생이 흥미나 관심을 보이는 사물과 활동을 나타내는 낱말 등을 확인한다. 언어 발달과 학습은 듣기, 말하기, 읽기, 쓰기 순서로 이루어지므로, 학생이 듣고 이해하며 말할 수 있는 낱말부터 점자로 읽고 쓰도록 하는 것이 효과적이다.

둘째, 학생 관찰을 통해 수집한다. 매일매일 이루어지는 학생의 일과 활동을 관찰하여 각 일과 활동에 필수적이고 반복적으로 사용되는 낱말, 어구, 문장 등을 확인한다.

셋째, 부모, 가족, 담임교사, 치료 지원 전문가 등과 면담을 통해 수집한다. 평소 학생과 활동하는 사람들은 학생의 관심사와 선호, 일과 중에 이루어지는 활동의 유형, 학생의 구어 및 문어 사용 수준 등에 대한 풍부하고 신뢰할 만한 정보를 제공한다. 이들을 통해 앞서 수집한 정보의 신뢰성을 검증하고 놓친 정보를 보충할 수 있다.

### (3) 점자 낱말 카드의 제작

시각중복장애 학생이 기능적이고 친숙한 낱말을 점자로 학습하는 데 효과적인 점자 학습 자료를 제작하는 방법은 다음과 같다.

- 처음에는 점자 학습지에 여러 가지 낱말을 제시하기보다 1개의 낱말을 점자 낱말 카드로 제시한다. 여러 개의 낱말을 제시하면 손으로 낱말의 점형을 지각하는 데 혼동을 일으키기 쉽다.
- 점자 낱말 카드의 오른쪽 상단 모서리를 절단하고, 학생이 이를 이용하여 혼자서도 점자 낱말 카드를 바르게 놓도록 한다.
- 처음에는 점자 낱말의 앞뒤로 안내선(2~5점)을 넣어서 점자를 바르게 촉지하기 위해 둘째손가락의 바른 위치를 잡는 단서로 사용한다. 이때 안내선(2~5점)과 점자 낱말 간에 한두 칸 정도를 띄어 점자 낱말을 구분하기 쉽도록 한다.
- 학생이 점자 낱말을 손가락으로 바르게 촉지할 수 있게 되면, 안내선(2~5점)이

없는 점자 낱말 카드를 사용할 수 있다.
• 점자 카드를 읽을 때 카드가 움직이지 않고 바른 위치를 유지하도록 반미끄럼
재질의 검은색 매트에 놓는다.

점자 안내선(2~5점)의 역할

미끄럼방지 매트에 점자 카드 놓고 읽기

## 2) 기능적 낱말의 지도 절차

시각중복장애학생에게 기능적 어휘를 점자로 효과적으로 지도하는 절차는 다음과
같다. 이 절차는 점자를 처음 시작하는 유아에게도 적용할 수 있다(Wormsley, 2016;
Wormsley & D'Andrea, 2004).

① 기능적 어휘 중 첫 번째로 지도할 점자 단어(낱말)를 선정하여 지도한다. 단어
를 음소 단위로 구분하여 촉지하는 것이 아니라, 점자 단어의 전반적인 점형 모
양과 특징을 익히도록 한다. 따라서 처음 배울 단어는 단어의 점형 모형이나 특
징을 구별하기 쉬운 것으로 선정하는 것이 효과적이다. 교사는 학생이 점자를
촉독할 때 점형의 특징에 대해 이야기를 나누는 것이 좋다. 예를 들어, 바나나
점자는 점이 위쪽에 주로 있는 것 같다고 말할 수 있다. '바나나' 점자의 앞뒤에
2~5점은 안내선으로 손가락의 바른 위치를 잡아 바나나를 읽을 수 있도록 도와
주기 위해 사용한다. 학생이 첫 번째 단어를 점자로 익히면 바나나 점자 카드와
점칸 수가 같은 온표 점자 카드 중에 바나나 점자 카드를 찾아보는 활동을 할 수
있다.

|  |  |
|---|---|
| ⠿⠿ ⠿⠿⠿ ⠿ | ⠿⠿⠿ |
| 바나나 | 온표온표온표 |

|  |  |
|---|---|
| ⠿⠿ ⠿⠿ ⠿ | ⠿⠿ |
| 우유 | 온표온표 |

② 기능적 어휘 중, 두 번째 점자 단어를 선정하여 지도한다. 두 번째 지도할 단어는 점자의 길이와 모양 등 점형의 특징이 첫 번째 단어와 차이가 나는 것이 좋다.

③ 학습한 2개의 단어를 변별하는 활동을 한다. 학생이 2개의 단어 중 교사가 말하는 점자 단어 카드를 찾으면 2개의 점자 단어를 바르게 사용할 수 있게 된 것이다.

|  |  |
|---|---|
| ⠿⠿ ⠿ | ⠿ ⠿ |
| 바나나 | 우유 |

④ 기능적 어휘(단어) 수를 지속적으로 확장하면서 학습한 점자 단어들을 변별할 수 있도록 지도한다. 학생이 몇 개의 단어를 읽을 수 있게 되면 점자 단어 읽기와 쓰기를 병행하여 지도할 수도 있다.

점자 단어 카드

점자 단어 카드 분류하기

## 3) 효과적인 점자 교수법

### (1) 개별화된 의미중심 점자교수법

개별화된 의미중심 점자교수법(individualized meaning-centered approach to braille Literacy)은 시각중복장애 학생의 점자 학습 과정에서 개인별로 선정된 낱말의 점형을 기계적으로 암기하여 읽고 쓰기보다 점자로 학습하는 낱말의 의미를 정확히 알고 사

사물을 이용해 점자 단어의 의미 지도

용하는 것을 중요하게 다룬다. 따라서 점자 낱말을 학습할 때 해당되는 사물을 짝으로 제시하거나 낱말과 관련된 행위를 수행해 봄으로써 학생이 낱말의 의미를 정확히 이해하며 점자로 읽고 쓸 수 있도록 한다(Wormsley, 2016; Wormsley & D'Andrea, 2004).

### (2) 스토리텔링과 놀이 중심 점자 지도

스토리텔링을 사용하여 학습 내용을 전달하면 학생이 학습 내용을 더 쉽게 이해하고 기억하며 흥미와 공감을 이끌어 낼 수 있다. 스토리텔링에는 직접 경험한 이야기, 주변 사람의 이야기, 책이나 방송에서 나온 이야기 등을 사용할 수 있다. 스토리텔링은 듣는 사람에게 적합하게 이야기를 구성하는 것이 중요하므로, 시각중복장애 학생의 생활 경험과 언어 수준을 고려하여 이야기를 구성한다. 스토리텔링과 놀이를 바탕으로 한 점자 교육은, 첫째, 학생이 점자 학습에 흥미를 갖도록 유도할 수 있다. 둘째, 점자(문어)와 구어 모두의 언어 능력을 향상시킬 수 있다. 셋째, 학생의 인지 및 언어 수준을 고려한 이야기 구성으로 점자 낱말, 어구, 문장에 대한 이해도를 높일 수 있다. 예를 들어, 다음과 같은 점자 자료와 활동 시나리오를 준비할 수 있다. "여기는 수영장이야. 수영을 하다가 간식으로 싸 온 바나나와 우유가 물에 빠졌어. 민성이가 수영장(2~5점) 물을 따라가다가 바나나가 나오면 '바나나를 찾았어요.', 우유가 나오

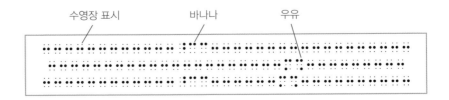

수영장 표시        바나나        우유

면 '우유를 찾았어요.'라고 말해 줄래?"

### (3) 언어 경험 점자 지도와 촉각 경험북

　언어 경험 교수법은 학생의 일상 경험을 바탕으로 언어를 학습하는 방법이다. 즉, 학생의 경험을 쉽고 짧은 이야기 글로 만들어 언어 학습의 도구로 사용한다. 언어 경험 점자 교수법에 주로 사용하는 촉각 경험북(tactile experience book)은 학생의 경험에 기초하여 만든 촉각 도서로, 학생의 경험과 관련된 사물과 점자 낱말이나 짧은 문장으로 구성한다. 처음에는 학생이 가장 좋아하는 활동의 경험을 촉각 경험북으로 만들고, 점차 매일매일의 일과 활동과 관련된 촉각 경험북으로 확장할 수 있다. 언어 경험 접근법의 일반적인 단계는 다음과 같다.

① 학생이 일과 중에 좋았던 경험을 선택한다.
② 학생이 경험을 자신의 말로 이야기한다.
③ 교사는 학생의 이야기 속에서 핵심 낱말이나 어구를 선택한다.
④ 학생이 경험한 이야기를 나타내는 낱말로 학습 자료를 만들어 사용한다.

　문해 능력이 부족한 시각중복장애 학생이나 시각장애 유아를 위한 촉각 경험북은 사물, 질감 재료, 점자나 확대 글자 단어 및 짧은 문장으로 구성하고, 교사나 부모는 아동과 함께 페이지별로 사물과 점자 등을 만져 보면서 읽어 나간다. 촉각 경험북은 사물을 부착할 수 있도록 바인더 책자, 벨크로보드, 일반책과 책에 나오는 사물 꾸러미 박스 등의 형태로 만들 수 있다.

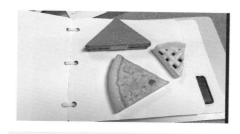 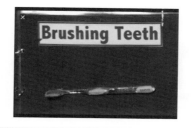

촉각 경험북: 피자 파티-양치질 일과

## 4. 의사소통 방법

### 1) 비구어 상징 체계

시각중복장애 학생이 구어, 점자, 확대 글자 등 추상적 상징을 사용해 표현할 수 없을 때 구어에 해당하는 구체적인 상징을 사용하도록 하는 것이 필요하다. 시각중복장애 학생이 사용할 수 있는 상징 체계는 시각장애 정도에 따라 3가지로 나눌 수 있다(Chen & Downing, 2006; Holbrook et al., 2017; Mclinden & Mccall, 2002; Sacks & Zatta, 2016).

첫째, 시각 상징(visual symbols) 체계로, 그림이나 사진을 식별할 수 있는 저시력 학생에게 적절하다. 그림 상징 카드를 눈으로 식별할 수 있는 시각중복장애 학생의 경우, 그림 형태를 보다 쉽게 이해할 수 있도록 카드 바탕색과 그림 간의 색 대비를 높이고, 그림을 더 간결하고 명확하게 수정하여 사용하며, 라인 형태의 그림보다 라인 안이 채색된 그림이 식별하는 데 더 효과적이다. 또한 학생의 시력 수준에 적합한 크기로 그림 상징을 확대하고, 시야 손상 정도를 고려한 그림 상징 의사소통판의 위치를 선정하며, 학생이 심벌의 위치를 쉽고 정확하게 파악하도록 그림 상징의 배열 위치를 일관되게 유지하여 제시하는 것이 좋다. 특히 피질 시각장애가 있는 학생의 경우에 검은색 바탕에 노란색이나 빨간색같이 CVI 아동이 선호하는 색으로 그려진 그림 상징 카드를 사용하는 것이 좋다(Holbrook et al., 2017).

둘째, 촉각 상징(tactile symbols) 체계로, 수지 기능에 문제가 없어야 하고, 눈으로 그림 상징을 식별할 수 없는 학생이 사용할 수 있다. 여기에는 양각 그림, 사물 상징, 촉각 신호, 몸짓 언어(손담), 촉수어 등이 포함된다.

간결하고 명료한
묵자 그림 상징 카드

피질 시각장애가 있는 학생을 위한
검은색 바탕에 노란색이나 빨간색의 그림 상징 카드

셋째, 청각적 스캐닝(auditory scanning)은 다른 사람의 간단한 구어를 듣고 바라는 것을 선택하는 의사소통 방법이다. 이 방법은 다른 사람이 단어, 어구, 간단한 문장으로 말하는 것을 듣고 이해할 수 있고, 단어, 발성, 제스처 등으로 응답할 수 있으며, 상지 운동 기능이 제한되어 손으로 원하는 상징을 지적하기 어려운 시각중복장애 학생에게 적절하다. 예를 들어, 교사는 시각중복장애 학생이 '응', 또는 '고개를 끄덕이는 동작'을 보일 때까지 학생이 어디가 아픈지 확인하기 위해 '머리? 팔? 다리? 배?'와 같이 단어로 물어볼 수 있다.

## 2) 촉각 상징 의사소통 유형

시각중복장애 학생이 사용할 수 있는 촉각 상징 의사소통(tactile symbols AAC) 유형은 다음을 포함한다(임안수 외, 2014; Holbrook et al., 2017; Sacks & Zatta, 2016).

### (1) 촉각 신호

촉각 신호(tactile cues)는 교사나 부모가 시각중복장애 학생에게 특정 메시지를 전달하고자 신체 부위를 사용하는 '수용적 의사소통' 방식에 속하며, 상징적 의사소통에 해당한다. 촉각 신호는 크게 접촉 신호(touch cues)와 사물 신호(object cues)로 구분한다.

- 접촉 신호: 특정 메시지를 전달하기 위해 아동이나 성인의 몸에 일관된 방식으로 접촉하는 신체 신호(physical cues)로, 일반적으로 메시지와 관련된 신체 부위나 가까운 부위에 접촉이 이루어진다. 접촉 신호는 다양한 의미로 해석될 수 있기 때문에 일과 활동 동안에 일관되게 사용하는 것이 중요하다(Belote, 2015). 현재 국내에서 중도중복장애 학생의 의사소통을 위해 보급된 몸짓 언어(손담)를 시

| 의사소통 내용 | 접촉 신호 |
| --- | --- |
| 너를 의자에서 들어 옮길 거야. | 학생의 겨드랑이 부근을 두세 번 가볍게 접촉한다. |
| 한입 먹자. | 학생의 입을 손이나 수저로 접촉한다. |
| 우측 귀에 보청기를 넣을게. | 학생의 우측 귀를 두 번 접촉한다. |

각중복장애학생 및 농맹학생도 사용할 수 있도록 지침을 제공하고 있는데, 이는 접촉 신호를 발전시킨 것으로 볼 수 있다.

• 사물 신호: 일과 활동과 관련된 메시지를 전달하기 위해 관련된 사물이나 사물의 일부를 학생이 만져 보도록 학생의 손에 제시하는 것이다. 사물 신호(object cue)와 사물 상징(object symbol)의 차이는 사물 신호는 해당 활동에 사용되는 실물을 사용하고 학생의 손에 접촉하는 데 반해, 사물 상징은 해당 활동에 사용되는 실물이 아닐 수도 있으며, 관련 물체를 의사소통 카드나 보드에 부착해 손으로 탐색하도록 한다.

| 의사소통 내용 | 사물 신호 |
|---|---|
| 교실에서 체육관으로 이동하자. | 학생의 신발을 손에 대어 준다. |
| 옷을 입자. | 양말을 손에 대어 준다. |

## (2) 손으로 만져 볼 수 있는 상징

손으로 만져 볼 수 있는 상징(tangible symbols)은 시각중복장애학생이 손으로 만져 이해할 수 있는 양각 그림, 물체 같은 3차원 상징으로, 수용 언어와 표현 언어에 모두 사용되며, 상징적 의사소통에 속한다. 시각중복장애 학생들에게 효과적인 사물 상징 (object symbols)은 '물체 전체' '물체 일부' '연관된 물체' '특정 질감이나 모양'을 사용한다. 사물 신호(object cues)가 사물을 학생의 손에 직접 대어 주는 방식으로 사용되는 데 반해, 사물 상징 의사소통은 빈 카드에 부착한 후 사물을 만져 보도록 함으로써 사물을 의사소통 목적으로 사용하고 있음을 보다 명확하게 인식시킬 수 있다.

| 물체 전체 | 물체 일부 | 연관된 물체 | 연관된 질감이나 모양 |
|---|---|---|---|
| 체육관-공 | 편의점-과자 봉지 조각 | 보건실-반창고 | 욕실-욕실 타일 |

### (3) 촉수어

촉수어(tactile sign language)는 농아인이 사용하는 수어를 맹농인도 사용할 수 있도록 일부 변형시킨 수어 방식으로, 상징적 의사소통에 해당한다(Chen & Downing, 2006; Sacks & Zatta, 2016). 촉수어는 대화 상대자의 수어 형태와 동작을 알기 위해 맹농인이 대화 상대자의 손에 자신의 손을 얹어 수어를 확인하며, 농맹인이 수어를 좀 더 정확하게 촉지하도록 수어 동작을 보다 단순하게 변형하기도 한다.

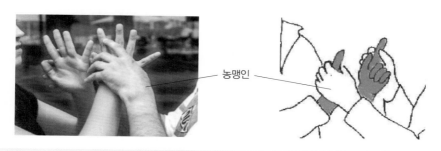

농맹인

촉수어: 농맹인(우측 사람)의 손 위치

### (4) 핵심 어휘 사인

핵심 어휘 사인(key word sign/Makaton)은 상대방에게 표현하고 싶은 말을 문장이 아닌 중요한 어휘만을 사용해 전달하는 것으로, 핵심 어휘는 일상에서 통용되는 자연스러운 몸짓 언어(gestures)와 쉽고 간단한 수어 어휘 표현들로 나타내게 된다. 핵심 어휘 사인은 어구나 문장을 구어로 이해하거나 표현하기 어려운 지적장애를 동반한 시각중복장애 학생의 의사소통 방법 중 한 가지로 사용할 수 있으며, 우리나라에서 개발한 '손담'이 여기에 해당한다. 핵심 어휘 사인은 구어 발달 이전의 일반 영유아에게도 사용하는 'baby signs'과도 유사하다.

먹다/식사/간식

손담: '먹다' 표현하기

손담: '먹다' 표현 지도하기

 eat

'먹다' 표현하기

출처: 국립특수교육원 온맘 홈페이지(http://www.nise.go.kr/onmam).

## (5) 촉지화

촉지화(tactile finger spelling 또는 deafblind manual alphabet)는 상대방의 손바닥에 대고 지화를 표현하는 것으로, 고유 명사를 나타내거나 상대방이 수어 표현을 이해하지 못할 때 사용하면 효과적이다.

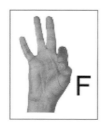

농인 지문자 알파벳 F

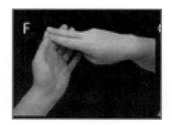

농맹인 촉지화 알파벳 F

## (6) 저시력 시청각장애인을 위한 수어

잔존 시력이 남아 있는 시청각장애인의 경우에는 시야 내 수어(visual frame signing), 수어 추적(tracking), 근접 수어(close range signing) 등을 사용할 수 있다. 시야나 시력을 고려하는 것에 더하여 수형과 수동을 잘 알아차리도록 배경 벽이나 옷의 대비를 고려하는 것도 중요하다. 근접 수어는 시력 정도를 고려하여 농맹인과 보다 가까운 거리를 유지하면서 수어를 하는 것이다.

| | |
|---|---|
|  |   |
| 시야 내 수어: 주변 시야 손상이 있는 경우, 일정 시야 범위에서 수어 동작이 이루어지도록 수어의 움직임을 작게 하는 것 | 수어 추적: 시야 손상으로 수어의 움직임을 눈으로 따라가기 어려운 경우, 수어 상대자의 손목을 가볍게 잡아 상대방의 수어 움직임을 확인하는 것 |

## (7) 손바닥 문자

손바닥 문자(print on palm)는 시청각장애 학생의 손바닥에 대화 상대자가 집게손가락으로 크고 또렷하게 묵자를 써서 표현한다. 수어나 점자를 모르는 비장애인이 시청각장애인과 대화할 때 사용할 수 있다. 손바닥 문자를 이용한 필담 방법은 3가지 유형이 있다. 첫 번째 그림처럼 시청각장애 학생 손바닥에 글자를 쓰는 방법을 사용할 때 시청각장애 학생이 글자 형태를 인지하는 것을 어려워한다면, 다른 2가지 방법을 사용하면 글자 형태를 좀 더 잘 느끼도록 할 수 있다.

| 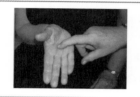 |  |  |
| --- | --- | --- |
| 대화 상대자가 손가락으로 시청각장애 학생의 손바닥에 글자 쓰기 | 시청각장애 학생이 대화 상대자의 손가락을 잡도록 하고, 학생의 손바닥에 글자 쓰기 | 대화 상대자가 시청각장애 학생의 손가락을 잡고, 학생의 손바닥에 글자 쓰기 |

## (8) 점화/손가락 점자

점화/손가락 점자(finger braille)는 구어 소통이 어려운 시청각장애인이 사용하는 촉각 의사소통 체계로, 한국 점자 규정을 기본으로 한다. 일반적인 점자가 점자 도구를 사용하여 읽고 쓰는 것과 달리, 점화/손가락 점자는 화자와 청자의 손가락을 서로 사용한다는 점에서 차이가 있다. 즉, 점화는 '화자의 손가락으로 청자의 손가락에 치는 점자'라고 할 수 있다. 점화는 점자타자기나 점자정보단말기의 자판에 점자의 여섯 점을 배정하는 것처럼, 양손의 손가락에 점자의 여섯 점을 배정하여 사용한다.

점화로 대화를 시작하려면 시청각장애인의 어깨를 살짝 만져서 온 것을 알린다. 그리고 시청각장애인의 손에 자신의 손을 얹고 1점부터 6점까지 순서대로 쳐서 여섯 점의 위치를 상호 확인하고 대화를 시작한다. 2020년에 실로암시각장애인복지관에서 농맹인을 위한 한글 손가락 점자 교육 자료를 개발하여 지도하고 있다.

점화의 시작

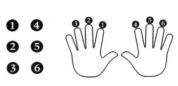

점자의 6점과 점화의 손가락 대응

## 3) 사물 상징 보완대체의사소통 시스템

### (1) 사물 상징

사물 상징에는 물체의 전체, 물체의 일부, 연관된 물체가 사용될 수 있다. 수저, 컵처럼 단순한 모양에 한해 미니어처를 사용할 수 있으나, 미니어처의 대부분이 손으로 탐색하여 변별하기 어려운 경우가 많아 적극 추천되지는 않는다.

표 14-4 경옥이의 학교 활동을 위한 사물 상징 사용 예시

| 활동 | 사물 상징 |
| --- | --- |
| 음악실(음악 시간) | 작은 악기 |
| 화장실(화장실 이용) | 화장실 벽의 작은 타일 |
| 간식(간식 시간) | 빈 과자 봉지 |
| 휴식 시간 | 소파나 매트리스 재질 조각 |
| 놀이 시간 | 장난감 |
| 양치질 | 칫솔 |

사물 상징을 선정할 때 표준화와 개별화라는 2가지 측면을 모두 고려해야 효과적으로 사용될 수 있다. 시각중복장애 학생의 장애 특성, 생활 환경, 선호와 요구 등을 모두 고려하여 사물을 선정해야 한다.

• 시각중복장애 학생이 자신의 특정 경험이나 활동에서 중요하게 여기거나 선호하는 것을 개별 상징으로 선택할 수 있다.

- 학생의 수준에 적합한지, 쉽게 손으로 지각할 수 있는 상징(물)인지를 확인해야 한다.
- 사물 상징을 선정할 때에는 시각적 특성보다 오히려 촉각적 특성을 기반으로 하여야 한다.
- 싫어하는 질감을 피하기처럼 학생의 지각적 선호도(perceptual preferences)도 고려해야 한다.

### (2) 보조기기

시각중복장애 학생에게 적합한 상징의 유형이 결정되면 이 상징을 담을 보조기기를 선정해야 한다. 학생이 사용할 수 있는 상징 어휘의 수가 적을 때는 의사소통판이나 육성 녹음 기기를 사용하고, 어휘의 수가 많을 경우에는 의사소통북을 사용할 수 있다. 칫솔, 공 같은 사물 상징을 사용해야 하는 경우, 의사소통 카드나 책 등에 부착하여 사용한다. 사물 상징을 그대로 사용할 경우에 학생은 의사소통을 위한 상징이 아닌 사물을 직접 만지고 조작하는 활동 도구로 인식할 수 있기 때문이다.

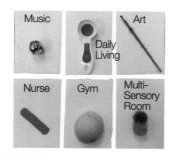

사물 상징 의사소통판

사물 상징 육성 녹음 AAC

### (3) 지도 전략

시각중복장애 학생이 일상에서 좋아하는 활동과 관련된 상징부터 시작하는 것이 동기 유발에 효과적이며, 학생의 일과 활동(routines)에 관련된 사물 상징부터 지도하면 자연스럽게 반복 연습하면서 익힐 수 있다. 그림이나 사물 상징을 지도할 때에는 그림이나 사물의 의미에 대한 간단한 구어 표현도 함께 사용하는 것이 좋다. 사물 상징의 지도 절차는 다음과 같다.

① 교사는 손 위 손 안내법 또는 손 아래 손 안내법으로 학생과 함께 사물 상징을 접촉한다.
② 교사는 사물 상징의 의미를 간단한 말로 표현한 후 상징에 해당하는 물건을 주거나 활동을 실시한다.
③ 학생이 상징을 접촉하면 교사는 해당하는 물건을 주거나 활동을 실시한다.
④ 학생이 사물 상징의 형태와 의미를 이해하고 사용할 수 있을 때까지 반복한다.

## 4) 캘린더 박스

### (1) 유형

캘린더 박스는 중도중복장애 학생들이 일과(routine)를 예측하고, 여러 활동 속에서 원하는 것을 선택하도록 돕는다. 시각중복장애 학생이 자신에게 필요한 몇 가지 사물 상징을 사용할 수 있게 되면 캘린더 박스를 활용할 수 있다. 캘린더 박스는 사용 목적에 따라 크게 3가지로 구분할 수 있다.

- 시간 조각 캘린더(Time Piece Calendar): 시간 흐름에 따라 어떠한 활동이나 사건이 이루어지는지를 나타내는 데 목적이 있다. 학생이 전체 시간을 작은 조각의 시간으로 분할하고 작은 조각 시간에 일어나는 활동 정보를 제공한다. 학생에게 월별, 주별, 일별 일과 계획 등의 메시지를 전달할 수 있다.
- 순서 캘린더(Sequencing Calendar): 특정 활동이 이루어지는 단계나 순서를 나타내는 데 목적이 있다. 이를 위해 교사는 활동을 작은 단계로 분석해야 하고, 각 단계를 예측할 수 있는 촉각 상징이나 사물 상징을 선정하여 순서에 따라 배치한다.
- 선택 캘린더(Choice Calendar): 학생이 원하는 물건이나 활동을 선택하도록 하는 데 목적이 있다. 이 캘린더는 학생에게 선택의 개념이나 자기 결정 능력을 지도할 수 있으며, 처음에는 2가지 중에 하나를 선택하는 것으로 시작하여 점차 여러 가지 중에서 선택하도록 확장한다.

일과 스케줄 캘린더

순서 캘린더

선택 캘린더

## (2) 지도 방법

캘린더 박스를 지도할 때 다음과 같은 사항을 고려해야 한다(Chen & Downing, 2006; Holbrook et al., 2017).

- 캘린더의 형태는 일렬로 된 상자에 상징을 넣거나 벽면 게시판에 상징을 부착하는 방법 등이 있다. 학생이 잔존 시각이 있다면 캘린더와 상징 간에 대비를 높이는 것이 좋다.
- 캘린더 박스를 사용할 때 몇 개의 활동을 나타내는 상징들을 사용할 것인가를 결정하는 것이 필요하다. 처음에는 오전과 오후로 나누어 대표적인 2가지 활동을 나타내는 상징 2개를 순서대로 제시하고, 점차 하루 일과를 나타내는 3개 이상의 상징을 제시하는 캘린더로 확장할 수 있다.
- 캘린더의 설치 장소는 학생이 접근하기 쉽고 자주 이용하는 곳에 두는 것이 효과적이다. 교실에서 학생의 좌석과 가까운 곳이나 학생이 쉽게 찾고 자주 지나다니는 선반 위나 벽면에 부착할 수 있다.
- 캘린더 활동을 시작할 때는 학생이 해당 상징을 꺼내 만져 보도록 한 후 활동을 시작하여야 하고, 활동을 마쳤을 때는 캘린더 박스로 다시 가서 해당 활동의 상징을 치우거나, 상자 뚜껑을 덮거나, 별도의 '종료 상자(finish box)'에 상징을 넣어서 끝났음을 알려야 한다.

사물 상징 캘린더 박스:
맹·중복장애 학생용

그림 상징 일과표:
저시력·중복장애 학생용

## 5. 보행 지도

### 1) 시각중복장애 학생의 보행 교육 이해

시각중복장애 학생은 보행 기술을 익히는 데 오랜 시간이 걸릴 수 있으며, 학습한 보행 기술을 다양한 보행 장소와 상황에서 일반화하여 사용하는 것이 어려울 수 있다.

- 시각중복장애 학생의 보행 교육은 과제분석을 통해 순차적으로 지도한다.
- 보행 학습에 대한 참여 동기를 높이기 위해 의미 있는 장소 및 활동과 연관 지어 지도해야 한다. 예로, 학생이 자주 이용하거나 좋아하는 보행 장소나 구간부터 시작할 수 있다.
- 보행 기술 자세를 정확하게 취할 수 있도록 촉각 교수 방법을 함께 사용하고, 숙달하는 데 더 오랜 기간 반복 연습이 필요하다.
- 신체 기능 문제를 돕기 위해 물리치료사나 작업치료사와 협의하여 적절한 신체 보조기기를 보행 기구와 함께 사용해야 한다.
- 일반화를 위해 학생이 자주 다니는 실제 보행 장소에서 보행 기술을 지도한다.
- 흰지팡이 사용이 어려운 시각중복장애 학생이나 유아에게 대체보행기구(adaptive mobility device)를 사용할 수 있다.

## 2) 방향정위 단서

시각·지적 장애 학생은 주변 정보를 수집·분석하는 능력이 부족하고, 점자나 묵자로 쓰인 표지판을 읽지 못하여 방향정위에 어려움을 겪는다. 시각중복장애 학생의 방향정위를 도울 수 있는 방법은 다음을 포함한다.

- 출발지부터 목적지까지 연속적인 랜드마크를 설치·활용할 수 있다(가이드 레일이나 촉각 유도용 띠).
- 보행 장소의 입구(문이나 벽면)에 장소를 나타내는 그림 상징 또는 사물 상징(식당-수저, 음악실-탬버린, 체육관-공, 도서실-촉각도서 등)을 부착할 수 있다.

| 체육관<br>사물 상징 탐색 | 이동 중<br>사물 상징 재인 | 체육관 입구 벽면의<br>사물 상징 확인 |

## 3) 안내 보행과 보행 기초 기술

시각·지체 장애 학생의 경우에 안내인이 신체적 지지를 제공할 수 있도록 안내 보행 자세를 수정하여 사용할 수 있다.

- 안내 보행 자세: 학생이 자신의 손을 안내인의 팔 안쪽으로 넣은 후, 안내인의 팔을 위에서 아래 방향으로 잡도록 하여 신체 지지에 도움이 되도록 한다.
- 자기 보호법: 학생의 상지 운동 기능을 고려하여 장애물로부터 신체를 방어할 수 있는 대안적인 자세를 취하도록 한다.
- 손 스쳐가기: 표준 자세를 취하기 어려운 경우에 벽과 가까운 상지의 가능한 신체

부위를 벽에 대고 이동하도록 한다.

- 좁은 통로 지나가기: 안내인과 학생이 손을 마주 잡되 학생의 손이 위에, 안내인의 손이 아래에 위치하여 지지할 수 있도록 한다.
- 계단을 오르내리기: 계단 시작점에서 계단이라고 정확히 전달하고, 학생은 다른 손으로 계단 난간을 함께 잡고 올라가도록 한다.

안내 보행 수정 자세

좁은 통로 지나가기 수정 자세

휠체어 사용 학생의 안내 보행 자세는 안내인의 손목 바로 위를 잡도록 할 수 있다. 안내인은 자신의 손과 팔을 좌우로 움직여 방향 전환을 알리고, 손바닥을 뒤로 젖히거나 팔을 위로 들어 정지 신호를 전달할 수 있다.

잡는 자세

우측 방향 전환 신호
(팔을 우측으로 움직이기)

정지 신호
(손을 뒤로 젖히기)

## 4) 대체보행기구 사용

대체보행기구는 흰지팡이를 사용하기 어려운 사람을 위해 고안된 특수한 이동보조기구로, 2020년에 국립특수교육원에서 세 종류의 대체보행기구를 개발·보급하였

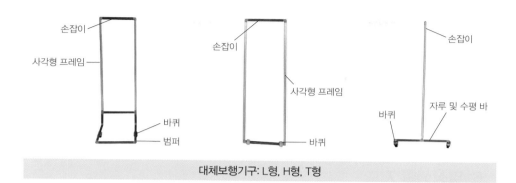

대체보행기구: L형, H형, T형

다. 대체보행기구는 다음과 같은 장점이 있다.

- 사각형 프레임은 신체 너비를 완벽하게 보호하고, 지면과 지속적인 접촉을 통해 최적의 촉각 및 청각 정보를 제공할 수 있다.
- 양손으로 잡고 이동하는 방향으로 바닥에서 밀고 가기 때문에 흰지팡이와 비교하여 요구되는 힘과 조작 능력이 덜 요구된다.
- 시각장애가 있다는 것을 다른 사람에게 알려 안전에 도움을 주고, 독립적인 이동 능력을 입증하며, 학생이 덜 의존적으로 혼자 이동할 수 있도록 한다.
- 시각장애 유아나 시각중복장애 학생이 바른 자세와 걸음걸이, 효율적인 신체 및 운동 기능을 발달시키는 데 도움이 된다.

보행 교사나 보호자는 학생이 대체보행기구를 사용할 때 학생으로부터 한 발 정도

대체보행기구로
계단 탐지하기

대체보행기구로
벽을 따라 스쳐가기

대체보행기구로
점자블록 기준선 보행

떨어진 거리에 위치하여 안전사고에 항상 대비해야 한다. 대체보행기구의 잡는 자세는 신체 중앙으로부터 한두 발 앞에 대체보행기구의 받침대를 놓고, 양손으로 대체보행기구의 손잡이를 잡되, 손잡이와 가슴 사이에 20~30cm 정도의 간격을 유지하여 대체보행기구를 밀면서 천천히 이동하도록 한다.

## 6. 일상생활 지도

### 1) 식사 기술

시각중복장애 학생이 구강 운동 기능 제한, 특정한 질감이나 맛에 대한 거부감 등으로 식사에 어려움이 있다면 직업치료사나 언어치료사와 섭식 지도 및 지원을 협의하는 것이 필요하다(Holbrook et al., 2017; Sacks & Zatta, 2016).

- 학생이 식사 도구로 먹는 것이 어렵다면 식빵이나 자른 육포 같은 음식을 손으로 집어 먹는 것부터 시작할 수 있다.
- 학생의 식사 기술에 대한 학습 동기를 높이기 위해 좋아하는 음식이나 음료를 사용하여 지도를 시작한다.
- 학생이 신체 문제로 인해 식사를 위한 안정적인 자세를 유지하기 어렵다면 적합한 자세 유지 기구를 사용하여 의자에서 균형을 유지하는 데 신경을 쓰지 않도록 해야 한다.
- 식사 도구 사용 방법을 지도할 때 손 아래 손 안내법이나 손 위 손 안내법을 사용할 수 있다.
- 학생의 입을 잘 볼 수 있는 곳에 거울을 놓고 학생의 섭식 과정이나 문제를 관찰할 수 있다.
- 수저 사용 기술을 지도할 때 수저에서 음식이 잘 떨어지지 않도록 으깬 감자처럼 무게감 있는 음식으로 시작하고, 움푹 파인 수저가 음식을 덜 흘릴 수 있다.
- 젓가락 사용 기술을 배우기 어렵다면 포크 사용 기술을 지도할 수 있으며, 이때 잘 부서지지 않은 음식으로 시작한다.

- 접시는 움푹 파인 접시가 수저로 음식을 흘리지 않고 뜨기 쉽다. 수저나 포크로 접시의 음식을 뜨는 과정에서 접시가 미끄러지지 않도록 반미끄럼 재질의 매트를 깔고 그 위에 접시를 놓는다.
- 컵을 자주 넘어뜨리는 경우에는 밑바닥이 보다 넓고 높이가 낮으며 떨어뜨려도 깨지지 않는 재질의 컵을 사용한다. 손잡이가 달린 컵을 사용하고, 물을 먹을 때 입 주변으로 흘리는 학생은 뚜껑에 주둥이가 달린 컵을 사용한다.

## 2) 용변 기술

용변은 하루에도 여러 번 이루어지므로 학생이 좀 더 독립적으로 수행하도록 하는 것이 교사와 가족의 가장 큰 바람이다(Holbrook et al., 2017; Sacks & Zatta, 2016).

- 화장실에서 손을 씻을 때 사용하는 비누 냄새와 같은 방향제나 씻은 후 닦는 수건을 의사소통 상징으로 사용하여 용변 보기의 표현을 할 수 있다. 학생이 용변에 대한 의사 표현을 할 수 있는 방법은 용변 문제를 최소화하는 데 중요하다.
- 학생이 인지적 또는 신체적 문제로 바지의 착탈의가 어려우면 쉽게 벗고 입을 수 있는 바지를 입혀야 한다.
- 교사는 학생이 화장실을 이용할 때 사생활 보호를 위해 문을 닫는 것도 잊지 말아야 한다.
- 지체장애를 동반한 학생은 용변 자세에서 안정감을 느낄 수 있어야 보다 더 성공적으로 용변 보기를 할 수 있다. 작업치료사와 협의하여 학생에게 적합한 착석 지원 방법을 찾아 지원해야 한다.
- 자연스럽게 화장실을 이용해야 하는 시간에 화장실 이용 방법을 지도하는 것이 효과적이다. 다만 용변 기술의 지도 기회를 증가시키기 위해 물이나 음료를 지나치게 많이 먹이는 것은 비윤리적이다.
- 용변에 성공할 때까지 대변기에 너무 오래 앉도록 하는 것은 다음에 용변 보기에 대한 거부감이나 저항을 가져올 수 있다. 대략 10분 정도가 적절하다.
- 기본적인 용변 기술을 익히면 바지와 팬티 벗기와 입기, 변기에 스스로 앉기, 손 씻기 같은 관련 기술을 지도해 나갈 수 있다.

### 3) 개인위생과 착탈의

시각중복장애 학생이 신체 운동 기능의 제한이 있다면 작업치료사와 협의하여 보조기구나 대안적인 방법을 찾아 수행할 수 있도록 한다(Holbrook et al., 2017; Sacks & Zatta, 2016). 먼저 착탈의 지도 전략은 다음을 포함한다.

- 대부분의 학생은 옷 입는 법보다 옷 벗는 법을 배우기 쉬우므로 옷을 벗는 기술을 먼저 지도한다.
- '옷 입자'라는 표현의 상징을 통해 착탈의 지도를 시작할 수도 있다. '옷 입자'라는 의미의 사물 상징으로 학생이 실제로 자주 신는 양말을 의사소통판에 부착하여 사용할 수 있다.
- 옷을 벗거나 입거나 또는 목욕 기술을 지도할 때 자연스럽게 학생의 신체 부위의 이름을 지도할 수 있다. 예를 들어, "양말을 벗자. 오른발부터 벗을까?"라고 말하며 오른발의 이름을 지도할 수 있다.
- 정리 정돈(조직화)은 옷을 입고 목욕을 하는 데 중요하다. 예를 들어, 서랍장에서 팬티와 양말을 찾기 쉽도록 칸막이를 사용하여 분리할 수 있고, 목욕용품을 한 바구니에 담아서 쉽게 닿을 수 있는 선반에 놓으면 더 쉽게 사용할 수 있다.
- 학생이 순서를 기억하고 이해하는 데 어려움을 보인다면 활동 순서대로 물건을 배열하는 방법이 도움이 될 수 있다. 예를 들어, 옷 입기를 위해 팬티, 양말, 바지, 셔츠 순서로, 목욕 활동을 위해 샴푸, 린스, 비누 순서로 배열한다.

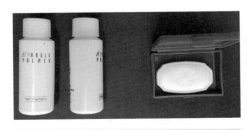

목욕하기 용품 순서 배열

꽃 만들기 재료 순서 배열

개인위생 지도 전략은 다음을 포함한다.

- 학생의 칫솔은 시각 또는 촉각으로 구별이 잘 되도록 표시하고, 일반 비누보다는 펌프용 액체 비누를 사용하는 것이 독립적인 수행을 도울 수 있다.
- 차가운 물과 뜨거운 물의 구분을 위해 색이나 촉각으로 구분하거나 너무 뜨거운 쪽으로 수도꼭지 레버가 돌아가지 않게 잠금 장치를 부착하는 것도 필요할 수 있다.
- 세면대와 수도꼭지를 탐색하는 것으로부터 시작할 수 있다. 수도꼭지를 돌리면 물이 나오는 것을 알도록 하고, 세면대에 물을 받아 놓고 만져 보게 하면 세면대의 용도를 알 수 있다.
- 세수하기 전에 손 씻기부터 지도한다. 손바닥과 손등을 마주 대고 비비는 자세와 움직임을 손 위 손 안내법이나 손 아래 손 안내법 등을 통해 지도할 수 있다.
- 세수하기는 처음에는 비누를 사용하지 않고 손의 자세와 움직임을 지도한 후, 점차 손으로 비누 거품을 내고 얼굴을 문지르는 단계로 나아간다.
- 목욕하기는 목욕 의자나 목욕 완구 등의 촉각 상징을 통해 목욕하기 활동을 시작할 것임을 알릴 수 있으며, 샤워기로 물을 몸에 뿌리기 전에 손에 뿌려 곧 몸에 물을 뿌릴 것임을 알도록 한다.
- 대소변 보는 기술을 지도할 때는 먼저 대변기에 앉는 것부터 지도할 수 있다. 대변기에 앉기 전에 대변기 좌석을 손으로 탐색하도록 한다.

### 학습 활동

- 시각중복장애 학생을 위한 기능적 교육과정 개발 방법과 효과적인 교수법에 대해 발표해 봅시다.
- 시각중복장애 학생을 위한 사물 상징 의사소통판을 만들어 발표해 봅시다.
- 2인 1조로 한 사람이 단어를 지점자로 제시하면 다른 사람이 맞추어 봅시다. 지점자는 화자를 중심으로 왼손의 둘째, 셋째, 넷째 손가락이 1~3점이고, 오른손의 둘째, 셋째, 넷째 손가락이 4~6점이다.
- 시각중복장애 학생을 위한 수정된 안내 보행 자세를 실습해 봅시다.
- 시각중복장애 학생의 식사, 용변, 착탈의, 개인위생 등 일상생활 기술의 지도 방법과 유의점에 대해 발표해 봅시다.

**국내 참고 자료 활용**

교육부(2024). 직업과 자립 교사용 지도서. 서울: 미래엔.

교육부(2024). 점자 교사용 지도서(시각중복장애 학생 점자 지도 대단원). 서울: 미래엔.

국립특수교육원(2014). 중도 · 중복장애 학생 교육과정 지원 자료(시각장애 영역).

국립특수교육원(2020). 시각중복장애 학생 점자학습.

국립특수교육원(2020). 시각중복장애 학생 지도 사례집.

국립특수교육원(2020). 시각중복장애학생 생활적응 영역 교수학습 자료.

 **국내외 참고 사이트 활용**

여주 라파엘의 집 사이트: http://www.raphael1004.co.kr

실로임시각장애인복지관 설리반학습지원센터: http://www.slv.or.kr

유튜브: tactile signs for the deaf-blind, finger braille for the deaf-blind를 검색하여 촉수
어와 지점자 사용 동영상 보기

CHAPTER **15**

# 시각장애 영유아 양육과 교육(유아특수교육과용)

학
습
목
표

● 시각장애 영유아의 발달 특성 및 교육 원리를 이해한다.

● 인지, 언어, 신체 및 운동, 정서 및 사회성 발달을 위한 양육 및 교육 방법을 알고 지도한다.

# 1. 시각장애 영유아 발달과 교육 원리

## 1) 발달 특성

가정 육아부터 유치원 교육에 이르기까지 시각장애 영유아에게 적절한 지도와 지원이 이루어지지 않으면 인지, 언어, 신체운동, 정서, 문해 등의 전반적 발달이 지연될 수 있다. 따라서 유아의 잔존 감각을 자극하고 최대한 활용하여 또래 유아가 하는 경험과 학습에 참여하도록 해야 한다. 교사들은 부모들이 자주 상담하는 시각장애 유아에게 나타날 수 있는 발달 특성 및 문제들을 이해할 필요가 있다(Chen, 2014; LaVenture, 2007; Pogrund & Fazzi, 2002).

### (1) 반향어
반향어(echolalia)는 타인의 말을 이해하지 못하면서 메아리처럼 그대로 반복하는 것을 말한다. 반향어는 유아기의 자연스러운 언어 발달의 한 부분으로, 이를 통해 부모나 형제의 구어 단어나 어구 표현을 모방하여 연습한다. 반향어는 언어의 자기 모방을 통해 초기 언어 발달에 기여할 수 있으며, 언어 발달과 의사소통 능력이 발달하게 되면서 사라진다. 반향어의 문제는 전형적으로 자폐증장애 아동에게 나타나지만, 시각장애 유아의 80% 정도가 감각 자극의 부족, 어휘 발달 지연, 의사소통 능력 부족 등으로 일반 유아보다 더 오랜 기간 지속되고, 더 자주 관찰될 수 있다.

반향어 사용의 기능과 대처 방법은 다음을 포함한다.

- 언어 연습 기능: "하당실 가짜."를 "화장실 가자."로 명료하게 말하기 위해 반복 연습한다. 이때 부모는 명료한 발음을 몇 번 더 알려 준다.
- 말에 대한 실행 준비(rehearsing) 기능: "화장실 가자."를 반복하여 말하면서 화장실에 가서 무엇을 할지를 머릿속으로 그린다. 이때 부모는 "어서 화장실 변기에 앉아서 쉬하자."라고 일어날 일을 말해 준다.
- 자신의 의사를 알리기 위한 기능: 쉬가 마려워 화장실에 가고 싶다는 의사 표현으로 관련 없는 특정 단어를 반복한다. 부모는 유아의 요구를 상황을 통해 파악하고

'화장실'이라고 말하면서 화장실에 데려감으로써 신속하고 적절하게 반응한다.

- 상호작용을 시작하거나 유지하려는 기능: 부모나 교사가 자신에게 관심을 계속 유지하도록 하려고 관련 없는 특정 단어나 어구를 반복한다. "블록, 블록 놀이 더 하자."처럼 상황에 맞는 적절한 어휘를 알려 준다.
- 자기 자극(self-stimulation)의 기능: 특정 단어나 어구의 반복을 통해 언어적·청각적 자기 만족감을 얻는다. 연령에 적합한 다양한 감각 자극 활동을 제공한다.

부모나 교사는 우선 시각장애 유아가 어떤 목적으로 반향어를 사용하는지 파악하는 것이 필요하며, 유아의 반향어를 무시하거나 벌을 주는 것은 바람직하지 않다. 시각장애 유아는 주변 환경으로부터의 자극이나 사건에 대한 정보가 부족하여 특정 질문이나 단어를 반복하는 경우가 많으므로, 일과 중에 주변 환경에 대한 충분한 탐색이나 상황에 대한 설명을 해 주면 반향어가 감소할 수 있다. 일반 유아는 다른 사람과의 눈 접촉을 통해 상호작용을 시작하게 되지만, 시각장애 유아는 반향어를 통해 타인과 접촉을 시작하려는 경향이 있고, 특히 대화에 필요한 적절한 어휘를 모르면 반향어를 계속 사용하게 된다. 시각장애 유아가 반향어가 유용하다고 판단하게 되면 더 오랜 기간 반향어를 사용하게 되므로 잘못된 강화를 하지 않도록 한다.

## (2) 자기 자극 행동

유아들은 시각, 청각, 후각, 촉각 등 감각 자극을 통해 학습하고 즐거움을 얻는다. 대부분의 자극은 시각으로부터 시작하며, 시각을 통해 청각, 후각, 촉각 등의 다른 감각 자극이나 정보를 통합하게 된다.

자기 자극 행동(self-stimulatory behaviors)은 자신의 이마나 책상을 두드리거나, 몸을 좌우로 흔들거나, 제자리에서 빙빙 돌거나, 양손으로 박수를 치거나, 눈을 찌르는 등의 목적이 없고 비전형적이며 수용하기 어려운 반복 행동을 말하며, 감각 자극 결여, 신체 활동 부족, 타인의 관심 끌기 등이 원인일 수 있다. 이러한 행동들은 또래와의 관계 형성, 자기 신체의 손상, 수업 및 학습 방해를 초래하며, 이를 오랜 기간 그대로 두면 맹인 매너리즘(blind mannerism), 즉 상동행동으로 발전할 수 있다.

교사와 부모가 잘못된 자기 자극 행동에 대해 벌을 주거나 강압적으로 하지 못하게 막는 행동은 효과적이지 않으므로, 이러한 행동의 기능이나 원인이 무엇인지 파악하여 중재하는 것이 필요하다. 가정과 유치원에서 일과 중에 유아의 잔존 감각을 고려한 충분한 자극과 신체 활동을 제공하는 것이 중요하다. 그리고 유아의 자기 자극 행동에 따른 기능과 자극을 유사하게 제공할 수 있는 보다 수용적이고 보편적인 대체 자극 활동으로 바꾸어 주는 행동 수정이 필요하다.

### (3) 감각 방어

감각 정보에 대한 방어는 시각장애 유아뿐만 아니라 시각중복장애 학생에게도 나타나며, 감각 자극에 대한 거부나 기피 태도는 감각 발달, 정보의 습득, 촉각이나 청각을 통한 교수ㆍ학습 활동 참여 등에 부정적인 영향을 미칠 수 있다. 감각 방어(sensory defensiveness)의 유형과 대처 전략은 다음을 포함한다.

촉각 방어 행동(tactile defensiveness/touch sensitivity)은 시각장애 유아가 다양한 재질이나 질감을 접촉하는 데 있어 매우 제한된 선택을 보이거나 접촉에 과도한 민감성이나 혐오 및 기피 행동을 보이는 것을 말한다. 일반 유아와 달리, 접촉할 물건이나 대상을 미리 눈으로 볼 수 없고, 감각이 촉각과 청각에 집중되어 있는 시각장애 유아에게 더 많이 일어날 수밖에 없다. 따라서 유아가 선호할 만한 대상부터 접촉을 시작하되 접촉할 대상에 대해 미리 설명하거나 소리를 들려줌으로써 두려움이나 기피 태도를 줄여 나가야 한다. 또한 대상과의 접촉 후에 관련된 즐거운 활동과 강화를 제공함으로써 새롭고 다양한 재질과 질감의 사물들에 대한 접촉을 확장해 나가야 한다. 촉각 방어가 있는 유아의 경우에 손 아래 손 안내법, 공동 접촉(coactive touching), 공동 촉각 탐색(coactive tactile exploration) 등을 사용해 접촉을 촉진할 수 있다.

일반적으로 유아들은 소리에 독특한 민감성을 보이는 청각 방어 행동(auditory defensiveness/sound sensitivity)이 일정 기간 나타나다가 다양한 소리에 적응해 나간다. 시각장애 유아 중에는 진공청소기 소리나 큰 목소리처럼 처음 듣거나 커다란 소리, 그리고 사거리나 마트처럼 혼잡스럽고 시끄러운 환경에 일반 유아보다 과도하게 민감하고 두려워하는 반응을 보이기도 한다. 시각장애 유아는 눈으로 주변 환경이나 사건을 확인하기 어려워 주변에서 발생하는 소리에 예민할 수밖에 없다. 시각장애 유아는 소리에 대한 부정적인 반응으로 심하게 울거나, 하던 것을 중지하거나, 몸을 움츠리는 모습을 보이며, 때때로 혀를 입술 사이로 진동시키며 대는 소리, 독특한 외침과 발성을 만들어 싫어하는 소리를 차단하거나 회피하려고 한다. 부모는 새로운

소리를 계속 도입하면서, 동시에 유아가 싫어하는 소리를 감소시키려는 노력을 함께
해 나가야 한다. 부모와 교사는 시각장애 유아의 소리에 대한 과도한 방어적 태도가
무엇 때문인지 확인하여 중재하는 것이 필요하다. 부모가 유아에게 소리를 내기 전
에 미리 알려 주거나, 소리가 나는 음원을 먼저 손으로 탐색한 후에 소리를 들려주거
나, 소리를 끄고 음원으로 다가가 탐색한 후에 다시 떨어져 소리를 들려주는 등의 단
계적인 접근이 도움이 될 수 있다.

## 2) 교육 원리

이미 제7장과 제14장에서 소개한 단순 시각장애 학생 및 시각중복장애 학생을 위한
교수법들은 시각장애 유아에게도 사용할 수 있다. 이에 더해 일반 유아 및 발달장애
유아에게 효과적으로 사용되는 교수법들도 유아의 잔존 감각을 활용할 수 있도록 일
부 수정하여 사용할 수 있다. 시각장애 유아의 정상적인 발달을 돕기 위한 효과적인
교육 원리는 다음을 포함한다(Chen, 2014; LaVenture, 2007; Pogrund & Fazzi, 2002).

- 잔존 시각, 촉각, 청각, 후각 등 잔존 감각을 모두 활용하여 물체를 탐색하고 활
  동에 참여하는 다감각 학습법이 필요하다. 일반 유아는 꽃의 모양과 색을 보고
  구별할 수 있으나, 시각장애 유아는 꽃에 다가가 손으로 꽃의 모양과 질감을 탐
  색하고 코로 냄새를 맡아야만 구별할 수 있다.
- 시각장애 유아의 기능시각을 평가하는 것이 중요하다. 유아가 어느 정도 거리에
  서 어느 정도 크기나 색상 대비의 물체들을 식별할 수 있는지 체계적인 평가가
  필요하다. 유아 앞에 평소 좋아하는 공, 딸랑이, 장난감을 놓아두고 유아가 바라

---

💬👤 **시각장애 유아의 자극 발달 수준**

- 자극 인식: 물체를 향해 고개를 돌린다. 예) 공 소리에 반응한다.
- 자극 관심: 물체를 향해 손을 뻗거나 발성을 내거나 다가간다. 예) 공에 다가간다.
- 자극 구별: 2가지 물체 중 원하는 것을 구분하여 선택한다. 예) 장난감 중 공을 선택한다.
- 자극 인지: 물체를 목적에 맞게 사용한다. 예) 공을 굴린다.

보거나, 손을 뻗거나, 다가가는지 관찰한다.

- 시각장애 유아의 자극 발달 수준을 평가하고, 자극 발달을 촉진한다.
- 촉각을 활용한 교수 활동이 중요하다. 교사는 유아가 체계적으로 물체의 촉각 정보를 탐색하도록 손 아래 손 안내법, 손 위 손 안내법을 통한 지원이 필요할 수 있다. 일반 유아는 한눈에 의자가 등받이, 좌석, 다리 4개로 이루어져 있다는 것을 볼 수 있으나, 시각장애 유아는 손으로 의자의 각 부분을 탐색해야 한다.
- 직접 경험(hands-on experience)을 통한 개념 학습이 중요하다. 일반 유아는 엄마가 믹서기에 과일을 넣고 가는 활동을 눈으로 보고 믹서기에 대한 개념이 형성될 수 있으나, 시각장애 유아는 믹서기의 형태를 손으로 탐색하고 엄마와 함께 여러 가지 과일을 잘라 믹서기에 넣고 버튼을 눌러 과일을 가는 활동에 참여해 보아야 정확한 개념이 형성될 수 있다.
- 개념 및 인지 발달, 촉각 및 청각 기술, 언어 발달, 신체운동 발달, 정서 발달 및 사회적 기술은 유아의 정해진 일과 활동(routine)을 활용하여 관련된 사람들이 함께 지도해 나가는 것이 효과적이다.
- 언어는 경험 속에서 어휘나 문장을 지도하는 '경험 중심 언어 교수법'이 효과적이다. 예를 들어, '올라가다' '내려가다' 같은 어휘를 배울 때 소파에 올라가거나 내려가는 경험을 함께한다.
- 유아의 선호 물체나 활동을 확인하여 학습 참여에 대한 동기 유발이나 바람직한 행동에 대한 강화물로써 사용하는 것이 필요하다.
- 시각장애 유아는 시각을 통해 여러 감각 정보를 통합하는 데 어려움이 있으므로, 사물에 대한 감각 정보들이 통합되려면 시각 대신 촉각이 '감각적 가교(sensory bridging)' 역할을 해야 한다. 예를 들어, 일반 유아는 딸랑딸랑 소리가 나는 쪽으로 고개를 돌려 딸랑이를 눈으로 관찰함으로써 딸랑이의 모양과 소리 정보들을 하나로 통합하게 된다. 그러나 맹 유아는 딸랑딸랑 소리가 나는 쪽으로 다가가 손으로 딸랑이의 모양을 만져 볼 수 있도록 해야만 딸랑이에 대한 정보들이 하나로 통합되어 개념이 발달하게 된다.
- 잔존 감각을 고려한 대체 자료와 교구를 제공하는 것이 필요하다. 이러한 대체 자료 유형에는 점자, 확대 글자, 음성 자료, 양각 그림 자료, 사물 자료, 다감각 자료 등이 있다.

## 2. 개념 및 인지 발달 지도

인지는 사물의 특징과 용도를 아는 것으로, 주변 환경 및 물체를 탐색하고 상호작용 과정을 통해 형성된다. 시각장애 유아의 개념 및 인지 발달은 잔존 감각과 다감각 교수법을 사용하여 주변 환경과 물체를 탐색하고 직접 경험하도록 할 때 적절히 발달할 수 있다.

---

- 일반 유아: 그네나 그네 타는 모습을 보는 것으로도 '그네' 또는 '그네 타자'라는 개념이 형성될 수 있다.
- 시각장애 유아: 그네의 구조와 특징을 촉각으로 탐색한 후 그네 위에 앉아 부모가 그네를 밀어 주는 신체운동 감각을 경험해야 '그네'의 개념이 제대로 형성된다.

---

시각장애 유아의 인지 발달을 지원하기 위한 방법은 다음을 포함한다.

- 중증 시각장애 유아는 주변 물체를 보고 자연스럽게 다가가기 어렵다. 유아가 팔을 뻗는 동작만 보이더라도 또래 유아들이 흥미를 갖는 물체들을 주고 함께 탐색한다.
- 처음에는 촉각, 청각, 후각 등 여러 감각을 통해 다양한 자극과 정보를 줄 수 있는 물건이나 장난감을 제공하는 것이 좋다.
- 시각장애 유아는 잔존 시각, 촉각, 청각, 후각 기관을 모두 적극적으로 사용하여 탐색하도록 격려하고, 충분한 물체 탐색 시간을 주며, 탐색하는 부분에 대해 이야기를 나눈다.
- 시각장애 유아가 혼자서 물체의 특징을 손으로 탐색하여 알기란 쉽지 않다. 유아가 체계적인 탐색을 할 수 있도록 손 위 손 안내법, 손 아래 손 안내법 등을 사용하여 탐색을 지원한다.
- 시각장애 유아는 보이지 않는 주변 환경이나 물체 탐색에 대한 두려움으로 탐색을 거부할 수 있다. 이 경우에 시각장애 유아가 좋아하는 질감의 물체부터 탐색

모빌을 활용한
자극 발달과 사물 탐색

감각 발달 사물상자

고대비 환경에서
놀이 활동

을 시도하고, 손 아래 손 안내법이나 공동 탐색으로 탐색을 시작한다.

- 시각장애 유아에게 물체의 영속성을 지도하는 방법으로 장난감이나 물건을 항상 일관된 위치에 놓고, 블록이나 자동차 같은 물건을 가져오고 다시 제자리에 갖다 놓는 활동을 할 수 있다.
- 모빌, 상자 등을 사용하면 탐색 과정에 물체가 유아로부터 벗어나지 않도록 할 수 있다. 주로 누워 있는 영아의 경우, 모빌에 촉각과 시각 및 청각 자극을 주는 반짝이는 물체나 악기 등을 매달아 영아의 손과 발이 닿는 곳에 놓는다.

## 3. 신체 · 운동 발달 지도

일반 유아는 주변에 놓인 물체를 바라보고 물체에 다가가는 동기가 유발된다. 시각장애 유아는 부모나 교사가 의도적으로 촉각 자극이나 청각 자극을 제공해야만 유아의 움직임을 유도할 수 있다. 시각장애 유아가 서서 걷기 시작하면 대체보행기구나 유아용 흰지팡이를 사용한 보행 지도를 시작해야 바른 걸음걸이 자세와 이동에 대한 자신감이 발달하게 된다. 시각장애 유아의 신체 · 운동 발달을 지원하기 위한 방법은 다음을 포함한다.

- 시각장애 유아의 신체 · 운동 및 이동을 촉진하려면 먼저 안전한 환경을 조성하는 것이 필요하다. 유아의 신체 활동 중에 부딪쳐 통증을 느끼거나 다치게 되면 신체 활동과 이동에 대한 동기가 감소한다.

- 가구 등 집 안의 모서리 부분에 안전바를 부착한다.
- 테이블보 등을 당겨 물건이 떨어지지 않도록 고정한다.
- 테이블 활동을 할 때는 안전띠가 있는 의자에 앉도록 하거나 의자를 테이블에 바싹 붙인다.
- 바닥은 미끄러져 넘어지지 않도록 반미끄럼 재질의 바닥재, 깔개, 카펫을 사용한다.

---

- 일반 유아는 가족이나 TV 장면을 보고 여러 가지 신체 자세와 동작을 모방하지만, 시각장애 유아는 부모나 교사가 손 위 손 안내법, 신체적 안내법, 촉각 모델링, 촉각 공동 운동 등의 촉각 교수 방법을 통해 모방하도록 돕는다.
- 유아가 잔존 감각으로 조작하고 흥미를 일으킬 수 있는 다감각 교구나 장난감을 구입하여 손기능 등의 소근육 운동을 촉진한다.
- 유아 가까이에 장난감이나 물체를 놓고 유아가 팔을 뻗어 움직이면 장난감을 접촉할 수 있다는 것을 반복하여 경험시켜 주면, 자발적인 신체 움직임을 유도할 수 있다.
- 유아가 배나 무릎으로 기기 시작하면 이동을 유도하기 위해 유아 앞에서 소리 자극을 제시하는 것이 필요하다. 소리 나는 장난감을 앞에 놓거나, "엄마 엄마 짝짝짝 이리와."라고 말하거나, 소리 나는 큰 공이나 방울을 단 원형 쿠션을 굴려서 찾도록 한다.
- 교실을 오갈 때 문 열기, 음료수를 마실 때 병뚜껑 열기, 세수할 때 수도꼭지 돌리기 등 일과 활동들을 시각장애 유아와 함께 수행하면 신체 발달과 자립생활 기능을 촉진할 수 있다.
- 유아가 작은 교구나 장난감을 조작하는 과정에서 다른 곳으로 벗어나지 않게 고대비의 쟁반이나 높이가 낮은 상자에 놓고 조작하는 활동을 한다.
- 유아가 주변에서 물체를 찾는 방법을 지도하는 것이 필요하다. 테이블에 놓인 과자나 바닥에 떨어진 장난감을 부채꼴 모양으로 손을 움직여 찾는 탐색법을 사용하도록 한다.
- 시각장애 유아가 사용하는 장난감이나 물건을 일관된 위치에 보관하고, 유아가

소리 나는 유색공을 이용한
움직임 유도

모빌을 이용한
소근육 및 감각 발달

무릎기기와 걷기를
촉진하는 촉각 매트

혼자서 찾아 사용하고 제자리에 두도록 하면서 자연스럽게 이동 능력을 향상시
킬 수 있다.
- 유아가 주변 환경을 탐색하려고 하지 않을 때 좋아하는 물체나 활동을 낯선 환
경에 도입하여 환경 탐색을 유도할 수 있다. 예를 들어, 유아가 좋아하는 소리 나
는 공과 놀이를 새로운 환경에서 시작할 수 있다.

## 4. 청각 및 언어 발달 지도

교사와 부모는 시각장애 유아의 또래 관계 형성을 위해 일반 유아의 일반적인 경험
과 관련 어휘를 함께 지도하는 것이 필요하다. 또한 시각장애 유아의 부모나 교사는
수다스러워야 시각장애 유아의 언어 발달을 촉진할 수 있음을 유념해야 한다. 생활
환경에서 시각장애 유아에게 효과적인 언어 지도 방법과 전략은 다음을 포함한다.

- 시각장애 유아가 타인의 목소리가 나는 쪽으로 몸이나 고개를 돌리게 하려면 처
  음에는 유아의 한쪽 어깨를 접촉하면서 부를 수 있다.
- 시각장애 유아가 교사나 부모의 얼굴을 마주 보도록 하려면 유아와 눈높이를 맞
  추어 이야기를 나눈다.
- 시각장애 유아가 보내는 비상징적 의사소통 신호들을 인지하자마자 즉각적으로
  반응해야 상호작용 시도와 횟수가 증가하게 된다. 유아가 무언가 달라고 손을
  내밀면 유아가 평소 좋아하는 물건을 건네줄 수 있다.

- 유아가 이해하기 쉬운 기능적 어휘 및 짧은 문장을 사용해야만 성인의 말을 모방하여 말하거나 단어 및 짧은 문장의 의미를 이해할 수 있다. 일상생활에서 자주 사용하는 일견 단어부터 반복하여 말하는 것이 좋다.
- 유아에게 사용하는 어휘 및 문장과 관련된 물체를 함께 제시하면 어휘 및 문장을 이해시키는 데 도움을 줄 수 있다.
- 유아와 부모 및 교사 간에 언어를 서로 모방하는 놀이가 도움이 된다. 처음에는 유아의 말을 따라 하고, 다음에는 유아가 부모나 교사의 말을 따라 하도록 하되, 즐거운 의성어부터 시작하여 일상 어휘로 확장해 나가는 것이 좋다.
- 유아와 관련된 반복적인 일과를 정해 의사소통을 지도할 수 있으며, 구어를 이해하는 데 어려움을 보이는 유아는 일과를 나타내는 촉각 단서나 사물 상징 등을 함께 제공할 수 있다.
- 유아에게 물체를 주거나 활동을 시작할 때 유아가 원하는 것을 선택할 기회를 주는 것도 유아의 의사소통을 촉진할 수 있다. 예를 들어, 2가지 장난감 또는 평소 좋아하는 활동을 의미하는 사물 상징 2가지를 제시하고 선택하도록 할 수 있다.
- 부모나 교사는 유아가 비구어를 사용할 때마다 해당되는 구어 단어를 함께 이야기 한다. 유아가 '과자 주세요'를 표현하기 위해 과자봉지를 내밀 때, 부모는 "과자." "과자 줄까요?"라고 이야기한다.
- 유아가 언어에 대한 정확한 이해를 갖도록 어휘와 관련된 행동이나 경험을 하게 하거나 일과 활동을 할 때 관련 어휘를 사용한다. 예를 들어, 양말을 신을 때 "양말, 양말 신자."라는 말과 함께 양말을 손에 터치한 후 양말을 신는다.
- 유아가 하나의 단어를 익히면 해당 단어와 자주 어울려 사용하는 다른 단어까지 확장하여 지도한다. 예를 들어, 민수가 곰인형의 이름을 '곰돌이'라고 부르게 되었

실물을 통한 어휘 교육

일과 활동(세탁기)을 통한 언어 학습

경험(정원)을 통한 언어 학습

다면 유아와 함께 곰인형을 쓰다듬으면서 "곰돌이, 부드러워."라고 말할 수 있다.
- 유아의 자발적 의사소통을 유도하기 위해 유아가 요구하기 전에는 필요한 요구를 미리 채워 주지 않는다. 예를 들어, 보호자가 간식을 미리 주기보다 '과자'라고 말하면 간식을 제공하는 것이다.


## 5. 정서 및 사회성 발달 지도

부모나 또래와의 유대 관계는 시각장애 유아의 정서 및 사회성 발달에 중요하다. 가정에서부터 부모 및 형제와의 좋은 관계 유지와 적극적인 상호작용은 유치원에서 또래와의 관계 형성에 기초가 되는 점을 기억해야 한다. 가정에서 시각장애 유아의 정서 및 사회성 발달을 위한 지도 방법은 다음을 포함한다.

- 구어 발달이 되지 않은 유아는 몸짓 언어, 사물 상징 같은 비구어 소통 방법을 함께 사용한다. 예를 들어, 블록이나 자동차 놀이를 하고 싶은 경우에 부모나 형제에게 블록이나 자동차를 건네주면 놀이를 시작할 수 있음을 알도록 한다.
- 모방 게임은 유아의 물체나 활동 참여를 유도하는 데 도움이 된다. 유아의 행동을 부모나 교사가 먼저 모방하고, 다시 부모나 교사가 유아의 행동을 변형하여 제시하면 유아가 모방하도록 함으로써 물체 조작이나 활동 방법을 익힐 뿐만 아니라 라포 및 관계 형성에도 도움이 될 수 있다. 예를 들어, 유아가 딸랑이를 바닥에 두드려 소리를 내면, 엄마는 손으로 딸랑이를 쳐서 소리를 낸다.
- 구어 소통을 할 때는 제스처, 표정 등을 함께 사용한다. 주세요, 미안해, 싫어, 좋아 같은 구어 표현에 맞는 적절한 말투, 표정, 제스처를 지도하되, 얼굴 표정은 손으로 만져 보도록 할 수 있다.
- 부모, 교사, 친구와 함께하는 공동 촉각 관심(mutual tactile attention) 활동은 기초 사회성 발달에 효과적이다. 두 사람이 장난감이나 물체에 함께 관심을 갖고 탐색하는 과정을 통해 다른 사람과 놀거나 활동하는 즐거움을 알게 된다.
- 다른 사람과 물건을 공유하지 않으려는 태도는 또래와의 관계에 부정적 영향을 줄 수 있다. 가정에서 장난감 등을 다른 사람과 공유하면 다시 돌려받을 수 있다는 것

공동 촉각 관심을 통한
상호작용 촉진

대형 트레이를 이용한
협동 놀이 촉진

샌드 박스를 이용한
협동 놀이 촉진

을 알게 하고, 물건을 함께 가지고 놀거나 번갈아 사용할 때 강화물을 제공한다.

유아기에 또래와의 사회적 관계 형성은 놀이를 통해서 형성되므로, 유아의 놀이 행태를 관찰하는 것이 중요하다. 어린이집이나 유치원에서 유아가 또래와의 사회적 상호작용을 증진시키고, 협동 놀이를 촉진하기 위한 방법은 다음을 포함한다.

- 시각장애 유아가 유치원에서 놀 때 다른 유아와 떨어져 혼자서만 노는 혼자 놀이(solitary play), 친구 옆에서 놀지만 상호 교류하지 않고 노는 평행 놀이(parallel play), 친구 옆에서 장난감이나 물건을 상호 교류하고 공유하면서 노는 협동 놀이(cooperative play) 중 어느 단계인지를 관찰하고, 협동 놀이 단계로 발전시켜 나가는 것이 필요하다.
- 시각장애 유아가 장난감이나 놀이 교구를 가지고 놀 때, 사물을 만지거나 빨거나 두드리거나 하는 조작 놀이(manipulative play), 장난감 차를 두드리고 입으로 빨지 않고 바닥에서 밀어 움직이는 것처럼 사물의 용도에 맞게 사용하는 기능적 놀이(functional play), 플라스틱 상자를 자동차라고 생각하고 노는 것처럼 한 사물을 다른 사물이나 실물로 가정하여 노는 상징 놀이(symbolic play), 의사와 환자로 역할을 나누어 병원 놀이를 하는 것처럼 놀이 시나리오에 따라 서로 역할을 나누어 노는 극 놀이(dramatic play) 중 주로 어떤 방식으로 노는지를 관찰하고, 연령에 적합한 단계로 발전시켜 나간다.
- 교사는 시각장애 유아가 다른 유아와 상호작용을 시도하도록 옆에서 격려한다. "같이 놀자."라고 말하거나 친구에게 과자를 건네도록 하고, 또래와 사회적 상호

작용을 시작하거나 유지하면 칭찬한다.

• 시각장애 유아가 또래와 함께 잘 놀 수 있도록 사전에 놀이 장소를 탐색하여 친숙해지도록 하고, 놀이 규칙이나 놀이 기구의 조작 방법도 사전에 지도한다. 예를 들어, 놀이터에서 친구와 시소를 타기 위해서는 놀이터라는 장소에 친숙해져야 하며, 시소를 탐색하고 시소를 타는 방법을 미리 익혀야 한다.

• Little Room은 샌드박스나 텐트처럼 안전한 작은 방을 말하며, 이곳에 다양한 감각 자극을 줄 수 있는 장난감과 물체를 놓아두면 유아의 감각 발달 및 물체 탐색뿐만 아니라 유아들 간에 공동 촉각 관심이나 협동 놀이가 잘 이루어지고, 사회적 관계 형성을 촉진할 수 있다.

• 또래 간에 이루어지는 기본적인 사회적 기술인 인사하기, 차례 지키기 등을 지도하고, 적절한 사회적 기술을 또래 관계에서 사용할 때 칭찬하여 강화한다.

• 시각장애 유아와 일반 유아가 함께 놀이 활동에 참여하려면 시각, 청각, 촉각의 다양한 감각을 통해 탐색·조작할 수 있는 다감각 놀이 도구나 교구를 사용한다. 예를 들어, 맹유아는 인쇄 그림을 볼 수 없기 때문에 함께 연필로 그리기보다 클레이로 만들기가 공동 활동에 더 효과적이다.

• 교사는 시각장애 유아가 유치원에서 이루어지는 교수·학습 활동에 참여하거나 교재교구를 사용하기 위해 수정이 필요한지를 확인한다.

• 일반 유아에게 시각장애 유아와 어떤 점이 같거나 다른지를 이해시키고, 놀이나 활동에 시각장애 친구를 어떻게 배려할 수 있는지를 지도한다.

---

### 👤💬 유치원에서 유아의 사회적 기술 평가 항목

• 다른 유아와 상호작용하는 방식
• 다른 유아와의 상호작용 시도 횟수
• 다른 유아와의 상호작용 시간 길이
• 상호작용에서 나타나는 신체적 움직임과 자신감
• 장난감을 조작하는 방식 및 다른 유아와 공유하는 태도
• 다른 유아에게 자신의 선호, 관심, 감정을 표현하는 방법
• 다른 유아와의 갈등에 대처하는 방법

# 6. 촉각 및 점자 문해 발달 지도

일반 유아는 일상생활에서 동화책, 과자봉지 등을 풍부하게 접함으로써 읽기와 쓰기 발달이 자연스럽게 이루어진다. 시각장애 유아 역시 생활 주변에서 점자나 확대글자 등을 자연스럽게 접하도록 하는 것이 읽기와 쓰기 발달에 중요하다. 시각장애유아의 읽기와 쓰기 발달을 위한 환경 조성 방법은 다음을 포함한다.

- 유아가 자주 사용하는 물건에 점자를 붙인다. 유아가 좋아하는 장난감 자동차에 '자동차'라고 적은 점자 또는 확대 글자 라벨지를 붙인다.
- 점자 학습 전 촉각 기술 발달을 위해 사물을 질감, 모양, 크기 등의 여러 특징에 따라 변별하고, 분류하고 짝을 맞추는 활동을 한다.
- 시각장애 유아의 발달 수준에 맞는 촉각이나 점자 동화책을 다양하게 구비하여 제공한다.
- 점자 학습 이전 단계의 유아는 일반 동화책에 페이지별로 줄거리를 대표하는 물체나 모형을 접착제로 부착하면 맹유아도 사용할 수 있다. 예를 들어, '혼자서도 잘해요'라는 동화책이 있다면 페이지별로 칫솔(양치질), 수건 조각(세수) 등을 부착할 수 있다.
- 실물이나 모형을 책에 부착하려면 일반 동화책의 각 페이지를 뜯어 바인더 형태의 책으로 수정할 필요가 있다. 일반 동화책에 물체나 모형을 직접 부착하기 어려운 경우에는 동화책과 관련된 물건이나 모형을 북 박스에 넣어 두고, 페이지를 읽을 때 순서대로 꺼내어 탐색할 수 있도록 한다.
- 점자 학습 단계에서는 부모나 교사가 연령에 적합한 일반 동화책을 구입한 후, 페이지별로 묵자 글자 아래에 점자 글자 라벨지를 붙여 점묵자 혼용 책으로 만들 수 있다.
- 부모나 교사가 유아의 일과 활동 경험을 이야기책으로 만드는 경험북(experience book)을 읽기 자료로 만들 수 있다. 이때 묵자 대신 사물과 점자를 이용하여 만든다. 예를 들어, 유아가 요구르트에 빨대를 꽂아 먹는 경험을 하였다면 이를 촉각 동화책으로 만들 수 있다. 첫 페이지에 '요구르트'라고 적은 점자 라벨지와 요

구르트 병을 부착하고, 다음 페이지에 '빨대'라고 적은 점자 라벨지와 빨대를 부착하여 '촉각 경험북'을 만들 수 있다.

• 촉각 동화책은 손으로 만지는 책이므로 내구성이 중요하기에, 두껍고 질긴 종이에 사물 상징을 접착제 등으로 단단히 부착해야 한다.

시각장애 유아를 위한 점자 읽기 환경을 조성한 후, 부모와 교사는 점자 교육을 다음과 같이 단계적으로 해 나갈 수 있다.

• 물체나 양각 그림만 있는 동화책, 점자 단어와 물체(양각 그림)가 함께 있는 동화

질감 매칭 카드

질감 보드

질감 블록(주사위)

동화책 읽기에
관련 사물 박스 이용

동화책 읽기에
촉각 상징 카드 이용

묵점자(점묵자) 혼용 동화책

사물을 부착한 동화책

모형을 부착한 동화책

모양 학습 촉각 동화책

책, 점자 문장과 양각 그림이 함께 있는 동화책, 짧은 점자 글만 있는 동화책 순서로 도입한다.

- 반복적이고 운율이 있는 짧은 동화책을 선정하여 소리 내어 읽기로 시작한다. 반복된 읽기는 유아가 책의 본문 내용에서 고빈도 단어에 해당하는 점자를 익히는 데 효과적이다.
- 유아의 경험과 관련된 점자책을 선택하여 읽거나 책을 읽기 전에 본문과 관련된 경험을 먼저 하면 점자책 읽기의 흥미와 이해를 높일 수 있다.
- 유아가 좋아하는 책을 선택하게 하면 책 읽기에 대한 관심과 동기를 증가시킬 수 있다. 책 표지에 관련된 물체나 양각 그림을 부착하면 맹유아도 책을 구별하거나 원하는 책을 찾을 수 있다.
- 점자 동화책을 읽는 동안 유아가 페이지를 넘기게 하면 책 읽기에 대한 흥미를 유지시키고, 페이지가 일정한 양의 이야기를 담고 있다는 것을 알게 된다. 페이지 가장자리에 반미끄럼 재질의 스티커를 붙이면 페이지를 넘기기 쉽다.
- 부모나 교사가 책을 소리 내어 읽을 때 유아가 점자를 따라 손가락을 움직이도록 하고, 유아가 점자를 따라 손가락을 움직이는 것을 멈추면 읽는 것을 함께 멈춘다. 처음에는 유아가 손가락으로 점자를 따라가는 방법을 손 아래 손 안내법이나 손 위 손 안내법으로 지도할 수 있다.

유아가 점자를 읽는 데 어느 정도 친숙해지면 다음과 같이 점자 읽기와 쓰기 교육을 병행할 수 있다.

- '소리 내어 쓰기' 방법을 통해 자신이 무엇을 쓰고 있는지 자연스럽게 인식하도록 한다.
- 소리 내어 쓰기를 사용할 때 좋아하는 물건 리스트, 생일 카드, 자기 소지품 이름표처럼 유아에게 의미 있는 쓰기 활동을 선택한다. 점자를 써서 해당 물건에 붙여 두면 생활 속에서 자연스럽게 점자를 사용할 수 있다.
- 저시력 유아는 선호하는 조명 밝기, 굵은 펜, 굵은 선 노트, 확대독서기 등의 적합한 쓰기 환경을 조성하여 묵자 쓰기를 연습하도록 한다.

## 7. 시각 및 묵자 문해 발달 지도

교사와 부모는 잔존 시력이 있는 시각장애 영유아에 대해 적절한 시각 자극 활동을 통해 시각 발달을 촉진하고, 잔존 시력을 효율적으로 사용하는 방법을 자연스럽게 익히도록 하는 것이 중요하다. 시각 자극 및 발달을 위한 지도 방법은 다음을 포함한다.

- 테이블형 라이트 박스에 여러 가지 반투명 도형, 물체, 물감 등을 활용한 놀이 활동을 통해 시각 자극과 활동 참여를 촉진할 수 있다.
- 사진 촬영에 사용하는 상자형 라이트 박스 속에 유아가 좋아하는 물체나 장난감을 놓아두면 유아의 능동적인 움직임과 활동을 유도할 수 있다.
- 가정에서 어두운 방에 발광하는 공, 장난감, 야광 스티커 등을 사용하면 자녀의 시각 자극과 활동을 촉진할 수 있다.
- 방의 조명 밝기를 낮추고, 손전등 빛을 벽이나 바닥에 비추는 빛 놀이 활동을 통해 시각 자극과 움직임을 촉진할 수 있다.
- 검은색이나 노란색 벨크로 보드에 고대비 물체나 도형을 배열하고, 유아가 모방하는 활동을 통해 추시 같은 시각 활용 기술을 자연스럽게 배울 수 있다.
- 부모는 일과 활동 중에 사용하는 여러 가지 일상 용품과 도구를 유아가 시각을 이용하여 변별하고 조작해 보도록 격려한다.
- 유치원이나 가정에 고대비 놀이 환경을 조성하여 유아가 장난감과 교구를 손쉽게 찾고 조작할 수 있도록 돕는다.
- 같은 모양과 색의 물체나 장난감을 짝짓는 활동을 통해 시각을 통한 모양 변별과 색 구별 능력을 발달시킨다.
- 복도나 체육관 바닥에 굵은 라인의 띠를 붙이고, 띠를 따라 이동하는 활동을 통해 보행 능력과 추시 같은 시각 활용 능력을 발달시킬 수 있다.
- 아이패드, 태블릿 컴퓨터를 통해 시기능 훈련 앱이나 고대비 그림의 애니메이션을 사용하면 능동적인 시각 자극 활동을 유도할 수 있다.
- 선명하고 대비가 높은 그림과 큰 문자로 제작된 동화책을 구입하거나 제작하여 유아가 책과 글자에 관심과 흥미를 가질 수 있도록 한다.

• 영유아가 좋아하는 물체 탐색이나 자연 탐구 활동에 스탠드형 확대경, 휴대용 확대독서기를 도입하여 저시력 기구 사용에 관심을 갖고, 기초적인 사용 기능을 익히도록 한다.

테이블형 라이트 박스

상자형 라이트 박스

발광하는 물체

동일한 색 짝짓기 교구

숨은 그림 찾기
(확대경 사용 가능)

고대비 그림 애니메이션
(Hey Bear Sensory)

일렬로 블록 끼우기

고대비 물체 분류하기

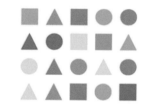

같은 모양과 색의 도형 찾기

**학습 활동**

- 시각장애 유아에게 생활 주변의 다양한 물체의 개념을 다감각과 촉각 교수법을 사용해 지도하는 모의 수업을 해 봅시다.
- 촉각 교수 방법을 사용하여 시각장애 유아에게 신체 및 놀이 활동에 필요한 신체 자세와 동작을 지도하는 연습을 해 봅시다.
- 시각장애 유아를 위한 '사물 상징 동화책'을 모둠별로 만들어 발표해 봅시다.
- 유치원에서 시각장애 유아와 일반 유아 간의 또래 관계를 증진시킬 수 있는 활동이나 방법을 모둠별로 발표해 봅시다.
- 시각장애 유아가 유치원에서 안전하고 독립적인 활동을 할 수 있도록 유치원의 물리적 환경을 어떻게 수정하는 것이 필요한지를 모둠별로 발표해 봅시다.

 **국내 참고 자료 활용**

국립특수교육원(2016). 양육 길라잡이(시각장애편).

국립특수교육원(2017). 장애학생 부모 양육 길라잡이(시각장애편).

국립특수교육원(2021). 시각장애 유아 감각발달 지침서 및 워크북.

국립특수교육원(2021). 시각장애 유아 일상생활교육 학부모 가이드북.

**국내외 참고 사이트 활용**

국립특수교육원 장애자녀 부모지원 종합시스템 '온맘' 사이트: 가이드북-동영상-시각장애 영유아 지원 동영상 자료

# 부록

# 1. 학업 수행도 진단 양식

| 평가자 | | 평가 일자 | |
|---|---|---|---|

| 1. 교사 면담 | | 성명 | | 연락처 | |
|---|---|---|---|---|---|

- 학생이 어떤 교과나 과제를 어려워하고, 그 이유는 무엇이라고 생각합니까?

- 학생의 교과 수업을 위해 어떠한 지원을 하고 계십니까?

- 학생이 학교 시험에 참여하는 데 어떤 어려움을 갖고 있으며, 어떠한 시험 편의를 제공하고 있습니까?

- 학생의 교과 수업 참여와 학업성취를 높이기 위해 어떠한 지원이 필요하다고 생각합니까?

| 2. 보호자 면담 | 성명 | | 연락처 | |
|---|---|---|---|---|

• 자녀의 학교 성적에 대해 말씀해 주세요.

---

---

---

---

---

• 자녀가 어려움을 느끼는 교과목이 무엇이며, 그 이유가 무엇이라고 말하나요?

---

---

---

---

---

• 자녀의 교과 학습을 위해 가정에서 어떠한 지원을 하고 계시나요?

---

---

---

---

---

• 자녀가 학교 시험을 보는 데 어떠한 어려움을 이야기하나요?

---

---

---

---

---

| 3. 학생 면담 | 성명 | | 학교/학년 | |
|---|---|---|---|---|

• 학교생활에서 가장 힘든 점이 무엇인지 이야기해 줄래요?

 

 

 

 

• 어떤 과목 수업에 참여하는 게 어려워요? 그 이유를 말해 주겠어요?

 

 

 

 

• 교과 수업을 할 때 어떠한 도움을 주면 좋겠어요?

 

 

 

 

## 4. 학업성취 분석

• 개인 정보 보호 등을 이유로 성적을 확인하기 어려운 경우에는 담임교사에게 교과별로 학업성
취 수준을 [매우 잘함-잘함-보통-부족함-매우 부족함]의 5단계로 평정해 줄 것을 요청한다.

| 교과목 | 국어 | 수학 | 과학 | 사회 | 미술 | 체육 | 음악 |
|--------|------|------|------|------|------|------|------|
| 성적 | 80 | 70 | 60 | | | | |
| 수준 | 보통 | 부족함 | 부족함 | | | | |

## 5. 수업 관찰 분석

• 면담 과정에서 학생, 교사, 부모가 어려움을 호소한 교과목을 중심으로 수업을 관찰하고, 학생
이 어려움을 보이는 교과 및 과제 유형과 이유를 기록한다.

수업 관찰 기록지

| 교과목 | 수업 활동 및 과제 | 어려움과 이유 | 필요한 지원 |
|--------|------------------|--------------|-------------|
| 과학 | 잎의 구조 관찰 | 잎맥의 형태를 눈으로 보고 구분하기 어려움 | 잎맥처럼 낮은 대비 자료를 볼 때 확대독서기의 색상 대비 조절 기능을 사용하도록 지원 |
| | | | |
| | | | |

## 6. 결과 요약

## 2. 보행 기초 평가지

| 평가자 | | 평가 일자 | |
|---|---|---|---|

| 1. 교사 면담 | | 성명 | | 연락처 | |
|---|---|---|---|---|---|

• 학생이 교실에서 혼자 돌아다닙니까?

• 학생이 현장 견학이나 야외 활동에서 혼자 다닙니까?

• 학생이 학교에서 이동할 때 주로 혼자서 이동합니까, 아니면 친구의 도움을 받아 이동합니까?

• 학생이 혼자 이동할 때 사람이나 물체와 부딪칠 때가 있습니까?

| 2. 보호자 면담 | 성명 | | 연락처 | |
| --- | --- | --- | --- | --- |

- 자녀가 보행 교육을 받은 적이 있나요?

- 자녀가 사용하는 보행기구(흰지팡이, 휠체어, 워커 등)가 있나요?

- 자녀가 집 안에서 혼자서 돌아다니나요?

- 자녀가 집 근처의 실외 장소를 혼자서 찾아가나요?

| 2. 보호자 면담 | 성명 | | 연락처 | |
|---|---|---|---|---|

• 자녀가 혼자 이동할 때 사람이나 물체와 부딪힐 때가 있나요?

| 3. 학생 면담 | 성명 | | 학교/학년 | |
|---|---|---|---|---|

• 보행 교육을 받은 적이 있나요?

• 이동할 때 사용하는 보행기구(흰지팡이, 대체보행기구, 워커 등)가 있나요?

• 교실에서 돌아다니는 데 어려움이 있나요?

| 3. 학생 면담 | 성명 | | 학교/학년 | |

- 계단을 오르내릴 때 어려움이 있나요?

- 학교에서 음악실, 화장실, 교무실 등을 찾아가는 데 어려움이 있나요?

- 학교 급식실을 이용하는 데 어려움이 있나요?

- 학교 운동장에서 혼자 돌아다니는 데 어려움이 있나요?

| 3. 학생 면담 | 성명 | | 학교/학년 | |

• 혼자 이동할 때 사람이나 물체와 부딪칠 때가 있나요?

---

**4. 보행 관찰 평가**

〈보행 관찰 평가지〉

| | |
|---|---|
| 편안하고 적절한 속도로 이동한다. | □ 예  □ 아니요 |
| 방향을 잃지 않고 목적지에 도착한다. | □ 예  □ 아니요 |
| 똑바로 걷지 못하고 좌우로 움직이며 걷는다. | □ 예  □ 아니요 |
| 발을 질질 끌면서 걷는다. | □ 예  □ 아니요 |
| 턱, 단차 등에서 발을 헛딛거나 걸려 넘어진다. | □ 예  □ 아니요 |
| 주변 장애물과 부딪친다. | □ 예  □ 아니요 |
| 교실에서 독립적으로 돌아다닌다. | □ 예  □ 아니요 |
| 학교 실내의 공용 교실이나 시설을 혼자 찾아간다. | □ 예  □ 아니요 |
| 학교 운동장에서 독립적이고 안전하게 돌아다닌다. | □ 예  □ 아니요 |

---

**5. 결과 요약**

## 3. 일상생활 기초 평가지

| 평가자 | | 평가 일자 | |
|---|---|---|---|

| 1. 교사 면담 | | 성명 | | 연락처 | |
|---|---|---|---|---|---|

• 학교에서 식사, 화장실 이용, 의복 관리, 정리 정돈 등을 혼자서 하고 있습니까?

• 학생이 학교 활동에서 혼자서 할 수 있는 일상 활동들은 무엇입니까?

• 학생이 학교 활동에서 혼자서 하지 못하는 일상 활동들은 무엇입니까?

• 학생이 학교에서 어떠한 활동을 혼자서 할 수 있기를 기대합니까?

| 2. 보호자 면담 | 성명 | | 연락처 | |
|---|---|---|---|---|

• 자녀가 혼자서 하는 활동은 무엇이 있나요?

• 가정에서 자녀가 또래들과 비교하여 혼자서 하지 못하는 활동은 무엇이 있나요?

• 자녀가 식사, 세수 및 목욕, 옷 입기와 의복 정리 등을 혼자서 할 수 있나요?

• 자녀가 가정에서 해야 하는 책임 활동이 있나요?

| 2. 보호자 면담 | 성명 | | 연락처 | |
| --- | --- | --- | --- | --- |

• 자녀가 가정에서 어떠한 활동을 혼자서 할 수 있기를 기대하나요?

| 3. 학생 면담 | 성명 | | 학교/학년 | |
| --- | --- | --- | --- | --- |

• 집에서 어떠한 활동을 할 때 가족으로부터 도움을 받고 있나요?

• 학교에서 어떠한 일상 활동을 할 때 친구의 도움을 받고 있나요?

• 가정이나 학교에서 혼자서 자신 있게 할 수 있는 일상 활동은 무엇인가요?

| 3. 학생 면담 | 성명 | | 학교/학년 | |
|---|---|---|---|---|

• 가정이나 학교에서 혼자서 하기 어려운 일상 활동은 무엇인가요?

• 가정이나 학교에서 혼자서 할 수 있기를 바라는 일상 활동은 무엇인가요?

## 4. 일상생활 관찰 평가

### 일상생활 관찰 평가지

| | |
|---|---|
| 혼자서 급식을 받아 식사한다. | ☐ 예  ☐ 아니요 |
| 화장실에서 대소변기를 이용한다. | ☐ 예  ☐ 아니요 |
| 화장실에서 세수, 이 닦기, 손 씻기 등을 한다. | ☐ 예  ☐ 아니요 |
| 머리를 단정하게 관리한다. | ☐ 예  ☐ 아니요 |
| 의복을 바르게 입고 단정하게 관리한다. | ☐ 예  ☐ 아니요 |
| 자기 책상과 사물함을 정리 정돈한다. | ☐ 예  ☐ 아니요 |
| 교실 및 화장실 청소를 한다. | ☐ 예  ☐ 아니요 |

## 5. 결과 요약

# 4. 학교생활 적응 기초 평가지

| 평가자 | | 평가 일자 | |
|---|---|---|---|

| 1. 교사 면담 | 성명 | | 연락처 | |
|---|---|---|---|---|

• 학생이 학급 친구들과 잘 지내고 있습니까?

• 학생이 쉬는 시간을 누구와 어떻게 보냅니까?

• 학생이 모둠 수업에 잘 참여합니까?

• 학생이 학교생활에서 자신감 있는 태도와 행동을 보입니까?

| 1. 교사 면담 | 성명 | | 연락처 | |
| --- | --- | --- | --- | --- |

• 학생이 자신의 시각장애에 대해 어떻게 생각하고, 친구들에게 어떻게 표현하는 것 같습니까?

-------------------------------------------------------------

-------------------------------------------------------------

-------------------------------------------------------------

-------------------------------------------------------------

• 학급 친구들은 시각장애 친구에 대해 어떤 생각과 태도와 행동을 보인다고 생각합니까?

-------------------------------------------------------------

-------------------------------------------------------------

-------------------------------------------------------------

-------------------------------------------------------------

• 학생이 학교생활에 잘 적응하지 못하는 부분은 무엇이며 어떠한 지원이 필요하다고 생각하십니까?

-------------------------------------------------------------

-------------------------------------------------------------

-------------------------------------------------------------

-------------------------------------------------------------

| 2. 보호자 면담 | 성명 | | 연락처 | |
|---|---|---|---|---|

• 자녀의 성격, 그리고 장점과 단점에 대해 말씀해 주세요.

<br>

<br>

<br>

<br>

<br>

• 자녀가 학교생활이나 교우 관계에 대해 어떻게 이야기하나요?

<br>

<br>

<br>

<br>

<br>

• 자녀가 학급에서 친한 친구에 대해 이야기하거나 친한 친구를 집에 초대한 적이 있나요?

<br>

<br>

<br>

<br>

<br>

• 자녀가 학교생활에서 잘 적응하지 못하는 부분은 무엇이며 어떠한 지원이 필요하다고 생각하나요?

<br>

<br>

<br>

<br>

<br>

| 3. 학생 면담 | 성명 | | 학교/학년 | |
|---|---|---|---|---|

- 학급 친구들에 대해 이야기해 주세요.

- 학급에서 친한 친구들과 함께하는 놀이나 활동에 대해 말해 주세요.

- 학급에서 괴롭히거나 놀리는 친구가 있는지 말해 주세요.

- 학급 친구들이 어떤 말이나 행동을 하지 않기를 바라는지 말해 주세요.

| 3. 학생 면담 | 성명 | | 학교/학년 | |
|---|---|---|---|---|

• 선생님이나 친구들에게 받고 싶은 도움이나 배려가 있다면 말해 주세요.

---

**4. 학교생활 관찰**

### 학교생활 및 교우관계 관찰 기록지

| 시간 | 교우 활동 내용 및 문제 | 필요한 지원 |
|---|---|---|
| 휴식 시간 | | |
| 점심시간 | | |
| 동아리 | | |
| 기타 | | |

---

**5. 결과 요약**

## 5. 보조공학 사용 요구 평가지

| 읽기용 보조공학 사용 요구 | |
| --- | --- |
| 1. 교과서, 참고서, 잡지 등 인쇄 자료 읽기에 어려움이 있습니까? | ① 없다.<br>② 있다(2번 이동). |
| 2. 인쇄 자료를 읽을 때 경험하는 읽기 문제와 어려움이 무엇입니까? | ① 확대하면 어려움이 없다.<br>② 확대하면 읽을 수 있지만 읽기 속도가 느려서 다른 도움이 추가로 필요하다.<br>③ 확대하면 읽을 수 있지만 눈의 피로가 심하여 다른 도움이 추가로 필요하다.<br>④ 확대해도 읽기가 어렵다. |
| 3. 읽기 활동을 할 때 어떠한 기기가 필요하다고 생각합니까? | ① 학습 자료를 확대해 주는 기기<br>② 학습 자료를 소리로 읽어 주는 기기<br>③ 학습 자료를 점자로 바꾸어 읽을 수 있도록 하는 기기 |
| 4. 현재 읽기 활동을 위해 사용하는 보조기구가 있습니까? | ① 없다.<br>② 있다. _____ |

| 쓰기용 보조공학 사용 요구 | |
| --- | --- |
| 1. 노트 필기 같은 손글씨 쓰기에 어려움이 있습니까? | ① 없다.<br>② 있다(2번 이동). |
| 2. 쓰기 활동을 할 때 경험하는 쓰기 문제와 어려움은 무엇입니까? | ① 굵은 펜과 굵은 선 노트를 사용하면 손글씨 쓰기에 어려움이 별로 없다.<br>② 확대기기를 사용하면 손글씨를 쓰는 데 어려움이 없다.<br>③ 쓰기 보조기구를 이용해 손글씨로 쓸 수 있지만 쓰기 속도가 느려서 다른 도움이 추가로 필요하다.<br>④ 쓰기 보조기구를 이용해 손글씨로 쓸 수 있지만 눈의 피로가 심하여 다른 도움이 추가로 필요하다.<br>⑤ 굵은 펜, 확대기기 등을 사용해도 손글씨로 쓰기 활동을 하기 어렵다. |
| 3. 쓰기 활동을 할 때 어떠한 기기가 필요하다고 생각하십니까? | ① 손글씨를 쓸 때 확대해 주는 기기<br>② 손글씨 대신 컴퓨터 워드프로세서로 쓰기 (화면 확대, 화면 읽기 소프트웨어 활용 가능)<br>③ 손글씨 대신 녹음할 수 있는 기기<br>④ 점자로 쓸 수 있는 기기 |
| 4. 현재 쓰기 활동을 위해 사용하는 보조기구가 있습니까? | ① 없다.<br>② 있다. _____ |

| 컴퓨터용 보조공학 사용 요구 | |
| --- | --- |
| 1. 컴퓨터 사용(인터넷 검색, 워드프로세서, 이메일 등)을 할 때 화면을 보는 데 어려움이 있습니까? | ① 없다.<br>② 있다(2번 이동). |
| 2. 컴퓨터 화면을 볼 때 경험하는 문제와 어려움은 무엇입니까? | ① 모니터에 조금 다가가서 보면 어려움이 없다.<br>② 화면을 확대해서 보면 어려움이 없다.<br>③ 화면을 확대해 볼 수 있지만 보는 속도가 느려서 다른 도움이 추가로 필요하다.<br>④ 화면을 확대해 볼 수 있지만 눈의 피로가 심하여 다른 도움이 추가로 필요하다.<br>⑤ 화면을 확대해도 보기 어렵다. |
| 3. 컴퓨터 화면을 볼 때 자신에게 어떠한 기기가 필요하다고 생각하십니까? | ① 화면 내용을 확대해 주는 기기<br>② 화면 내용을 음성으로 읽어 주는 기기<br>③ 화면 내용을 점자로 읽을 수 있는 기기 |
| 4. 현재 컴퓨터 이용을 위해 사용하는 보조기구가 있습니까? | ① 없다.<br>② 있다. _____ |

| 스마트폰용 보조공학 사용 요구 | |
| --- | --- |
| 1. 스마트폰 사용(전화번호 검색, 문자, 인터넷, 앱 등)을 할 때 화면을 보는 데 어려움이 있습니까? | ① 없다.<br>② 있다(2번 이동). |
| 2. 스마트폰 화면을 볼 때 경험하는 문제와 어려움은 무엇입니까? | ① 모니터에 조금 다가가서 보면 어려움이 없다.<br>② 화면을 확대해서 보면 어려움이 없다.<br>③ 화면을 확대해 볼 수 있지만 보는 속도가 느려서 다른 도움이 추가로 필요하다.<br>④ 화면을 확대해 볼 수 있지만 눈의 피로가 심하여 다른 도움이 추가로 필요하다.<br>⑤ 화면을 확대해도 보기 어렵다. |
| 3. 스마트폰 화면을 볼 때 어떠한 기기가 필요하다고 생각합니까? | ① 화면 내용을 확대해 주는 기기<br>② 화면 내용을 음성으로 읽어 주는 기기<br>③ 화면 내용을 점자로 읽을 수 있는 기기 |
| 4. 현재 스마트폰 이용을 위해 사용하는 보조기구가 있습니까? | ① 없다.<br>② 있다. _____ |

## 6. 근거리 시력표

원본 시력표와 시표 크기나 해상도에 다소 차이가 있으므로 연습용으로만 사용해야 함.

### 근거리 시력표(학생용)
(검사 거리 : 40cm, 20cm)

| 글자 크기 M(Point) | 시표 | 40cm 시력/디옵터 | | 20cm 시력/디옵터 | |
|---|---|---|---|---|---|
| 8.0M(64p) | 59896 | 0.05 | 20D | 0.025 | 40D |
| 6.3(50p) | 85689 | 0.06 | 15D | 0.03 | 30D |
| 5.0(40p) | 69568 | 0.08 | 12D | 0.04 | 24D |
| 4.0(32p) | 95685 | 0.1 | 10D | 0.05 | 20D |
| 3.2(26p) | 59869 | 0.13 | 8D | 0.07 | 16D |
| 2.5(20p) | 86956 | 0.16 | 6D | 0.08 | 12D |
| 2.0(16p) | 69585 | 0.2 | 5D | 0.1 | 10D |
| 1.6(13p) | 96859 | 0.25 | 4D | 0.13 | 8D |
| 1.25(10p) | 59698 | 0.32 | 3D | 0.16 | 6D |
| 1.0(8p) | 68965 | 0.4 | | 0.2 | |
| .80(6p) | 89856 | 0.5 | | 0.25 | |
| .63(5p) | 98569 | 0.63 | | 0.32 | |

# 7. 대비감도 검사표

원본 검사표와 시표 크기나 명암 대비에 다소 차이가 있으므로 연습용으로만 사용해야 함.

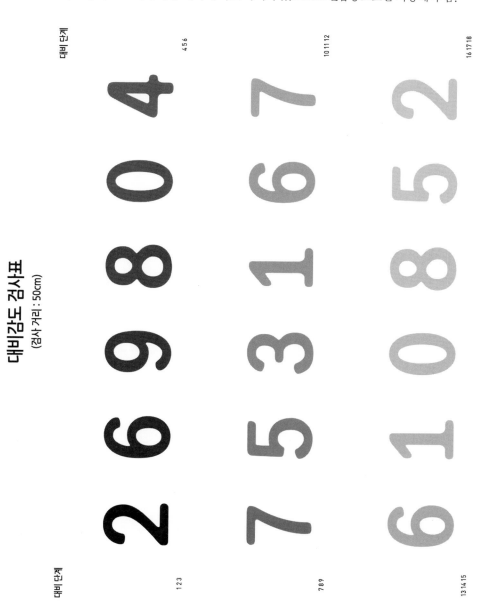

대비 단계
19 20 21
4 7 5 9 0 1
22 23 24
25 26 27
6 2 4 3 9 5
28 29 30
31 32 33
0 6 7 8 3 4
34 35 36
37 38 39
7 3 5 4 2
40 41 42
대비 단계

## 8. 단문 읽기 시력표

원본 시력표와 시표 크기나 해상도에 다소 차이가 있으므로 연습용으로만 사용해야 함.

| 글자 크기 M(Point) | | 40cm 디옵터 | 20cm 디옵터 |
|---|---|---|---|
| | **우리는 먼저** | | |
| 6.0M(48p) | | 15D | 30D |
| | **동물원으로 갔어요.** | | |
| 5.0M(40p) | | 12D | 24D |
| | **사자랑 코끼리는 생각보다** | | |
| 4.5M(36p) | | 12D | 24D |
| | **크고  무서웠어요. 나와 형은** | | |
| 4.0M(32p) | | 10D | 20D |
| | **놀이동산으로 가서 먼저 하늘 높이** | | |
| 3.5M(28p) | | 10D | 20D |

| 글자 크기 M(Point) | | 40cm 디옵터 | 20cm 디옵터 |
|---|---|---|---|
| 3.0M(24p) | 올라가는 우주 열차를 타고, 쾅 하고 | 8D | 16D |
| 2.5M(20p) | 부딪치는 범퍼카도 운전했어요. 다람쥐통도 | 6D | 12D |
| 2.25M(18p) | 타고 싶었지만 난 키가 작아서 탈 수가 없대요. | 6D | 12D |
| 2.0M(16p) | 어쩔 수 없이 형이 타는 것을 구경만 했어요. 그 대신 | 5D | 10D |
| 1.75M(14p) | 나는 회전목마를 타기로 했어요. 회전목마를 타고 내리자 | 5D | 10D |
| 1.5M(12p) | 형이 보이지 않는 거예요. 그때 길을 잃어버리면 식물원 앞에서 | 4D | 8D |
| 1.25M(10P) | 만나자면 아빠의 말이 생각났어요. 나는 공원 안내도를 보면서 찾아갔어요. | 3D | 6D |
| 1.0M(8p) | 형이 나를 부르는 소리가 들렸어요. 나도 모르게 왈칵 눈물이 흘러내렸어요. | | |

# 9. 한글 점자 일람표

| 자음 | 초성 | ㄱ | ㄴ | ㄷ | ㄹ | ㅁ | ㅂ | ㅅ | ㅇ | ㅈ | ㅊ | ㅋ | ㅌ | ㅍ | ㅎ | 된소리표 |
|---|---|---|---|---|---|---|---|---|---|---|---|---|---|---|---|---|
| | 종성 | ㄱ | ㄴ | ㄷ | ㄹ | ㅁ | ㅂ | ㅅ | ㅇ | ㅈ | ㅊ | ㅋ | ㅌ | ㅍ | ㅎ | ㅆ |

| 모음 | ㅏ | ㅑ | ㅓ | ㅕ | ㅗ | ㅛ | ㅜ | ㅠ | ㅡ | ㅣ |
|---|---|---|---|---|---|---|---|---|---|---|
| | ㅐ | ㅔ | ㅘ | ㅝ | ㅢ | ㅖ | ㅚ | ㅒ | ㅟ | ㅙ | ㅞ |

| 숫자 | 수표 | 1 | 2 | 3 | 4 | 5 | 6 | 7 | 8 | 9 | 0 |
|---|---|---|---|---|---|---|---|---|---|---|---|

| 약자 | 가 | 나 | 다 | 마 | 바 | 사 | 자 | 카 | 타 | 파 | 하 |
|---|---|---|---|---|---|---|---|---|---|---|---|
| | 것 | 억 | 언 | 얼 | 연 | 열 | 영 | 옥 | 온 | 옹 | 운 |
| | 울 | 은 | 을 | 인 | | | | | | | |

| 약어 | 그래서 | 그러나 | 그러면 | 그러므로 | 그런데 | 그리고 | 그리하여 |
|---|---|---|---|---|---|---|---|

| 문장부호 | . | ? | ! | , | · | : | / | * | (상동기호)* " |
|---|---|---|---|---|---|---|---|---|---|
| | 붙임표 | 줄표 | 물결표* | 숨김표 | | | 빠짐표 | 줄임표 | |
| | - | ─ | ~ | × | ○ | △ | □ | …… | … |
| | 큰따옴표 | | 작은따옴표 | | 소괄호 | | 중괄호 | | 대괄호 | | 홑화살괄호* |
| | " | " | ' | ' | ( | ) | { | } | [ | ] | < | > |

*2023 개정 점자 기호

# 참고문헌

강경호, 이신영(2019). 시각장애학교의 중복장애학생을 위한 교육과정 운영 실태. 특수교육저 널:이론과 실천, 20(3), 77-91.

교육부(2022). 2022 개정 특수교육 교육과정 총론.

교육부(2024). 시각장애인 자립생활 교사용 지도서. 서울: 미래엔.

교육부(2024). 점자 교사용 지도서. 서울: 미래엔.

교육부(2024). 직업과 자립 교사용 지도서. 서울: 미래엔.

국립특수교육원(2023). 2023년 특수교육통계.

김슬기(2018). 일반학교 시각장애 학생을 위한 통합교육 음악수업 지도방안 연구. 연세대학 교 교육대학원 석사학위논문.

김영일(2003). 시각장애 학생의 문해매체 선정 전략. 특수교육연구, 10(1), 131-149.

김영일(2014). 시각 자폐성 장애. 서울: 실로암시각장애인복지관.

김영일, 이태훈, 김호연, 조성재, 김대식, 이성진(2013). 시각장애인 보행의 이론과 실제. 서울: 시그마프레스.

김정화(2012). 시각장애 학생을 위한 중학교 음악 수업 지도 방안. 목포대학교 교육대학원 석 사학위논문.

김흥수(2015). 선글라스용 렌즈의 착색농도에 따른 시력의 변화. 대한시과학회지, 17(3), 259-266.

문화체육관광부(2023). 개정 한국 점자 규정.

박순희(2009). 시력정도에 따른 정상시력 이하인 학생들의 사회적 기술 특성 분석. 특수교육 저널: 이론과 실천, 10(4), 267-286.

박순희(2011). 시각장애학교 재학생들의 시각장애 등급별 및 실명시기별 문해매체와 시력보 조구 활용 실태. 시각장애연구, 27(4), 21-37.

박은혜, 한경근 공역(2008). 중도장애학생의 교육(제6판). Snell, M. E., & Brown, F. 공저. 서 울: 시그마프레스.

박철주, 정임순(2001). 시각장애인 체육. 서울: 한국시각장애인연합회.

서울대학교병원(2018). 의학정보. 네이버.

신동렬(2000). 보행훈련. 서울: 한국시각장애인복지재단.

신진아(2007). 안기능 검사: 이론과 실습. 서울: 도서출판 한미의학.

이태훈(2000). 시각장애학교 일상생활훈련의 통합 교과 운영 방안 연구. 대구대학교 대학원 석사학위논문.

이태훈(2007). 시각장애학교 교사와 학생, 전문가의 전환교육에 대한 인식수준과 촉진방안. 대구대학교 대학원 박사학위논문.

이태훈(2016). RA-RCP 읽기 유창성 소검사를 이용한 점자 읽기 유창성 규준 점수 산출 연구. 시각장애연구, 32(4), 153-168.

이태훈(2023). 대뇌 피질 시각장애 아동 교육. 서울: 학지사.

이정은, 강경숙, 김미선 공역(2009). 중도장애. Collins, B. C. 저. 서울: 학지사.

이해균, 차향미, 추병선, 한성민, 백수진(2014). 확대 교과서 제작 지침 개발 연구. 충남: 국립특수교육원.

이혜정, 엄정희 공역(2010). Low vision의 실제. Hiroshi, T. 저. 서울: 도서출판 대학서림.

임안수(2010). 한국시각장애인의 역사. 서울: 한국시각장애인연합회.

임안수, 강보순, 서인환, 이동훈, 이태훈, 임덕성(1999). 신보행학개론. 서울: 한국맹인복지연합회.

임안수, 강지유, 김정현, 박중휘, 신동렬, 이태훈, 이우관, 이해균, 조성재, 홍성계(2014). 저시력의 기초. 서울: 한국시각장애인복지재단.

임안수, 이해균, 박중휘, 정지훈(2012). 맹농인의 이해. 대구: 도서출판 해동.

정지훈, 조규영 공역(2017). 시각중복장애인의 이해와 지도. 일본 맹중복장애인복지시설연구협의회 편저. 서울: 시그마프레스.

차향미, 이해균(2012). 시각장애학교 저시력 중학생의 문해매체 실태 분석. 시각장애연구, 28(1), 23-42.

한경근, 황정현, 홍재영 공역(2015). 시각중복장애아동을 위한 촉각 교수 전략: 중도중복장애아동의 의사소통 및 학습 기술 촉진 방법. Chen, D., & Downing, J. E. 공저. 서울: 학지사.

한국시각장애인연합회(2018). 녹음자료 제작 지침. 서울: 노원시각장애인복지관.

홍재영, 김두영, 김호연(2014). 학령기 시각중복장애학생 교육 실태 및 요구. 특수교육학연구, 49(2), 1-22.

홍재영, 이옥인(2013). 시각장애 중학생의 일기문에 나타난 표기법 오류 실태에 관한 연구. 시각장애연구, 29(3), 27-47.

홍재영, 이태훈, 박영근(2020). 시각장애(저시력) 학생 현황 및 교육지원방안 연구. 충남: 국립특수교육원.

Allen, K. E., & Cowdery, G. E. (2012). *The exceptional child: Inclusion in early childhood education* (7th ed.). Wadsworth, OH: Cengage Learning.

Allman, B. C., & Lewis, S. (2014). *ECC essentials: Teaching the expanded core curriculum to students with visual impairments.* NY: AFB Press.

Anthony, T. (2000). Performing a functional low vision assessment. In F. M. D'Andrea & C. Farrenkopf (Eds.), *Looking to learn: Promoting literacy for students with low vision* (pp. 32–83). NY: American Foundation for the Blind.

Barclay, L. A. (Ed.). (2012). *Learning to listen/listening to learn: Teaching listening skills to students with visual impairments.* NY: AFB Press.

Belote, M. (2015). *Touch cues.* CA: California Deafblind Services.

Best, A. B. (1992). *Teaching children with visual impairments.* MK: Open University Press.

Braille Authority of North America (BANA). (2010). *Guidelines and standards for tactile graphics.*

Brennan, V., Peck, F., & Lolli, D. (1992). *Suggestions for modifying the home and school environment.* Watertown, MA: Perkins School for the Blind.

British Columbia Ministry of Education. (2012). *Frame work for independent travel.*

Brown, F., McDonnell, J., & Snell, M. E. (2016). *Instruction of students with severe disabilities* (8th ed.). MA: Pearson.

Chen, D. (2014). *Essential elements in early intervention: Visual impairment and multiple disabilities* (2nd ed.). NY: AFB Press.

Chen, D., & Downing, J. E. (2006). *Tactile strategies for children who have visual impairments and multiple disabilities: Promoting communication and learning skills.* NY: AFB Press.

Corn, A. L., & Koenig, A. J. (2002). Literacy instruction for students with low vision: A framework for delivery of instruction. *Journal of Visual Impairment & Blindness, 96,* 305–321.

Corn, L. A., & Erin, N. J. (2010). *Foundation of low vision: Clinical and functional perspectives.* NY: American Foundation for the Blind Press.

Cutter, J. (2005). *Independent movement and travel in blind children.* NC: IAP-Information Age Publishing.

Davis, P. (2003). *Including children with visual impairment in mainstream schools.* NY: AFB Press.

D'Andrea, M. F., & Farrenkopf, C. (2000). *Looking to learn: Promoting literacy for students with low vision.* NY: AFB Press.

Emerson, R. W., Holbrook, R. C., & D'Andrea, F. M. (2009). Acquisition of literacy skills by young children who are blind: Results from the ABC braille study. *Journal of Visual Impairment & Blindness*, *103*, 610-614.

Goudiras, D. B., Papadopoulos, K. S., Koutsoklenis, A., Papageorgiou, V. E., & Stergiou, M. S. (2009). Factors affecting the reading media used by visually impaired adults. *British Journal of Visual Impairment*, *27*(2), 111-127.

Griffin-Shirley, N., & Bozenman, L. (2016). *Vision loss and older adults: Considerations for the orientation and mobility professional.* NY: AFB Press.

Hatlen, P. (1996). The core curriculum for blind and visually impaired students, including those with additional disabilities. *RE:VIEW*, *28*(1), 25-32.

Hatlen, P. (2003). *Impact of literacy on the expanded core curriculum.* Paper presented at the Getting in Touch with Literacy Conference, Vancouver, British Columbia, Canada.

Holbrook, M. C. (2009). Louis Braille Celebration: Supporting students' literacy through data-driven decision-making and ongoing assessment of achievement. *Journal of Visual Impairment & Blindness*, *103*(3), 133-136.

Holbrook, M. C., Kamei-Hannan, C., & McCarthy, T. (2017). *Foundations of education: Instructional strategies for teaching children and youths with visual impairments.* NY: AFB press.

Huebner, K. M., Merk-Adam, B., Stryker, D., & Wolffe, K. (2004). *The national agenda for children and youths with visual impairments, including those with multiple disabilities.* New York: AFB Press.

Jacobson, H. W. (2013). *The art and science of teaching orientation and mobility visual impairments.* NY: AFB Press.

Kamel-Hannan, C., & Leila Ansari Ricci, A. L. (2016). *Reading connections: Strategies for teaching students with visual impairments.* New York: AFB Press.

Kamei-Hannan, C., & Ricci, A. L. (2015). *Strategies for teaching students with visual impairments.* NY: AFB Press.

Keil, S. (2003). *Survey of educational provision for blind and partially sighted children in England, Scotland and Wales in 2002.* London: RNIB.

Keil, S. (2012). *Survey of VI services in England and Wales 2012: Report for Wales.* London: RNIB.

Kelly, P., & Smith, P. (2000). Independent living skills. In A. J. Koenig & M. C. Holbrook (Eds.), *Foundations of education vol 2. Instructional strategies for teaching children and youths with visual impairments.* NY: AFB press.

Knott, I. N. (2002). *Teaching orientation and mobility in the schools.* NY: American Foundation for the Blind.

Koenig, A. J., & Holbrook, M. C. (1995). *Learning media assessment for students with visual impairments: A resource guide for teachers.* Austin, TX: Texas School for the Blind and Visually Impaired.

Koenig, A. J., & Holbrook, M. C. (2000). *Foundations of education Vol II: Instructional strategies for teaching children and youths with visual impairments* (2nd ed.). NY: AFB Press.

Kran, S. B., & Mayer, L. D (2015). *Vision and the brain: Assessment of visual function and functional vision.* New York: AFB Press.

LaVenture, S. (2007). *A parents' guide to special education for children with visual impairments.* New York: AFB Press.

Lolli D., & Peck, F. (2010). *How we see it: A basic guide to low vision in children.* Watertown, MA: PERKINS.

Lohmeier, K., Blankenship, K., & Hatlen, P. (2009). Expanded core curriculum: Twelve years later. *Journal of Visual Impairment & Blindness, 103,* 103–112.

Loumiet, R., & Levack, N. (1993). *Independent living: A curriculum with adaptations for students with visual impairments, Vol. 2: Self-care and maintenance of personal environment* (2nd ed.). Austin, TX: Texas School for the Blind and Visually Impaired.

Lueck, H. (2004). *Functional vision: A practitioner's Guide to evaluation and intervention.* NY: AFB Press.

McLinden, M., & McCall, S. (2002). *Learning through touch: Supporting children with visual impairment and additional difficulties.* London: David Fulton Publishers.

Manduchi, R., & Kurniawan, S. (2013). *Assistive technology for blindness and low vision.* Boca Raton, FL: CRC Press.

Manning, J., Waugh, J., Barclay, F., & Sacks, S. (2006). *California School for the Blind Assessment of Learning Media.* [Forms and instructions]. Unpublished instrument. Retrieved from http://www.csb-cde.ca.gov/assessment_learning_media.htm.

McCall, S., McLinden, M., & Douglas, G. (2011). *A review of the literature into effective practice in teaching literacy through braille.* London: RNIB.

Müller, E. (2006). *Blindness and visual impairment: State infrastructures and programs.* Alexandria, VA: National Association of State Directors of Special Education.

Naomi, G. V. (2017). *Low vision: Assessment and educational needs: A guide to teachers and parents.* INDIA: PARTRIDGE.

National Institute of Building Sciences. (2011). *Guidelines for designing for persons with low vision.*

Olmstead, E. J. (2005). *Itinerant teaching: Tricks of the trade for teachers of blind and visually impaired students*. NY: AFB Press.

Piscktello, J. (1997). *Braille reading rates*. Unpublished Report, Association for Education and Rehabilitation of the Blind and Visually Impaired.

Pogrund, R. L., & Fazzi, D. L. (2002). *Early focus: Working with young blind and visually impaired children and their families* (2nd ed.). NY: American Foundation for the Blind.

Presley, I., & D'Andrea, F. M. (2009). *Assistive technology for students who are blind or visually impaired: A guide to assessment*. NY: AFB Press.

Rosenthal, P. B., & Cole, G. R. (1996). *Functional assessment of low vision*. MO: Mosby-Year Book, Inc.

Round Table on Information Access for People with Print Disabilities. (2011). *Guidelines for producing clear print*.

Royal Institute for Deaf and Blind Children (RIDBC). (2011). *Guidelines for producing clear print*. London: RIDBC.

Royal National Institute for Blind People (RNIB). (2006). *See it right: Making information accessible for people with sight problems*. London: RNIB.

Royal National Institute of Blind People (RNIB). (2012). *Effective working with teaching assistants in schools*. London: RNIB.

Sacks, Z. S., & Wolffe, E. K. (2006). *Teaching social skills to students with visual impairments: From theory to practice*. NY: AFB Press.

Sacks, Z. S., & Zatta, C. M. (2016). *Keys to educational success: Teaching students with visual impairments and multiple disabilities*. NY: AFB Press.

Salisbury, R. (2008). *Teaching pupils with visual impairment: A guide to making the school curriculum accessible*. UK: Pia.

Sapp, W., & Hatlen, P. (2010). The expanded core curriculum: Where we have been, where we are going, and how we can get there. *Journal of Visual Impairment & Blindness, 104*, 338-348.

South Carolina Department of Education. (1993). *South Carolina Literacy Media Assessment*. Columbia, SC: South Carolina Department of Education.

Special Education Technology British Columbia (SET-BC). (2008). *Reading strategies for students with visual impairments: A classroom teacher's guide*. Vancouver, Canada: SET-BC.

Steinman, B. A., LeJeune, B. J., & Kimbrough, B. T. (2006). Developmental stages of reading processes in children who are blind and sighted. *Journal of Visual Impairment & Blindness, 100*(1), 36-46.

Swenson, M. A. (2016). *Beginning with braille: Firsthand experiences with a balanced approach to literacy.* NY: AFB press.

Topor, I., & Erin, J. (2000). Educational assessment of visual function in infants and children. In B. Silverstone, M. Lang, B. Rosenthal, & E. Faye (Eds.), *The Lighthouse handbook on vision impairment and vision rehabilitation* (pp. 821-831). NY: Oxford University Press.

Topor, I., Lueck A. H., & Smith, J. (2004). Compensatory instruction for academically oriented school-age students who have low vision. In A. H. Lueck (Ed.), *Functional vision: A practitioner's guide* (pp. 353-421). NY: AFB Press.

Trent, S. D., & Truan, M. B. (1997). Speed, accuracy, and comprehension of adolescent braille. *Journal of Visual Impairment & Blindness*, 91(2), 494-500.

Trief, E., & Shaw, R. (2009). *Everyday activities to promote visual efficiency: A handbook for working with young children with visual impairments.* NY: AFB Press.

Wall Emerson, R. S., & Corn, L. A. (2006). Orientation and mobility content for children and youths: A delphi approach pilot study. *Journal of Visual Impairment & Blindness*, 100(6), 331-341.

Whittaker, G. S., Scheiman, M., & Sokol-McKay, D. A. (2016). *Low vision rehabilitation: A practical guide for occupational therapists* (2nd ed.). Thorofare, NJ: SLACK Incorporated.

Wiener, R. W., Welsh, L. R., & Blasch, B. B. (2010). *Foundations of orientation and mobility.* Louisville, KY: APH Press.

Willings, C. (2019). *Using the APH lightbox.* NY: APH Press.

Wolffe, K. E. (2006). Teaching social skills to adolescents and young adults with visual impairments. In S. Z. Sacks & K. E. Wolffe (Eds.), *Teaching social skills to students with visual impairments: From theory to practice* (pp. 405-440). NY: AFB Press.

Wormsley, D. P. (1996). Reading rates of young braille-reading children. *Journal of Visual Impairment & Blindness*, 90, 278-282.

Wormsley, D. P. (2016). *Individualized meaning-centered approach to braille literacy education (IM-ABLE).* NY: APH Press.

Wormsley, D. P., & D'Andrea, M. F. (1997). *Instructional strategies for braille literacy.* NY: AFP Press.

Wormsley, D. P., & D'Andrea, M. F. (2004). *Braille literacy: A functional approach.* NY: AFB Press.

Wright, T., Worsemly, D. P., & Kamei-Hannan, C. (2009). Hand movements and braille reading efficiency: Data from the alphabetic braille and contracted braille study. *Journal of Visual Impairment & Blindness*, 103(10), 649-661.

# 찾아보기

이태훈(Lee TaeHoon)
대구대학교 대학원 문학박사(시각장애아 교육 전공)
한국장애인고용공단 직업훈련 교사
현 세한대학교 특수교육과 교수

〈저서 및 연구〉
국민건강보험공단(2024). 시각장애인 안마서비스 효과성 및 안전성 연구.
이태훈(2023). 대뇌 피질 시각장애 학생 교육: 기본 이론편. 학지사.
국립국어원(2023). 한국점자규정 개정 수용도 조사.
국립특수교육원(2023). 초 · 중등학교 점자 교과용 도서 개발.
한국연구재단(2023). 대뇌 피질 시각장애 학생 진단 · 평가 도구 개발.
국립국어원(2022). 시각장애인 점자 사용 실태 조사용 지표 개발.
국립특수교육원(2022). 2022 개정 특수교육(시각장애) 교육과정 시안 개발.
국립특수교육원(2021). 시각장애 영유아 교수학습 자료 개발.
국립특수교육원(2021). 시청각장애 학생 교육 실태 및 지원요구 조사.
한국장애인고용공단(2021). 시청각장애인 고용을 위한 인적 지원 방안.
국립특수교육원(2020). 고등학교 시각장애 학생 보조교과서 개발.
국립특수교육원(2020). 시각장애(저시력) 학생 교육 실태 조사.
한국장애인고용공단(2020). 시청각장애(농맹)인 직업재활 지원 방안.
국립특수교육원(2019). 중학교 시각장애 학생 보조교과서 개발.
한국장애인고용공단(2019). 시각장애인 직업훈련 체계 및 직종 개발.
국립특수교육원(2018). 초등학교 시각장애 학생 보조교과서 개발.
국립특수교육원(2017). 시각장애인 자립생활 교과용 도서 개발.
국립특수교육원(2017). 점자 익히기 교과용 도서 개발.
한국연구재단(2017). 시각장애 학생 학습매체 평가 도구 개발.
한국연구재단(2016). 점자 읽기 유창성 검사 도구 개발 등 다수

교육 현장 중심의 시각장애 교육

# 시각장애 학생 교육의 이론과 실제(2판)

Education of Student with Visual Impairment (2nd ed.)

2021년 8월 30일 1판 1쇄 발행
2022년 8월 10일 1판 2쇄 발행
2024년 2월 20일 2판 1쇄 발행

지은이 • 이태훈
펴낸이 • 김진환
펴낸곳 • ㈜ **학지사**

04031 서울특별시 마포구 양화로 15길 20 마인드월드빌딩

대표전화 • 02-330-5114    팩스 • 02-324-2345
등록번호 • 제313-2006-000265호

홈페이지 • http://www.hakjisa.co.kr
인스타그램 • https://www.instagram.com/hakjisabook

ISBN 978-89-997-3054-2  93370

정가 26,000원

출판미디어기업 **학지사**

간호보건의학출판 **학지사메디컬** www.hakjisamd.co.kr
심리검사연구소 **인싸이트** www.inpsyt.co.kr
학술논문서비스 **뉴논문** www.newnonmun.com
교육연수원 **카운피아** www.counpia.com
대학교재전자책플랫폼 **캠퍼스북** www.campusbook.co.kr